2 딥러닝을
활용한
Vol. 텍스트 분석

파이썬 텍스트 마이닝
바이블

파이썬 기초부터 트랜스포머, BERT, GPT까지 -
심층 이론과 실습으로 배우는 텍스트 마이닝의 모든 것

2 Vol. | 딥러닝을 활용한 텍스트 분석

파이썬 텍스트 마이닝 바이블

파이썬 기초부터 트랜스포머, BERT, GPT까지 -
심층 이론과 실습으로 배우는 텍스트 마이닝의 모든 것

지은이 **이상엽**

펴낸이 **박찬규**   엮은이 **최용, 이대엽**   디자인 **북누리**   표지디자인 **Arowa & Arowana**

펴낸곳 **위키북스**   전화 **031-955-3658, 3659**   팩스 **031-955-3660**

주소 **경기도 파주시 문발로 115, 311호(파주출판도시, 세종출판벤처타운)**

가격 **28,000**   페이지 **464**   책규격 **188 x 240mm**

초판 발행 **2023년 11월 09일**
ISBN **979-11-5839-471-4 (93000)**

등록번호 **제406-2006-000036호**   등록일자 **2006년 05월 19일**
홈페이지 **wikibook.co.kr**   전자우편 **wikibook@wikibook.co.kr**

파이썬 텍스트 마이닝 바이블

파이썬 기초부터 트랜스포머, BERT, GPT까지 -
심층 이론과 실습으로 배우는 텍스트 마이닝의 모든 것

이상엽 지음

Vol. 2

딥러닝을
활용한
텍스트 분석

위키북스

저자의 말

이 책에서는 텍스트 분석뿐만 아니라, 텍스트 분석에 사용되는 기계학습과 딥러닝 알고리즘, 그리고 알고리즘을 이해하는 데 필요한 수학적인 내용에 관해서도 되도록 자세하게 설명하고자 했습니다. 텍스트 분석과 같은 데이터 분석을 잘하려면 기본기를 제대로 갖추는 것이 무척이나 중요합니다. 기본기를 제대로 갖추는 데는 시간이 오래 걸릴 수 있지만, 그 후에는 그렇지 않은 사람들에 비해서 더 멀리, 더 빠르게 갈 수 있다고 생각합니다. 이 책이 모쪼록 텍스트 분석뿐만 아니라, 기계학습과 딥러닝 알고리즘, 그리고 기본이 되는 수학적 내용까지 체계적으로 공부하고자 하는 독자에게 도움이 되길 바랍니다.

이 책은 제가 연세대학교에서 진행한 수업들(텍스트 마이닝, 기계학습, 딥러닝, 통계 분석 등)의 내용을 기반으로 합니다. 수업을 진행하면서 책을 더욱 체계적으로 구성할 수 있었고, 학생들이 보다 잘 이해할 수 있는 방향으로 집필할 수 있었습니다. 수업을 들어주고, 많은 영감과 피드백을 준 학생들에게 고마움을 전합니다.

이 책이 나올 수 있게 큰 도움을 주신 위키북스 출판사의 편집 팀과 박찬규 대표님께 깊은 감사의 인사를 드립니다. 그리고, 책을 완성하는 데 있어 큰 버팀목이 되어주고 항상 응원을 아끼지 않았던 아내 민정과 아빠하고 더 많은 시간을 함께 하길 원했던 두 아들 지율이와 지완이에게 고맙고 사랑한다는 말을 전합니다.

지은이 이상엽

3부

딥러닝을 이용한 텍스트 분석

13. 딥러닝 소개 4

13.1 신경망 4

13.1.1 신경망 소개 4

13.1.2 신경망의 작동 원리 9

13.2 활성화 함수 16

13.2.1 시그모이드 함수 17

13.2.2 하이퍼볼릭 탄젠트 함수 17

13.2.3 ReLU 함수 18

13.2.4 Leaky ReLU 함수 18

13.2.5 ELU 함수 19

13.2.6 소프트플러스 함수 20

13.2.7 GELU 함수 20

13.3 경사하강법 23

13.3.1 사용되는 관측치의 수에 따른 경사하강법 구분 23

13.3.2 신경망에서의 경사하강법 작동 원리 27

13.3.3 오차 역전파 30

13.3.4 경사 소실 문제 31

13.3.5 경사 폭발 문제 32

13.3.6 옵티마이저의 종류 33

13.3.7 가중치 감쇠와 학습률 감쇠 39

13.4 가중치 초기화 41

13.4.1 Xavier 초기화 방법 42

13.4.2 He 초기화 방법 42

13.5 예제: 도시의 평균 집값 예측하기 43

13.5.1 SGD 옵티마이저의 사용 예 52

13.5.2 RMSprop 옵티마이저 사용의 예 56

13.5.3 Adam 옵티마이저의 사용 예 57

13.6 신경망에서의 과적합 해결 방법   59

   13.6.1 L1/L2 규제화   60

   13.6.2 드롭아웃   62

   13.6.3 조기 종료   63

   13.6.4 배치 정규화   66

   13.6.5 계층 정규화   69

14. FNN을 이용한 텍스트 분석과 단어 및 문서 임베딩   72

  14.1 FNN을 이용한 텍스트 분석   72

  14.2 단어 임베딩   82

   14.2.1 원-핫 벡터와 단어 임베딩   82

   14.2.2 Word2vec   83

   14.2.3 FastText   100

  14.3 문서 임베딩   104

   14.3.1 Doc2vec   104

15. CNN을 이용한 텍스트 분석   114

  15.1 CNN   114

   15.1.1 CNN 소개   114

   15.1.2 파이썬 코딩하기   125

  15.2 CNN을 이용한 텍스트 분석   133

   15.2.1 CNN에서의 문서 표현   134

   15.2.2 파이썬 코딩하기   137

16. 순환신경망 기반 알고리즘을 이용한 텍스트 분석   151

  16.1 RNN   151

   16.1.1 RNN 소개   151

   16.1.2 RNN을 이용한 감성분석   162

16.1.3 각 단어의 은닉 상태 벡터를 모두 사용하기   172

16.1.4 여러 개의 RNN 층 사용하기   179

16.2 LSTM   182

16.2.1 LSTM 소개   182

16.2.2 LSTM을 이용한 감성분석   190

16.2.3 양방향 LSTM   191

16.2.4 양방향 LSTM을 사용한 감성분석   193

16.3 seq2seq   198

17. 트랜스포머   201

17.1 어텐션 알고리즘   201

17.2 셀프 어텐션   208

17.3 트랜스포머에서의 어텐션   211

17.4 트랜스포머 소개   219

17.4.1 트랜스포머의 구조   219

17.4.2 인코더 부분   220

17.4.3 디코더 부분   225

17.4.4 트랜스포머의 인코더 블록을 이용한 감성분석   229

18. BERT   236

18.1 BERT의 구조   237

18.1.1 BERT 내부 구조   239

18.1.2 BERT 학습   239

18.1.3 BERT 논문에서 사용된 다운스트림 작업   243

18.1.4 BERT를 이용한 각 단어의 벡터 추출하기   244

18.2 파이썬 코딩하기   244

    18.2.1 BERT를 사용한 단어와 문장/문서의 벡터 추출하기   245

    18.2.2 영어 텍스트 감성분석   255

    18.2.3 한글 텍스트 감성분석   268

19. BERT 기반 방법들   284

    19.1 ALBERT   284

       19.1.1 ALBERT 소개   284

       19.1.2 파이썬 코딩하기   288

    19.2 RoBERTa   298

       19.2.1 RoBERTa 소개   298

       19.2.2 파이썬 코딩하기   302

    19.3 ELECTRA   308

       19.3.1 ELECTRA 소개   308

       19.3.2 파이썬 코딩하기   312

    19.4 지식 증류 기반 방법들   317

       19.4.1 지식 증류   317

       19.4.2 DistilBERT   321

       19.4.3 TinyBERT   328

    19.5 BERTopic   333

       19.5.1 문서 임베딩   334

       19.5.2 문서 군집화   334

       19.5.3 각 군집(토픽)을 나타내는 단어 찾기   335

       19.5.4 파이썬 코딩하기   336

20. GPT 모형들   347

   20.1 GPT−1   347

      20.1.1 GPT−1에서의 학습   348

   20.2 GPT−2   357

      20.2.1 학습 데이터   358

      20.2.2 모형의 구조   359

      20.2.3 모형의 성능   360

      20.2.4 파이썬 코딩하기   361

   20.3 GPT−3   364

      20.3.1 제로샷, 원샷, 퓨샷   364

      20.3.2 학습 데이터   366

      20.3.3 모형의 구조   367

      20.3.4 모형의 성능   370

      20.3.5 GPT−3 미세조정하기   371

   20.4 InstructGPT   378

      20.4.1 InstructGPT에서의 미세 조정   379

      20.4.2 모형의 성능   391

   20.5 ChatGPT   393

21. 비전 트랜스포머를 이용한 텍스트 분석   395

   21.1 ViT 소개   396

   21.2 ViT를 이용한 이미지 분류   400

   21.3 ViT를 이용한 텍스트 분류   407

      21.3.1 방법 1: $N \times D$ 문서에서 직접 패치를 추출   407

      21.3.2 방법 2: 문서를 패치로 분할하기 전에
           Conv1D 필터 적용하기   414

      21.3.3 방법 3: $N \times C$ 결과물에서 $C \times C$ 패치 추출하기   416

22. 오토인코더를 이용한 텍스트 분석　　417

　22.1 오토인코더 소개　　417

　22.2 오토인코더를 MNIST 데이터에 적용해 보기　　419

　22.3 오토인코더를 이용해 문서를 저차원 벡터로 표현하기　　424

　　22.3.1 LSTM 기반 오토인코더 사용해 보기　　424

　　22.3.2 CNN 기반 오토인코더 사용해 보기　　431

APPENDIX

부록

A. 경사하강법에서의 순전파와 역전파　　438

　A.1　예제 신경망 모형　　438

　A.2　순전파　　444

　A.3　역전파　　444

2
Vol.

딥러닝을
활용한
텍스트 분석

파이썬 텍스트 마이닝 바이블

파이썬 기초부터 트랜스포머, BERT, GPT까지 -
심층 이론과 실습으로 배우는 텍스트 마이닝의 모든 것

3부

딥러닝을 이용한
텍스트 분석

3부에서는 딥러닝[1]을 이용한 텍스트 분석에 대해 알아보겠습니다. 딥러닝을 이용해 텍스트 분석을 잘 하기 위해서는 딥러닝을 제대로 이해하는 것이 필요하므로 먼저 딥러닝의 작동 원리에 대해 자세히 살펴보겠습니다.

---

1   이 책에서는 딥러닝과 딥러닝 알고리즘이라는 표현을 큰 구분 없이 사용합니다.

13장 _ 딥러닝 소개

14장 _ FNN을 이용한 텍스트 분석과 단어/문서 임베딩

15장 _ CNN을 이용한 텍스트 분석

16장 _ 순환신경망 기반 알고리즘을 이용한 텍스트 분석

17장 _ 트랜스포머

18장 _ BERT

19장 _ BERT 기반 방법들

20장 _ GPT 모형들

21장 _ 비전 트랜스포머를 이용한 텍스트 분석

22장 _ 오토인코더를 이용한 텍스트 분석

13

딥러닝 소개

딥러닝(Deep Learning)은 기계학습의 한 종류라고 생각할 수 있습니다. 즉, 데이터를 학습한 결과를 이용해 주어진 문제를 푸는 데 사용하는 방법입니다. 전통적인 기계학습 알고리즘과 그 작동 방식이 갖는 차이로 인해 일반적으로 전통적인 기계학습과 구분해 표현합니다. 많은 경우에 딥러닝의 성능이 기존 기계학습 알고리즘(예: 선형회귀, 로지스틱 회귀, SVM 등)보다 좋은 것으로 알려져 있습니다(하지만 항상 그런 것은 아닙니다. 데이터의 크기와 특성 등에 따라 그 성능에 차이가 있습니다). 최근 인기를 끌고 있는 다양한 인공지능 서비스(예: 인공지능 스피커, 음성 인식, 기계 번역, 추천 시스템 등)는 대부분 이러한 딥러닝을 기반으로 합니다. 딥러닝은 일반적으로 다층신경망(Deep Neural Networks)을 의미합니다. 즉, 딥러닝은 신경망을 바탕으로 한 알고리즘입니다. 딥러닝의 기본이 되는 신경망에 대해 알아보겠습니다.

13.1 신경망

여기서는 신경망(Neural Networks)의 기본 구조와 작동 원리에 대해 살펴보겠습니다.

13.1.1 신경망 소개

하나의 신경망은 일반적으로 그림 13.1과 같은 구조로 되어 있습니다.

하나의 신경망은 세 가지 서로 다른 종류의 층(혹은 계층, layer)으로 이루어져 있습니다. 첫 부분에 있는 층이 입력층(input layer)이고, 마지막에 있는 층이 출력층(output layer)입니다. 그리고 입력층과 출력층 사이에 있는 층을 은닉층(hidden layer)이라고 합니다. 입력층과 출력층은 한 개씩만 존재합니다. 하지만 은닉층은 사용자의 목적에 따라 여러 개 존재할 수 있습니다. 그림 13.1은 은닉층이 두 개인 신경망을 보여줍니다. 일반적으로 은닉층의 개수가 많은 신경망을 다층 신경망이라고 하며, 보통 이를 딥러닝 또는 딥러닝 알고리즘이라고 부릅니다. 그와 반대로 은닉층의 수가 적은 신경망을 얕은 신경망(Shallow Neural Networks)이라고 부릅니다.

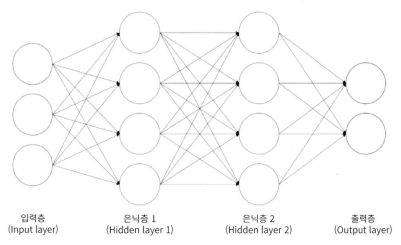

입력층　　　　　　은닉층 1　　　　　　은닉층 2　　　　　　출력층
(Input layer)　　　(Hidden layer 1)　　(Hidden layer 2)　　(Output layer)

그림 13.1 신경망의 구조

각 층은 여러 개의 노드로 구성되어 있습니다. 입력층에 존재하는 노드를 입력 노드(input node), 은닉층에 존재하는 노드를 은닉 노드(hidden node), 출력층에 존재하는 노드를 출력 노드(output node)라고 합니다. 각 층에 존재하는 이러한 노드는 일반적으로 어떠한 정보를 입력받고 입력받은 정보를 변환하여 다음 층에 있는 노드의 입력값으로 전달하는 역할을 합니다. 서로 다른 층에 존재하는 노드들은 화살표로 연결되어 있습니다(이러한 화살표를 가중치 연결(weight connection)이라고 표현하기도 합니다).

각 층의 주요 역할은 다음과 같습니다(각 층에 존재하는 노드의 역할이라고도 생각할 수 있습니다).

- **입력층**: (독립변수 또는 특성에 대한)[2] 데이터를 입력받아 그다음 층으로 전달합니다. 입력층은 입력받은 데이터를 그대로 그다음 층으로 전달하는 역할만 합니다.
- **은닉층**: 이전 층에서 전달받은 데이터(혹은 정보)에서 종속변수의 값을 맞히는 데 중요한 정보를 추출하여 그다음 층으로 전달합니다.
- **출력층**: 이전 층에서 전달받은 정보를 이용하여 종속변수 값에 대한 예측치를 출력합니다.

---

2 이 책에서는 독립변수(independent variables)와 특성(features)을 큰 구분 없이 사용하겠습니다.

신경망의 입력층과 출력층은 여느 다른 기계학습 알고리즘(예: 선형회귀, 로지스틱 회귀 모형 등)이 작동하는 원리와 비슷합니다(독립변수의 값을 입력받고 주어진 모형에 따라 종속변수 값의 예측치를 출력합니다). 즉, 전통적인 기계학습 알고리즘도 신경망의 입력층과 출력층을 이용해 표현할 수 있다는 것을 의미합니다. 예를 들어, 다음과 같은 선형회귀 모형이 있다고 가정하겠습니다. 독립변수가 세 개 있는 모형입니다.

$$\hat{y} = b_0 + b_1 X_1 + b_2 X_2 + b_3 X_3$$

위와 같은 선형회귀 모형은 그림 13.2와 같이 입력층과 출력층으로 구성된 신경망으로 표현될 수 있습니다. 하지만 그림 13.1과 달리 은닉층이 존재하지 않습니다.

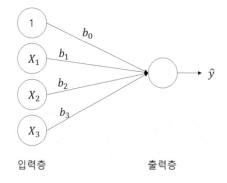

그림 13.2 선형회귀 모형에 대한 신경망 표현

즉, 은닉층이 없는 신경망은 전통적인 기계학습 알고리즘과 비슷하게 작동한다고 볼 수 있습니다. 이는 은닉층이 딥러닝의 신경망에서 중요한 역할을 한다는 것을 의미합니다(혹은 다른 기계학습 알고리즘과 딥러닝의 차이를 만드는 역할을 한다고 말할 수 있습니다). 위에 기술된 것처럼 은닉층의 주된 기능은 데이터에 존재하는 정보 중에서 종속변수의 값을 정확하게 예측하는 데 중요한 역할을 하는 정보를 추출하는 것입니다. 은닉층이 그러한 특성을 잘 추출할수록 출력층에서 나오는 종속변수 값에 대한 예측치가 정확해진다고 볼 수 있습니다.

은닉층의 역할을 좀 더 잘 이해하기 위해 그림 13.3을 살펴보겠습니다. 그림 13.3은 사진 속에 있는 물체가 자동차인지, 사람인지, 동물인지를 맞히는 작업을 위한 신경망을 보여줍니다. 입력층과 출력층이 한 개씩 있고, 은닉층이 세 개 있는 신경망을 사용합니다. 각 은닉층의 결과를 보면, 사진에 있는 정보 중에서 주어진 문제를 푸는 데(즉, 사진 속에 있는 물체를 맞히는 데) 중요한 정보들을 추출하고 있습니다. 첫 은닉층에서 일부 정보를 뽑고, 두 번째 은닉층에서 좀 더 중요한 정보를 추출하고, 세 번째에서는 더 중요한 정보를 추출합니다. 그리고 마지막 은닉층에서 추출된 정보를 이용해 출력층이 종속변수의 값을 예측합니다. 은닉층을 통해 더 정확한, 혹은 중요한 정보를 추출할수록 예측의 정확도가 증가합니다.

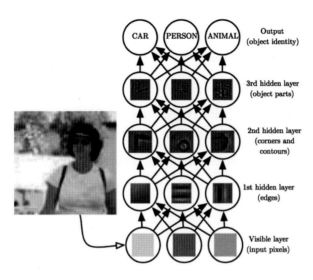

그림 13.3 은닉층 역할의 예

그렇다면 더 정확한 예측을 위해 은닉층의 수를 무조건 증가시키는 게 좋을까요? 결론적으로 얘기하자면, 은닉층의 수를 지속해서 늘리는 것이 항상 모형의 성능을 높이지는 않습니다. 중요한 이유 중 하나는 학습해야 하는 파라미터의 수가 증가하기 때문입니다. 파라미터의 수가 증가하면 그만큼 더 많은 컴퓨터 파워가 필요하고, 학습에 사용되는 데이터의 양도 많아져야 합니다. 그리고 많은 경우에 은닉층의 수는 일정 수가 넘어가면 과적합 등의 문제로 인해 예측 정확도의 개선 정도가 미미하거나 오히려 낮아집니다.[3]

■ 신경망 구조 결정하기

주어진 문제를 신경망을 이용해 풀기 위해 가장 먼저 해야 하는 작업 중 하나가 사용하고자 하는 신경망의 구조(Neural network architecture)를 결정하는 것입니다. 신경망의 구조는 보통 다음 두 가지 요인으로 결정됩니다.

---

3 은닉층의 수가 너무 많아지면 과적합 문제가 발생하지 않더라도 모형의 성능이 감소하는 하는 것으로 알려져 있습니다. 이는 주로 경사 소실 문제 때문에 그렇습니다. 경사 소실 문제에 대해서는 뒤에서 설명합니다.

- 은닉층의 수
- 각 은닉층에 존재하는 노드의 수

이 두 가지 요인은 사용자가 직접 지정해야 하는 하이퍼파라미터입니다. 각 값을 어떻게 결정하느냐는 주어진 문제와 학습 데이터의 특성에 따라 달라집니다. 일반적으로 여러 개의 서로 다른 값을 시도해보고 그중 모형의 성능을 가장 좋게 하는 값을 사용합니다.

은닉층과 다르게 입력층과 출력층의 개수는 사용자가 지정하지 않습니다. 신경망에서 입력층과 출력층은 한 개입니다. 그리고 입력층에 존재하는 노드(즉, 입력 노드)와 출력층에 존재하는 노드(즉, 출력 노드)의 수는 주어진 데이터 또는 풀고자 하는 문제의 특성에 의해 결정됩니다. 입력 노드의 수는 학습에 사용되는 독립변수(혹은 특성)의 수와 같고, 출력 노드의 수는 풀고자 하는 문제의 종류가 분류 문제인지 회귀 문제인지에 따라 달라집니다. 분류 문제, 즉 종속변수가 명목 또는 범주형 변수인 경우, 일반적으로 출력 노드의 수는 종속변수가 취할 수 있는 값의 수와 같습니다. 예를 들어, 종속변수가 취할 수 있는 값이 세 개인 경우에는 출력층에 존재하는 노드의 수가 세 개입니다. 긍·부정의 레이블을 갖는 감성분석에서는 종속변수가 취할 수 있는 값이 두 개이므로 출력층에는 두 개의 출력 노드가 존재합니다. 그리고 각 출력 노드는 종속변수가 특정값을 가질 확률을 반환합니다. 회귀 문제에서는, 즉 종속변수가 연속변수인 경우[4]에는 출력 노드의 수가 한 개입니다. 예를 들어, 아파트의 가격을 예측하는 문제에서는 종속변수(아파트의 가격)가 연속변수이기 때문에 출력 노드의 수가 한 개가 됩니다.

■ 편향 노드

입력층과 은닉층에는 입력 노드와 은닉 노드 이외에 추가적인 노드 하나가 존재합니다. 이러한 노드를 편향 노드(bias node)라고 합니다. 편향 노드는 선형회귀모형에서의 절편(intercept)과 비슷한 역할을 합니다. 출력층에는 편향 노드가 존재하지 않습니다. 편향 노드를 포함한 신경망은 그림 13.4와 같이 나타낼 수 있습니다. 편향 노드는 어떠한 값도 입력받지 않고 1의 값을 출력한다고 생각할 수 있습니다.

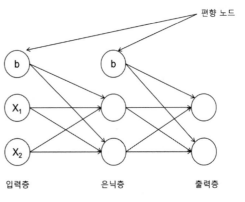

그림 13.4 편향 노드를 포함한 신경망의 예

---

4 혹은 무수히 많은 값을 취할 수 있는(infinitely countable) 이산변수인 경우도 포함됩니다.

13.1.2 신경망의 작동 원리

여기서는 지도학습을 기준으로 신경망의 작동 원리에 대해서 설명하겠습니다. 비지도학습에도 딥러닝이 사용되기는 하지만, 주로 사용되는 분야가 지도학습 분야이기 때문에 그렇습니다. 지도학습에 있어 신경망 작동의 기본 원리는 여느 지도학습 알고리즘(예: 선형회귀, 로지스틱 회귀 모형 등)의 작동 방식과 유사합니다. 즉, 정답이 있는 데이터를 학습하여 모형이 갖는 파라미터의 최적값을 찾고, 그렇게 도출된 최적값의 파라미터를 갖는 모형을 이용하여 주어진 문제를 푸는 식으로 작동합니다. 전반적인 과정은 다음과 같습니다.

1. 사용하고자 하는 신경망 모형을 준비합니다(즉, 신경망의 구조를 결정합니다).
2. 정답이 있는 데이터를 학습 데이터와 평가 데이터(혹은 검증 데이터)로 분할합니다.
3. 학습 데이터를 이용하여 학습합니다. 즉, 학습 데이터에 존재하는 각 관측치의 독립변수 값을 이용하여 종속변수 값을 예측하고, 이렇게 예측된 종속변수의 값과 관측치가 갖는 실제 종속변수 값의 차이(오차)로 구성된 비용함수를 계산합니다. 비용함수의 종류는 여느 지도학습 알고리즘과 마찬가지로 풀고자 하는 문제의 종류에 따라 달라집니다. 풀고자 하는 문제가 회귀 문제인 경우 일반적으로 MSE를 사용하고, 분류 문제인 경우 교차 엔트로피를 사용합니다. 그다음, 비용함수의 값을 최소화하는 모형의 파라미터 값들을 찾습니다. 신경망에서는 최적의 파라미터 값을 찾기 위해 경사하강법을 사용합니다.
4. 학습한 다음에는 평가 데이터(혹은 검증 데이터)를 이용해 모형의 성능을 평가하고, 모형의 성능을 개선하기 위해 여러 가지 튜닝 작업을 수행합니다. 최종적으로 도출된 모형을 이용해 주어진 문제를 풀게 됩니다.

■ 신경망에서의 파라미터

회귀 문제를 풀기 위해 다음과 같은 (전통적인 기계학습 알고리즘인) 선형회귀 모형을 사용하는 경우, 학습을 통해 비용함수의 값을 최소화하는 모형의 파라미터(예: b_0, b_1, b_2)의 값을 찾는 작업을 했습니다.

$$\text{선형회귀모형의 예: } \hat{y} = b_0 + b_1 X_1 + b_2 X_2$$

신경망의 경우도, 학습을 통해 신경망 모형이 갖는 파라미터의 최적값을 찾습니다. 신경망은 각 노드를 연결하는 화살표마다 하나의 파라미터가 존재한다고 생각할 수 있습니다. 설명을 위해 그림 13.5를 참고하겠습니다. 그림 13.5에서 볼 수 있는 것처럼 각 화살표는 하나의 파라미터를 가지고 있습니다. 편향 노드와 연결된 화살표가 갖는 파라미터(즉, $b_{1,1}$, $b_{1,2}$ 등)는 편향 노드에 대한 파라미터이며, 이러한 파라미터를 편향(bias)이라고 표현합니다. 입력 노드와 은닉 노드에 연결된 화살표가 갖는 파라미터(즉, $w_{1,1}$, $w_{1,2}$, $w_{2,1}$, $w_{2,2}$, $w_{3,1}$, $w_{4,1}$)를 가중치(weight)라고 표현합니다. 학습을 통해 비용함수의 값을 최소화하는 신경망 모형이 갖는 이러한 파라미터의 값을 찾아야 합니다.

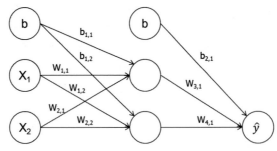

그림 13.5 신경망에서 파라미터의 예

■ 각 층의 노드들이 입력받는 값과 출력하는 값 알아보기

이번에는 특정 관측치에 대해 신경망 모형이 종속변수 값의 예측치를 어떻게 계산하는지를 살펴보겠습니다. (각 관측치의) 주어진 독립변수들의 값에 대해 어떻게 종속변수 값에 대한 예측치가 계산되는지 설명하기 위해 먼저 은닉층과 출력층에 있는 각 노드가 입력받는 값과 출력하는 값이 무엇인지 알아보겠습니다. 설명을 위해 다음과 같은 문제를 풀고자 한다고 가정합시다.

- **풀고자 하는 문제**: 아파트 가격 예측하기
- **독립변수**: 아파트의 크기(평수)와 연식
- **학습 데이터**: 표 13.1의 관측치 다섯 개

표 13.1 학습 데이터

ID	평수(X_1)	연식(X_2)	가격(y)
1	34	5	5
2	25	5	2.5
3	30	2	4
4	38	20	3
5	44	12	3.3

문제를 풀기 위해 은닉층이 하나이고 은닉 노드가 두 개인 신경망을 사용한다고 가정하겠습니다. 그리고 아파트의 가격, 즉 연속변수가 종속변수이기 때문에 우리가 풀고자 하는 문제는 회귀 문제가 되며, 이 경우 출력층에 존재하는 노드의 수는 한 개입니다. 그렇다면 입력 노드의 수는 몇 개일까요? 입력 노드의 수는 독립변수의 수와 동일하다고 했습니다. 즉, 위의 문제에서 우리가 사용하는 독립변수의 수(즉, 특성 정보의 수)가 2이므로, 신경망에 존재하는 입력 노드의 수도 2가 됩니다. 따라서, 여기서 사용하고자 하는

신경망 모형은 그림 13.6과 같습니다. 해당 그림에서 노드 '1'(①)은 편향 노드를 의미하며, 1의 값을 출력합니다.

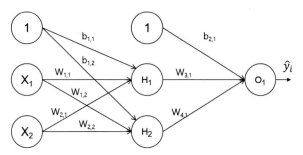

그림 13.6 아파트 가격 예측에 사용되는 신경망 모형

입력 노드는 각 관측치가 각 독립변수에 대해 갖는 값을 입력받고, 그 값을 그대로 출력합니다. 예를 들어, 첫 번째 관측치는 $X_1 = 34$이고 $X_2 = 5$이기 때문에 X_1과 X_2에 대한 입력 노드가 입력받은 값은 그림 13.7과 같이 됩니다.

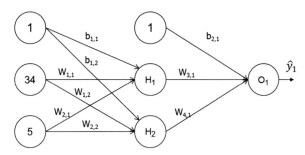

그림 13.7 첫 번째 관측치의 독립변수 값 입력

각 입력 노드에서 출력하는 값과 가중치를 곱한 값들을 더하고, 거기에 추가적으로 편향을 더한 값이 은닉층에 있는 각 노드에 들어가는 입력값이 됩니다. 은닉 노드 H_1의 입력 값은 다음과 같습니다(여기서는 해당 값을 편의상 z_1이라고 표현하겠습니다).

$$z_1 = b_{1,1} + w_{1,1} \cdot 34 + w_{2,1} \cdot 5$$

비슷한 원리로, 입력 노드 H_2의 입력값(z_2)은 다음과 같이 됩니다.

$$z_2 = b_{1,2} + w_{1,2} \cdot 34 + w_{2,2} \cdot 5$$

■ 은닉 노드의 구조

입력 노드와 달리 은닉 노드는 대부분의 경우 입력받은 값을 그대로 출력하지 않습니다. 입력된 값을 다른 값으로 변환하는데, 이러한 목적으로 사용되는 함수를 활성화 함수(activation function)라고 합니다. 활성화 함수로는 보통 비선형(nonlinear) 함수를 사용합니다. 이는 독립변수와 종속변수 간에 존재할 수 있는 비선형 관계를 파악하기 위해서입니다. 활성화 함수의 종류에는 여러 가지가 있습니다. 여기서는 간단히 활성화 함수를 $f(z)$라고 표현하겠습니다. 각 노드는 하나의 활성화 함수를 가지고 있습니다. 그리고 일반적으로 같은 층에 있는 노드들은 같은 활성화 함수를 사용합니다. $f(z)$에서 z는 이전 층에서 전달되어 해당 노드에 입력되는 값입니다. 각 노드는 입력값을 받아서 정해진 활성화 함수의 결과로 나오는 값을 출력합니다. 이렇게 출력된 값은 다음 층에 존재하는 노드의 입력값을 계산하는 데 사용됩니다.

그림 13.7에서 은닉층 H_1은 z_1을 이전 층에서 입력받아 정해진 활성화 함수의 값(즉, $f(z_1)$)을 계산하고 그 결과를 출력합니다. H_2는 z_2를 입력받아 $f(z_2)$의 값을 계산하고 그 결과를 출력합니다. 이러한 의미에서 하나의 은닉 노드는 그림 13.8과 같이 표현할 수 있습니다.

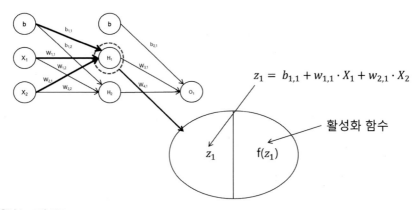

그림 13.8 은닉 노드의 구조

은닉 노드 H_1과 H_2는 입력된 z_1와 z_2에 대해서 각각 $f(z_1)$, $f(z_2)$의 값을 출력하고, 그것이 출력 노드(O_1)의 입력값으로 사용이 됩니다. 출력 노드에 입력되는 값은 다음과 같습니다.

$$b_{2,1} + w_{3,1} \cdot f(z_1) + b_{2,1} + w_{4,1} \cdot f(z_2)$$

■ 출력 노드의 구조

출력 노드는 풀고자 하는 문제의 종류에 따라 활성화 함수가 있을 수도 있고 없을 수도 있습니다. 일반적으로 회귀 문제인 경우에는 활성화 함수가 존재하지 않습니다.[5] 하지만 풀고자 하는 문제가 분류 문제인 경우에는 (항등함수가 아닌) 활성화 함수가 존재합니다. 일반적으로 소프트맥스(Softmax) 활성화 함수를 사용합니다.[6] 소프트맥스 활성화 함수는 입력값을 입력받아서 확률값을 출력하는 역할을 합니다. 소프트맥스 함수에 대해서는 잠시 후에 조금 더 자세히 살펴보겠습니다.

위의 아파트 가격을 예측하는 문제에서는 풀고자 하는 문제가 회귀 문제이므로 출력 노드에는 활성화 함수가 존재하지 않습니다. 즉, 이전 층에서 입력된 값이 그대로 출력됩니다. 그리고 회귀 문제에서는 이 출력값이 각 관측치의 종속변수 값에 대한 예측치가 됩니다. 출력 노드의 입력값($b_{2,1}+w_{3,1} \cdot f(z_1)+b_{2,1}+w_{4,1} \cdot f(z_2)$)이 출력값이 되므로 종속변수에 대한 예측치는 다음과 같이 표현됩니다.

$$\hat{y}=b_{2,1}+w_{3,1} \cdot f(z_1)+b_{2,1}+w_{4,1} \cdot f(z_2)$$

해당 관측치의 실제 종속변수 값과 예측치의 차이(오차)를 계산하고 이를 이용해 비용함수를 도출합니다. 선형회귀 모형의 경우와 마찬가지로, 신경망에서도 회귀 문제의 비용함수는 다음과 같은 MSE(Mean squares of errors)가 됩니다.

$$\frac{1}{N}\sum_{i}(y_i-\hat{y}_i)^2$$

여기에서 N은 학습 데이터에 존재하는 관측치의 수를 나타내고, y_i는 관측치 i가 갖는 실제 종속변수의 값이며, $\hat{y}_i$는 신경망 모형을 통해 계산되는 관측치 i의 종속변수 값의 예측치입니다. 비용함수가 도출되면, 비용함수를 최소화하는 파라미터들의 값을 찾게 됩니다. 신경망에서는 이러한 작업을 위해 일반적으로 경사하강법을 사용합니다.

■ 분류 문제의 경우

이번에는 분류 문제의 경우를 간략하게 살펴보겠습니다. 설명을 위해 표 13.2와 같은 학습 데이터가 있다고 가정합니다. 종속변수(y)는 폐암 여부이고, 폐암에 걸렸으면 1의 값을, 그렇지 않으면 0의 값을 취합니다. 즉, 나이, 흡연 여부, 도시 거주 여부의 정보를 이용해 그 사람이 폐암에 걸렸는지 그렇지 않은지를 예측하고자 하는 것입니다.

---

5 또는 항등함수인 활성화 함수가 존재한다고 얘기할 수 있습니다. 항등함수는 입력된 값을 그대로 출력하는 함수를 의미합니다. 즉, z=f(z)라고 표현합니다.
6 경우에 따라 시그모이드(Sigmoid) 함수 등 다른 함수가 사용되기도 합니다.

표 13.2 분류 문제 관련 학습 데이터의 예

ID	나이(X_1)	흡연 여부(X_2)	도시 거주 여부(X_3)	폐암 여부(y)
1	34	1	0	1
2	60	0	1	1
3	55	0	0	0

위의 데이터에 대해서는 그림 13.9와 같은 신경망 모형을 사용할 수 있습니다.

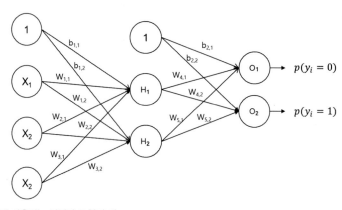

그림 13.9 분류 문제에 사용되는 신경망 모형의 예

은닉층의 수와 은닉 노드의 수는 사용자가 결정합니다. 여기서는 설명을 위해 간단하게 은닉층의 수 = 1, 은닉 노드의 수 = 2를 선택했습니다. 입력 노드의 수는 데이터에 존재하는 독립변수의 수(즉, 3)와 동일합니다(편향 노드는 입력 노드가 아닙니다). 그리고 각 입력 노드가 각 독립변수의 값을 입력받습니다. 각 층에 존재하는 노드들이 하는 역할은 앞에서 살펴봤던 회귀 문제의 경우와 동일합니다. 분류 문제에서 사용되는 모형과 회귀 문제에서 사용되는 모형의 주요한 차이는 출력 노드의 수와 출력 노드가 출력하는 값입니다. 앞에서 설명한 것처럼 분류 문제에서 사용되는 신경망 모형이 갖는 출력 노드의 수는 종속변수가 취할 수 있는 값의 수와 동일합니다. 위의 예에서는 종속변수, 즉 폐암 여부가 취할 수 있는 값이 0과 1로 두 개이기 때문에 출력 노드가 두 개 존재합니다(그림 13.9에서 O_1과 O_2로 표현되었습니다).

각 출력 노드에서 출력되는 값은 종속변수가 각 값을 취할 확률입니다. 즉, 첫 번째 출력 노드인 O_1에서는 종속변수의 값이 0일 확률(즉, $p(y_i=0)$)이 출력되고, 두 번째 출력 노드인 O_2에서는 종속변수의 값이 1일 확률($p(y_i=1)$)이 출력됩니다. 그리고 각 관측치에 대해 이렇게 출력되는 확률값을 이용해 분류 문제에서의 비용함수가 계산됩니다. 분류 문제에서의 비용함수는 교차 엔트로피이고 종속변수가 취할 수 있는 값이 0과 1($y_i \in \{0, 1\}$)인 경우의 교차 엔트로피는 다음과 같이 표현됩니다.

$$E = -\left[\sum_{i=1}^{N} y_i \ln p(y_i=1) + (1-y_i)\ln p(y_i=0)\right]$$

여기서 y_i는 관측치 i가 갖는 종속변수의 실제값이고, 각 값을 취할 확률(즉, $p(y_i=0)$과 $p(y_i=1)$)이 신경망 모형을 이용해 예측되는 값입니다. 교차 엔트로피 비용함수도 신경망 모형에 존재하는 파라미터의 함수가 되고, 학습을 통해 해당 비용함수의 값을 최소로 하는 파라미터의 값이 계산됩니다.

그렇다면, 분류 문제에서 사용되는 신경망 모형의 출력 노드는 어떻게 확률값을 계산할까요? 이를 위해 소프트맥스 활성화 함수를 사용합니다. 소프트맥스 함수는 다음과 같이 정의됩니다.

$$S(z_i) = \frac{e^{z_i}}{\sum_{j=1}^{K} e^{z_j}}$$

$S(z_i)$는 i번째 출력 노드에서 출력되는 소프트맥스 함수의 값(즉, 확률값)을 의미합니다. 그리고 z_i는 i번째 출력 노드에 입력되는 입력값입니다. K는 출력 노드의 수입니다. 그림 13.9에서는 $K=2$가 되는 것입니다. 그림 13.9에 존재하는 각 출력 노드가 출력하는 소프트맥스 함수의 값은 다음과 같이 다시 표현할 수 있습니다.

$$S(z_i) = \frac{e^{z_i}}{\sum_{j=1}^{2} e^{z_j}} = \frac{e^{z_i}}{e^{z_1} + e^{z_2}}, \ \text{where } i \in \{1, 2\}$$

즉, 첫 번째 노드($i=1$)가 출력하는 값은 $\frac{e^{z_1}}{e^{z_1}+e^{z_2}}$이 되고, 두 번째 노드($i=2$)가 출력하는 값은 $\frac{e^{z_2}}{e^{z_1}+e^{z_2}}$이 됩니다. $\frac{e^{z_1}}{e^{z_1}+e^{z_2}}$는 $p(y_i=0)$을 의미하며, $\frac{e^{z_2}}{e^{z_1}+e^{z_2}}$는 $p(y_i=1)$을 의미합니다. 지금은 종속변수가 취할 수 있는 값이 0과 1 두 개밖에 없기 때문에 $p(y_i=0)+p(y_i=1)=1$이 되어야 합니다. 소프트맥스 함수를 사용하면 이러한 조건을 만족합니다. 즉, 다음과 같이 됩니다.

$$p(y_i=0)+p(y_i=1) = \frac{e^{z_1}}{e^{z_1}+e^{z_2}} + \frac{e^{z_2}}{e^{z_1}+e^{z_2}} = \frac{e^{z_1}+e^{z_2}}{e^{z_1}+e^{z_2}} = 1$$

예를 들어, 첫 번째 출력 노드에 입력되는 값이 1이고(즉, $z_1=1$), 두 번째 출력 노드에 입력되는 값이 2인 경우(즉, $z_2=2$), 각 출력 노드에서 출력되는 값은 얼마인지 살펴보겠습니다. 첫 번째 출력 노드의 소프트맥스 함수를 사용해 출력되는 값은 다음과 같습니다. 즉, 종속변수의 값이 0일 확률이 0.2689 정도가 되는 것입니다.

$$p(y_i=0)=\frac{e^{z_1}}{e^{z_1}+e^{z_2}}=\frac{e^1}{e^1+e^2}\cong0.2689$$

두 번째 출력 노드의 소프트맥스 함수가 출력하는 값은 다음과 같습니다.

$$p(y_i=1)=\frac{e^{z_2}}{e^{z_1}+e^{z_2}}=\frac{e^2}{e^1+e^2}\cong0.7311$$

13.2 활성화 함수

신경망에서의 학습 과정을 구체적으로 알아보기 전에 활성화 함수(activation function)에 대해 좀 더 자세히 설명하겠습니다. 여기서는 은닉 노드에서 사용되는 활성화 함수를 알아보겠습니다. 은닉 노드에 존재하는 활성화 함수로는 일반적으로 비선형 함수를 사용합니다. 그 주요한 목적은 독립변수(들)와 종속변수 간의 비선형 관계를 파악하기 위한 것입니다. 다르게 표현하면, 독립변수가 갖고 있는 정보 중에서 종속변수 값을 예측하는 데 중요한 역할을 하는 정보를 보다 잘 추출하기 위해 비선형 함수를 사용한다고 생각할 수 있습니다. 각 노드의 활성화 함수가 출력하는 절댓값의 크기는 일반적으로 해당 노드가 종속변수를 예측하는 데 있어 얼마나 중요한 역할을 하는지를 반영합니다. 그리고 활성화 함수는 특정 노드에서 출력되는 값의 범위를 한정하는 역할을 수행하기도 합니다. 노드의 출력값이 너무 크거나 작은 경우에는 종속변수의 값이 제대로 예측되지 않는 문제가 발생할 수도 있습니다.

활성화 함수로는 일반적으로 비선형이면서 미분이 쉬운 함수를 사용합니다. 은닉 노드에서 주로 사용되는 활성화 함수에는 다음과 같은 것이 있습니다.[7]

- 시그모이드(Sigmoid) 함수(로지스틱 함수라고도 불립니다)

- 하이퍼볼릭 탄젠트(Hyperbolic Tangent, tanh) 함수

- ReLU /렐루/(Rectified Linear Unit) 함수

- Leaky ReLU 함수

- ELU /엘루/(Exponential Linear Unit) 함수

- GELU /젤루/(Gaussian Error Linear Unit) 함수

- Softplus 함수

---

7 그 외에도 맥스아웃(Maxout), 스위시(Swish) 함수 등 다른 활성화 함수도 존재하지만, 여기서는 주요한 활성화 함수에 대해서만 살펴보겠습니다.

각 함수에 대해 조금 더 자세히 살펴보겠습니다.

13.2.1 시그모이드 함수

시그모이드 함수는 다음과 같이 정의됩니다.

$$f(z) = \frac{1}{1 + e^{-z}}$$

이 함수에서 z는 이전 층으로부터 전달받는 입력값입니다. 예를 들어, 그림 13.7의 예제에서 H_1 노드에서 (첫 번째 관측치에 대해) 입력받은 값은 $z = b_{1,1} + w_{1,1} \cdot 34 + w_{2,1} \cdot 5$입니다. 시그모이드 함수의 출력값은 0 ~1 사이입니다(그림 13.10 참고, 해당 그림에서 볼 수 있는 것처럼 시그모이드 함수는 비선형 함수입니다). 예를 들어 $z = 5$인 경우 $f(5) = \frac{1}{1 + e^{-5}}$이 됩니다. e는 자연로그의 밑으로 그 값이 2.71828 정도입니다. 따라서 $f(5) = 0.9933$이 됩니다.

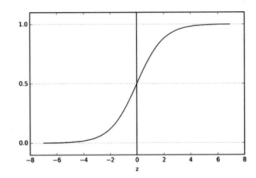

그림 13.10 시그모이드 함수의 형태

13.2.2 하이퍼볼릭 탄젠트 함수

하이퍼볼릭 탄젠트(Hyperbolic tangent) 함수는 줄여서 tanh 함수라고 하며, 다음과 같이 정의합니다.

$$\tanh(z) = \frac{\sinh(z)}{\cosh(z)} = \frac{e^z - e^{-z}}{e^z + e^{-z}}$$

여기서도 마찬가지로 z는 은닉 노드로 들어오는 입력값이 됩니다. tanh 함수는 그림 13.11과 같이 -1~1 사이의 값을 출력하며, 시그모이드 함수와 비슷한 S 커브 형태를 갖습니다.

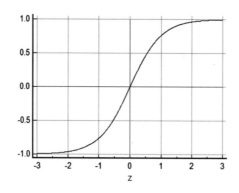

그림 13.11 tanh 함수의 형태

13.2.3 ReLU 함수

ReLU(Rectified Linear Unit) 함수는 다음과 같이 정의됩니다.

$$f(z) = \max(0, z)$$

여기서 z는 은닉 노드에 들어오는 입력값을 의미합니다. max() 함수는 인자로 입력된 두 개의 값들 중에서 더 큰 값을 반환합니다. 즉, 0과 z 값 중에서 더 큰 값을 반환하는 함수입니다. 이는 z 값이 0보다 큰 경우는 $\max(0, z) = z$, 그리고 z가 0보다 작거나 같은 경우에는 $\max(0, z) = 0$이 된다는 것을 의미합니다. 즉, ReLU 함수는 항상 0 이상의 값을 갖습니다(그림 13.12 참고).

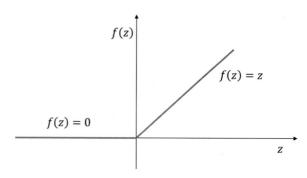

그림 13.12 ReLU 함수의 형태

13.2.4 Leaky ReLU 함수

Leaky ReLU 함수는 ReLU 함수를 약간 변형한 것입니다. Leaky ReLU 함수는 다음과 같이 정의됩니다.

$$f(z) = \max(\varepsilon z, z)$$

여기서 ε는 함수의 기울기를 조절하는 하이퍼파라미터로 0과 1 사이의 값을 갖습니다. 일반적으로 0.01의 값이 사용됩니다. $\varepsilon = 0.01$인 경우는 다음과 같이 표현됩니다.

$$f(z) = \max(0.01 \cdot z, \ z)$$

$\max(0.01 \cdot z, z)$는 $0.01 \cdot z$와 z 중에서 더 큰 값을 반환하는데, $z>0$인 경우에는 $\max(0.01 \cdot z, z) = z$가 되고, $z<0$인 경우에는 $\max(0.01 \cdot z, z) = 0.01 \cdot z$가 됩니다. 따라서 Leaky ReLU 함수는 그림 13.13과 같은 형태를 갖습니다.

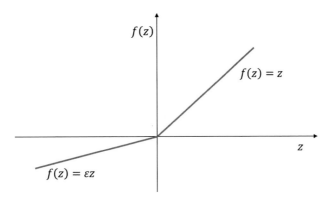

그림 13.13 Leaky ReLU 함수 형태

ReLU 함수와의 주요한 차이는 $z<0$에서 함수의 값이 0이 아닌 음수를 가지며, 기울기가 0이 아니라는 것입니다.

 참고   PReLU(Parametric ReLU) 함수

PReLU 함수의 형태는 Leaky ReLU 함수와 동일합니다. 하지만 ε이 하이퍼파라미터가 아니라 학습을 통해 결정되는 파라미터인 경우, 해당 함수를 PReLU 함수라고 합니다.

13.2.5 ELU 함수

ELU(Exponential Linear Unit) 함수는 다음과 같이 정의됩니다.

$$f(z) = \begin{cases} z & when \ z \geq 0 \\ \alpha(e^z - 1) & when \ z < 0 \end{cases}$$

α는 하이퍼파라미터로 보통 0.1과 0.3 사이의 값을 갖습니다. ELU 함수는 그림 13.14와 같은 형태를 갖습니다. 그 형태가 ReLU 함수와 어느 정도 비슷하지만, $z<0$인 경우에는 함수의 값이 음수를 갖고, z의 값이 0과 가까운 곳에서는 기울기가 0이 아니라는 특징을 갖습니다.

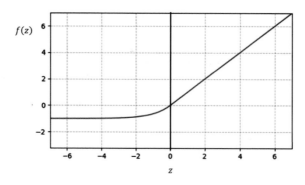

그림 13.14 ELU 함수의 형태

13.2.6 소프트플러스 함수

소프트플러스(Softplus) 함수는 다음과 같이 정의됩니다.

$$f(z) = \ln(1 + e^z)$$

함수의 형태는 그림 13.15와 같습니다. 그림을 통해 볼 수 있듯이 소프트플러스 함수는 ReLU 함수의 부드러운(smooth) 형태라고 생각할 수 있습니다.

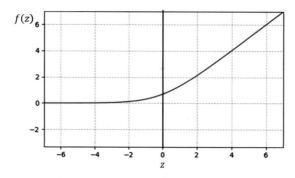

그림 13.15 소프트플러스 함수의 형태

13.2.7 GELU 함수

GELU(Gaussian Error Linear Unit) 함수는 다음과 같이 정의됩니다.

$$f(z) = z \cdot \Phi(z)$$

여기서 $\Phi(z)$는 표준정규분포의 누적분포함수를 의미합니다. 해당 함수의 형태는 그림 13.16의 위쪽과 같습니다. $\Phi(z)$ 함수가 출력하는 값의 범위는 0~1입니다. z의 값이 클수록 1에 가까운 값, 작을수록 0에 가까운 값이 출력됩니다. GELU 함수의 형태는 그림 13.16의 아래쪽과 같습니다.

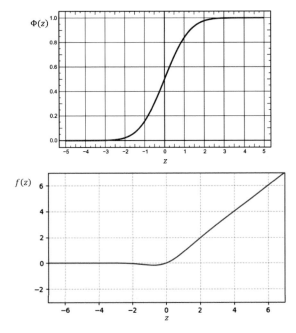

그림 13.16 $\Phi(z)$의 형태와 GELU 함수의 형태

지금까지 여러 가지 종류의 활성화 함수에 대해 살펴봤습니다. 활성화 함수마다 장단점이 존재하기 때문에 여러 가지의 활성화 함수를 적용해 보고 결과를 가장 좋게 하는 활성화 함수를 사용하면 됩니다. 그리고 어떠한 데이터를 분석하느냐에 따라 일반적으로 성능이 더 좋은 활성화 함수가 어느 정도는 알려져 있습니다. 예를 들어, 이미지 데이터 경우에는 ReLU 함수가, 텍스트 데이터의 경우에는 tanh 함수가 더 성능이 좋다고 알려져 있습니다. 하지만 항상 이러한 함수의 성능이 가장 좋은 것은 아니기 때문에 되도록 여러 가지 함수를 시도해 보는 것이 필요합니다.

■ 아파트 가격 예측에 시그모이드 함수 적용

아파트 가격을 예측하는 작업의 예를 다시 살펴보겠습니다. 이번에도 그림 13.6과 같은 신경망 구조를 사용합니다. 사용하는 신경망의 형태는 앞에서 설명한 것과 같지만, 이번에는 은닉 노드의 활성화 함수로 시그모이드 함수를 사용해 보겠습니다. 이번에도 같은 학습 데이터를 사용합니다. 설명을 위해 첫 번째 두 개의 관측치만을 사용해 보겠습니다(표 13.3 참고).

표 13.3 예제 학습 데이터의 일부

ID	평수(X_1)	연식(X_2)	가격(y)
1	34	5	5
2	25	5	2.5

① **첫 번째 관측치의 종속변수 값 예측($X_1 = 34$, $X_2 = 5$, y = 5)**

먼저 첫 번째 관측치의 종속변수 값을 예측해 보겠습니다. 첫 번째 입력 노드는 X_1의 값인 34를 입력받고 그 값을 그대로 출력합니다. 두 번째 입력 노드는 X_2의 값인 5를 입력받고, 그 값을 다음 층으로 전달합니다. 이 두 값에 대해 첫 번째 은닉 노드(H_1)의 입력값은 z_1, 두 번째 은닉 노드(H_2)의 입력값은 z_2로 표현하면 다음과 같이 됩니다.

$$z_1 = b_{1,1} + w_{1,1} \cdot 34 + w_{2,1} \cdot 5$$
$$z_2 = b_{1,2} + w_{1,2} \cdot 34 + w_{2,2} \cdot 5$$

은닉 노드의 활성화 함수는 시그모이드 함수이므로 다음과 같이 정의됩니다.

$$f(z) = \frac{1}{1 + e^{-z}}$$

그러면 z_1을 입력받은 첫 번째 은닉 노드(즉, H_1)가 출력하는 값은 $f(z_1)\left(= \frac{1}{1 + e^{-z_1}}\right)$, z_2를 입력받은 두 번째 은닉 노드(즉, H_2)가 출력하는 값은 $f(z_2)\left(= \frac{1}{1 + e^{-z_2}}\right)$가 됩니다. 그리고 이러한 값들은 그다음 층에 존재하는 노드인 출력 노드의 입력값을 계산할 때 사용됩니다. 출력 노드에 입력되는 값은 $b_{2,1} + w_{3,1} \cdot f(z_1) + w_{4,1} \cdot f(z_2)$가 되고, 회귀 문제의 출력 노드는 활성화 함수를 갖지 않기 때문에 입력값 자체가 출력값이 됩니다. 즉, 첫 번째 아파트의 가격에 대한 예측치가 $\hat{y} = b_{2,1} + w_{3,1} \cdot f(z_1) + b_{2,1} + w_{4,1} \cdot f(z_2)$가 되는 것입니다. 그리고 해당 아파트의 실제 y값(즉, 5)과의 차이를 가지고 오차를 구할 수 있습니다($= y_1 - \hat{y}_1 = 5 - (b_{2,1} + w_{3,1} \cdot f(z_1) + b_{2,1} + w_{4,1} \cdot f(z_2))$).

② **두 번째 관측치($X_1 = 25$, $X_2 = 5$, y = 2.5)의 종속변수 값 예측**

이번에는 두 번째 관측치의 종속변수 값을 예측해 보겠습니다. 두 번째 관측치에 대해 첫 번째 입력 노드가 출력하는 값은 25, 두 번째 입력 노드가 출력하는 값은 5입니다. 첫 번째 관측치의 종속변수 값을 계산하는 과정과 동일한 과정을 거치면, 출력층에 있는 출력 노드가 출력하는 값은 $\hat{y} = b_{2,1} + w_{3,1} \cdot f(z_1) + b_{2,1} + w_{4,1} \cdot f(z_2)$이 됩니다. 여기서 z_1과 z_2는 다음과 같고, $f(z)$도 시그모이드 활성화 함수가 됩니다.

$$z_1 = b_{1,1} + w_{1,1} \cdot 25 + w_{2,1} \cdot 5$$
$$z_2 = b_{1,2} + w_{1,2} \cdot 25 + w_{2,2} \cdot 5$$

그리고 오차는 $y_2 - \hat{y}_2 = 2.5 - (b_{2,1} + w_{3,1} \cdot f(z_1) + b_{2,1} + w_{4,1} \cdot f(z_2))$가 됩니다.

동일한 과정을 학습 데이터에 존재하는 모든 관측치에 적용해 전체의 비용함수 MSE를 계산할 수 있습니다. 선형회귀모형에서 살펴본 것처럼 비용함수는 파라미터들($b_{1,1}$, $w_{1,1}$ 등)의 함수가 됩니다. 학습을 통해 해야 하는 것은 해당 비용함수의 값을 최소화하는 파라미터들의 값을 찾아내는 것입니다. 그리고 그렇게 찾은 파라미터 값을 이용해서 종속변수의 값이 없는 새로운 데이터에 존재하는 관측치들의 종속변수 값을 예측합니다.

그렇다면 비용함수의 값을 최소화하는 파라미터들의 값을 어떻게 찾을 수 있을까요? 여러 가지 방법(예: 정규방정식 방법, 뉴턴–랩슨 방법, 경사하강법 등)이 있지만, 신경망에서는 일반적으로 경사하강법이 사용됩니다.

13.3 경사하강법

신경망에서의 경사하강법(Gradient Descent)도 기본적으로는 8장에서 공부했던 것과 동일한 방식으로 작동합니다. 경사하강법에서 사용되는 기본적인 업데이트 공식을 신경망의 파라미터를 사용해서 다시 한 번 표현해 보겠습니다. 이는 다음과 같습니다(다음 식은 앞의 예에서 다룬 $w_{1,1}$이라는 특정한 파라미터에 대한 업데이트 공식입니다).

$$w_{1,1,\,new} = w_{1,1,\,current} - \eta \frac{\partial \mathrm{E}}{\partial w_{1,1}}(w_{1,1,\,current})$$

신경망에서도 경사하강법은 기본적으로 위의 식을 이용해 파라미터들의 값을 업데이트하면서 비용함수의 값을 최소화하는 파라미터 값을 찾는 방법입니다. 여기서 E는 비용함수를 나타내고, η(/에타/)는 한 번에 업데이트되는 정도를 결정하는 값으로 학습률(learning rate)이라고 표현하며, $\frac{\partial \mathrm{E}}{\partial w_{1,1}}(w_{1,1,\,current})$는 현재 파라미터값(즉, $w_{1,1,\,current}$)에서의 비용함수에 대한 접선의 기울기입니다.

13.3.1 사용되는 관측치의 수에 따른 경사하강법 구분

경사하강법은 한 번 업데이트할 때 사용되는 학습 데이터에 존재하는 관측치의 수에 따라 크게 세 가지로 구분됩니다.

① **배치 경사하강법(Batch Gradient Descent, BGD)**
   한 번 업데이트할 때마다 (비용함수의 값을 계산하기 위해) 학습 데이터에 있는 모든 관측치를 사용하는 방법입니다. 파라미터의 값이 안정적으로 수렴되지만 한 번 업데이트를 위해 모든 데이터를 사용하기 때문에 계산에 시간이 많이 걸리고 메모리 공간이 많이 필요하다는 단점이 있습니다.

② **확률적 경사하강법(Stochastic Gradient Descent, SGD)**

파라미터의 값을 한 번 업데이트할 때, 학습 데이터에 존재하는 관측치 중에서 무작위로 선택된 하나의 관측치만 사용하는 방법입니다. 즉, 선택된 하나의 관측치를 이용해 비용함수를 계산하고, 해당 비용함수를 이용해 파라미터의 값을 업데이트하는 방식입니다. 한 번 업데이트할 때 하나의 관측치만을 사용하기 때문에, 계산 속도가 빠르다는 장점이 있으나, 전체 학습 데이터의 특성을 잘 반영하지 못하기 때문에 업데이트되는 방향이 일정하지 않아 수렴하는 데 시간이 오래 걸리는 단점이 있습니다.

③ **미니 배치 경사하강법(Mini-batch Gradient Descent)**

미니 배치 경사하강법은 파라미터 값을 한 번 업데이트할 때 전체 학습 데이터의 일부(이를 mini-batch라고 합니다)를 사용합니다. BGD와 SGD가 갖는 단점을 보완하기 위해 사용하는 방법입니다. 신경망에서는 일반적으로 미니 배치 방법이 사용됩니다.

참고 **SGD의 의미**

✅ 사용되는 관측치의 수와 상관없이, 기본적인 경사하강법을 SGD라고 부르기도 합니다.

■ **비용함수의 형태**

각 방법에 대한 비용함수의 형태를 살펴보겠습니다. 설명을 위해 학습 데이터에 N 개의 관측치가 존재하고 사용되는 비용함수는 잔차의 제곱(즉, squared errors, SE)이라고 가정하겠습니다.

배치 방법에서는 파라미터의 값을 한 번 업데이트하기 위해 모든 관측치 정보를 사용하기 때문에, 한 번 업데이트할 때 사용되는 비용함수는 다음과 같습니다.

$$E = \sum_{i=1}^{N} E_i = \sum_{i=1}^{N} (y_i - \hat{y}_i)^2$$

SGD의 경우는 한 번 업데이트할 때 무작위로 선택된 하나의 관측치 정보를 사용하기 때문에 한 번 업데이트 시 사용되는 비용함수는 다음과 같습니다. 다음 비용함수는 선택된 특정 관측치, 즉 관측치 i에 대한 비용함수입니다.

$$E_i = (y_i - \hat{y}_i)^2$$

미니 배치 방법은 한 번 업데이트할 때 학습 데이터에 존재하는 일부의 관측치 정보를 사용하기 때문에 한 번 업데이트 시 사용되는 비용함수는 다음과 같이 표현할 수 있습니다.

$$E = \sum_{i=k+1}^{k+h} E_i = \sum_{i=k+1}^{k+h} (y_i - \hat{y}_i)^2$$

위의 식에서 비용함수를 계산하기 위해 사용되는 관측치의 수는 h이고, $1 < h < N$입니다. $h = 1$인 경우가 SGD, $h = N$인 경우가 BGD입니다. h는 사용자가 결정해야 하는 하이퍼파라미터입니다. 일반적으로 2의 제곱에 해당하는 값(예: 32, 64, 128 등)을 사용합니다.

각 방법에서 한 번의 업데이트 시 사용되는 비용함수가 어떻게 계산되는지를 구체적인 데이터를 이용해 설명해 보겠습니다. 표 13.4의 데이터에는 관측치가 네 개 존재합니다. 여기서는 설명을 위해 간단한 선형회귀모형을 사용하겠습니다. 해당 모형은 $\hat{y}_i = b_1 X_i$입니다. 그리고 비용함수는 오차 제곱을 사용하겠습니다.

표 13.4 예제 데이터

ID	X	y	$\hat{y}$	E_i
1	2	5	$2b_1$	$(5 - 2b_1)^2$
2	1	2	b_1	$(2 - b_1)^2$
3	3	6	$3b_1$	$(6 - 3b_1)^2$
4	4	6	$4b_1$	$(6 - 4b_1)^2$

배치 방법에서는 파라미터의 값을 업데이트하기 위해 데이터에 존재하는 네 개의 관측치 정보를 이용해 비용함수를 계산합니다. 위의 예제에서는 다음과 같습니다.

$$E = \sum_{i=1}^{N} E_i = \sum_{i=1}^{N} (y_i - \hat{y}_i)^2 = (5 - 2b_1)^2 + (2 - b_1)^2 + (6 - 3b_1)^2 + (6 - 4b_1)^2$$
$$= 30b_1^2 - 108b_1 + 101$$

다음 공식을 사용해 파라미터를 업데이트합니다. 여기서는 $\eta = 0.01$이라고 하겠습니다.

$$b_{1,\,new} = b_{1,\,current} - \eta \frac{\partial E}{\partial b_1}$$

현재의 파라미터값(즉, $b_{1,\,current}$)이 10이라면 파라미터값을 업데이트하기 위해 $b_1 = 10$인 지점에서의 $\frac{\partial E}{\partial b_1}$를 구해야 합니다. 이는 다음과 같습니다.

$$\frac{\partial E}{\partial b_1}(b_1=10)=60b_1-108=600-108$$

해당 값을 이용해 다음과 같이 파라미터의 값을 업데이트할 수 있습니다.

$$b_{1,\,new}=b_{1,\,current}-\eta\frac{\partial E}{\partial b_1}=10-0.01\cdot(600-108)=5.08$$

새롭게 업데이트된 값은 4.98입니다. 두 번째 업데이트 단계에서는 5.08이 $b_{1,\,current}$가 됩니다. 그리고 두 번째 업데이트 단계에서도 경삿값을 구하기 위해 전체 데이터를 이용해 비용함수를 구합니다. 즉, 다음 비용함수를 다시 사용하게 되는 것입니다.

$$E=30b_1^2-108b_1+101$$

SGD의 경우 파라미터를 한 번 업데이트할 때 하나의 관측치를 무작위로 선택해서 그 관측치의 정보를 이용해 비용함수를 계산합니다. 즉, 업데이트 공식이 다음과 같습니다.

$$b_{1,\,new}=b_{1,\,current}-\eta\frac{\partial E_i}{\partial b_1}$$

첫 번째 업데이트에서 첫 번째 관측치가 선택되었다고 가정하겠습니다. 그 경우 비용함수는 다음과 같습니다.

$$E_i=E_1=(5-2b_1)^2=4b_1^2-20b_1+25$$
$$\frac{\partial E_i}{\partial b_1}=\frac{\partial E_1}{\partial b_1}=8b_1-20$$

앞에서와 같이 b_1의 초깃값이 10이라면 다음과 같이 업데이트됩니다.

$$b_{1,\,new}=b_{1,\,current}-\eta\frac{\partial E_i}{\partial b_1}=10-0.01\cdot(80-20)=9.4$$

두 번째 업데이트 단계에서 두 번째 관측치가 선택되었다면, 비용함수는 다음과 같습니다.

$$E_i=E_2=(2-b_1)^2=b_1^2-4b_1+4$$
$$\frac{\partial E_i}{\partial b_1}=\frac{\partial E_2}{\partial b_1}=2b_1-4$$

두 번째 단계에서의 $b_{1,\,current}=9.4$이기 때문에 다음을 얻습니다.

$$b_{1,\,new}=b_{1,\,current}-\eta\frac{\partial E_i}{\partial b_1}=9.4-0.01\cdot(2\cdot9.4-4)=9.252$$

이러한 과정을 반복해서 수행합니다.

미니 배치 방법에서는 다음과 같이 학습 데이터에 존재하는 일부 관측치를 사용해 업데이트 시 사용하는 비용함수를 계산합니다.

$$b_{1,\,new}=b_{1,\,current}-\eta\frac{\partial\sum_{i=k+1}^{k+h}E_i}{\partial b_1},\ \text{where}\ 1<h<N$$

$h=2$라면 학습 데이터에 존재하는 관측치를 무작위로 섞은 다음에 앞에서부터 두 개의 관측치를 사용해 비용함수를 계산하고, 그렇게 계산된 비용함수를 이용해 업데이트를 진행합니다. 구체적인 계산은 생략하겠습니다.

13.3.2 신경망에서의 경사하강법 작동 원리

신경망에서의 경사하강법이 어떻게 작동하는지를 구체적으로 살펴보기 위해 그림 13.17의 예제 신경망 모형을 사용하겠습니다(설명을 위해 편향 노드는 생략했습니다).

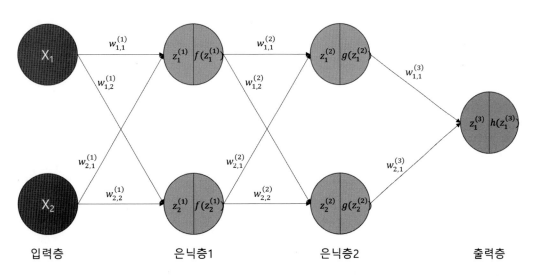

그림 13.17 신경망 모형의 예

신경망의 경우도 비용함수를 최소화하는 파라미터의 값을 찾기 위해 경사하강법을 사용한다고 했습니다. 예를 들어 그림 13.17에 존재하는 파라미터 중, $w_{1,1}^{(2)}$의 값을 경사하강법을 이용해 업데이트할 때는 다음과 같은 공식을 사용합니다.

$$w_{1,1,new}^{(2)} = w_{1,1,current}^{(2)} - \eta \frac{\partial E}{\partial w_{1,1}^{(2)}}$$

즉, $\frac{\partial E}{\partial w_{1,1}^{(2)}}$를 계산해야 합니다. 하지만 신경망의 경우는 은닉층과 활성화 함수의 존재로 인해 비용함수에 대한 미분값을 구하는 것이 8장에서 다뤘던 선형회귀 모형처럼 간단하지 않습니다. $\frac{\partial E}{\partial w_{1,1}^{(2)}}$는 $w_{1,1}^{(2)}$의 값이 1만큼 증가할 때 비용함수(즉, E)의 값이 변화하는 정도를 의미합니다. 즉, $w_{1,1}^{(2)}$ 값의 변화가 E에 영향을 주는 정도라고 생각할 수 있습니다. 그런데 은닉층의 존재로 $w_{1,1}^{(2)}$ 값의 변화가 직접 E의 값에 영향을 주는 것이 아니라 중간에 다른 값들이 영향을 받고, 그러한 영향을 통해 간접적으로 E의 값에 영향을 미치게 됩니다. 이러한 과정을 이해하려면 합성함수의 개념을 아는 것이 필요합니다. 합성함수를 설명하기 위해 다음과 같은 두 개의 함수가 있다고 가정하겠습니다(이는 그림 13.17에서의 f나 g와는 상관없는 함수입니다).

$$y = f(z)$$
$$z = g(x)$$

y는 z의 함수이고 다시 z는 x의 함수입니다. 즉, 위의 두 함수에 대해 다음과 같은 함수를 갖게 되는데, 이러한 함수를 합성함수라고 합니다.

$$y = f(g(x))$$

위의 합성함수에 대해 구하고자 하는 값이 $\frac{\partial y}{\partial x}$라고 하겠습니다. $\frac{\partial y}{\partial x}$는 x 값의 변화가 y 값에 영향을 주는 정도입니다. 그렇다면 x 값의 변화는 어떻게 y 값에 영향을 미치게 될까요? 위의 합성함수는 x 값의 변화가 y 값에 직접 영향을 주는 게 아니라 1차적으로 z의 값을 변화시키고, 변화된 z의 값이 y 값에 영향을 준다는 것을 의미합니다. 다음과 같은 과정을 거치는 것입니다(Δ는 델타라고 하며 변화량을 의미합니다. 즉, x의 변화량이 z를 변화시키고, z의 변화량이 y를 변화시킨다는 것을 의미합니다).

$$\Delta x \to \Delta z \to \Delta y$$

위와 같은 합성함수에 대해서 $\frac{\partial y}{\partial x}$를 어떻게 구할 수 있을까요? (다시 말하지만, $\frac{\partial y}{\partial x}$는 x가 1만큼 증가할 때 변화하는 y의 값의 크기를 의미합니다. 혹은 x에 대한 y 함수의 기울기라고 생각할 수 있습니다.) $\frac{\partial y}{\partial x}$를 구하기 위해서는 연쇄법칙(chain rule)을 사용합니다. 즉,

$$\frac{\partial y}{\partial x} = \frac{\partial y}{\partial z} \cdot \frac{\partial z}{\partial x}$$

가 됩니다. $\frac{\partial y}{\partial z} \cdot \frac{\partial z}{\partial x}$는 x 값의 변화가 y 값에 영향을 미치는 과정을 보여줍니다. 영향을 주는 방향은 다음과 같습니다.

$$\underleftarrow{\frac{\partial y}{\partial z} \cdot \frac{\partial z}{\partial x}}$$

$\frac{\partial z}{\partial x}$는 x 값의 변화에 따른 z 값의 변화량을 의미하며, $\frac{\partial y}{\partial z}$는 z 값의 변화에 따른 y 값의 변화량을 의미합니다. 즉, x의 값이 변화하면 z 값이 영향을 받고(즉, $\frac{\partial z}{\partial x}$), z 값이 변화하면 y 값이 달라진다는 것(즉, $\frac{\partial y}{\partial z}$)을 의미합니다.

■ $\frac{\partial E}{\partial w_{1,1}^{(2)}}$ 값 구하기

그러면 그림 13.17에서 $\frac{\partial E}{\partial w_{1,1}^{(2)}}$ 값을 어떻게 구할 수 있을까요? 이를 위해서는 먼저 $w_{1,1}^{(2)}$ 값의 변화가 어떠한 과정을 거쳐 E에 영향을 주는지를 알아야 합니다.

비용함수 E는 신경망 모형에서 출력하는 예측치의 함수입니다. 그림 13.17에서의 신경망 모형이 출력하는 예측치는 $h(z_1^{(3)})$가 됩니다(여기서 h는 출력 노드에 존재하는 활성화 함수를 의미합니다). 따라서 비용함수는 다음과 같이 표현할 수 있습니다.

$$E = E\left[h\left(z_1^{(3)}\right)\right]$$

이를 간단히 표현하면 $E = E(h)$로 표현할 수 있습니다.

$w_{1,1}^{(2)}$ 값의 변화는 다음과 같은 과정을 거쳐 E에 영향을 줍니다.

$$\Delta w_{1,1}^{(2)} \rightarrow \Delta z_1^{(2)} \rightarrow \Delta g \rightarrow \Delta z_1^{(3)} \rightarrow \Delta h \rightarrow \Delta E$$

이는 $w_{1,1}^{(2)}$ 값이 변하면 그로 인해 $z_1^{(2)}$의 값이 달라지며, $z_1^{(2)}$ 값의 변화로 g(즉, 활성화 함수)의 값이 달라지고, g 값의 변화로 $z_1^{(3)}$의 값이 달라지며, $z_1^{(3)}$의 변화로 h의 값이 달라지고, h 값의 변화는 최종적으로 E, 즉 비용함수의 값이 달라진다는 것을 의미합니다.

즉, $\dfrac{\partial \text{E}}{\partial w_{1,1}^{(2)}}$는 연쇄법칙에 의해 다음과 같이 표현할 수 있습니다.

$$\frac{\partial \text{E}}{\partial w_{1,1}^{(2)}} = \frac{\partial E}{\partial h} \cdot \frac{\partial h}{\partial z_1^{(3)}} \cdot \frac{\partial z_1^{(3)}}{\partial g} \cdot \frac{\partial g}{\partial z_1^{(2)}} \cdot \frac{\partial z_1^{(2)}}{\partial w_{1,1}^{(2)}}$$

$w_{1,1}^{(2)}$가 E에 영향을 주는 방향은 다음과 같습니다.

$$\frac{\partial E}{\partial h} \cdot \frac{\partial h}{\partial z_1^{(3)}} \cdot \frac{\partial z_1^{(3)}}{\partial g} \cdot \frac{\partial g}{\partial z_1^{(2)}} \cdot \frac{\partial z_1^{(2)}}{\partial w_{1,1}^{(2)}}$$

$$\longleftarrow$$

13.3.3 오차 역전파[8]

하지만 $\dfrac{\partial \text{E}}{\partial w_{1,1}^{(2)}}$의 값을 계산할 때는 다음과 같은 순서로 계산합니다.

$$\frac{\partial E}{\partial h} \cdot \frac{\partial h}{\partial z_1^{(3)}} \cdot \frac{\partial z_1^{(3)}}{\partial g} \cdot \frac{\partial g}{\partial z_1^{(2)}} \cdot \frac{\partial z_1^{(2)}}{\partial w_{1,1}^{(2)}}$$

$$\longrightarrow$$

즉, $\dfrac{\partial E}{\partial h}$ 값을 먼저 계산하고, 그다음 $\dfrac{\partial h}{\partial z_1^{(3)}}$의 순으로 계산하는 것입니다. 에러 항에 가까운 값부터 먼저 계산하기 때문에 이러한 계산 방식을 오차 역전파(Error backpropagation)라고 합니다(간단히 줄여서 backpropagation 또는 backprop이라고도 합니다)[9]. 이렇게 하는 이유 중 하나는 계산의 효율성 때문입니다. 에러 항에 가까운 미분항들은 (미분값을 계산하고자 하는) 파라미터가 무엇이냐와 상관없이 미분값을 계산할 때 반복적으로 사용됩니다. 그렇기 때문에 파라미터의 업데이트는 에러 항에 가까운(즉, 출력층에 가까운) 파라미터에 대한 경삿값이 먼저 계산됩니다.

---

8 순전파와 오차 역전파의 구체적인 예는 부록을 참고하세요.
9 참고로 입력층을 통해 입력된 값이 출력층 방향으로 전달되어 비용함수가 계산되는 것을 순전파(forward propagation)라고 합니다.

이번에는 그림 13.17에서 $w_{1,1}^{(3)}$에 대한 경사, 즉 $\frac{\partial E}{\partial w_{1,1}^{(3)}}$가 어떻게 표현되는지 살펴보겠습니다($w_{1,1}^{(3)}$는 $w_{1,1}^{(2)}$ 보다 출력층에 가까운 파라미터입니다). 연쇄 법칙을 이용하면 $\frac{\partial E}{\partial w_{1,1}^{(3)}}$는 다음과 같이 표현됩니다.

$$\frac{\partial E}{\partial w_{1,1}^{(3)}} = \frac{\partial E}{\partial h} \cdot \frac{\partial h}{\partial z_1^{(3)}} \cdot \frac{\partial z_1^{(3)}}{\partial w_{1,1}^{(3)}}$$

위 식에서 $\frac{\partial E}{\partial h} \cdot \frac{\partial h}{\partial z_1^{(3)}}$ 부분은 $w_{1,1}^{(3)}$보다 입력층에 더 가까이 위치한 파라미터인 $w_{1,1}^{(2)}$의 경사인 $\frac{\partial E}{\partial w_{1,1}^{(2)}}$(다음 식 참고)에서도 반복적으로 사용되는 것을 확인할 수 있습니다.

이 부분은 $\frac{\partial E}{\partial w_{1,1}^{(3)}}$에도 포함됩니다.

$$\frac{\partial E}{\partial w_{1,1}^{(2)}} = \boxed{\frac{\partial E}{\partial h} \cdot \frac{\partial h}{\partial z_1^{(3)}}} \cdot \frac{\partial z_1^{(3)}}{\partial g} \cdot \frac{\partial g}{\partial z_1^{(2)}} \cdot \frac{\partial z_1^{(2)}}{\partial w_{1,1}^{(2)}}$$

따라서 $\frac{\partial E}{\partial w_{1,1}^{(3)}}$를 먼저 계산하면, 계산에서 얻어진 결과물을 다른 파라미터 값을 업데이트할 때도 추가 계산 없이 사용할 수 있습니다.

13.3.4 경사 소실 문제

활성화 함수로 어떤 함수를 사용하느냐에 따라서 경사(즉, $\frac{\partial E}{\partial w_{j,i}^{(k)}}$)를 구할 때 발생할 수 있는 문제가 있습니다.[10] 바로 경사 소실(vanishing gradient) 문제입니다. 여기에서 '사라진다(vanish)'의 의미는 $\frac{\partial E}{\partial w_{j,i}^{(k)}}$의 값이 0에 가까워진다는 것입니다.

$w_{j,i,new}^{(k)} = w_{j,i,current}^{(k)} - \eta \frac{\partial E}{\partial w_{j,i}^{(k)}}$에서 볼 수 있듯이 $\frac{\partial E}{\partial w_{j,i}^{(k)}} \approx 0$이 되면 파라미터의 값이 업데이트되지 않는 문제가 발생합니다. 즉, 최적의 파라미터 값을 찾을 수 없게 되는 것입니다. 이러한 경사 소실 문제는 왜 발생할까요? 이는 많은 경우 우리가 사용하는 활성화 함수의 형태 때문에 발생합니다. 예를 들어, 시그모이드 활성화 함수는 그림 13.18과 같은 형태를 갖습니다. 그런데 그림에서 볼 수 있는 것처럼 z 값이 크거나 작은 경우에는 그 미분값(즉, 기울기)이 0에 가깝게 됩니다.

---

10 경사소실문제는 파라미터의 초깃값이 너무 작게(0에 가깝게) 설정되거나, 너무 많은 층을 사용하는 등의 다른 이유로도 발생할 수 있습니다.

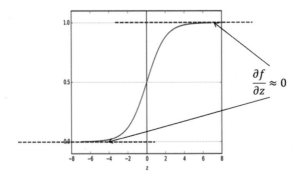

그림 13.18 시그모이드 함수에서 기울기가 0에 가까워지는 부분

그림 13.17의 예에서 $w_{1,1}^{(2)}$의 경사는 다음과 같이 표현되었습니다. 여기서 h와 g는 활성화 함수를 의미합니다.

$$\frac{\partial \mathrm{E}}{\partial w_{1,1}^{(2)}} = \frac{\partial \mathrm{E}}{\partial h} \cdot \frac{\partial h}{\partial z_1^{(3)}} \cdot \frac{\partial z_1^{(3)}}{\partial g} \cdot \frac{\partial g}{\partial z_1^{(2)}} \cdot \frac{\partial z_1^{(2)}}{\partial w_{1,1}^{(2)}}$$

그런데 시그모이드 또는 tanh 함수 등을 활성화 함수로 사용하면 $\frac{\partial h}{\partial z_1^{(3)}}$나 $\frac{\partial g}{\partial z_1^{(2)}}$의 값이 0에 가까워질 수 있습니다. 그렇게 되면 $\frac{\partial \mathrm{E}}{\partial w_{1,1}^{(2)}}$의 값이 0에 가까워집니다. 즉, 경사 소실 문제가 발생하는 것입니다. 이러한 이유로 은닉층이 많은 경우에는 시그모이드나 tanh 함수를 활성화 함수로 잘 사용하지 않습니다. 그 대신 ReLU, Leaky ReLU, ELU 함수 등을 사용합니다.[11]

13.3.5 경사 폭발 문제

경사 소실 문제보다 덜 빈번하게 발생하기는 하지만, 경사 폭발 문제(gradient exploding problem)도 있습니다. 이는 경사의 값이 너무 커져서 발생하는 문제입니다. 경사의 값이 너무 커지면 한 번에 업데이트되는 정도가 크기 때문에 파라미터의 값이 수렴하지 않고 발산(divergence)하거나 그 값이 너무 커지는 현상이 발생할 수 있습니다. 경사 폭발 문제가 있는 경우 비용함수의 값이 업데이트마다 크게 달라질 수 있고, 경우에 따라서는 비용함수의 값이 NaN이 되는 경우도 있습니다. 경사 폭발 문제가 발생하는 주된 이유는 파라미터의 초깃값이 너무 크게 설정되기 때문입니다. 따라서 파라미터의 초깃값을 잘 설정하는 것이 중요합니다. 이와 관련해서는 13.4절에서 설명합니다. 경사 폭발 문제를 방지하기 위해 사용할

---

11 ReLU 함수도 z 〈 0인 경우에는 미분값이 0이 되기는 하지만, 관련된 연구에 따르면 z 〈 0인 부분에서 ReLU 함수의 미분값이 0이 되더라도 많은 경우 학습 결과에 큰 영향을 미치지 않으며 오히려 학습 속도를 개선시키는 효과가 있다고 합니다. 참고로 ReLU 함수의 미분값이 0이 되는 현상을 'Dead ReLU'라고 합니다. 이러한 문제를 보완하기 위해 제안된 활성화 함수가 Leaky ReLU와 ELU 등입니다. 하지만, ELU의 경우 ReLU에 비해 속도가 느리다는 단점이 있습니다.

수 있는 방법 중 경사 클리핑(gradient clipping)이라는 방법이 있습니다. 이는 경삿값에 제한을 두는 방법입니다. 즉, 경삿값이 기준값(threshold)을 넘어가면 원래 경삿값을 사용하지 않고 기준값을 사용하는 것입니다.

13.3.6 옵티마이저의 종류

옵티마이저(optimizer)는 최적화 문제를 푸는 데 사용되는 방법을 의미하지만, 신경망에서는 일반적으로 경사하강법을 이용하여 비용함수를 최소화하는 파라미터의 값을 찾는 방법을 의미합니다. 가장 기본이 되는 옵티마이저는 경사하강법을 위해 다음의 업데이트 공식을 사용합니다(이러한 기본적 경사하강법 공식을 사용하는 옵티마이저를 SGD(Stochastic Gradient Descent) 옵티마이저라고도 합니다).

$$w_{j,i,new} = w_{j,i,current} - \eta \frac{\partial E}{\partial w_{j,i}}$$

이러한 기본 경사하강법은 두 가지의 주요한 한계를 갖습니다. 하나는 특정 단계에서 파라미터를 업데이트할 때 지금까지 파라미터가 업데이트된 정도를 반영하지 못한다는 것이고, 다른 하나는 업데이트 횟수와 상관없이 학습률(η)의 값이 고정되어 있다는 것입니다. 이러한 한계점으로 발생하는 주요한 두 가지 문제가 있습니다. 첫 번째는 학습의 속도가 느리다는 것입니다. 딥러닝에서는 일반적으로 파라미터의 수가 많고 데이터의 양이 많기 때문에 학습의 속도가 중요합니다. 두 번째는 비용함수의 안장점(saddle point) (그림 13.19에서 빨간 점)을 빠져나오는 게 쉽지 않다는 것입니다. 그림 13.19에서 세로축은 비용함수의 값을 의미합니다. 안장점은 비용함수의 값이 최솟값은 아니지만 접선의 기울기가 0이 되는 지점입니다. 즉, 특정한 가중치가 갖는 비용함수에 대한 미분값(예: $\frac{\partial E}{\partial w_{j,i}}$)이 0이 되는 지점입니다. 안장점을 잘 벗어나지 못하면 비용함수의 최솟값을 잘 찾지 못합니다. 신경망에서는 파라미터가 많아서 극소(local minimum)가 되는 지점보다는 안장점이 더 많이 존재합니다. 따라서 안장점을 잘 벗어나는 것이 중요합니다.

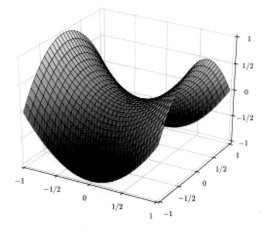

그림 13.19 안장점(saddle point)의 예

이러한 기본적 경사하강법의 문제를 보완하기 위해 많은 종류의 대안적인 옵티마이저가 제안되었습니다. 대표적인 방법은 다음과 같습니다.

- 모멘텀(Momentum)

- NAG(Nesterov Accelerated Gradient)

- Adagrad(Adaptive Gradient)

- RMSprop(Root Mean Square Propagation)

- Adadelta

- Adam(Adaptive Moment Estimation)

각 옵티마이저에 대해 살펴보겠습니다.

13.3.6.1 모멘텀[12]

모멘텀(Momentum) 방식은 파라미터를 업데이트할 때 이전 단계에서 업데이트된 정도를 현재 업데이트에 반영하는 것입니다. 이렇게 하면, 기본적인 경사하강법에 비해 상대적으로 비용함수의 최솟값을 빨리 찾을 수 있다는 장점이 있습니다. 하지만 기본 경사하강법과 마찬가지로 안장점을 잘 빠져 나오지 못한다는 단점도 있습니다. 모멘텀의 경우, 특정 파라미터(예: w_i)의 t번째 업데이트를 위해 다음과 같은 공식을 사용합니다.

$$v_t = \gamma v_{t-1} + \eta \frac{\partial E}{\partial w_i}(w_{i,\,current})$$

$$w_{i,\,new} = w_{i,\,current} - v_t$$

이를 다시 표현하면,

$$w_{i,\,new} = w_{i,\,current} - \left(\gamma v_{t-1} + \eta \frac{\partial E}{\partial w_i}(w_{i,\,current}) \right)$$

가 됩니다. 여기서 $\frac{\partial E}{\partial w_i}(w_{i,\,current})$는 파라미터의 현재값(즉, $w_{i,\,current}$)에서의 경사를 의미합니다. 즉, 위 식은 기본적인 경사하강법 공식에 $-\gamma v_{t-1}$가 더 추가된 형태입니다. 그리고 γv_{t-1}가 이전에 업데이트된 정도를 나타냅니다. γ는 하이퍼파라미터로 보통 0.9 또는 그에 가까운 값을 사용합니다.

---

[12] Qian, N.(1999). On the momentum term in gradient descent learning algorithms. Neural networks, 12(1), 145–151.

13.3.6.2 NAG

모멘텀 방법은 업데이트가 조금만 발생해야 하는 지점에서 상대적으로 많이 발생한다는 단점이 있습니다. 이러한 단점을 보완하기 위해 제안된 방법이 NAG(Nesterov Accelerated Gradient) 방법입니다.[13] 이 방법은 현재의 파라미터 값에서의 경사를 계산해 업데이트에 사용하는 것이 아니라, 파라미터가 새롭게 업데이트될 지점에서의 경사 정보를 반영해 현재 단계의 업데이트를 진행합니다. t번째 업데이트에서 다음과 같은 공식이 사용됩니다.

$$v_t = \gamma v_{t-1} + \eta \frac{\partial E}{\partial w_i}(w_{i,\,current} - \gamma v_{t-1})$$

$$w_{i,\,new} = w_{i,\,current} - v_t$$

이를 다시 표현하면 다음과 같습니다.

$$w_{i,\,new} = w_{i,\,current} - \left(\gamma v_{t-1} + \eta \frac{\partial E}{\partial w_i}(w_{i,\,current} - \gamma v_{t-1}) \right)$$

$$= w_{i,\,current} - \gamma v_{t-1} - \eta \frac{\partial E}{\partial w_i}(w_{i,\,current} - \gamma v_{t-1})$$

여기에서 $\frac{\partial E}{\partial w_i}(w_{i,\,current} - \gamma v_{t-1})$는 파라미터의 값이 $w_{i,\,current} - \gamma v_{t-1}$인 지점에서의 경사를 의미합니다. 위 식은 모멘텀(즉, γv_{t-1})을 이용해 1차적으로 파라미터의 값을 업데이트한 다음, 해당 지점에서의 경사(즉, $\frac{\partial E}{\partial w_i}(w_{i,\,current} - \gamma v_{t-1})$)를 이용해 다시 한번 업데이트한다고 생각할 수 있습니다.

이에 반해 모멘텀 방법은 모멘텀을 이용해 업데이트($w_{i,\,current} - \gamma v_{t-1}$)한 다음, 해당 업데이트 이전의 파라미터 값에서의 경사($\eta \frac{\partial E}{\partial w_i}(w_{i,\,current})$, 즉, $w_{i,\,current}$에서의 경사)를 사용해 업데이트하는 방법입니다. 따라서 NAG 방법이 모멘텀을 이용해 이동한 지점에서의 비용함수의 특성을 더 잘 반영한 방법이라고 생각할 수 있습니다.

13.3.6.3 Adagrad

Adagrad(Adaptive Gradient) 방식은 모든 업데이트에 같은 값의 학습률을 사용하는 것이 아니라, 업데이트마다 다른 값의 학습률을 사용하는 방식입니다. 학습률의 값을 조정하기 위해 이전 단계에서 경사 정도를 반영합니다. 현재까지 업데이트에서 사용된 경사 정도에 따라 현재 업데이트 단계에서의 학습률 값

---

13 Nesterov momentum이라고도 표현합니다.

이 달라지는데, 그 경삿값의 절댓값이 클수록 현재 단계 업데이트에서의 학습률이 작아집니다. Adagrad
의 식은 다음과 같습니다.

$$w_{i,t+1} = w_{i,t} - \frac{\eta}{\sqrt{G_{i,t} + \epsilon}} \frac{\partial E}{\partial w_i}$$

여기에서 $w_{i,t}$는 업데이트 t 단계에서의 파라미터 값을 나타내고, η는 초기 학습률을 의미합니다.
$G_{i,t} = \sum_{k=1}^{t} g_{i,k}^2$이고 $g_{i,k}$는 k번째 업데이트에서 사용된 경삿값(즉, k번째 업데이트에서의 $\frac{\partial E}{\partial w_i}$)이 됩니다.
즉, $G_{i,t}$는 지금까지 업데이트에서 사용된 경삿값들의 제곱의 합이 됩니다. ϵ는 분모가 0이 되는 것을 방지
하기 위해 사용된 것으로 이를 스무딩 항(smoothing term)이라고 합니다. Adagrad 방법은 학습률의 값
을 업데이트 횟수에 따라 자동으로 조절해 준다는 장점이 있습니다. 하지만 $\frac{\eta}{\sqrt{G_{i,t} + \epsilon}}$의 분모에서 사용된
$G_{i,t}$는 지금까지의 경사를 제곱(항상 양수)해서 지속적으로 더해 주기 때문에 업데이트가 진행될수록 그
값이 계속해서 커진다는 문제가 있습니다. 즉, 업데이트가 진행될수록 $\frac{\eta}{\sqrt{G_{i,t} + \epsilon}}$의 값이 0에 가까워지는
것입니다. 그렇게 되면, 파라미터의 값이 잘 업데이트되지 않는 문제가 발생합니다.

13.3.6.4 RMSprop

RMSprop(Root Mean Square Propagation)은 Adagrad 방식이 갖는 단점을 보완한 방법입니다. 지금
까지의 업데이트에서 사용된 경삿값을 반영하여 학습률의 값을 조절하는데, 경삿값의 제곱의 합을 사용하
는 것이 아니라, 평균을 이용하는 것입니다. 다음과 같은 공식을 사용합니다.

$$w_{i,t+1} = w_{i,t} - \frac{\eta}{\sqrt{E[g^2]_{i,t}}} \frac{\partial E}{\partial w_i}$$

여기에서 $E[g^2]_{i,t} = \rho E[g^2]_{i,t-1} + (1-\rho) g_{i,t}^2$가 됩니다.[14] 이러한 평균을 이동 평균(moving average)이라고
합니다. ρ(/rho/)는 하이퍼파라미터로 보통 0.9의 값을 사용합니다. 나머지는 Adagrad에서와 같은 의미
를 갖습니다.

13.3.6.5 Adadelta[15]

Adadelta도 RMSprop과 비슷하게 Adagrad를 보완한 방법입니다. 다음과 같은 공식을 사용합니다.

$$w_{i,t+1} = w_{i,t} - \frac{RMS[\Delta w_i]_{t-1}}{RMS[g]_{i,t}} \frac{\partial E}{\partial w_i}$$

---

14 $E[g^2]_i$의 E는 Expectation(즉, 기댓값 또는 평균)을 의미하고, $\frac{\partial E}{\partial w_i}$의 E는 비용함수를 의미합니다.

15 Zeiler, M. D.(2012). Adadelta: an adaptive learning rate method. arXiv preprint arXiv:1212.5701.

여기서 분모의 $RMS[g]_{i,t}$는 다음과 같이 표현됩니다.

$$RMS[g]_{i,t} = \sqrt{E[g^2]_{i,t} + \epsilon}$$

$$E[g^2]_{i,t} = \rho E[g^2]_{i,t-1} + (1-\rho)g_{i,t}^2$$

그리고 분자의 $RMS[\Delta w_i]_{t-1}$은 다음과 같습니다.

$$RMS[\Delta w_i]_{t-1} = \sqrt{E[\Delta w_i^2]_{t-1} + \epsilon}$$

여기서 $\Delta w_{i,t}$는 t번째 업데이트에서의 파라미터 w_i의 변화량을 의미합니다. 즉, $-\dfrac{RMS[\Delta w_i]_{t-1}}{RMS[g]_{i,t}}\dfrac{\partial E}{\partial w_i}$가 됩니다.

Adadelta는 RMSprop과 다르게 경사 값만을 사용하는 것이 아니라 업데이트 정보도 같이 사용한다는 특징이 있습니다. 추가적으로, Adadelta는 초기 학습률의 값을 설정할 필요가 없습니다. 혹은 초기 학습률의 값이 1로 설정되어 있다고도 생각할 수 있습니다. 이는 다음과 같이 표현할 수 있습니다.

$$w_{i,t+1} = w_{i,t} - \eta \cdot \frac{RMS[\Delta w_i]_{t-1}}{RMS[g]_{i,t}} \frac{\partial E}{\partial w_i}, \text{ where } \eta = 1$$

텐서플로 등의 딥러닝 프레임워크에서는 η(초기 학습률)의 값을 조절하는 것도 가능합니다.

13.3.6.6 Adam[16]

Adam(Adaptive Moment Estimation)은 RMSprop(혹은 Adadelta)의 개념과 모멘텀의 개념을 결합한 방법이라고 생각할 수 있습니다. Adam의 업데이트 공식은 다음과 같습니다.

$$w_{i,t+1} = w_{i,t} - \eta \frac{m_{i,t}}{\sqrt{v_{i,t} + \epsilon}}$$

먼저 $m_{i,t}$를 살펴보겠습니다. $m_{i,t}$는 다음과 같습니다.

$$m_{i,t} = \beta_1 \cdot m_{i,t-1} + (1-\beta_1) \cdot g_{i,t}$$

---

16 Kingma, D. P., & Ba, J.(2014). Adam: A method for stochastic optimization. arXiv preprint arXiv:1412.6980.

여기서 g_i는 t 단계 업데이트에서의 경사를 의미합니다. β_1은 이동 평균을 결정하는 하이퍼파라미터로 0과 1 사이의 값을 갖습니다. 원 논문에서는 0.9를 제안했습니다.

이번에는 $v_{i,t}$를 살펴보겠습니다. $v_{i,t}$는 다음과 같이 계산됩니다.

$$v_{i,t} = \beta_2 \cdot v_{i,t-1} + (1 - \beta_2) \cdot g_{i,t}^2$$

β_2는 하이퍼파라미터로, 0과 1 사이의 값을 갖습니다. 원 논문에서는 0.999를 제안했습니다.

저자들에 따르면 $m_{i,t}$와 $v_{i,t}$의 값이 0으로 가까워지는 편향이 발생한다고 합니다. 이러한 편향을 줄이기 위해 저자들은 $m_{i,t}$와 $v_{i,t}$를 그대로 사용하지 않고, 다음 식을 사용해 수정된 값을 사용했습니다.

$$\hat{m}_{i,t} = \frac{m_{i,t}}{1 - \beta_1^t}$$

$$\hat{v}_{i,t} = \frac{v_{i,t}}{1 - \beta_2^t}$$

여기서 β_1^t과 β_2^t는 β_1과 β_2의 t승(the power of t)을 의미합니다. 이를 이용해 위의 업데이트 공식을 다시 표현하면 다음과 같습니다.

$$w_{i,t+1} = w_{i,t} - \eta \frac{\hat{m}_{i,t}}{\sqrt{\hat{v}_{i,t} + \epsilon}}$$

 참고 Nadam 옵티마이저

앞에서 NAG는 모멘텀을 보완한 것이라고 했습니다. 이와 관련해서 Adam과 NAG 방법을 결합한 옵티마이저로 Nadam이 존재합니다. Nadam은 모멘텀을 사용한 것이 아니라 NAG(즉, Nesterov 모멘텀)를 사용한 방법입니다.

그 외에도 다양한 옵티마이저가 존재합니다.[17] 옵티마이저의 성능을 평가할 때 가장 중요하게 고려할 것은 다음 두 가지입니다.

1. 안장점을 얼마나 잘 벗어나느냐

2. 얼마나 빨리 수렴(convergence)하느냐

---

17 그 외 옵티마이저에 대해서는 http://ruder.io/optimizing-gradient-descent를 참고하기 바랍니다.

옵티마이저 간의 성능 비교는 다음 링크를 클릭해 확인할 수 있습니다.

- https://www.ruder.io/optimizing-gradient-descent/#visualizationofalgorithms

사용하는 신경망 모형이나 데이터 특성에 따라서 성능이 더 좋은 옵티마이저가 다를 수 있습니다. 따라서 여러분들은 여러 개의 옵티마이저를 사용해 보고 그중 성능이 가장 좋은 옵티마이저를 선택해 사용하기를 권장합니다.

13.3.7 가중치 감쇠와 학습률 감쇠

여기서는 경사하강법과 관련된 내용 중 가중치 감쇠와 학습률 감쇠에 대해 살펴보겠습니다.

13.3.7.1 가중치 감쇠

가중치 감쇠(weight decay)는 가중치의 절댓값을 줄이기 위한 방법입니다. 즉, 가중치의 절댓값이 커서 발생할 수 있는 과적합 등의 문제를 줄이기 위해 사용될 수 있습니다. 8장에서 다룬 규제화 방법 중에서 L2 규제화 방법과 유사하지만, 비용함수에 L2 규제화 항을 더해 새로운 비용함수를 만드는 L2 규제화 방법과 달리, 가중치 감쇠 방법은 업데이트 공식을 이용해 학습되는 가중치의 절댓값을 줄입니다. 관련 공식은 다음과 같습니다.

$$w_{1,1,new} = (1-\lambda)w_{1,1,current} - \eta \frac{\partial \mathrm{E}}{\partial w_{1,1}}(w_{1,1,current})$$

λ는 가중치 감쇠 정도를 결정하는 하이퍼파라미터입니다. 0과 1 사이의 값을 취하는데, 일반적으로 0과 0.1 사이의 값들을 사용합니다.

기본 경사하강법의 경우에는 L2 규제화와 가중치 감쇠 방법이 거의 동일한 효과를 갖습니다. 설명을 위해 가중치가 하나만 있다고 가정합니다. 해당 가중치를 w_1이라고 표기하겠습니다. 그러면 L2 규제화는 다음과 같이 표현할 수 있습니다.

$$E_{new} = E_{old} + \lambda w_1^2$$

여기서 λ는 L2 규제화에서 사용되는 규제화 강도(penalty strength)를 의미합니다. 앞에서 설명한 가중치 감쇠에서의 λ와는 조금 차이가 있습니다. 이번에는 위의 E_{new}에 대해 기본적인 경사하강법을 적용해 보겠습니다. w_1에 대해 기본적인 경사하강법의 식은 다음과 같습니다.

$$w_{1,\,new} = w_{1,\,current} - \eta \frac{\partial E_{new}}{\partial w_1}$$

여기서 ($E_{new} = E_{old} + \lambda w_1^2$를 이용하면) $\frac{\partial E_{new}}{\partial w_1}$는 다음과 같이 표현됩니다.

$$\frac{\partial E_{new}}{\partial w_1} = \frac{\partial E_{old}}{\partial w_1} + 2\lambda w_1$$

이를 경사하강법 공식에 대입하면 다음을 얻습니다.

$$w_{1,\,new} = w_{1,\,current} - \eta \frac{\partial E_{new}}{\partial w_1} = w_{1,\,current} - \eta \left(\frac{\partial E_{old}}{\partial w_1} + 2\lambda w_{1,\,current} \right)$$

$$= (1 - 2\eta\lambda) w_{1,\,current} - \eta \frac{\partial E_{old}}{\partial w_1}$$

위의 식에서 $2\eta\lambda$를 λ'로 표현하는 경우, 다음의 결과를 얻습니다. 이는 앞에서 살펴본 가중치 감쇠식과 동일한 형태임을 알 수 있습니다.

$$w_{1,\,new} = (1 - \lambda') w_{1,\,current} - \eta \frac{\partial E_{old}}{\partial w_1}$$

13.3.7.2 학습률 감쇠

기본적인 경사하강법은 학습률이 고정되어 있고, 그러한 경우 학습이 잘 안되는 문제(빨리 수렴이 안 되는 문제)가 발생할 수 있다고 했습니다. 그래서 Adam과 같은 옵티마이저는 자체적으로 학습률을 조절하는 방법을 사용했습니다. 옵티마이저가 자체적으로 학습률을 줄이는 방법이 아니라 학습률 감쇠(learning rate decay)의 방법을 사용해 사용자가 직접 업데이트마다 사용되는 학습률의 값을 줄일 수 있습니다. 일반적으로 실제 분석에서 많이 사용되는 학습률 감쇠 방법은 지수 감쇠(Exponential decay) 방법입니다. 식은 다음과 같습니다.

$$\eta_t = \delta^{t/T} \cdot \eta_0$$

여기에서 η_0는 초기 학습률, η_t는 t 단계의 업데이트에서의 학습률을 의미합니다. 그리고 T는 학습률 감쇠가 발생하는 업데이트 횟수를 나타냅니다. 예를 들어, $T = 1000$이라고 한다면 1,000번의 업데이트마다 한 번의 학습률 감쇠가 발생하는 것을 의미합니다. 위 식에서 t/T는 정수 나누기(integer division)를 의미합니다. 즉, t/T의 결과는 t/T의 값보다 작은 정수 중에서 제일 큰 정수가 됩니다. 예를 들어, $T=1000$인 경우 t의 값이 1 이상이고 999 이하인 경우에는 t/T가 0이 되고, t의 값이 1,000과 1,999 사이라면 그 값이 1이 되는 것입니다. δ는 하이퍼파라미터로, 보통 0.9~1 사이의 값을 취합니다.

13.4 가중치 초기화

신경망에서는 경사하강법을 이용해 파라미터의 최적값이 계산됩니다. 앞에서 설명한 것처럼 경사하강법은 파라미터의 초깃값을 임의의 값으로 정하고 그 값을 시작점으로 순차적으로 파라미터의 값을 업데이트하면서 최적값을 찾는 방법입니다. 하지만 파라미터의 초깃값이 어떻게 설정되느냐에 따라 모형의 성능이 크게 달라집니다. 초깃값이 너무 크게 설정되거나 너무 작게(0에 가깝게) 설정되면 학습이 잘 되지 않고 결과적으로 모형의 성능도 좋지 못합니다.

초깃값이 너무 크게 설정되면 각 노드에 입력되는 값이 커지고, 그렇게 되면 결과적으로 비용함수의 값이 커지고 결과적으로 경삿값이 커져 파라미터의 값이 잘 수렴되는 않는 문제가 발생합니다. 반대로 초깃값의 절댓값이 너무 작으면(즉, 0에 가까우면) 각 노드에 입력되는 값 또한 0에 가깝기 때문에 활성화 함수가 특정한 값만을 출력하게 되어(예: 시그모이드 활성화 함수의 경우 0.5에 가까운 값 출력) 종속변수의 값을 제대로 예측하지 못하는 문제가 발생할 수도 있습니다.

그리고 파라미터의 값들은 오차역전파 과정, 즉, 특정 파라미터에 대한 경사의 값을 계산하는 식에도 포함되어 있는데, 파라미터의 값이 작은 경우에는 경사 소실 문제가, 파라미터의 값이 큰 경우에는 경사 폭발 문제가 발생할 가능성이 커집니다.

이러한 문제를 방지하기 위해 신경망 분야에서 일반적으로 사용되는 가중치 초기화(weight initialization)[18] 방법에는 크게 두 가지가 있습니다.[19] 하나는 Xavier 초기화 방법이고, 다른 하나는 He 초기화 방법입니다. Xavier 방법은 해당 논문[20]의 주저자인 샤비에르 글로럿(Xavier Glorot)의 이름을 딴 것이고, He 방법은 해당 논문[21]의 주저자인 카이밍 히(Kaiming He)의 이름을 딴 것입니다. 여기서는 두 방법에 대해 간단하게 살펴보겠습니다. 두 방법 모두 특정 노드에 입력되는 값들의 분산과 출력되는 값들의 분산의 크기를 동일하게 맞추는 것을 감안한 방법입니다.

---

18 이는 편향 파라미터는 제외한 가중치 파라미터에 대한 초기화와 관련된 것이기 때문에 파라미터 초기화라는 표현이 아닌 '가중치 초기화'라는 표현이 사용됩니다.

19 편향 파라미터는 일반적으로 0으로 초기화됩니다.

20 Glorot, X., & Bengio, Y.(2010, March). Understanding the difficulty of training deep feedforward neural networks. In Proceedings of the thirteenth international conference on artificial intelligence and statistics(pp. 249–256). JMLR Workshop and Conference Proceedings.

21 He, K., Zhang, X., Ren, S., & Sun, J.(2015). Delving deep into rectifiers: Surpassing human–level performance on imagenet classification. In Proceedings of the IEEE international conference on computer vision(pp. 1026–1034).

13.4.1 Xavier 초기화 방법

이 방법은 주로 활성화 함수가 시그모이드 혹은 하이퍼볼릭 탄젠트 함수인 경우에 사용됩니다. Xavier 초기화 방법은 균등 분포(Uniform distribution)를 이용해 가중치의 값을 초기화합니다. 초기화 시 사용되는 균등 분포의 구간은 다음과 같습니다.

$$w_0 \sim U\left[-\sqrt{\frac{6}{n+m}}, \sqrt{\frac{6}{n+m}}\right]$$

위 식에서 w_0는 가중치 w의 초깃값을 의미합니다. 그리고 n은 노드에 들어오는 입력값의 수, 즉 이전 층에 존재하는 노드의 수를 의미하며, m은 현재 층에서 출력되는 값의 수, 즉 현재 층의 노드의 수가 됩니다. 위의 방법은 균등 분포를 사용하기 때문에 Xavier 균등 초기화 방법이라고 하기도 합니다.

참고로 Xavier 정규 초기화(normal initialization) 방법도 존재합니다. 이는 다음과 같은 정규 분포를 이용하는 방법입니다.

$$w_0 \sim N\left(0, \frac{2}{n+m}\right)$$

즉, 평균이 0이고, 표준편차가 $\sqrt{\frac{2}{n+m}}$인 정규 분포를 사용합니다.

Xavier 균등 방법이나 정규 방법 모두 분산이 $\frac{2}{n+m}$인 분포를 사용한다는 공통점이 있습니다. 균등 방법에서 사용된 균등 분포 $U\left[-\sqrt{\frac{6}{n+m}}, \sqrt{\frac{6}{n+m}}\right]$의 분산도 $\frac{2}{n+m}$입니다. 참고로 균등 분포 $U[a, b]$의 분산은 $\frac{1}{12} \cdot (b-a)^2$이 됩니다.

Xavier 균등 방법이나 정규 방법 모두 입력되는 값의 수와 출력되는 값의 수가 증가할수록 가중치의 초깃값으로 0에 가까운 값이 사용됩니다.

13.4.2 He 초기화 방법

He 초기화 방법은 일반적으로 활성화 함수가 ReLU인 경우에 더 적합하게 사용됩니다. He 초기화 방법은 다음과 같은 정규 분포를 이용해 가중치의 값을 초기화합니다.

$$w_0 \sim N\left(0, \frac{2}{n}\right)$$

즉, 평균이 0이고 표준편차가 $\sqrt{\dfrac{2}{n}}$인 정규분포를 사용합니다. 여기서 n은 이전 층에 존재하는 노드의 수를 의미합니다. 이렇게 정규 분포를 사용하기 때문에 이 방법을 He 정규 초기화 방법이라고도 합니다.

참고로 He 균등 초기화 방법은 다음과 같은 균등 분포를 이용해 값을 초기화합니다.

$$w_0 \sim U\left[-\sqrt{\dfrac{6}{n}}, \ \sqrt{\dfrac{6}{n}}\right]$$

위 균등 분포의 분산은 $\dfrac{2}{n}$가 됩니다. 즉, He 방법은 공통적으로 분산이 $\dfrac{2}{n}$입니다. 입력되는 값의 수와 출력되는 값의 수를 모두 고려한 Xavier 방법과 달리, He 방법은 입력되는 값의 수만 고려했다는 차이가 있습니다.

13.5 예제: 도시의 평균 집값 예측하기

여기서는 앞에서 설명한 이론적인 내용을 바탕으로 실제 데이터 분석을 통해 신경망의 작동 원리를 이해해 보겠습니다. 신경망을 이용해 텍스트 분석을 수행하기 전에, 신경망의 작동 원리를 더욱 쉽게 이해하기 위해 간단한 예제 데이터를 사용하겠습니다. 이 책에서는 기본적으로 딥러닝(혹은 신경망) 코딩을 위해 텐서플로(Tensorflow)의 케라스(Keras) 프레임워크를 사용하겠습니다. 텐서플로는 명령 프롬프트 창이나 터미널에서 `pip install tensorflow`를 이용해 설치할 수 있습니다.[22] 본인의 컴퓨터에 GPU가 지원되는 그래픽 카드가 설치되어 있지 않은 경우에는 구글에서 제공하는 Colab을 사용하기를 권장합니다.[23]

참고 **딥러닝 프레임워크(Deep learning framework)**

딥러닝 프레임워크는 프로그래밍 언어를 이용해 딥러닝 모형을 쉽게 구현하고 이용할 수 있게 하는 인터페이스 혹은 도구라고 생각할 수 있습니다. 일반적으로 사용되는 딥러닝 프레임워크에는 구글에서 개발한 텐서플로(Tensorflow)와 메타에서 개발한 파치토치(PyTorch) 등이 있습니다. 이 책에서는 텐서플로에서 제공하는 케라스를 딥러닝 프레임워크로 사용하겠습니다. 케라스는 텐서플로를 설치함으로써 사용할 수 있습니다.

---

22 Tensorflow 설치에 대한 내용은 https://www.tensorflow.org/install을 참고하세요.
23 Colab 사용법 관련해서는 2.3절을 참고하세요.

이 예에서 사용하는 데이터는 텐서플로의 케라스에서 기본으로 제공하는 미국의 도시별 집값 데이터입니다. 관련 파이썬 코드는 FNN_housing_example_SGD.ipynb를 참고하세요.

해당 데이터에서 하나의 관측치는 하나의 도시가 되며, 종속변수는 해당 도시에 있는 집들의 중간값 (median)이 됩니다. 사용된 독립변수는 13개가 있는데, 해당 도시에 관련된 정보입니다(예: 범죄율, 평균 소득 등).[24]

신경망 모형을 이용해 종속변수의 값을 예측하기 위해서는 일단 먼저 사용하고자 하는 신경망 모형의 구조를 결정해야 합니다. 앞에서 설명한 것처럼 어떠한 데이터를 이용해 어떠한 문제를 푸는지와 상관없이 입력층과 출력층의 수는 1로 고정되어 있습니다. 그리고 입력 노드의 수는 데이터에 존재하는 독립변수들, 즉 특성의 수와 동일하고, 출력 노드의 수는 풀고자 하는 문제가 회귀 문제인 경우에는 1, 분류 문제인 경우에는 종속변수가 취할 수 있는 값의 수와 같게 된다고 했습니다. 지금의 경우에는 독립변수의 수 = 13 이기 때문에 입력 노드의 수 = 13이 되고, 풀고자 하는 문제가 회귀 문제이기 때문에 출력 노드의 수 = 1 이 됩니다. 직접 결정해야 하는 것은 은닉층의 수와 각 은닉층에 존재하는 은닉 노드의 수입니다. 여기서는 두 개의 은닉층을 사용하고, 각 은닉층에 64개의 은닉 노드가 존재한다고 가정하겠습니다. 그림 13.20 과 같은 형태가 됩니다.

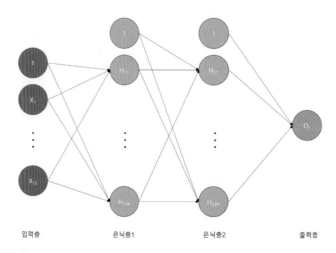

그림 13.20 신경망 모형의 예

기본적으로 사용되는 다음 두 개의 모듈을 임포트합니다(본 책에서는 모듈과 라이브러리, 패키지라는 표현을 큰 구분 없이 유사한 의미로 사용합니다). tensorflow와 tensorflow에서 제공하는 keras를 임포트하는 것입니다.

---

24 해당 데이터셋에 대한 더 자세한 설명은 https://www.kaggle.com/c/boston-housing을 참고하세요.

```
import tensorflow as tf
from tensorflow import keras
```

다음 코드를 사용해 정답이 있는 데이터를 학습 데이터(training data)와 평가 데이터(test data)로 구분해서 다운로드합니다. 학습 데이터는 파라미터의 값을 학습하기 위해 사용되고, 평가 데이터는 학습의 결과로 도출된 모형의 성능을 평가하기 위해 사용합니다.

```
(train_data, train_targets), (test_data, test_targets) = keras.datasets.boston_housing.load_data()
```

일반적으로 독립변수들의 값을 표준화했을 때의 학습 결과가 더 좋기 때문에 독립변수들의 값을 표준화하겠습니다. 이를 위해 각 변수의 값에서 각 변수의 평균을 빼고 그 값을 표준편차로 나눕니다. 학습 데이터의 평균과 표준편차를 이용해 평가 데이터도 표준화해 줍니다.

```
# 학습 데이터 표준화
mean = train_data.mean(axis=0)
train_data -= mean
std = train_data.std(axis=0)
train_data /= std
# 평가 데이터 표준화
test_data -= mean
test_data /= std
```

데이터를 준비한 다음에는 사용하고자 하는 신경망 모형을 구축해야 합니다. 이를 위해 케라스를 사용합니다. 케라스의 경우, 신경망 모형을 구축하는 방법(혹은 각 층을 쌓는 방법)은 크게 두 가지입니다. 하나는 순차적(sequential) 방법이고 다른 하나는 함수적(functional) 방법입니다. 순차적 방법은 비교적 간단한 모형을 구축하고자 할 때 적합하게 사용할 수 있는 방법이고, 함수적 방법은 복잡한 모형을 구축하고자 할 때 사용할 수 있는 방법입니다. 여기서는 일단 순차적 방법을 사용해 신경망 모형을 구축해 보겠습니다(함수적 방법에 대해서는 뒷부분에서 설명합니다). 이를 위해 케라스에서 제공하는 Sequential 클래스를 사용합니다. 해당 클래스는 keras가 갖고 있는 models라는 모듈에서 제공됩니다. 다음과 같이 models 모듈을 임포트하고, Sequential 클래스의 생성자 함수를 이용해 객체를 만듭니다. 다음 코드에서는 model이라는 객체를 만들었습니다.

```
from tensorflow.keras import models

model = models.Sequential()
```

Sequential 클래스의 객체를 이용해 생성하고자 하는 신경망 모형에 존재하는 각 층을 순차적으로 쌓을 수 있습니다. 케라스의 경우, 신경망 모형의 각 층은 layers 모듈에서 제공하는 클래스로 표현됩니다. 일반적인 은닉층과 출력층은 Dense 클래스로 표현됩니다. Sequential 클래스를 사용하는 경우 입력층은 명시적으로 쌓지 않습니다. 입력층이 존재한다는 가정하에 바로 첫 번째 은닉층부터 쌓게 됩니다.

다음 코드와 같이 Sequential 클래스에서 제공하는 add() 함수를 이용해서 첫 번째 은닉층을 먼저 쌓습니다. 해당 은닉층은 layers 모듈에서 제공하는 Dense 클래스의 객체로 표현됩니다. 객체를 생성하기 위해 해당 클래스의 생성자 함수를 사용했습니다. 해당 생성자 함수의 첫 번째 인자로 해당 층에 존재하는 노드의 수를 입력합니다. 우리가 사용하고자 하는 첫 번째 은닉층에 존재하는 은닉 노드의 수는 64이기 때문에 64를 입력합니다(해당 층에 존재하는 편향 노드는 포함하지 않습니다. 편향 노드는 자동으로 추가됩니다).

```
from tensorflow.keras import layers

model.add(
    layers.Dense(
        64,
        activation='relu',
        kernel_initializer='glorot_uniform',
        input_shape=(train_data.shape[1],)
    )
)
```

Dense() 생성자 함수의 주요 파라미터에는 activation, kernel_initializer, kernel_regularizer 등이 있습니다. activation 파라미터는 해당 층에서 사용되는 활성화 함수를 지정하는 파라미터입니다. 앞에서 배운 시그모이드, tanh, ReLU 등의 활성화 함수를 지정할 수 있습니다. 여기서는 ReLU 활성화 함수를 사용하겠습니다. 이를 위해, activation 파라미터의 값을 ReLU 활성화 함수를 의미하는 'relu' 문자열 값으로 설정합니다. kernel_initializer는 해당 층에 존재하는 가중치[25](편향 파라미터 제외[26])의 값을 어떠한 방법으로 초기화할 것인지를 지정하는 역할을 하는 파라미터입니다. 기본값은 'glorot_uniform'입니다. 이는 앞에서 설명한 Xavier 균등 초기화 방법입니다. Xavier 정규 방법을 사용하고자 하는 경우에는 'glorot_normal'을, He 균등 방법을 사용하고자 하는 경우에는 'he_

---

25 이는 정확하게 말하면 해당 층과 이전 층 사이에 존재하는 가중치가 됩니다(그림. 13.17 참고).
26 편향 파라미터의 값을 초기화하는 데 사용되는 파라미터는 bias_initializer입니다. 이 파라미터의 기본값은 'zeros'로 되어 있습니다. 즉, 초깃값으로 0을 사용하겠다는 뜻입니다. 편향 파라미터는 일반적으로 기본값을 그대로 사용합니다.

uniform'을, He 정규 방법을 사용하고자 하는 경우에는 'he_normal'을 값으로 입력합니다. 다른 초기화 방법들은 https://keras.io/api/layers/initializers/를 참고하세요. 여기서는 'glorot_uniform'을 사용하겠습니다. kernel_regularizer는 가중치의 규제화 방법과 관련된 파라미터입니다. 신경망에서의 규제화에 관해서는 13.6절에서 설명하겠습니다. 이 파라미터의 기본값은 None으로 되어 있습니다. 즉, 아무런 규제화 방법도 사용하지 않겠다는 것을 의미합니다. 여기서는 기본값을 그대로 사용합니다. 그리고 첫 번째 은닉층은 반드시 입력받는 노드의 수(즉, 입력 노드의 수 = 독립변수의 수)를 지정해야 합니다. 이 정보는 train_data.shape[1]을 통해서 얻을 수 있습니다(해당 값은 13입니다).

참고 **활성화 함수를 지정하는 또 다른 방법**

활성화 함수를 지정하는 가장 간단한 방법은 앞에서 한 것처럼 activation 파라미터의 값을 사용하고자 하는 활성화 함수의 이름에 해당하는 문자열값으로 지정하는 것입니다. 이 방법 이외에 활성화 함수를 지정하는 방법으로 두 가지 정도가 더 있습니다. 첫 번째는 Sequential 클래스의 add() 함수를 이용해 활성화 함수를 추가하는 방법입니다. 이때는 활성화 함수를 나타내는 클래스의 객체를 add() 함수의 인자로 입력합니다. 예를 들어, ReLU 활성화 함수는 layers 모듈에서 ReLU라는 이름의 클래스로 제공되는데, ReLU 활성화 함수를 사용하고자 하는 경우에는 다음과 같이 할 수 있습니다.

```
model = models.Sequential()
model.add(
    layers.Dense(
        64,
        kernel_initializer='glorot_uniform',
        input_shape=(train_data.shape[1],)
    )
)
model.add(layers.ReLU()) # 첫 번째 은닉층에서 ReLU 활성화 함수를 사용한다는 의미
model.add(layers.Dense(1))
```

두 번째 방법은 keras가 갖는 activations 모듈에서 제공하는 활성화 함수를 사용하는 것입니다.[27] 예를 들어, ReLU 활성화 함수는 activations 모듈에서 relu()라는 함수로 제공됩니다. 이러한 경우, 다음과 같이 activation 파라미터의 값으로 해당 함수를 지정함으로써 활성화 함수를 설정할 수 있습니다.

```
from tensorflow.keras import activations

model.add(
    layers.Dense(
```

---

27 함수의 목록은 https://www.tensorflow.org/api_docs/python/tf/keras/activations에서 확인할 수 있습니다.

```
        64,
        activation=activations.relu,
        kernel_initializer='glorot_uniform',
        input_shape=(train_data.shape[1],)
    )
)
```

혹은 activations 모듈에서 제공하는 활성화 함수를 Activation 클래스 생성자 함수의 인자로 입력한 후, add() 함수를 이용해 명시적으로 추가할 수도 있습니다(다음 코드 참고).

```
model = models.Sequential()
model.add(
    layers.Dense(
        64,
        kernel_initializer='glorot_uniform',
        input_shape=(train_data.shape[1],)
    )
)
model.add(layers.Activation(activations.relu))
```

이러한 여러 가지 방법 중 여러분이 사용하기 편한 방법으로 활성화 함수를 지정하면 됩니다.

이번에는 두 번째 은닉층을 쌓아 보겠습니다. 두 번째 은닉층도 첫 번째 은닉층과 비슷한 방식으로 쌓습니다. 두 번째 층부터는 input_shape을 지정하지 않아도 됩니다. 여기서도 'relu' 활성화 함수와 Xavier 균등 초기화 방법을 사용합니다.

```
model.add(layers.Dense(64, activation='relu', kernel_initializer='glorot_uniform'))
```

마지막으로 쌓아야 하는 층은 출력층입니다. 앞에서 설명한 것처럼 회귀 문제의 경우, 출력층에 노드가 하나밖에 없습니다. 그리고 활성화 함수도 사용하지 않습니다. 따라서 다음과 같이 Dense()를 사용하여 출력층을 추가할 수 있습니다.

```
model.add(layers.Dense(1))
```

이렇게 해서 사용하고자 하는 신경망 모형을 구축했습니다. 생성된 모형에 대한 정보는 다음과 같이 summary() 함수를 사용해 확인할 수 있습니다.

```
model.summary()
```

결과는 다음과 같습니다.

```
Model: "sequential"

_____
Layer (type)                 Output Shape              Param #
=================================================================
dense (Dense)                (None, 64)                896
dense_1 (Dense)              (None, 64)                4160
dense_2 (Dense)              (None, 1)                 65
=================================================================
Total params: 5,121
Trainable params: 5,121
Non-trainable params: 0
```

이 결과에서 Layer 열은 우리가 쌓은 층을 의미합니다. dense는 첫 번째 은닉층을, dense_1은 두 번째 은닉층을, dense_2는 출력층을 의미합니다. 두 번째 열인 Output Shape은 각 층에서 출력되는 결과물의 형태(shape)를 의미합니다. 신경망에서의 연산은 기본적으로 행렬을 이용해 수행됩니다. 따라서 각 층에서는 행렬 형태로 어떠한 데이터를 입력받고, 마찬가지로 행렬 형태로 출력합니다. 예를 들어, 첫 번째 은닉층에서 출력하는 결과물에 해당하는 행렬의 형태는 (None, 64)입니다. 첫 번째 원소는 해당 행렬의 행의 수를 의미하고, 두 번째 원소는 해당 행렬의 열의 수를 의미합니다. 각 층이 출력하는 결과물 행렬의 행의 수는 입력된 데이터에 존재하는 관측치의 수를 나타내고, 열의 수는 각 관측치에 대해 해당 층이 출력하는 값의 수, 즉 해당 층에 존재하는 은닉 노드의 수를 의미합니다. 첫 번째 은닉층의 경우에는 은닉 노드의 수가 64이기 때문에 두 번째 원소, 즉 열의 수가 64인 것입니다. 그렇다면 첫 번째 원소의 값은 왜 None으로 되어 있을까요? 이는 아직 몇 개의 관측치가 입력되는지 모르기 때문입니다. 이 값은 한 번의 업데이트에서 사용되는 관측치의 수, 즉 미니 배치의 크기와 동일합니다. 하지만 미니 배치의 크기는 모형을 생성할 때 정하는 것이 아니라 생성된 모형을 이용해 학습할 때 결정합니다. 따라서 모형을 생성할 때는 아직 그 값을 모르기 때문에 None으로 표기됩니다.

첫 번째와 두 번째 은닉층 모두 은닉 노드의 수가 64이기 때문에 출력되는 값이 64입니다(편향 노드는 포함되지 않습니다). 마지막 출력층은 노드가 하나밖에 없기 때문에 1의 값을 갖습니다.

위의 결과에서 세 번째 열은 파라미터의 수를 나타냅니다. 첫 번째 은닉층과 관련된 파라미터의 수는 896개입니다. 이는 우리가 사용하고자 하는 신경망 모형에서 입력층과 첫 번째 은닉층 사이(그림 13.21의 노란색 부분)에 존재하는 파라미터의 수를 의미하며, 이는 편향과 가중치의 수의 합과 같습니다. 편향 파라미터의 수는 64개이고, 가중치의 수는 832(=13×64)입니다. 832는 입력 노드 13개와 은닉 노드 64개 사이에 존재하는 화살표의 수와 같습니다.

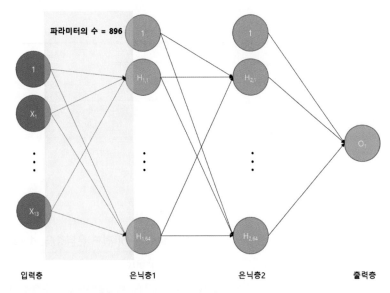

그림 13.21 입력층과 은닉층1 사이에 존재하는 파라미터(노란색 부분)의 수

나머지 층에 대한 파라미터의 수도 동일한 방식으로 계산할 수 있습니다. 4160은 은닉층1과 은닉층2 사이에 존재하는 파라미터의 수이며 이는 65×64와 같습니다. 그리고 dense_2에 대한 파라미터의 수 65는 은닉층2와 출력층 사이에 존재하는 파라미터의 수를 의미합니다.

앞에서 구축한 모형의 형태를 시각화해 보겠습니다. 이를 위해 다음 코드를 사용합니다. 시각화를 위해 케라스에서 제공하는 model_to_dot() 함수를 사용했고, 그 결과를 주피터 노트북에 출력하기 위해 IPython에서 제공하는 SVG 클래스를 사용했습니다.

```
from IPython.display import SVG
from keras.utils.vis_utils import model_to_dot

SVG(
    model_to_dot(
        model,
        show_shapes=True,
        show_layer_names=True,
```

```
        dpi=65
    ).create(prog='dot', format='svg')
)
```

시각화의 결과는 그림 13.22와 같습니다. 이 그림에는 입력층도 포함돼 있습니다(첫 번째 사각형). 각 층에서 몇 개의 값을 입력받아서 몇 개의 값을 출력하는지에 대해 보여줍니다. 예를 들어, 첫 번째 은닉층(위에서 두 번째 사각형)의 경우 이전 층인 입력층에서 13개의 값을 전달받아서 64개의 값을 출력한다는 것을 의미합니다.[28]

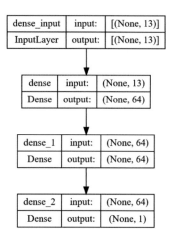

그림 13.22 모형을 시각화한 결과물

사용하고자 하는 모형을 구축했으면 옵티마이저와 비용함수를 지정합니다. 이는 `model` 객체의 `compile()` 함수를 이용해 수행할 수 있습니다. 옵티마이저는 `compile()` 함수의 `optimizer` 파라미터를 이용해 설정하고 비용함수는 `loss` 파라미터를 이용해 설정합니다. 사용하고자 하는 옵티마이저는 케라스에서 제공하는 `optimizers` 모듈이 가지고 있는 각 옵티마이저에 대한 클래스를 이용합니다. `optimizers` 모듈이 가지고 있는 옵티마이저 관련 클래스의 목록은 https://keras.io/api/optimizers/ 에서 확인할 수 있습니다.

여기서는 기본적인 경사하강법인 확률적 경사하강법(SGD)[29], RMSprop, Adam 옵티마이저를 어떻게 사용하는지 설명하겠습니다.

---

28 편향 노드를 통해 출력되는 값은 포함되지 않습니다.
29 여기서의 SGD는 한 번 업데이트할 때 하나의 관측치만 사용하는 경사하강법이 아닌, 기본적인 공식을 사용하는 경사하강법을 의미합니다.

13.5.1 SGD 옵티마이저의 사용 예

SGD 옵티마이저를 사용하기 위해 다음과 같이 optimizers 모듈에서 제공하는 SGD 클래스의 생성자 함수를 이용해 객체를 만듭니다.

```
sgd = tf.keras.optimizers.SGD(learning_rate=0.001, momentum=0.9, nesterov=True)
```

SGD 클래스의 생성자 함수가 갖는 주요 파라미터에는 learning_rate, momentum, nesterov, clipnorm, clipvalue 등이 있습니다.

learning_rate 파라미터는 학습률을 설정하는 역할을 합니다. 분석의 목적이나 사용되는 데이터에 따라 값이 달라야 하지만, 일반적으로 신경망에서의 학습률은 0~0.1 사이의 값을 사용합니다.

momentum 파라미터는 옵티마이저 부분에서 설명했던 모멘텀 관련 하이퍼파라미터를 의미합니다. 해당 파라미터가 구체적으로 무엇을 의미하는지를 이해하기 위해 모멘텀 옵티마이저 관련 공식을 다시 한번 살펴보겠습니다.

$$v_t = \gamma v_{t-1} + \eta \frac{\partial \mathrm{E}}{\partial w_i}(w_{i,\,current})$$

$$w_{i,\,new} = w_{i,\,current} - v_t$$

momentum 파라미터는 위의 식에서 γ를 의미합니다. γ의 값으로는 보통 0.9를 사용합니다. momentum 파라미터의 기본값은 0으로 설정되어 있는데, 이는 모멘텀을 사용하지 않겠다는 의미입니다.

nesterov 파라미터는 Nesterov 모멘텀 방법을 사용할지를 결정합니다. 취할 수 있는 값은 True와 False이고 기본값은 False입니다. 해당 모멘텀 방법을 사용하려면 이 파라미터의 값을 True로 설정합니다.

clipnorm과 clipvalue는 일반적으로 경사 폭발 문제를 방지하기 위해 사용되는 파라미터들입니다. 즉, 경사 클리핑(clipping)의 목적으로 사용됩니다. clipnorm 파라미터는 파라미터의 경삿값을 원소로 하는 벡터의 길이(norm)를 제한합니다. clipnorm = 1이라면 경사 벡터의 길이가 1이 넘는 경우 그 길이가 1이 되도록 경사의 값을 줄입니다. clipvalue 파라미터는 파라미터의 경삿값 자체에 제한을 두기 위한 파라미터입니다. 예를 들어 clipvalue=0.5라면 경사의 절댓값이 0.5가 넘는 경우 그 값을 0.5로 줄입니다. clipnorm과 clipvalue의 기본값은 None으로 되어 있습니다.

그다음, compile() 함수를 이용해 사용하고자 하는 옵티마이저와 비용함수를 지정합니다. 옵티마이저를 SGD로 지정하기 위해 compile() 함수가 갖는 optimizer 파라미터의 값을 앞에서 생성한 SGD 클래스의 객체인 sgd로 지정합니다. 그리고 비용함수는 compile() 함수의 loss 파라미터의 값으로 지정합니다. 여기서는 우리가 풀고자 하는 문제가 회귀 문제이기 때문에 비용함수로 MSE를 사용합니다. 이를 위해 MSE 비용함수를 의미하는 문자열값 'mse'를 입력합니다.

```
model.compile(optimizer=sgd, loss='mse')
```

그다음은 우리가 구축한 신경망 모형과 앞서 지정한 옵티마이저와 비용함수를 이용해 학습 데이터를 학습하는 것입니다. 이를 위해 fit() 함수를 사용합니다. fit() 함수의 첫 번째 인자로는 독립변수에 대한 학습 데이터를, 두 번째 인자로는 종속변수에 대한 학습 데이터를 입력합니다.

```
history = model.fit(train_data, train_targets, epochs=80, batch_size=64)
```

fit() 함수가 갖는 파라미터 중에서 여러분이 설정해야 하는 주요 파라미터로는 epochs와 batch_size가 있습니다. epochs는 전체 학습 데이터를 몇 번 사용해서 학습할 것인지를 의미하고, batch_size는 파라미터들을 한 번 업데이트할 때 몇 개의 관측치를 사용할 것인지를 의미합니다(즉, 미니 배치의 크기를 의미합니다). 여기서는 한 번 파라미터를 업데이트할 때 64개의 관측치를 사용하고, 전체 학습 데이터를 80번 반복해서 사용한다고 설정했습니다.

그렇다면 한 번의 에포크당 몇 번의 업데이트가 발생할까요? 이를 알기 위해 일단 먼저 학습 데이터에 존재하는 관측치의 수를 확인해 보겠습니다.

```
train_data.shape
```
```
(404, 13)
```

한 번의 에포크당 404개의 관측치를 사용합니다. 미니 배치의 크기가 64이므로 한 번 업데이트할 때 64개의 관측치를 사용합니다. 그런데 404는 64의 배수가 아닙니다. 즉, 404/64 = 6.3125입니다. 이러한 경우, 여섯 번의 업데이트까지는 한 번 업데이트당 64개의 관측치가 사용되고(즉, 여섯 번의 업데이트까지 64×6 = 384개의 관측치가 사용됩니다), 일곱 번째 업데이트에서는 남아있는 20(=404 − 384)개의 관측치만 이용해 업데이트를 진행합니다. 이는 그림 13.23과 같이 표현할 수 있습니다.

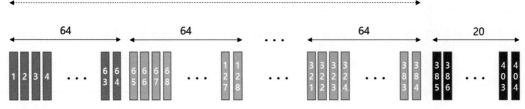

그림 13.23 미니 배치 사용 방식의 예

따라서 하나의 에포크당 일곱 번의 업데이트가 진행됩니다. fit() 함수를 실행했을 때 화면에 출력되는 내용을 보면 확인할 수 있습니다(다음 참고). 예를 들어, Epoch 1/80은 80에포크에서 첫 번째 에포크를 의미합니다. 그리고 7/7에서 / 기호 뒤의 7은 에포크당 일곱 번의 업데이트가 발생한다는 것을 의미합니다. 첫 번째 에포크가 끝난 이후에는 데이터의 관측치들이 다시 무작위로 섞입니다. 이후 첫 번째 에포크에서 와 동일한 방식으로 업데이트가 진행됩니다. 그리고 마지막 열의 loss: 388.7785는 첫 번째 에포크 이후 의 비용함수의 값을 나타냅니다. 에포크값이 커질수록 비용함수 값이 작아지는 것을 확인할 수 있습니다.

```
Epoch 1/80
7/7 [==============================] - 1s 3ms/step - loss: 388.7785
Epoch 2/80
7/7 [==============================] - 0s 2ms/step - loss: 53.4989
Epoch 3/80
7/7 [==============================] - 0s 2ms/step - loss: 18.6368
Epoch 4/80
7/7 [==============================] - 0s 2ms/step - loss: 13.4692
Epoch 5/80
7/7 [==============================] - 0s 2ms/step - loss: 11.1479
… (이하 생략)
```

fit() 함수를 이용해 학습을 마친 후 에포크당 비용함수의 값이 어떻게 달라지는지 시각화해 보겠습니다. 시각화를 위해 fit() 함수가 반환하는 결과를 저장하고 있는 history 변수를 사용합니다. history 변수는 학습 과정에서 발생하는 여러 가지 정보를 저장하고 있습니다. 이 중 우리는 학습 데이터에 대한 비용함수 값에 대한 정보를 이용해 시각화합니다. 다음과 같이 할 수 있습니다.

```
import matplotlib.pyplot as plt

plt.plot(history.history['loss'])
```

```
plt.xlabel('epoch')
plt.ylabel('loss')
plt.legend(['train'])
plt.show()
```

결과는 그림 13.24와 같습니다.

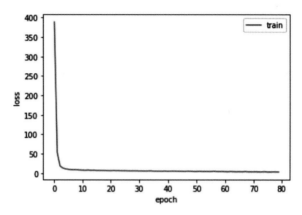

그림 13.24 학습 과정에서의 비용함수 값의 변화

그다음으로, 학습을 통해 도출된 모형의 성능을 평가해 보겠습니다. 여기서는 회귀 문제에 적용된 모형의 성능을 파악하기 위해서 RMSE(Root mean squared errors)와 R^2 지표를 이용해 모형의 성능을 평가하겠습니다. 해당 지표의 값을 계산하기 위해 일단 먼저 평가 데이터에 존재하는 종속변수의 값을 다음과 같이 predict() 함수를 이용해 예측합니다. predict() 함수는 독립변수에 대한 평가 데이터를 인자로 입력받습니다. predict() 함수는 평가 데이터에 존재하는 모든 관측치의 종속변수 값을 한 번에 예측하지 않습니다. 학습에서와 마찬가지로 미니 배치별로 예측합니다. 한 번의 예측에 사용되는 미니 배치의 크기는 predict() 함수가 갖는 batch_size 파라미터의 값으로 설정합니다. 기본적으로는 32로 설정되어 있습니다. 일반적으로는 기본값을 그대로 사용합니다.

```
y_pred = model.predict(test_data)
```

위 코드를 실행하면 다음 결과가 나옵니다. 여기서 **4/4**는 평가 데이터에 대해 네 번의 예측이 진행되었다는 것을 의미합니다. 평가 데이터에 존재하는 관측치의 수가 102이기 때문에 한 번에 32개의 관측치에 대한 예측이 진행되어 총 네 번의 예측이 수행된 것입니다.

```
4/4 [==============================] - 0s 1ms/step
```

그다음, 예측된 종속변수의 값을 이용해 모형의 성능을 평가합니다. RMSE를 계산하기 위해 다음과 같이 sklearn에서 제공하는 mean_squared_error() 함수를 이용하고, R^2를 계산하기 위해 r2_score() 함수를 이용합니다.

```
from sklearn.metrics import mean_squared_error
mean_squared_error(test_targets, y_pred)**0.5
```

```
3.679521590460229
```

```
from sklearn.metrics import r2_score
r2_score(test_targets, y_pred)
```

```
0.837358803378214
```

R^2의 값이 0.84 정도 나오는 것을 확인할 수 있습니다.[30] 이는 평가 데이터의 종속변수가 갖는 전체 흩어진 정도 중에서 84% 정도를 설명한다는 것을 의미합니다.

13.5.2 RMSprop 옵티마이저 사용의 예

이번에는 RMSprop 옵티마이저를 사용해 보겠습니다. 관련된 코드는 FNN_housing_example_RMSProp. ipynb 파일을 참고하세요. RMSprop을 이용하는 것은 SGD 옵티마이저를 사용하는 경우와 비교했을 때 optimizers 모듈에서 제공하는 관련 옵티마이저 클래스를 사용하는 부분만 다릅니다. RMSprop 옵티마이저를 위해서는 RMSprop 클래스를 사용합니다. 해당 클래스의 생성자 함수가 갖는 파라미터를 이해하기 위해 RMSprop의 업데이트 식을 살펴보겠습니다.

$$w_{i, t+1} = w_{i, t} - \frac{\eta}{\sqrt{E[g^2]_{i, t} + \epsilon}} \frac{\partial E}{\partial w_i}$$

여기에서 $E[g^2]_{i, t} = \rho E[g^2]_{i, t-1} + (1-\rho)g_{i, t}^2$ 입니다.

RMSprop 클래스 생성자 함수가 갖는 주요한 파라미터에는 learning_rate와 rho가 있습니다. learning_rate 파라미터는 위 식에서 η이며, rho는 ρ입니다. learning_rate 파라미터의 기본값은 0.001로 되어 있고, rho 파라미터의 기본값은 0.9로 설정되어 있습니다. rho의 값은 일반적으로 0.9를 그대로 사용합니다. 텐서플로에서 제공하는 RMSprop 클래스의 경우에는 모멘텀 방식도 적용할 수 있습

---

30 여러분의 결과는 본 책의 결과와 다를 수 있습니다.

니다. 이와 관련해서 해당 클래스의 생성자 함수는 `momentum` 파라미터를 갖습니다. 다음과 같이 객체를 생성합니다.

```
rmsprop = tf.keras.optimizers.RMSprop(learning_rate=0.01, rho=0.85, momentum=0.9)
```

`compile()` 함수를 이용해 옵티마이저와 비용함수를 지정합니다.

```
model.compile(optimizer=rmsprop, loss='mse')
```

나머지 부분은 SGD를 사용하는 경우와 동일하기 때문에 여기서는 설명을 생략하겠습니다.

학습의 결과로 도출된 모형의 성능을 평가 데이터에 대해 평가해 보면 다음의 결과를 얻습니다.

```
y_pred = model.predict(test_data)
from sklearn.metrics import mean_squared_error
mean_squared_error(test_targets, y_pred)**0.5
```

```
3.769786717474918
```

```
from sklearn.metrics import r2_score
r2_score(test_targets, y_pred)
```

```
0.8292811763517869
```

이 예에서는 SGD의 결과가 RMSprop의 결과보다 더 좋게 나왔습니다. 하지만 일반적으로 RMSprop의 결과가 더 좋게 나옵니다.

13.5.3 Adam 옵티마이저의 사용 예

이번에는 Adam 옵티마이저를 사용해 보겠습니다. 관련 코드는 **FNN_housing_example_Adam.ipynb** 파일을 참고하세요. Adam 옵티마이저는 **Adam** 클래스의 객체를 생성해 사용할 수 있습니다. **Adam** 클래스 생성자 함수의 파라미터 역할을 이해하기 위해 Adam 관련 식을 다시 한번 살펴보겠습니다.

$$w_{i,\,t+1} = w_{i,\,t} - \eta \frac{m_{i,\,t}}{\sqrt{v_{i,\,t} + \epsilon}}$$

여기서 $m_{i,t}$와 $v_{i,t}$는 다음과 같습니다.

$$m_{i,t} = \beta_1 \cdot m_{i,t-1} + (1-\beta_1) \cdot g_{i,t}$$

$$v_{i,t} = \beta_2 \cdot v_{i,t-1} + (1-\beta_2) \cdot g_{i,t}^2$$

Adam 클래스 생성자 함수가 갖는 주요한 파라미터에는 learning_rate, beta_1, beta_2 등이 있습니다. learning_rate는 위 식에서 η를, beta_1은 위 식에서 β_1을, beta_2는 위 식에서 β_2를 의미합니다. learning_rate의 기본값은 0.001이고, beta_1은 0.9, beta_2는 0.999입니다. 여기서는 기본값을 그대로 사용해 객체를 생성하겠습니다.

```
adam = tf.keras.optimizers.Adam(learning_rate=0.01, beta_1=0.9, beta_2=0.999)
model.compile(optimizer=adam, loss='mse')
```

다른 부분은 앞에서 살펴본 SGD 또는 RMSprop 옵티마이저의 경우와 동일합니다.

평가 데이터에 대한 모형의 성능은 다음과 같습니다.

```
y_pred = model.predict(test_data)

from sklearn.metrics import mean_squared_error

mean_squared_error(test_targets, y_pred)**0.5
```
```
4.005291638350085
```

```
from sklearn.metrics import r2_score

r2_score(test_targets, y_pred)
```
```
0.807284725616436
```

Adam의 결과도 이 예에서는 SGD의 결과보다 안 좋게 나왔습니다. 하지만 일반적으로는 Adam의 결과가 좋게 나옵니다.

13.6 신경망에서의 과적합 해결 방법

이 책의 8장에서 설명한 것처럼, 과적합 문제(overfitting problem)는 기계학습 모형이 학습 데이터는 잘 설명하는 반면에 학습에 사용되지 않은 새로운 데이터를 잘 설명하지 못하는 것을 의미합니다. 과적합 문제는 모형에 파라미터가 많을수록, 즉 모형이 복잡할수록 발생할 확률이 높아집니다. 신경망 모형의 경우, 전통적인 기계학습 모형에 비해 파라미터의 수가 많기 때문에 과적합 문제가 더 쉽게 발생할 수 있습니다.

과적합이 발생하는지를 파악하기 위해서는 일반적으로 검증 데이터를 사용합니다. 즉, 전체 정답 데이터를 학습 데이터와 평가 데이터로 구분한 후, 학습 데이터를 다시 최종 학습 데이터와 검증 데이터로 구분하고 검증 데이터를 사용해 모형의 성능을 파악하는 것입니다. 그림 13.25와 같이 학습 데이터에 대한 비용함수의 값은 지속적으로 감소하는데 검증 데이터에 대한 비용함수의 값은 증가하는 경우, 과적합이 발생하고 있다고 생각할 수 있습니다.

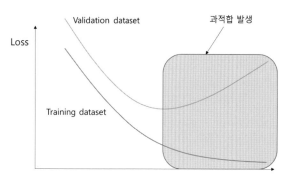

그림 13.25 과적합 발생의 예

앞의 예제에 대해 과적합 문제가 발생하는지 직접 한번 확인해 보겠습니다. 케라스에서는 다음과 같이 `fit()` 함수의 `validation_split` 파라미터를 이용해 검증 데이터를 생성하고 이용할 수 있습니다. `validation_split = 0.1`이라고 설정하면 전체 학습 데이터 중에서 10%를 검증 데이터로 사용하겠다는 것을 의미합니다. 즉, 전체 학습 데이터의 90%를 이용해 학습하고 나머지 10%를 이용해 모형의 성능을 검증합니다. 관련 파이썬 코드는 `FNN_housing_example_overfitting.ipynb` 파일을 참고하세요.

```
history = model.fit(
    train_data, train_targets, epochs=1000, batch_size=64, validation_split=0.1
)
```

다음과 같이 학습 데이터에 대한 비용함수의 값과 검증 데이터에 대한 비용함수의 값을 확인할 수 있습니다.

```
import matplotlib.pyplot as plt

plt.plot(history.history['loss'])
plt.plot(history.history['val_loss'])
```

```
plt.xlabel('epoch')
plt.ylabel('loss')
plt.legend(['train', 'val'])
plt.show()
```

결과는 그림 13.26과 같습니다. 이 예제 데이터의 경우 과적합 문제는 발생하지 않는 것으로 확인됐습니다.

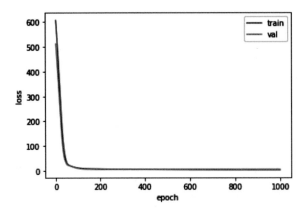

그림 13.26 에포크에 따른 학습 데이터와 검증 데이터의 비용함수 값의 변화

앞의 예에서는 과적합 문제가 발생하지 않는 것으로 나왔지만, 신경망 모형을 사용하는 많은 경우 과적합 문제가 발생할 수 있습니다. 여기서는 신경망에서의 과적합 문제를 해결하기 위한 주요 방법에 대해 알아보겠습니다. 신경망에서의 과적합 문제를 해결하기 위해 주로 사용하는 방법에는 L1/L2 규제화(regularization), 드롭아웃(dropout), 조기 종료(early stopping), 배치 정규화(batch normalization), 계층 정규화(layer normalization) 등이 있습니다. 각 방법을 살펴보겠습니다.

13.6.1 L1/L2 규제화

L1과 L2 규제화에 대한 자세한 설명은 이 책의 8.4절을 참고하기 바랍니다. 규제화는 원래의 비용함수에 규제화 항(penalty term)을 추가한 새로운 비용함수를 사용하는 방법입니다. 그렇게 하면, 학습의 결과로 도출되는 파라미터의 절댓값이 줄어드는 효과가 있습니다. 규제화 항으로 L1 규제화 항을 사용한 방법을 L1 규제화, L2 규제화 항을 사용한 방법을 L2 규제화라고 합니다.

파라미터 벡터, $\boldsymbol{w}=(w_1, w_2, \cdots, w_k)$에 대해 원래의 비용함수를 $\mathrm{E}(\boldsymbol{w})_{org}$로 표현하는 경우, L1 규제화에서의 새로운 비용함수는 다음과 같이 표현됩니다.

$$\mathrm{E}(\boldsymbol{w})_{new} = \mathrm{E}(\boldsymbol{w})_{org} + \lambda \|\boldsymbol{w}\|_1$$

여기서 $\|w\|_1 = \sum_{i=1}^{k}|w_i| = |w_1| + |w_2| + \cdots |w_k|$이며, λ는 규제화 강도(penalty strength)라는 하이퍼파라미터입니다.

L2 규제화에서의 새로운 비용함수는

$$\mathrm{E}(w)_{org} + \lambda \|w\|_2^2$$

입니다. 여기서 $\|w\|_2^2$는 $\sum_{i=1}^{k} w_i^2 = w_1^2 + w_2^2 + \cdots + w_k^2$이 됩니다.

여기서는 케라스를 이용해 규제화를 어떻게 적용할 수 있는지 알아보겠습니다. 관련 코드는 `FNN_housing_example_l1l2_regularization.ipynb`를 참고하세요. 케라스의 경우, 신경망 각 층에 존재하는 파라미터에 L1 또는 L2 규제화를 적용합니다. 다음의 코드는 앞에서 사용했던 두 개의 은닉층에 대해 첫 번째 은닉층 관련 가중치들(즉, 그림 13.21에서 입력층과 은닉층1 사이에 존재하는 가중치들)에 L1 규제화를 적용하고, 두 번째 은닉층 관련 가중치들(즉, 그림 13.21에서 은닉층1과 은닉층2 사이에 존재하는 가중치들)에 L2 규제화를 적용합니다.[31] L1 또는 L2 규제화를 적용하기 위해서는 케라스에서 제공하는 `regularizers` 모듈에 존재하는 L1 클래스와 L2 클래스를 사용합니다. 다음과 같이 객체를 생성하고 객체를 Dense 클래스 생성자 함수의 `kernel_regularizer` 파라미터의 값으로 지정합니다. L1 또는 L2 클래스 생성자 함수가 갖는 l1 또는 l2 파라미터 값으로 규제화 강도 값을 입력합니다.

```
from tensorflow.keras import regularizers

l1 = regularizers.L1(l1=0.01)
l2 = regularizers.L2(l2=0.01)
model.add(
    layers.Dense(
        64, activation='relu', kernel_regularizer=l1, input_shape=(train_data.shape[1],)
    )
)
model.add(layers.Dense(64, activation='relu', kernel_regularizer=l2))
model.add(layers.Dense(1))
```

---

31 편향 파라미터에 대해 규제화를 적용하기 위해서는 `bias_regularizer` 파라미터를 사용합니다. 하지만 일반적으로 편향 파라미터에 대한 규제화는 잘 적용하지 않습니다.

13.6.2 드롭아웃

드롭아웃(Dropout)은 2014년에 신경망에서의 과적합 문제를 해결하기 위해 제안된 방법입니다.[32] 드롭아웃은 학습할 때 신경망 모형에 존재하는 모든 노드를 사용하는 것이 아니라 일부의 노드를 제외한 나머지 노드만 이용하여 학습하는 방법입니다. 그림 13.27의 오른쪽이 드롭아웃이 적용된 경우입니다. 제외되는(즉, 드롭아웃되는) 노드는 파라미터의 업데이트가 발생할 때마다 달라집니다(하지만 제외되는 노드의 수는 동일합니다). 그리고 제외되는 노드들은 랜덤하게 선택됩니다. 이렇게 하면 모형이 갖는 파라미터의 수가 줄어들고, 학습할 때마다 제외되는 노드가 달라지기 때문에 모형이 갖는 일반화 정도(generalization)가 증가하여 과적합 문제가 줄어드는 효과가 있습니다.

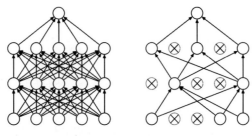

그림 13.27 드롭아웃을 적용하지 않은 경우(좌)와 적용한 경우(우)

하지만 새로운 데이터에 대해서는 학습에서 사용된 드롭아웃이 적용된 모형을 사용하는 것이 불가능하기 때문에, 새로운 데이터에 존재하는 종속변수의 값을 예측하기 위해서는 모든 노드가 존재하는 모형을 사용합니다. 하지만 그렇게 되면 학습의 경우보다 사용되는 노드의 수가 증가하기 때문에 최종적으로 예측되는 값의 절댓값이 학습의 경우보다 증가하는 문제가 발생합니다. 이러한 문제를 해결하기 위해 학습을 통해 도출된 파라미터 값을 그대로 사용하는 것이 아니라, 그 값을 줄여 종속변수의 값을 예측합니다. 학습 과정에서 특정 노드가 드롭아웃되지 않는 비율을 p라고 한다면, 학습에서 도출된 해당 노드와 연결된 파라미터 값에 p를 곱해서 새로운 데이터에 존재하는 종속변수를 예측합니다(그림 13.28 참고).

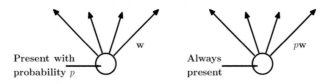

그림 13.28 학습의 경우(좌)와 학습에 사용되지 않은 데이터에 적용되는 경우(우)

---

32 Srivastava, N., Hinton, G., Krizhevsky, A., Sutskever, I., & Salakhutdinov, R.(2014). Dropout: a simple way to prevent neural networks from overfitting. The journal of machine learning research, 15(1), 1929–1958.

케라스를 이용해 드롭아웃을 적용해 보겠습니다. 관련 코드는 FNN_housing_example_dropout.ipynb 파일을 참고하세요. 케라스의 경우, 드롭아웃을 적용하기 위해 다음과 같이 Dropout 클래스를 사용합니다. 다음 코드에서는 두 개의 은닉층 중 첫 번째 은닉층에 30%의 비율로 드롭아웃을 적용하고 있습니다. 즉, 첫 번째 은닉층에 존재하는 64개의 노드 중에서 파라미터의 값이 업데이트될 때마다 랜덤하게 30%의 노드가 제외됩니다.

```python
model = models.Sequential()
model.add(
    layers.Dense(
        64, activation='relu',
        kernel_initializer='glorot_uniform', input_shape=(train_data.shape[1],)
    )
)
model.add(layers.Dropout(0.3))
model.add(layers.Dense(64, activation='relu', kernel_initializer='glorot_uniform'))
model.add(layers.Dense(1))
```

나머지 부분은 앞에서 살펴봤던 것과 같으므로 관련 설명은 생략하겠습니다.

13.6.3 조기 종료

조기 종료(Early stopping)는 말 그대로 학습을 사전에 정해진 횟수만큼 모두 진행하는 것이 아니라, 과적합 방지를 위해 조기에 종료하는 방법을 말합니다. 앞에서 언급한 것처럼, 학습 데이터에 대한 비용함수 값은 줄어드는데, 학습에 사용되지 않은 데이터(예: 검증 데이터 또는 평가 데이터 등)에 대한 비용함수의 값은 증가하는 경우에 과적합이 발생하고 있다고 판단할 수 있습니다. 조기 종료 방법은 학습에 사용되지 않은 검증 데이터를 이용해 학습을 조기 종

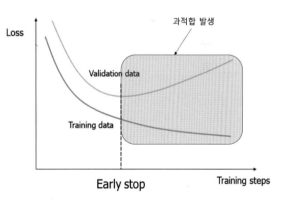

그림 13.29 과적합과 조기 종료

료하는 방법입니다. 일반적으로 검증 데이터에 대한 비용함수의 값이 최소가 되는 지점에서 학습을 조기 종료합니다(그림 13.29 참고).

조기 종료를 구현하기 위해, 케라스에서는 callbacks 모듈에서 제공하는 EarlyStopping이라는 클래스를 사용합니다. 다음과 같이 코딩할 수 있습니다. 관련 코드는 FNN_housing_example_earlystopping.ipynb 파일을 참고하세요. EarlyStopping 클래스의 생성자 함수를 사용해 객체를 만드는데, 해당 함수의 파라미터 중 monitor의 값으로 'val_loss', 그리고 mode는 'min'으로 설정합니다. 이는 검증 데이터의 비용함수 값(즉, val_loss)이 최소(즉, min)가 되는 지점에서 학습을 조기 종료하겠다는 뜻입니다 (monitor 파라미터의 값을 'val_loss'로 지정하기 위해서는 fit() 함수가 갖는 validation_split 파라미터의 값을 지정해서 학습 데이터의 일부를 검증 데이터로 사용해야 합니다).

```
from tensorflow.keras.callbacks import EarlyStopping

es = EarlyStopping(monitor='val_loss', mode='min', patience=5)
```

그런데 이때 중요하게 설정해야 하는 또 다른 파라미터가 있습니다. 바로 patience 파라미터입니다. 이는 EarlyStopping 클래스가 작동하는 방식 때문에 그렇습니다. EarlyStopping 클래스의 경우는 모든 학습이 진행되지 않는 이상, 검증 데이터의 비용함수의 글로벌 최솟값(global minimum)을 알 수가 없습니다. 대신, 첫 번째로 나오는 로컬 최솟값(local minimum)을 기준으로 학습을 종료합니다. 하지만 이러한 경우 해당 로컬 최솟값 이후에 해당 값보다 더 작은 값이 나올 수도 있습니다. 그림 13.30과 같은 비용함수의 경우 EarlyStopping 클래스를 사용하게 되면, 에포크가 10인 지점에서 학습이 종료됩니다. 하지만 비용함수의 값이 최소가 되는 지점은 에포크의 값이 17인 지점인 것을 알 수 있습니다.

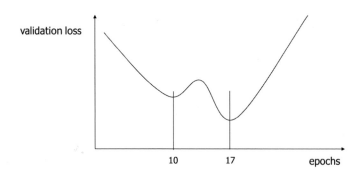

그림 13.30 비용함수의 예

이러한 경우를 방지하기 위해 patience라는 파라미터값을 지정합니다. 즉, 첫 번째 로컬 최솟값에서 바로 학습을 종료하는 게 아니라, patience에 해당하는 만큼의 에포크를 더 진행하고, 그 과정에서 첫 번째 로컬 최솟값보다 더 작은 값이 발생하는지를 확인해 보는 것입니다. patience 횟수에 해당하는 추가적인 에포크 중에 첫 번째 로컬 최솟값보다 더 작은 값이 발생하지 않으면 첫 번째 로컬 최솟값 지점에서의 결과를 최종 결과로 사용합니다. patience 과정 중 첫 번째 로컬 최솟값보다 더 작은 비용함수가 나오는 경우에는 더 작은 비용함수의 지점을 새로운 시작점으로 해서 추가로 **patience**만큼의 에포크를 더 진행합니다. 예를 들어 보겠습니다. 그림 13.31과 같은 검증 데이터셋의 비용함수에 대해, **patience**의 값을 5보다 작게 설정하면, 학습은 10에포크에서 종료됩니다. 왜냐하면 patience 과정 중에 첫 번째 로컬 최솟값보다 작은 값이 나오지 않기 때문에 그렇습니다. 하지만 **patience**의 값을 5 이상으로 설정하면, 17에포크에서 학습이 종료됩니다.

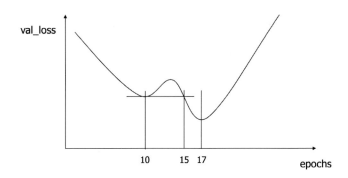

그림 13.31 patience=5의 예

조기 종료된 지점에서의 학습 결과를 저장하기 위해서는 **EarlyStopping** 클래스와 더불어 다음과 같이 **ModelCheckpoint**라는 클래스를 사용해야 합니다. 해당 클래스의 생성자 함수를 사용해 조기 종료되는 시점에서의 모형을 저장할 수 있습니다. 다음과 같이 입력하면, 조기 종료 결과의 모형이 checkpoint_filepath에 저장됩니다. 여기서는 현재 작업 중인 폴더 아래 'temp' 폴더를 생성하고, 해당 폴더 안에 'checkpoint'라는 이름의 파일로 조기 종료 결과를 저장합니다.[33]

```
from tensorflow.keras.callbacks import ModelCheckpoint

checkpoint_filepath = './temp/checkpoint'
mc = ModelCheckpoint(
    checkpoint_filepath, monitor='val_loss', mode='min',
    save_weights_only=True, save_best_only=True
)
```

---

33 'temp' 폴더는 여러분이 직접 생성해야 합니다.

이러한 조기 종료 방법을 적용해 학습하기 위해서는 다음과 같이 fit() 함수가 갖는 callbacks라는 파라미터에 EarlyStopping의 객체와 ModelCheckpoint의 객체를 설정해야 합니다.

```
history = model.fit(
    train_data, train_targets, validation_split=0.2, epochs=200, batch_size=32,
    callbacks=[es, mc]
)
```

이 함수를 이용해 학습을 진행하면, 검증 데이터의 비용함수 값이 최소가 되는 지점에서의 모형을 저장하고 있는 파일이 checkpoint_filepath의 경로에 생성됩니다. 저장된 결과를 이용하기 위해 다음과 같이 load_weights() 함수를 이용합니다.

```
model.load_weights(checkpoint_filepath)
```

해당 모형을 이용해 평가 데이터에 대해 모형의 성능을 평가합니다.

```
y_pred = model.predict(test_data)

from sklearn.metrics import r2_score

r2_score(test_targets, y_pred)
```
```
0.8404199238469278
```

R^2이 0.84 정도 나오는 것을 확인할 수 있습니다.

13.6.4 배치 정규화

신경망에서 발생할 수 있는 과적합 문제를 해결하기 위해 사용될 수 있는 또 다른 방법 중 하나는 배치 정규화(Batch normalization)입니다. 이는 특정 노드에 입력되는 값들의 분포가 미니 배치마다 달라지는 내부 공변량 변화(internal covariate shift) 문제를 해결하기 위해 제안된 방법입니다.[34] 배치 정규화가 어떻게 작동하는지를 특정한 은닉층에 존재하는 임의의 은닉 노드를 기준으로 설명하겠습니다. 미니 배치에 m 개의 관측치가 있는 경우, 각 관측치에 대해 서로 다른 값이 해당 은닉 노드의 입력값으로 입력됩니다. j번째 미니 배치에 대해 다음과 같이 m 개의 값이 존재한다고 가정합니다.

---

34 Ioffe, Sergey; Szegedy, Christian(2015), "Batch Normalization: Accelerating Deep Network Training by Reducing Internal Covariate Shift

$$z_{j,1}, \; z_{j,2}, \; \cdots, \; z_{j,m}$$

$z_{j,i}$는 j번째 미니 배치에 존재하는 i번째 관측치에 대해 해당 노드에 입력되는 값입니다.

미니 배치마다 이러한 m 개 값의 분포가 달라집니다. 일반적으로 정규분포를 갖는 경우 분포의 평균과 분산이 달라지는데, 이러한 현상을 내부 공변량 변화라고 합니다(그림 13.32 참고).

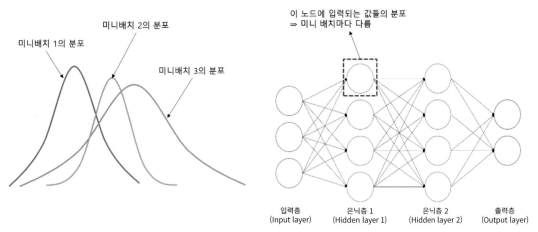

그림 13.32 내부 공변량 변화의 예

배치 정규화 방법을 제안한 저자들에 따르면, 이러한 현상으로 인해 학습이 잘 수행되지 않고 모형의 성능이 안 좋아진다고 합니다. 내부 공변량 변화 현상이 발생하는 주된 이유는 미니 배치별로 파라미터의 값이 업데이트되기 때문입니다. 예를 들어, $j-1$번째 미니 배치에서 사용된 파라미터의 값과 j번째 미니 배치에서 사용된 파라미터의 값이 달라져 특정 노드에 입력되는 값들의 분포가 미니 배치마다 달라지는 것입니다.

이러한 문제를 해결하기 위해 각 노드에 입력되는 값에 대해(미니 배치별로) 다음과 같은 표준화를 수행하게 되는데, 이것을 배치 정규화라고 합니다.

$$\mu_j = \frac{1}{m}\sum_{i=1}^{m} z_{j,i}, \; \rho_j^2 = \frac{1}{m}\sum_{i=1}^{m}(z_{j,i} - \mu_j)^2$$

$$x_{j,i} = \frac{z_{j,i} - \mu_j}{\sqrt{\rho_j^2 + \epsilon}}$$

여기에서 μ_j와 ρ_j^2은 j번째 미니 배치의 평균과 분산을 나타내며, m은 미니 배치의 크기를(즉, 하나의 미니 배치에 m개의 관측치가 존재합니다), ϵ는 분모가 0이 되는 것을 방지하기 위해 사용된 스무딩 항 (smoothing term)을 의미합니다.

하지만 이렇게 표준화만 수행하면 또 다른 문제가 발생합니다. 표준화를 진행하면 대부분의 값들이 평균인 0을 중심을 분포합니다. 즉, 많은 값이 0에 가까운 값을 갖게 되는 것입니다(표준정규분포의 경우, 95% 정도에 해당하는 값이 −2와 2 사이에 존재합니다). 그리고 이러한 값은 해당 노드에 존재하는 활성화 함수의 입력값으로 사용됩니다. 하지만 이런 경우 해당 노드에서 사용된 활성화 함수가 S자 형태의 시그모이드 또는 tanh인 경우에는 입력되는 값이 대부분 0에 가까운 값이기 때문에 그림 13.33과 같이 해당함수의 선형에 가까운 부분에서만 값들이 출력되어 비선형 관계를 제대로 학습하지 못한다는 문제가 발생합니다.

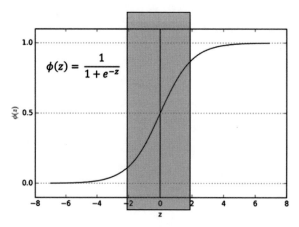

그림 13.33 시그모이드 함수의 예

이러한 문제를 방지하기 위해 배치 정규화 방법에서는 표준화된 값을 스케일링(scaling)하고 시프트(shift)합니다. 즉, 표준화된 값을 그대로 사용하는 게 아니라 특정한 수를 곱하고(scaling), 더하기(shift)를 수행합니다. 따라서 한 노드에 최종적으로 입력되는 값은 다음과 같습니다.

$$y_{j,i} = \gamma x_{j,i} + \beta$$

여기서 γ와 β는 학습을 통해 그 값이 정해집니다(각 노드마다 서로 다른 γ와 β 값을 사용합니다).

케라스에서는 `BatchNormalization` 클래스를 사용해 배치 정규화를 구현할 수 있습니다. 관련 코드는 `FNN_housing_example_batch_layer_norm.ipynb` 파일을 참고하세요. 다음과 같이 하면 노드를 64개갖는 첫 번째 은닉층에 배치 정규화가 적용됩니다.

```
model = models.Sequential()
model.add(layers.Dense(64, activation='relu', input_shape=(train_data.shape[1],)))
```

```
model.add(layers.BatchNormalization())
model.add(layers.Dense(32, activation='relu'))
model.add(layers.Dense(1))
```

13.6.5 계층 정규화[35]

배치 정규화와 함께 알아둘 것이 계층 정규화(Layer normalization)입니다. 배치 정규화의 경우는 일반적으로 이미지 데이터 분석에서 자주 사용되고, 계층 정규화는 텍스트 데이터 등의 시퀀스 데이터 분석에서 자주 사용됩니다. 이후에 설명하는 트랜스포머(Transformer)에서도 계층 정규화 방법을 사용했습니다. 계층 정규화 논문의 저자들에 따르면 앞에서 다룬 배치 정규화는 길이가 달라질 수 있는 시퀀스 데이터에는 적용하기 어렵다는 단점이 존재한다고 합니다. 해당 저자들은 이러한 단점을 보완하기 위해 계층 정규화 방법을 제안합니다.

배치 정규화가 하나의 미니 배치에 존재하는 모든 관측치에 대해 하나의 노드에 입력되는 값들을 이용해 표준화하는 방법이라면, 계층 정규화는 하나의 관측치에 대해 특정 은닉층에 존재하는 모든 노드에 들어가는 값을 이용해 표준화하는 방법이라고 생각할 수 있습니다.

설명을 위해 구체적인 예를 들어보겠습니다. 특정 미니 배치에 존재하는 하나의 관측치에 대해 h번째 은닉층에는 그림 13.34와 같이 값들이 입력된다고 가정합니다.

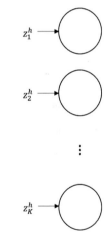

h번째 은닉층

그림 13.34 h번째 은닉층의 예

옆 그림에서 z_i^h는 h번째 은닉층에 존재하는 i번째 노드에 입력되는 값을 의미합니다. 계층 정규화는 원래 값인 z_i^h 값을 그대로 사용하지 않고, 해당 층에 입력되는 값의 정보를 이용해 표준화한 값을 사용합니다. 표준화하기 위해 다음과 같이 평균과 표준편차를 구합니다.

$$\mu^h = \frac{1}{K}\sum_{i=1}^{K} z_i^h, \ \sigma^h = \sqrt{\frac{1}{K}\sum_{i=1}^{K}(z_i^h - \mu^h)^2}$$

여기서 K는 해당 층에 존재하는 노드의 수를, μ^h와 σ^h는 h번째 (은닉)층에 입력되는 값의 평균과 표준편차를 의미합니다. 이러한 평균과 표준편차를 이용해 각 노드의 입력값을 다음과 같이 표준화합니다.

---

35 Ba, J. L., Kiros, J. R., & Hinton, G. E.(2016). Layer normalization. arXiv preprint arXiv:1607.06450.

$$x_i^h = \frac{z_i^h - \mu^h}{\sigma^h}$$

하지만 배치 정규화와 마찬가지로, 위의 표준화된 값을 그대로 사용하지 않고 스케일링과 시프트 한 값을 사용합니다. 이는 다음과 같이 표현됩니다.

$$\tilde{x}_i^h = g_i x_i^h + b_i$$

g_i는 스케일링 값(scaling factor)이 되고, b_i는 시프트에 해당하는 값입니다. 해당 논문에서는 g_i를 게인(gain) 파라미터로 표현했습니다. 그리고 b_i는 일반적인 편향이 됩니다.

계층 정규화를 적용하지 않은 경우와 적용한 경우를 그림으로 표현하면 그림 13.35와 같습니다.

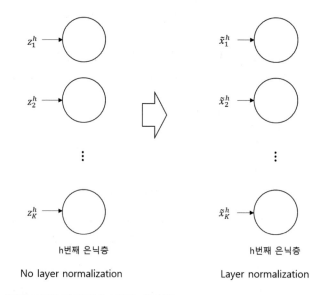

그림 13.35 계층 정규화 사용하지 않은 경우(좌)와 사용한 경우(우)

케라스에서는 다음과 같이 **LayerNormalization** 클래스를 사용해서 계층 정규화를 적용할 수 있습니다. 관련 코드는 **FNN_housing_example_batch_layer_norm.ipynb** 파일을 참고하세요. 다음과 같이 하면 노드를 첫 번째 은닉층에 계층 정규화가 적용됩니다.

```
model = models.Sequential()
model.add(
    layers.Dense(
```

```
        64, activation='relu', kernel_initializer='glorot_uniform',
        input_shape=(train_data.shape[1],)
    )
)
model.add(layers.LayerNormalization())

model.add(layers.Dense(1))
```

14

FNN을 이용한
텍스트 분석과 단어 및 문서 임베딩

이 장에서는 앞에서 다룬 기본 신경망(즉, Feedfoward Neural Network, FNN)[36]을 이용한 텍스트 분석 방법에 대해 살펴보겠습니다. 첫 번째로 살펴볼 것은 기본 신경망을 이용한 감성분석(즉, 문서 분류)이고, 두 번째는 단어 임베딩과 문서 임베딩입니다.

14.1 FNN을 이용한 텍스트 분석

여기서는 가장 일반적인 신경망인 FNN을 이용하여 감성분석을 어떻게 수행할 수 있는지에 대해 설명하겠습니다. 딥러닝을 이용한 텍스트 분석(감성분석 포함)에는 일반적으로 FNN보다는 합성곱 신경망 (CNN, Convolutional neural network)이나 순환 신경망(RNN, Recurrent neural network), 트랜스포머(Transformer) 기반의 방법 등 다른 딥러닝 알고리즘이 더 많이 사용되지만, 신경망이 텍스트 분석에서 사용되는 원리를 보다 잘 이해하기 위해 FNN을 사용해 감성분석을 수행해 보겠습니다.

FNN은 기본적으로 그림 14.1과 같은 형태를 갖습니다. 13장에서 살펴본(집값을 예측하는 데 사용된) 신경망도 FNN이라고 생각할 수 있습니다.

---

36 13장에서 배운 기본적인 신경망을 의미합니다. ANN(Artificial Neural Network)나 DNN(Deep Neural Network)이라고 하는 경우도 있습니다.

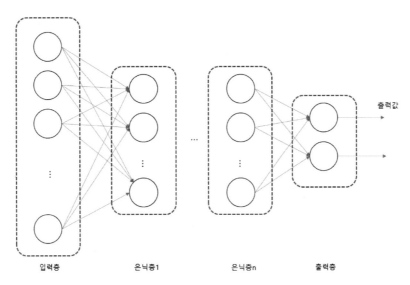

입력층   은닉층1   은닉층n   출력층   출력값

그림 14.1 FNN의 구조

FNN을 감성분석에 적용하는 경우, 첫 번째로 결정해야 하는 것이 입력층과 출력층에 존재하는 노드의 수를 어떻게 하느냐입니다. 감성분석은 분류의 문제이므로 출력층에 존재하는 노드의 수는 종속변수가 취하는 값의 수와 동일합니다. 감성분석에서는 각 문서가 긍정, 부정 두 개의 값을 취할 수 있으므로 출력 노드의 수는 2가 됩니다(여기서는 긍정은 1, 부정은 0으로 표현하겠습니다).

그렇다면 FNN에 존재하는 입력 노드의 수는 어떻게 결정될까요?[37] 이는 우리가 가지고 있는 전체 텍스트 데이터에 존재하는 단어 중에서 최종 분석에 사용하는 단어의 수로 결정됩니다. 전체 데이터에 있는 단어가 10,000개인데, 그중 빈도수를 기준으로 상위 1,000개만 사용해 감성분석을 수행한다면 입력 노드의 수가 1,000개가 됩니다.[38]

전체 단어 중 1,000개의 단어를 사용하기로 했다면, 각 문서를 선택된 1,000개의 단어를 이용해 표현하고 그렇게 표현된 정보를 입력층에 전달하여 감성분석을 수행합니다. 이를 위해 먼저 각 문서에 사용된 단어 중 상위 1,000개에 해당하는 단어만 사용해 각 문서를 다시 표현합니다. 예를 들어, 다음과 같은 영화평이 존재한다고 합시다.

문서1 = '어제 본 영화는 줄거리는 좋았지만, 주인공인 아무개의 연기는 엉망이었다'

---

37 편향 노드를 제외한 입력층에 존재하는 노드의 수를 의미합니다.
38 몇 개의 단어를 최종 분석에서 사용할지는 사용자가 결정합니다.

먼저 해당 문서에 대해 전처리 작업을 수행하는 것이 필요합니다. 여기서는 전처리 작업을 통해 해당 문서가 다음과 같은 리스트로 표현되었다고 가정하겠습니다.

문서1 = ['어제', '본', '영화', '줄거리', '좋았', '주인공', '아무개', '연기', '엉망']

이 중에서 상위 1,000개 안에 포함되는 단어가 '영화', '줄거리', '좋았', '주인공', '엉망'이라고 할 때, 해당 단어만 사용해서 해당 문서를 다음과 같이 다시 표현합니다.

문서1 = ['영화', '줄거리', '좋았', '주인공', '엉망']

위와 같이 표현된 각 문서를 FNN의 입력값으로 전달하기 위해서는 각 문서를 숫자 정보로 변환해야 합니다. FNN에서는 일반적으로 원-핫 인코딩(one-hot encoding) 방법을 사용해 각 문서를 숫자 정보로 변환합니다. 이를 위해 먼저 수행할 것은 상위 1,000개 단어에 인덱스 번호를 부여하는 것입니다. 즉, 1000개의 단어들이 0부터 999까지의 인덱스 번호를 갖게 됩니다. 그리고 각 문서를 단어 정보가 아닌 각 단어의 인덱스 번호를 이용해 표현합니다. 만약 '영화'의 인덱스가 0, '줄거리' = 123, '좋았' = 20, '주인공' = 500, '엉망' = 200의 인덱스를 갖는다고 하면 다음과 같이 표현할 수 있습니다.

문서1 = [0, 123, 20, 500, 200]

그리고 이러한 인덱스 정보를 사용해 각 문서에 대한 원-핫 인코딩을 수행합니다. 즉, 해당 단어가 위치하는 자리의 원소 값만 1로 하고 나머지 원소의 값은 0을 갖는 벡터로 표현하는 것입니다. 그러면 각 문서는 원소의 수가 1,000인 벡터로 변환됩니다. 문서1은 그림 14.2와 같이 표현됩니다.

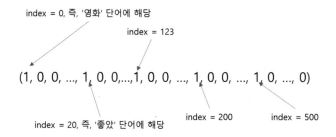

그림 14.2 문서1의 원-핫 벡터 표현

FNN에 존재하는 각 입력 노드가 각 문서를 나타내는 1,000차원 벡터의 각 원소 값을 입력받게 됩니다. 즉, 첫 번째 입력 노드는 문서 벡터의 첫 번째 원소 값을, 두 번째 입력 노드는 두 번째 원소 값을 취하는 것입니다. 노드의 수가 32개인 은닉층과 16개인 은닉층을 사용한다면 문서1에 대한 입력값은 그림 14.3 과 같이 표현할 수 있습니다.

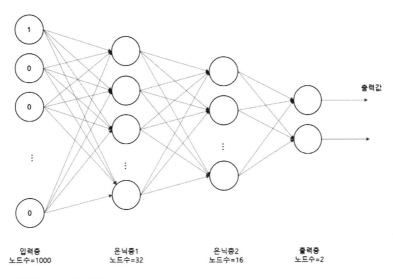

그림 14.3 사용하고자 하는 FNN 구조의 예

회귀 문제와 다르게, 분류 문제에는 출력 노드에 활성화 함수가 존재합니다. 분류 문제에서는 출력층의 활성화 함수로 보통 소프트맥스 함수를 사용합니다. 소프트맥스 함수는 종속변수가 취할 수 있는 여러 개의 값 중에서 특정한 값을 취할 확률을 출력합니다. 감성분석의 경우, 종속변수가 취할 수 있는 값이 0(부정)과 1(긍정) 두 개이므로, 출력 노드가 두 개 존재하는데, 첫 번째 출력 노드가 소프트맥스 함수를 이용해 출력하는 값은 종속변수의 값이 0일 확률(즉, 해당 문서의 감성이 부정일 확률), 그리고 두 번째 출력 노드가 소프트맥스 함수를 통해 출력하는 값은 종속변수의 값이 1일 확률(즉, 해당 문서의 감성이 긍정일 확률)입니다.

소프트맥스 함수는 0과 1 사이의 확률값을 반환하는데, i번째 출력 노드에서 사용되는 소프트맥스 함수는 다음과 같이 정의됩니다.

$$S(z_i) = \frac{e^{z_i}}{\sum_j e^{z_j}}$$

z_i는 i번째 출력 노드에 입력되는 입력값입니다. 감성분석의 경우는 출력 노드가 두 개이기 때문에 첫 번째 출력 노드에서 출력되는 값은

$$S(z_1) = \frac{e^{z_1}}{e^{z_1} + e^{z_2}}$$

이 되고, 두 번째 출력 노드에서 출력되는 값은

$$S(z_2) = \frac{e^{z_2}}{e^{z_1} + e^{z_2}}$$

이 됩니다. 이 둘을 합하면 1이 됩니다(즉, $S(z_1) + S(z_2) = \frac{e^{z_1}}{e^{z_1} + e^{z_2}} + \frac{e^{z_2}}{e^{z_1} + e^{z_2}} = \frac{e^{z_1} + e^{z_2}}{e^{z_1} + e^{z_2}} = 1$).

감성분석의 경우 종속변수가 취하는 값이 0과 1이므로 $S(z_1)$이 의미하는 것은 문서 i의 종속변수 값이 0일 확률, 즉 $P(y_i = 0)$이고, $S(z_2)$가 의미하는 것은 문서 i의 종속변수 값이 1일 확률, 즉 $P(y_i = 1)$입니다.

학습의 경우는 실제 y_i와 $S(z_1)$(또는 $S(z_2)$) 값을 사용하여 교차 엔트로피(cross-entropy) 비용함수를 계산합니다. N 개의 문서에 대한 전체 교차 엔트로피 비용함수는 다음과 같이 표현됩니다.

$$-\sum_{i=1}^{N} \{y_i \log S_i(z_2) + (1 - y_i) \log S_i(z_1)\}$$

여기에서 y_i는 i번째 문서가 갖는 실제 종속변수의 값입니다. y_i는 0(부정) 또는 1(긍정)의 값을 취합니다. FNN은 학습을 통해 위의 비용함수 값을 최소화하는 파라미터의 값을 찾습니다. 그리고 그 결과를 정답이 없는 새로운 문서에 적용해 정답을 예측합니다.

■ 파이썬 코딩하기

실제 파이썬 코드를 살펴보겠습니다. 관련 코드는 FNN_text_sentiment.ipynb를 참고하세요. 여기서는 Korean_movie_reviews_2016.txt 파일에 저장된 한글 영화평 데이터를 사용해 감성분석을 수행해 보겠습니다.

다음과 같이 데이터를 읽어옵니다.

```python
with open('Korean_movie_reviews_2016.txt', encoding='utf-8') as f:
    docs = [doc.strip().split('\t') for doc in f]
    docs = [(doc[0], int(doc[1])) for doc in docs if len(doc) == 2]
    texts, labels = zip(*docs)
```

여기서는 데이터에 존재하는 전체 단어 중 빈도순으로 상위 5,000개의 단어만 사용해 분석해 보겠습니다. 이를 위해 먼저 Counter 클래스를 사용하여 단어의 빈도수를 파악합니다.

```
# 각 문서를 공백 문자를 이용해 단어 단위로 분할
words_list = [doc.strip().split() for doc in texts]


total_words = [] # 모든 단어 저장
for words in words_list:
    total_words.extend(words)


from collections import Counter
c = Counter(total_words)
```

그다음, Counter 클래스에서 제공하는 most_common() 함수를 사용해 상위 5,000개의 단어를 선택합니다.

```
max_features = 5000 # 빈도수를 기준으로 상위 5,000개의 단어만 사용
common_words = [ word for word, count in c.most_common(max_features)]
```

그리고 최종으로 얻은 5,000개의 단어에 대해 인덱스 번호를 부여합니다. 이를 위해 enumerate() 함수를 사용합니다.

```
words_dic ={}   # 각 단어에 index 번호 부여
words_index_dic={} # index 번호가 key가 됨, value는 단어
for index, word in enumerate(common_words):
    words_dic[word]=index
    words_index_dic[index]=word
```

각 문서를 단어의 인덱스 번호를 이용해 표현합니다.

```
filtered_indexed_words = [] # index 번호가 부여된 단어만을 사용해 각 문서를 표현
for review in words_list:
    indexed_words=[]
    for word in review:
        try:
            indexed_words.append(words_dic[word])
        except:
            pass
    filtered_indexed_words.append(indexed_words)
```

예를 들어, 첫 번째 문서의 경우는 다음과 같은 단어의 인덱스 번호로 구성되어 있습니다.

```
filtered_indexed_words[0] # 첫 번째 영화 리뷰에 사용된 단어의 인덱스
```

```
[203, 248, 120, 1, 344, 2]
```

각 단어가 무엇인지 확인하고자 한다면 다음과 같이 앞에서 생성한 words_index_dic 사전 변수를 사용할 수 있습니다.

```
[words_index_dic[index] for index in filtered_indexed_words[0]]
```

```
['부산', '행', '때문', '너무', '기대하고', '봤']
```

'부산'의 인덱스는 203, '행'의 인덱스는 248인 것을 확인할 수 있습니다.

그다음, 전체 데이터를 학습 데이터와 평가 데이터로 분할합니다.

```
from sklearn.model_selection import train_test_split
X_train, X_test, y_train, y_test = train_test_split(filtered_indexed_words, labels, test_size=0.2)
```

이제 해당 인덱스 정보를 사용하여 각 영화평을 원-핫 벡터로 표현합니다. 즉, 첫 번째 영화평의 경우, 인덱스가 203, 248, 120, 1, 344, 2인 원소의 값만 1이고 나머지 원소의 값은 모두 0인 벡터로 변환됩니다. 각 영화평은 원소가 5,000개인 원-핫 벡터로 표현됩니다. 이를 위해 다음과 같은 vectorize_sequences()라는 사용자 정의 함수를 사용합니다.

```
import numpy as np

def vectorize_sequences(sequences, dimension=max_features):
    # (len(sequences), dimension) 형태의 0 행렬 생성
    results = np.zeros((len(sequences), dimension))
    for i, sequence in enumerate(sequences):
        results[i, sequence] = 1.  # results[i]의 인덱스를 1로 설정
    return results
```

학습 데이터와 평가 데이터의 영화평에 대해 각각 위의 함수를 적용해 줍니다.

```
X_train_indexed = vectorize_sequences(X_train)
X_test_indexed = vectorize_sequences(X_test)
```

학습 데이터의 첫 번째 영화평은 다음과 같은 벡터로 변환된 것을 확인할 수 있습니다.

```
X_train_indexed[0]
```

```
array([1., 0., 0., ..., 0., 0., 0.])
```

벡터에 존재하는 원소의 개수는 5,000인 것을 확인할 수 있습니다.

```
len(X_train_indexed[0])
```

```
5000
```

종속변수 또한 원-핫 벡터로 변환합니다. 현재 종속변수는 0 또는 1의 값을 갖습니다. 이를 원-핫 벡터로 변환하면, 각 영화평의 종속변수는 원소가 두 개인 벡터로 변환되는데, 원래의 값이 0(즉, 부정)인 경우에는 첫 번째 원소의 값이 1이고 두 번째 원소의 값이 0인 원-핫 벡터로 변환되며, 원래의 값이 1(즉, 긍정)인 경우에는 반대로 첫 번째 원소의 값이 0이고 두 번째 값이 1인 원-핫 벡터로 변환됩니다. 이를 위해 keras에서 제공하는 **to_categorical()** 함수를 사용합니다.

```
from keras.utils import to_categorical

y_train_one_hot = to_categorical(y_train)
y_test_one_hot = to_categorical(y_test)
```

학습 데이터에 존재하는 첫 번째 영화평의 원 종속변수의 값은 1입니다.

```
y_train[0]
```

```
1
```

해당 종속변수를 **to_categorical()** 함수를 사용하여 원-핫 벡터로 변환하면 (0, 1)의 벡터로 변환되어 있는 것을 알 수 있습니다.

```
y_train_one_hot[0]
```

```
array([0., 1.], dtype=float32)
```

그다음에는 케라스를 이용해 사용하고자 하는 신경망 모형을 구축해야 합니다. 여기서는 은닉층이 두 개인 신경망을 사용하겠습니다. 첫 번째 은닉층에 존재하는 노드의 수를 32로 하고, 두 번째 은닉층의 노드의 수를 16으로 하겠습니다. 입력층의 노드 수와 출력층의 노드 수는 우리가 준비한 데이터에 의해 결정됩니다. 즉, 5,000개의 단어를 사용했기 때문에 입력 노드의 수는 5,000이 되고, 종속변수를 원소가 2개인 원-핫 벡터로 표현했기 때문에 출력 노드의 수는 2가 됩니다. 첫 번째 출력 노드는 해당 영화평이 부정일 확률을 출력하고, 두 번째 출력 노드는 긍정일 확률을 출력합니다. 다음과 같이 우리가 원하는 형태의 신경망을 구축할 수 있습니다. 여기서는 활성화 함수로 모두 ReLU를 사용했습니다.

```
from tensorflow.keras import models
from tensorflow.keras import layers

model = models.Sequential()
model.add(layers.Dense(32, activation='relu', input_shape=(max_features,)))
model.add(layers.Dense(16, activation='relu'))
model.add(layers.Dense(2, activation='softmax'))
```

이제 compile() 함수를 사용해 옵티마이저와 비용함수를 결정합니다. 옵티마이저는 RMSprop을, 비용함수는 교차 엔트로피를 사용했습니다. 종속변수가 취하는 값이 두 개이기 때문에 여기서는 이진 교차 엔트로피를 사용합니다. 그리고 학습 과정에서 모형의 성능을 파악하기 위해 여기서는 정확도 지표를 사용하겠습니다. 이를 위해, metrics 파라미터의 값을 'accuracy'라고 설정해 줍니다.

```
from tensorflow.keras.optimizers import RMSprop

model.compile(
    optimizer=RMSprop(learning_rate=0.001), loss='binary_crossentropy',
    metrics='accuracy'
)
```

조기 종료를 적용하기 위해 EarlyStopping과 ModelCheckpoint 클래스를 다음과 같이 사용합니다.

```
from tensorflow.keras.callbacks import EarlyStopping
from tensorflow.keras.callbacks import ModelCheckpoint

es = EarlyStopping(monitor='val_loss', mode='min', verbose=1, patience=5)
checkpoint_filepath = './temp/checkpoint'
mc = ModelCheckpoint(
    checkpoint_filepath, monitor='val_loss', mode='min',
    save_weights_only=True, save_best_only=True
)
```

이제 `fit()` 함수를 사용해 학습합니다. 여기에서 에포크의 크기와 미니 배치의 크기를 설정해야 합니다. `validation_split` 파라미터를 사용해 전체 학습 데이터의 몇 %를 검증 데이터로 사용할지를 결정할 수 있습니다. 여기서는 20%를 사용합니다. 조기 종료를 위해 `callbacks` 파라미터의 값도 설정합니다.

```
history = model.fit(
    X_train_indexed, y_train_one_hot, epochs=20, batch_size=128, validation_split=0.2,
    callbacks=[es, mc]
)
```

학습 과정에서의 비용함수 값의 변화를 시각화해 보면 다음과 같습니다.

```
from matplotlib import pyplot

pyplot.plot(history.history['loss'], label='train')
pyplot.plot(history.history['val_loss'], label='validation')
pyplot.legend()
pyplot.show()
```

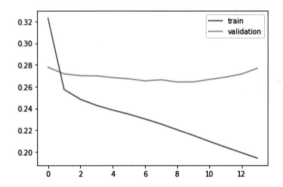

그리고 최종적으로 평가 데이터를 이용해 모형의 성능을 평가합니다. 이를 위해, 일단 먼저 `load_weights()` 함수를 이용해 `ModelCheckpoint` 클래스로 저장한 모형의 결과를 불러옵니다.

```
model.load_weights(checkpoint_filepath)
```

그리고 `evaluate()` 함수를 사용해 모형의 성능을 평가합니다.

```
test_loss, test_acc = model.evaluate(X_test_indexed, y_test_one_hot)
print('test_acc:', test_acc)
```

다음 결과가 출력됩니다.

```
test_acc: 0.8952142000198364
```

이번에는 학습된 모형을 이용해 특정 영화평의 긍부정을 예측해 보겠습니다. 평가 데이터에 존재하는 첫 번째 영화평의 긍부정은 다음과 같이 예측할 수 있습니다.

```
model.predict(X_test_indexed[0:1])
```
```
array([[0.9960265 , 0.00397344]], dtype=float32)
```

위 결과에서 첫 번째 원소의 값은 종속변수의 값이 0(부정)일 확률이고, 두 번째 원소의 값은 종속변수의 값이 1(긍정)일 확률입니다. 즉, 평가 데이터의 첫 번째 영화평은 부정일 확률이 99.6% 정도로 예측된 것입니다. 실제 영화평의 내용이 어떻게 되는지 확인해 보겠습니다. 다음과 같이 부정의 단어가 사용된 것을 확인할 수 있습니다.

```
[words_index_dic[index] for index in X_test[0]]
```
```
['너무', '재미없', '이제', '볼']
```

14.2 단어 임베딩

이번 섹션에서는 단어를 벡터로 변환하는 방법에 대해 알아보겠습니다. 단어를 벡터로 변환하면 벡터 간의 유사도를 계산하여 단어 간의 유사도를 파악할 수 있습니다. 그리고 경우에 따라서는 단어 간의 의미적 유사도 혹은 문맥적 유사도를 파악할 수도 있습니다. 단어의 벡터 정보를 이용하여 단어로 구성된 문장이나 문서를 하나의 벡터로 표현하는 것도 가능합니다.

14.2.1 원-핫 벡터와 단어 임베딩

하나의 단어를 벡터로 표현하는 방법에는 크게 두 가지가 있습니다. 하나는 원-핫 벡터로 표현하는 방법이고, 다른 방법은 저차원의 벡터로 표현하는 방법[39]입니다. 일반적으로 단어를 저차원의 벡터로 표현하는 것을 단어 임베딩(word embedding)이라고 하고, 이러한 저차원의 벡터를 임베딩 벡터라고 표현합니다.

---

39 저차원 벡터는 원소의 수가 적은 벡터를 의미하며, 이러한 저차원의 벡터를 덴스 벡터(dense vector)라고도 표현합니다.

여기서는 앞에서 배운 신경망 모형을 이용해 단어를 저차원의 임베딩 벡터로 표현하는 방법을 알아보겠습니다. 먼저 단어를 원-핫 벡터로 표현하는 방법에 대해 알아보고, 해당 방법의 단점이 무엇인지 설명하겠습니다.

■ 원-핫(one-hot) 벡터

이 방법은 하나의 단어를 N 차원의 벡터로 표현하는데, 해당 단어에 대한 원소의 값만 1로 표현하고 나머지 원소의 값은 모두 0으로 표현하여 벡터를 생성하는 방식입니다. N 차원 벡터는 벡터가 갖는 원소의 수가 N 개라는 것을 의미하며, N은 일반적으로 텍스트 데이터에 있는 단어 중에서 텍스트 분석을 위해 최종적으로 선택된 단어의 수가 됩니다. 예를 들어, 최종적으로 텍스트 분석을 위해 선택된 단어가 10개라면, 10개의 단어 각각은 하나의 10차원 벡터로 표현할 수 있고, 그중 k번째 단어는 k번째 원소의 값만 1이고 나머지 원소의 값은 모두 0인 벡터가 됩니다. 다시 말해, 세 번째 단어의 경우는 세 번째 원소의 값만 1인 벡터, 즉 (0,0,1,0,0,0,0,0,0,0)을 갖게 됩니다. 하지만 이 방법은 텍스트 데이터에 사용된 단어의 수가 많은 경우 벡터의 차원이 너무 커지고, 해당 벡터가 단어의 특성을 잘 표현하지 못한다는 단점이 있습니다.[40]

■ 단어 임베딩

원-핫 벡터 방식의 이러한 단점을 보완하여 단어의 특성을 잘 나타낼 수 있는 저차원 벡터로 변환하는데, 이 방법을 단어 임베딩이라고 합니다(어떤 책에서는 단어를 벡터로 변환하는 것 자체를 단어 임베딩이라고 표현하기도 합니다. 하지만 이 책에서는 단어를 저차원의 덴스 벡터로 변환하는 것을 임베딩으로 간주하겠습니다). 자주 사용되는 단어 임베딩 방법으로는 Word2vec, GloVe, FastText 등이 있습니다. GloVe나 FastText의 경우에는 Word2vec의 원리를 약간 변형하거나 확장한 개념이기 때문에 여기서는 핵심이 되는 Word2vec 방법을 중심으로 설명하겠습니다. 이러한 방법 외에 BERT와 같은 사전 학습 모형도 단어 임베딩의 목적으로 사용될 수 있습니다. BERT는 트랜스포머를 기반으로 한 방법으로, Word2vec 부류의 방법들과 작동하는 방식이 다르기 때문에 트랜스포머를 설명한 후에 살펴보겠습니다.

14.2.2 Word2vec

Word2vec은 2013년 구글에서 제안한 방법입니다.[41] Word2vec은 단어를 저차원의 벡터로 표현할 때 주변에 같이 사용된 다른 단어의 정보를 사용합니다. 주변에 사용된 단어를 이웃 단어(혹은 문맥 단어,

---

40 이렇게 0이 많이 포함되어 있는 벡터를 스파스 벡터(sparse vector)라고 합니다.

41 Mikolov, T., Chen, K., Corrado, G., & Dean, J.(2013). Efficient estimation of word representations in vector space. arXiv preprint arX-iv:1301.3781. 하지만 해당 논문에는 모형에 대한 설명이 잘 나와 있지 않습니다. 보다 자세한 설명을 원하는 독자는 Rong, X.(2014). Word2vec parameter learning explained. arXiv preprint arXiv:1411.2738.을 참고하기 바랍니다.

context words)라고 표현합니다. 예를 들어, '나는 어제 극장에서 재밌는 액션 영화를 친구와 함께 보았다.'라는 문장이 있다고 가정합니다. 이 텍스트 데이터에 사용된 각 단어를 워드 임베딩 방법을 사용하여 저차원의 벡터로 변환하고자 할 경우, 일단 먼저 전처리를 거쳐 최종 분석에 사용하고자 하는 단어(또는 형태소)를 선택합니다. 예시 문장에 대해 다음과 같은 결과물을 얻었다고 가정하겠습니다.

['나', '어제', '극장', '재밌는', '액션', '영화', '친구', '함께', '보았다']

그리고 벡터로 변환하고자 하는 단어가 '영화'라고 가정하면, '영화'라는 단어는 타깃 단어(target word)가 되고, 주변에 사용된 '액션', '친구' 등이 이웃 단어가 됩니다. 앞뒤로 몇 개의 단어를 이웃 단어로 간주할 것인지는 윈도 크기(window size)에 따라 달라집니다. 윈도 크기가 1이라면 타깃 단어 앞뒤로 하나의 단어만 이웃 단어로 간주하겠다는 것이고(즉, '액션', '친구'), 윈도 크기를 2로 설정하면 앞뒤로 있는 두 개의 단어가 이웃 단어가 됩니다(즉, '재밌는', '액션', '친구', '함께').

■ Word2vec의 원리

Word2vec의 기본 아이디어는 주변에 사용된 이웃 단어가 비슷한 단어들이 비슷한 숫자 정보, 즉 벡터값을 갖게 하자는 것입니다. 이는 기본적으로 언어학에서의 분포 가설(distributional hypothesis)을 바탕으로 합니다. 분포 가설의 핵심은 주변에 사용되는 단어가 비슷한 단어들이 비슷한 의미를 갖는다는 것입니다. 따라서 주변에 사용된 단어의 정보를 이용해서 각 단어를 벡터로 표현하면 해당 벡터가 단어의(이웃 단어로 파악될 수 있는) 의미적인 특성 정보를 반영하게 됩니다.

예를 들어 보겠습니다. 다음과 같은 문장으로 구성된 텍스트 데이터가 있다고 가정합니다.

- 나는 어제 **사과**를 먹었다.
- 나는 어제 **피자**를 먹었다.
- 나는 **고양이**를 보았다.
- 나는 **하늘**을 보았다.

위와 같은 텍스트 데이터를 구성하는 단어를 이웃 단어 정보를 사용해 벡터로 표현하면, '사과'라는 단어와 '피자'라는 단어의 벡터값이 유사하게 되고, '고양이'라는 단어와 '하늘'이라는 단어의 벡터값이 유사하게 되는 것입니다. 이유는 사과라는 단어의 이웃 단어와 피자라는 단어의 이웃 단어가 유사하고, 고양이라는 단어와 하늘이라는 단어의 이웃 단어가 유사하기 때문입니다.

이러한 벡터를 이용해 단어 간의 유사도를 계산하면 이웃 단어가 비슷한 단어 간의 유사도가 크게 되는 것입니다. 단어의 의미적인 특성이 같이 사용되는 이웃 단어에 의해 어느 정도 유추될 수 있다면(혹은 결정된다면), 이웃 단어가 비슷한 단어들은 의미적으로도 유사한 단어가 될 수 있는 것입니다. 그렇게 된다면, 벡터값이 유사한 단어들의 의미적 유사도가 크다는 것이고, 이는 Word2vec을 사용해 의미적으로 유사한 단어를 찾을 수 있다는 것을 의미합니다.

> **참고** 단어의 의미적인 특성이 어느 정도는 이웃 단어에 의해 결정되는 것이 맞지만, 이웃 단어에 의해 반영되지 못하는 부분도 있습니다. 그렇기 때문에 이웃 단어의 정보만 사용해 단어들의 의미적인 유사도를 정확하게 찾아내는 것이 항상 가능하지는 않습니다. Word2vec은 정확하게 말하면(의미적 유사도보다는) 문맥적 의미가 유사한 단어를 찾아낼 때 유용한 방법이라고 할 수 있습니다. 문맥적 의미가 반드시 의미적 유사도를 의미하지는 않습니다. 예를 들어, '나는 하늘을 보았다'에서의 하늘과 '나는 책을 보았다'에서의 책은 앞뒤에 사용된 단어가 동일하기 때문에 문맥적 유사도는 높다고 할 수 있으나, 의미적 유사도는 높지 않습니다.

> **참고** Word2vec도 언어 모형(language model)의 한 종류라고 생각할 수 있습니다. 언어 모형이란 특정 단어들이 같이 사용될 확률을 맞히거나, 혹은 특정 단어들이 주어졌을 때 그다음 출현할 단어가 무엇인지를 맞히는 데 사용되는 모형을 말합니다. Word2vec도 문장에서 사용된 다른 단어들의 정보를 이용해 특정 단어를 예측하는 모형입니다. 그리고 그러한 예측 작업의 부산물로 단어의 임베딩 정보(즉, 저차원 벡터 정보)를 얻게 되는 것입니다. 언어 모형에 대한 보다 자세한 설명은 순환신경망 부분에서 하겠습니다.

Word2vec은 신경망 알고리즘을 사용해 단어를 특정한 차원의 벡터로 표현하는 방법입니다. Word2vec이 사용하는 신경망은 은닉층을 하나만 포함한 것으로 그림 14.4와 같이 표현할 수 있습니다. 은닉층을 하나만 포함하고 있기 때문에 얕은 신경망(shallow neural network)이 됩니다.

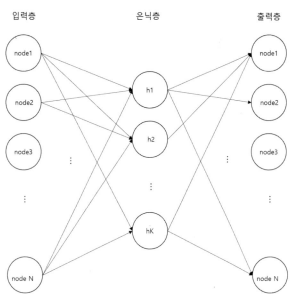

그림 14.4 Word2vec에서 사용되는 신경망 모형의 예

입력층과 출력층에 존재하는 노드의 수는 텍스트 데이터에 있는 단어 중에서 최종 분석의 목적으로 선택된 단어의 수와 같습니다. 그리고 은닉 노드의 수는 단어를 표현하는 벡터의 차원 수와 같습니다. 예를 들어, 하나의 단어를 100차원의 벡터로 표현하고자 하는 경우에는 은닉 노드의 수 = 100이 됩니다. 은닉 노드의 수(즉, 생성하고자 하는 벡터의 차원의 수)는 사용자가 결정하는 하이퍼파라미터입니다.

입력층과 은닉층 사이에 존재하는 가중치 행렬($W_{N,K}$)은 N×K 형태의 행렬이 됩니다.[42] N은 입력 노드의 수이고 K는 은닉 노드의 수가 됩니다. 반대로 은닉층과 출력층 사이에 존재하는 가중치 행렬($W'_{N,K}$)은 K×N 형태의 행렬이 됩니다.

결론부터 얘기하자면, Word2vec은 학습을 통해 얻어지는 $W_{N,K}$ 행렬의 각 행의 가중치 값을 이용해 단어를 벡터로 표현합니다. 예를 들어, $W_{N,K}$의 첫 번째 행은 전체 단어 중 첫 번째 단어에 대한(K 차원의) 벡터가 되고, 두 번째 행은 두 번째 단어에 대한 또 다른 K 차원의 벡터가 됩니다.

Word2vec은 지도학습의 일종이라고 생각할 수 있습니다.[43] 타깃 단어를 이용해 이웃 단어가 무엇인지를 맞히는 작업을 수행할 수도 있고, 이웃 단어를 이용해 타깃 단어를 예측할 수도 있습니다. 타깃 단어를 이용해 이웃 단어를 예측하는 경우, 타깃 단어가 독립변수의 값(혹은 특성 정보)이 되고, 이웃 단어가 종속변수의 값이 되는 것입니다. 종속변수가 취할 수 있는 값의 수는 학습에서 사용되는 전체 단어가 됩니다. 정답의 수가 한정적이기 때문에 종속변수의 타입은 범주형 변수로 여겨질 수 있고, 그렇기 때문에 Word2vec이 풀어야 하는 문제는 분류 문제가 됩니다.

Word2vec이 학습(단어의 임베딩 정보를 계산)하는 방법은 크게 Skip-gram과 CBOW(Continuous bag of words)로 나뉩니다. Skip-gram에서는 타깃 단어를 입력값으로 사용하고 이웃 단어를 종속변수의 값으로 사용합니다. 즉, 타깃 단어를 이용해 이웃 단어를 예측합니다. 반면, CBOW 방법은 skip-gram과 반대로 작동합니다. 즉, 이웃 단어가 입력값으로 사용되고, 타깃 단어가 종속변수의 값으로 사용됩니다. 두 방법은 결과물에 큰 차이가 없으므로[44] 여기서는 skip-gram 방법을 중심으로 Word2vec 알고리즘을 설명하겠습니다.

14.2.2.1 Skip-gram 방법

Skip-gram 방법은 기본적으로 타깃 단어를 이용해 이웃 단어를 예측하는 과정을 통해 단어의 임베딩 벡터값을 계산합니다. Word2vec은 주어진 단어 정보를 이용해 다른 단어를 예측하는 방식으로 학습이 진

---

42 편향 노드는 포함되지 않습니다.
43 하지만, 정답을 사람이 부여하는 것이 아니고 주변 단어 정보를 정답 정보로 사용하기 때문에 비지도학습으로 구분되기도 합니다.
44 CBOW는 skip-gram에 비해서 속도가 빠른 반면 정확도가 다소 낮다고 알려져 있습니다.

행되기 때문에 정답이 있는 학습 데이터가 필요합니다. 하지만 이러한 정답을 사람이 직접 준비하는 것이 아니라 주어진 데이터를 이용해 생성합니다. 학습 데이터가 어떻게 구성되는지 살펴보겠습니다.

위에서 말한 대로 Word2vec의 skip-gram 방법은 타깃 단어를 이용해 주변에 있는 이웃 단어가 무엇인지 맞히는 방식으로 작동합니다. 그렇게 하기 위해 주어진 텍스트 데이터를 이용해 **(타깃 단어, 이웃 단어)**와 같은 튜플의 형태로 학습 데이터를 만듭니다. 즉, 하나의 관측치가 (타깃 단어, 이웃 단어)의 형태가 되고, 타깃 단어가 독립변수의 값, 이웃 단어가 종속변수의 값(즉, 정답)이 되는 것입니다. 출력층에는 소프트맥스 활성화 함수가 사용되고 각 출력 노드가 출력하는 값은 각 단어가 정답(즉, 이웃 단어)일 확률이 됩니다.

앞부분에서 언급한 것처럼, 몇 개의 단어가 이웃 단어가 되는지는 윈도 크기에 의해 결정됩니다. 윈도 크기는 타깃 단어를 중심으로 양옆에 몇 개의 단어를 이웃 단어로 사용할지 결정하는 데 사용됩니다(즉, 양옆에 위치한 단어 몇 개를 이웃 단어로 사용할 것인지를 결정하기 위해 먼저 윈도 크기를 정해야 합니다. 이는 사용자가 결정하는 하이퍼파라미터입니다). 예를 들어, 윈도 크기가 2라면, 타깃 단어를 기준으로 왼쪽 두 단어와 오른쪽 두 단어를 이웃 단어로 사용하겠다는 것입니다.

예를 들어, 'The quick brown fox jumps over the lazy dog.'라는 문장(혹은 텍스트 데이터)이 있다고 가정하겠습니다.[45] 이 문장에 대해 윈도 크기 = 2로 해서 학습 데이터를 만들어 보겠습니다. 학습 데이터는 다음과 같이 만들어집니다. 처음에는 첫 단어를 타깃 단어로 시작합니다. 즉, 처음에는 the가 타깃 단어가 되는 것입니다(전처리 과정을 통해 대문자를 소문자로 변환했다고 가정합니다). 윈도 크기 = 2이지만, the를 기준으로 왼쪽에는 아무런 단어가 없기 때문에 오른쪽에 있는 두 개의 단어만이 이웃 단어가 됩니다. 그리고 각각의 이웃 단어에 대해 학습 데이터를 만들 수 있습니다. (the, quick), (the, brown) 두 개의 관측치가 만들어집니다. 첫 번째 관측치(즉, (the, quick))의 경우 the가 독립변수(혹은 특성 정보)의 값이 되고, 그에 대한 종속변수의 값(즉, 정답)이 quick이 되는 것입니다. 그리고 두 번째 관측치(즉, (the, brown))의 경우, the가 독립변수의 값이 되고, 그에 대한 종속변수의 값이 brown이 됩니다.

그다음에는 두 번째 단어인 quick을 타깃 단어로 해서 양쪽 두 개의 단어를 가지고 학습 데이터를 만듭니다. 왼쪽에는 단어가 하나밖에 없습니다. 이번에는 quick이라는 단어를 독립변수의 값으로 하는 학습 데이터에 해당하는 관측치를 세 개 만들 수 있습니다. 왼쪽에 있는 the와 오른쪽에 있는 두 개의 단어를 이웃 단어로 사용합니다. 그러면 (quick, the), (quick, brown), (quick, fox)가 만들어집니다. 비슷한 작업을 모든 단어에 대해 수행해서 전체의 학습 데이터를 만듭니다. 학습 데이터를 구축하는 과정은 그림 14.5와 같이 도식화할 수 있습니다.

---

45 이 예제는 https://medium.com/@Aj.Cheng/Word2vec-3b2cc79d674의 내용을 참고했습니다.

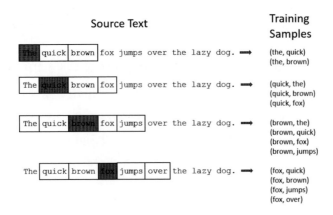

그림 14.5 학습 데이터 생성의 예

학습 데이터가 준비되었으면, 학습을 진행할 차례입니다. 학습을 하기 위해 Word2vec은 각 단어를 원-핫 벡터로 표현합니다. 원-핫 벡터로 표현할 때는 최종 분석에 사용되는 모든 단어를 고려합니다. 예를 들어, 위의 문장이 전체 텍스트 데이터이고, 최종 분석에서 다음과 같이 전체 단어를 모두 사용한다고 가정할 수 있습니다(단어는 알파벳순으로 정렬됩니다).

['brown', 'dog', 'fox', 'jumps', 'lazy', 'over', 'quick', 'the']

최종 분석에 사용되는 단어는 전체 여덟 개입니다. 여덟 개 단어의 정보를 이용해 각 단어를 원-핫 벡터로 표현하면 각 벡터는 여덟 개의 원소를 갖게 됩니다. 그리고 이 경우에 대해서는 각 단어에 대해 다음과 같이 원-핫 벡터를 만들 수 있습니다. 즉, 각 단어에 해당하는 원소 값만 1이고 나머지 단어에 대한 원소는 0인 벡터가 됩니다. 예를 들어, 학습에 사용되는 관측치가 (the, quick)인 경우 the에 대한 원-핫 벡터인 (0, 0, 0, 0, 0, 0, 0, 1)가 입력값으로 사용되고, quick에 대한 원-핫 벡터인 (0, 0, 0, 0, 0, 0, 1, 0)이 종속변수의 값으로 사용됩니다. 전체 단어의 원-핫 벡터는 그림 14.6과 같습니다.

'brown'	(1, 0, 0, 0, 0, 0, 0, 0)
'dog'	(0, 1, 0, 0, 0, 0, 0, 0)
'fox'	(0, 0, 1, 0, 0, 0, 0, 0)
'jumps'	(0, 0, 0, 1, 0, 0, 0, 0)
'lazy'	(0, 0, 0, 0, 1, 0, 0, 0)
'over'	(0, 0, 0, 0, 0, 1, 0, 0)
'quick'	(0, 0, 0, 0, 0, 0, 1, 0)
'the'	(0, 0, 0, 0, 0, 0, 0, 1)

그림 14.6 단어의 원-핫 벡터

Word2vec은 이러한 값들에 대해 신경망을 적용하여 학습하고, 가중치의 값을 결정합니다. 위의 예제에 대한 Word2vec에서 사용하는 신경망의 구조는 그림 14.7과 같습니다. 전체 단어의 수 = 8이기 때문에 입력 노드의 수와 출력 노드의 수 = 8입니다. 다음의 예는 은닉 노드의 수를 4로 지정한 경우입니다. 즉, 단어 하나를 4차원 벡터로 표현하고자 하는 경우입니다.

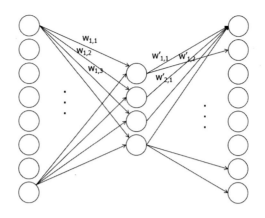

그림 14.7 예제 신경망 모형

위의 경우, 입력층과 은닉층 사이에 존재하는 가중치 행렬인 $W_{N,K}$는 그림 14.8과 같이 표현됩니다. 즉, 8×4 행렬이 됩니다.

$w_{1,1}$	$w_{1,2}$	$w_{1,3}$	$w_{1,4}$
$w_{2,1}$	$w_{2,2}$	$w_{2,3}$	$w_{2,4}$
$w_{3,1}$	$w_{3,2}$	$w_{3,3}$	$w_{3,4}$
$w_{4,1}$	$w_{4,2}$	$w_{4,3}$	$w_{4,4}$
$w_{5,1}$	$w_{5,2}$	$w_{5,3}$	$w_{5,4}$
$w_{6,1}$	$w_{6,2}$	$w_{6,3}$	$w_{6,4}$
$w_{7,1}$	$w_{7,2}$	$w_{7,3}$	$w_{7,4}$
$w_{8,1}$	$w_{8,2}$	$w_{8,3}$	$w_{8,4}$

그림 14.8 8×4 형태의 $W_{N,K}$

$W'_{N,K}$는 그림 14.9와 같으며, 이는 4×8 형태의 행렬입니다.

$w'_{1,1}$	$w'_{1,2}$	$w'_{1,3}$	$w'_{1,4}$	$w'_{1,5}$	$w'_{1,6}$	$w'_{1,7}$	$w'_{1,8}$
$w'_{2,1}$	$w'_{2,2}$	$w'_{2,3}$	$w'_{2,4}$	$w'_{2,5}$	$w'_{2,6}$	$w'_{2,7}$	$w'_{2,8}$
$w'_{3,1}$	$w'_{3,2}$	$w'_{3,3}$	$w'_{3,4}$	$w'_{3,5}$	$w'_{3,6}$	$w'_{3,7}$	$w'_{3,8}$
$w'_{4,1}$	$w'_{4,2}$	$w'_{4,3}$	$w'_{4,4}$	$w'_{4,5}$	$w'_{4,6}$	$w'_{4,7}$	$w'_{4,8}$

그림 14.9 4×8 형태의 $W'_{N,K}$

학습 데이터에 존재하는 관측치 (the, quick)의 경우에는 the가 입력 단어이고, the는 전체 단어 중에서 마지막 단어이기 때문에(즉, 원-핫 벡터가 $(0, 0, 0, 0, 0, 0, 0, 1)$이기 때문에) 입력 노드 중에서 마지막 노드의 값만 1, 나머지는 0의 값을 입력받게 됩니다(그림 14.10 참고). 그리고 그러한 입력 노드의 값을 각 은닉 노드가 입력받습니다. 마지막 노드의 값만 0이 아니라 1이기 때문에 각 은닉 노드에 입력 값으로 들어가는 값은 'the' 단어 노드와 연결된 화살표들이 갖는 가중치가 됩니다(그림 14.10 참고).

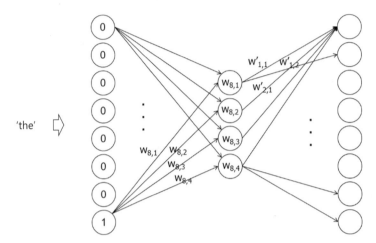

그림 14.10 the 단어가 입력되는 경우의 예

the 단어에 대해 첫 번째 은닉 노드에 입력되는 값은 다음과 같습니다. 여기서는 편의상 그 값을 h_1으로 표현하겠습니다. 첫 번째부터 일곱 번째까지의 입력 노드의 값이 0이므로 다음과 같이 표현됩니다.

$$h_1 = 0 \cdot w_{1,1} + 0 \cdot w_{2,1} + \cdots + 0 \cdot w_{7,1} + 1 \cdot w_{8,1} = w_{8,1}$$

즉, 첫 번째 은닉 노드에 입력되는 값은 $w_{8,1}$이 되는 것입니다.

Word2vec에서 사용되는 은닉 노드에는 활성화 함수가 없습니다. 즉, 각 입력 노드에 대한 가중치가 은닉 노드의 출력값이 되고, 이러한 출력값에 은닉층과 출력층 사이에 있는 가중치값이 곱해져 들어갑니다. 예를 들어 첫 번째 출력 노드에 입력 값으로 들어오는 값은 다음과 같습니다.

$$w_{8,1} \cdot w'_{1,1} + w_{8,2} \cdot w'_{2,1} + w_{8,3} \cdot w'_{3,1} + w_{8,4} \cdot w'_{4,1}$$

그리고 출력층에는 활성화 함수가 있는데, 바로 소프트맥스 함수입니다. 소프트맥스 함수는 다음과 같이 정의됩니다. 이는 j번째 출력 노드에서 출력되는 값을 나타냅니다. 여기서 N은 전체 단어의 수, 즉 출력 노드의 수를 의미합니다.

$$P(y=j) = \frac{e^{z_j}}{\sum_{i=1}^{N} e^{z_i}}$$

첫 번째 출력 노드의 출력값은 p(y=1)에 대한 값이 됩니다.

$$P(y=1) = \frac{e^{z_1}}{\sum_{i=1}^{N} e^{z_i}}$$

이는 종속변수의 값이 전체 데이터에 있는 단어 중 (알파벳 순서로 정렬했을 때) 첫 번째 단어(즉, brown)가 될 확률을 의미합니다. 그리고 첫 번째 출력 노드에 입력되는 값은 다음과 같습니다.

$$z_1 = w_{8,1} \cdot w'_{1,1} + w_{8,2} \cdot w'_{2,1} + w_{8,3} \cdot w'_{3,1} + w_{8,4} \cdot w'_{4,1}$$

소프트맥스 함수의 정의를 통해서 알 수 있듯이 모든 출력 노드의 소프트맥스 함수 결괏값을 합치면 그 합은 1이 됩니다.

(the, quick)을 학습 관측치로 사용한 경우, 종속변수의 값이 quick일 확률은 다음과 같습니다(quick이 전체에서 일곱 번째 단어이기 때문에).

$$P(y=7) = \frac{e^{z_7}}{\sum_{i=1}^{8} e^{z_i}}$$

해당 관측치에 대한 출력 노드의 출력값 중에서 이 값이 제일 크게끔 가중치가 학습이 되는 것입니다. 이러한 확률 값에 대해 Word2vec은 교차 엔트로피 비용함수를 사용합니다. i번째 관측치의 교차 엔트로피 비용함수[46]는 다음과 같습니다.

$$-\boldsymbol{y}_i \cdot \boldsymbol{ln\_p}_i$$

여기에서 $\boldsymbol{y}_i$는 정답에 해당하는 이웃 단어에 대한 원-핫 벡터가 되고, $\boldsymbol{ln\_p}_i = (\ln(p_{i,1}), \ln(p_{i,2}), \cdots, \ln(p_{i,N}))$로 정의됩니다. 그리고 $p_{i,k}$는 i번째 관측치의 정답 단어가 단어 k일 확률이며, 이는 소프트맥스 함수를 이용해 계산됩니다.

'quick'이 정답인 경우에는 $\boldsymbol{y}_i = (0, 0, 0, 0, 0, 0, 1, 0)$이 됩니다. 따라서 비용함수의 값은 다음과 같이 표현됩니다. 예측을 잘 할수록 비용함수의 값이 작아집니다.

$$-\boldsymbol{y}_i \cdot \boldsymbol{ln\_p}_i = -(0, 0, 0, 0, 0, 0, 1, 0) \cdot (\ln(p_{i,1}), \ln(p_{i,2}), \cdots, \ln(p_{i,8})) = -\ln(p_{i,7})$$

---

[46] 교차 엔트로피 비용함수와 관련한 구체적인 설명은 10.1절의 로지스틱 회귀 분석 부분을 참고하세요.

학습 데이터에 존재하는 모든 데이터 포인트를 학습한 결과로 얻은 $W_{N,K}$의 가중치 값은 단어에 대한 벡터가 됩니다. 즉, 학습을 마치면, $W_{N,K}$의 각 셀이 구체적인 숫자의 값을 갖게 됩니다. 예를 들어, 단어 the는 전체 단어 중에서 여덟 번째 단어이기 때문에 해당 단어에 대한 벡터는 $W_{N,K}$ 행렬의 여덟 번째 행이 됩니다(그림 14.11에서의 음영 표시 행, 즉 $(w_{8,1}, w_{8,2}, w_{8,3}, w_{8,4})$).

$w_{1,1}$	$w_{1,2}$	$w_{1,3}$	$w_{1,4}$
$w_{2,1}$	$w_{2,2}$	$w_{2,3}$	$w_{2,4}$
$w_{3,1}$	$w_{3,2}$	$w_{3,3}$	$w_{3,4}$
$w_{4,1}$	$w_{4,2}$	$w_{4,3}$	$w_{4,4}$
$w_{5,1}$	$w_{5,2}$	$w_{5,3}$	$w_{5,4}$
$w_{6,1}$	$w_{6,2}$	$w_{6,3}$	$w_{6,4}$
$w_{7,1}$	$w_{7,2}$	$w_{7,3}$	$w_{7,4}$
$w_{8,1}$	$w_{8,2}$	$w_{8,3}$	$w_{8,4}$

그림 14.11 the 단어의 벡터는 $W_{N,K}$의 여덟 번째 행

동일한 이웃 단어를 갖는 타깃 단어의 경우 정답이 같은 단어로 간주되기 때문에 학습의 결과로 도출되는 벡터가 비슷합니다.

■ 네거티브 샘플링

Word2vec에서는 앞에서 사용한 방법을 약간 변형해서 학습을 진행하는데, 그렇게 변형된 방법 중 하나가 네거티브 샘플링(negative sampling)입니다.[47] 학습할 때 종속변수가 취할 수 있는 값(즉, 단어)으로 전체 데이터에 사용된 모든 단어를 사용하면 한 번에 업데이트해야 하는 가중치의 수가 너무 많아지고 그렇게 되면 학습의 속도가 느려지는 문제가 발생합니다. 이러한 문제를 해결하기 위해 제안된 방법이 네거티브 샘플링 방법입니다. 포지티브 단어(positive word)는 정답에 해당하는 단어이고, 종속변수가 취할 수 있는 정답이 아닌 다른 단어를 네거티브 단어(negative words)라고 합니다. 네거티브 샘플링은 이러한 네거티브 단어를 선택하는 방법입니다. 앞에서 살펴본 예제 문장에서의 단어를 다시 한번 살펴보겠습니다. 이는 다음과 같습니다.

['brown', 'dog', 'fox', 'jumps', 'lazy', 'over', 'quick', 'the']

---

47 이 방법은 원 Word2vec 논문이 아니라, 후속 논문에서 소개되었습니다. 후속 논문은 Mikolov, T., Sutskever, I., Chen, K., Corrado, G. S., & Dean, J.(2013). Distributed representations of words and phrases and their compositionality. Advances in neural information processing systems, 26.입니다.

각 관측치의 정답을 예측할 때, 위의 모든 단어를 정답 후보 단어로 사용하지는 않습니다. 예를 들어, 학습에 사용하는 관측치가 (the, quick)이라고 했을 때, 정답인 quick 이외에 사용되는 단어를 전체 단어 중 일부로 선택하는 것입니다. 만약 네거티브 단어의 수를 3으로 한다면, 정답이 아닌 다른 단어 중에서 랜덤하게 세 개의 단어(예: 'dog', 'jumps', 'over')를 선택할 수 있습니다. 그렇다면 종속변수가 취할 수 있는 값의 수(즉, 단어의 수)는 네 개가 됩니다('dog', 'jumps', 'over', 'quick'). 그리고 이렇게 선택된 단어에 대한 가중치만 업데이트합니다.

■ 자주 사용되는 단어의 서브샘플링(Subsampling of Frequent Words)

Word2vec 논문에 의하면 저자들은 너무 자주 사용되는 단어(예: a, an, the 등)는 별로 유용한 정보를 제공하지 못한다고 했습니다. 예를 들어, 'France'와 'Paris'가 같이 사용되는 것은 단어의 의미를 파악하는 데 있어 중요한 정보를 제공하지만, 'France'와 'the'가 같이 사용되는 것은 'France'의 의미를 파악하는 데 유용한 정보를 제공하지 못합니다. 왜냐하면 'the'는 'France'가 아닌 다른 단어와도 같이 자주 사용되기 때문입니다. 너무 자주 사용되는 단어와 그렇지 못한 단어의 불균형 문제를 해소하기 위해 서브샘플링 방법을 사용합니다. 학습 데이터에 있는 단어 i는 다음 공식을 이용해 계산된 확률로 학습 데이터에서 제거됩니다. 즉, 자주 사용되는 단어일수록 더 많이 제거되는 효과가 있습니다.

$$P(w_i) = 1 - \sqrt{\frac{t}{f(w_i)}}$$

위 식에서 $f(w_i)$는 단어 w_i의 사용 빈도를 의미합니다. t는 연구자들이 정하는 상수 값으로 보통 10^{-5}의 값이 사용됩니다. 이러한 방법을 적용하는 경우 학습의 속도가 빨라지고, 덜 사용되는 단어의 임베딩 벡터가 더 정확하게 계산되는 효과가 있다고 합니다.

14.2.2.2 CBOW 방법

이번에는 CBOW 학습 방법에 대해 알아보겠습니다. CBOW 방법은 skip-gram과 반대로 작동합니다. 즉, 타깃 단어를 이용해 이웃 단어를 예측하는 것이 아니라, 이웃 단어를 이용해 타깃 단어를 예측하는 작업을 통해 단어의 임베딩 벡터를 계산합니다.

몇 개의 이웃 단어를 사용할지도 윈도 크기를 통해 결정합니다. 여기서는 설명을 간단하게 하기 위해 윈도 크기를 1로 정하겠습니다. CBOW 모형을 이용해 타깃 단어를 예측하기 위해서 타깃 단어의 왼쪽 단어 한 개와 오른쪽 한 개 단어를 이웃 단어로 사용하는 것입니다. 즉, 두 개의 단어를 이용해 하나의 단어를 예측합니다. 그렇다면 두 개의 단어를 어떻게 입력받을까요? 입력되는 각 단어의 원-핫 벡터를 서로 더해서 하나의 입력값으로 입력층에 입력합니다. 그러면 해당 벡터는 입력되는 두 개의 이웃 단어에 대한 원소의 값이 1인 벡터가 될 것입니다. 그리고 그러한 값이 입력층의 입력값으로 전달됩니다. 예를 들어 첫 번째 이웃 단어가 100번째 단어이고, 두 번째 이웃 단어가 200번째 단어라고 한다면, 전체 N 개의 입력 노드 중 100번째 입력 노드와 200번째 입력 노드의 값만 1이 될 것입니다(그림 14.12 참고).

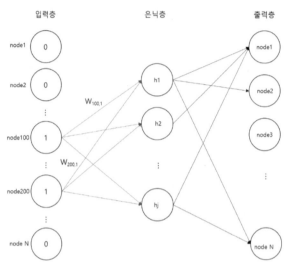

그림 14.12 CBOW 학습 방법의 예

첫 번째 은닉 노드에 입력되는 값은 $W_{100,1}+W_{200,1}$입니다. 그리고 출력되는 값은 입력값의 평균이 됩니다. 즉, $(W100,1+W200,1)/2$입니다.[48] 출력 노드에서 출력되는 값은 타깃 단어에 대한 확률입니다. Skip-gram에서와 마찬가지로 소프트맥스 활성화 함수를 사용하고, 교차 엔트로피 비용함수를 사용하여 학습이 진행됩니다.

14.2.2.3 파이썬 코딩

파이썬에서 Word2vec은 gensim 모듈[49]을 통해 사용할 수 있습니다. 여기서는 `2016_filtered_review.txt` 파일에 저장된 영화평 데이터를 이용해 Word2vec을 수행해 보겠습니다. 관련 코드는 `movie_reviews_word2vec.ipynb` 파일을 참고하세요.

먼저 다음과 같이 `gensim` 모듈에서 제공하는 `Word2Vec` 클래스를 임포트합니다.

---

48 평균이 아니라 합이 결과로 출력될 수도 있습니다.
49 gensim은 12장에서 토픽 모델링을 다룰 때 사용했습니다. pip install gensim을 이용하여 설치합니다.

```
from gensim.models import Word2Vec
```

Word2Vec 클래스의 생성자 함수를 이용해 Word2vec 알고리즘을 텍스트 데이터에 적용합니다. 이를 위해서는 텍스트 데이터를 구성하는 각 문서를 단어를 원소로 갖는 리스트 형태로 저장해야 합니다. 2016_filtered_review.txt에 저장돼 있는 영화평 데이터는 형태소 분석을 통해 특정 품사의 단어만 저장해 놓은 것이기 때문에 여기서는 단순히 해당 영화평을 띄어쓰기로 구분해서 사용합니다. 이를 위해 다음과 같이 코딩합니다.

```
with open('2016_filtered_review.txt', encoding='utf-8') as f:
    docs = [line.strip().split('\t\t') for line in f]  # 구분자 => '\t\t'
docs1 = [doc[1].strip().split() for doc in docs]  # 영화평을 공백문자를 이용해서 분할
```

docs1의 결과물은 다음과 같습니다(처음 세 개의 영화평에 대한 결과입니다).

```
print(docs1[:3])
```

```
[['아니', '딴', '그렇', '비', '비탄', '총', '대체', '왜', '들', '온겨'], ['진심', '쓰레기', '영화',
'만들', '무서', '알', '쫄아', '틀었', '이건', '뭐', '웃', '거리', '없는', '쓰레기', '영화', '임'],
['역대', '좀비', '영화', '가장', '최고다', '원작', '만화', '읽어', '보려', '영화', '보고', '결정',
'하려', '감독', '간츠', '실사', '했', '사람', '거르려', '그냥', '봤', '정말', '흠잡', '없는', '최고',
'좀비', '영화', '잔인', '거', '싫어하지', '참고', '볼', '만하', '로미', '인물', '왜', '그런', '모르']]
```

Word2vec을 이용해 데이터에 존재하는 단어를 저차원의 벡터로 표현하기 위해 다음과 같이 Word2Vec 클래스 생성자 함수를 사용해 해당 클래스의 객체를 만듭니다. 이때 준비된 텍스트 데이터를 생성자 함수의 첫 번째 인자로 입력합니다.

```
model_sg_n10 = Word2Vec(docs1, window=3, min_count=3, vector_size=100, sg=1, negative=10)
```

해당 생성자가 함수가 갖는 주요 파라미터로 window, min_count, vector_size, sg, negative 등이 있습니다.[50] window 파라미터는 윈도 크기를 결정하는 파라미터로 타깃 단어를 중심으로 양옆에 있는 몇 개의 단어를 이웃 단어로 간주할 것인지를 결정합니다. 여기서는 3으로 지정했습니다. 즉, 타깃 단어 양옆의 3개 단어를 이웃 단어로 사용하겠다는 뜻입니다. min_count는 학습에 사용되는 단어를 빈도수를 기준으로 선택하고자 할 때 사용하는 파라미터입니다. 여기서는 그 값을 3으로 지정했는데, 이는 학습 데이터에서 세 번 이상 사용된 단어만 학습에 포함시키겠다는 의미입니다. vector_size는 벡터의 차원 수입니

---

50 보다 자세한 내용은 https://radimrehurek.com/gensim/models/Word2vec.html을 참고하세요.

다. 여기서는 각 단어를 100차원의 벡터로 표현합니다. sg 파라미터는 skip-gram을 의미합니다. 0과 1
의 값을 취할 수 있는데, 1은 skip-gram 방법을, 0은 CBOW 방법을 의미합니다. 여기서는 skip-gram
방법을 사용하기 위해 1로 지정합니다. negative 파라미터는 네거티브 샘플링 관련 파라미터입니다. 네
거티브 단어로 선택하고자 하는 단어의 수를 지정합니다. 일반적으로 5~20 사이의 값을 취하며, 기본값
은 5입니다. 여기서는 그 값을 5와 10으로 달리하면서 결과가 어떻게 달라지는지 확인해 보겠습니다. 먼
저 negative=10으로 설정합니다.

Word2Vec은 경사하강법을 사용해 학습하기 때문에 Word2Vec() 생성자 함수는 위의 파라미터 이외에도
경사하강법과 관련된 파라미터를 갖습니다. 그러한 파라미터에는 alpha, epochs가 있습니다. alpha 파
라미터는 학습률을 의미하며 기본값은 0.025로 설정되어 있습니다. epochs 파라미터는 학습 시 사용되
는 에포크의 크기를 나타내며 기본값은 5로 설정되어 있습니다. Word2Vec의 경우, 일반적으로 alpha,
epochs 파라미터는 기본값을 그대로 사용합니다. 여기서도 기본값을 사용하겠습니다.

그러면 학습 결과를 확인해 보겠습니다. 다음은 '이정재'라는 단어의 벡터값을 보여줍니다. 여기에서 wv는
word vector를 의미합니다.

```
model_sg_n10.wv['이정재']
```

```
array([ 0.68127036,  0.00701106,  0.3390918 , -0.3999264 ,  0.10815816,
        0.83268636, -0.6014936 ,  0.85586065,  0.5165189 ,  0.33025575,
        … 이하 생략
```

벡터의 길이를 확인해 보면 원소가 100개인 것을 확인할 수 있습니다.

```
len(model_sg_n10.wv['이정재'])
```

```
100
```

이러한 벡터를 사용해 단어 간의 유사도를 쉽게 계산할 수 있습니다. 1권에서 다룬 유클리디안 거리 또는
코사인 유사도 방법 등을 사용할 수 있습니다. 여기서는 코사인 유사도를 사용해 두 단어 간의 유사도를
계산해 보겠습니다. 다음 코드는 '이정재'와 '이범수' 단어에 대한 벡터 간의 코사인 유사도를 계산합니다.

```
import numpy as np

print(
    np.dot(model_sg_n10.wv['이정재'], model_sg_n10.wv['이범수'])
```

```
    / (
        np.linalg.norm(model_sg_n10.wv['이정재'])
        * np.linalg.norm(model_sg_n10.wv['이범수'])
    )
)
```

```
0.8212897
```

결괏값은 약 0.82입니다. 코사인 유사도는 Word2Vec 클래스에서 제공하는 similarity()라는 함수를 사용해 간단하게 구할 수 있습니다.

```
model_sg_n10.wv.similarity('이정재', '이범수')
```

```
0.8212897
```

이번에는 Word2Vec 클래스에서 제공하는 most_similar() 함수를 사용해 특정 단어와 비슷한 벡터값을 갖는 단어 찾아보겠습니다. 다음 코드는 '이정재'라는 단어와 비슷한 벡터값을 갖는 상위 50개의 단어를 반환합니다(각 단어와의 코사인 유사도 값도 같이 반환됩니다).

```
model_sg_n10.wv.most_similar('이정재', topn=50)
```

```
[('이범수', 0.8212897181510925),
 ('공유', 0.8188072443008423),
 ('송강호', 0.8050479888916016),
 ('김범수', 0.7780242562294006),
 ('김남길', 0.7740231156349182),
 ('조재현', 0.7615543603897095),
 ('박해일', 0.7497929334640503),
 ('정우성', 0.7483862638473511),
 ('이성민', 0.7442755699157715),
 ('김윤석', 0.7430012226104736),
… 이하 생략
```

위의 결과를 보면 신기하게도 배우들의 이름이 유사한 단어로 반환된 것을 알 수 있습니다. 이는 배우들의 이름이 갖는 이웃 단어가 유사하기 때문입니다.

이번에는 명사가 아니라 긍·부정의 의미를 담고 있는 형용사의 단어와 유사한 다른 단어를 찾아보겠습니다. 여기서는 '재밌'이라는 단어를 사용합니다.

```
model_sg_n10.wv.most_similar('재밌', topn=50)
```

```
[('재미있', 0.898267388343811),
 ('잼남', 0.8369556069374084),
 ('재밌네', 0.8319281935691833),
 ('재밋음', 0.827720046043396),
 ('재밌었', 0.8267784714698792),
 ('재밌어', 0.8041579127311707),
 ('재밋엇', 0.7996676564216614),
 ('재밋어용', 0.7885328531265259),
 ('잼슴', 0.7873533368110657),
 ('재미있었', 0.7843563556671143),
 ('재밋는듯', 0.7800230979919434),
 ('재밋었음', 0.7765243053436279)
… 이하 생략
```

위의 결과를 살펴보면, '재밌' 단어와 유사도가 큰 다른 단어도 비슷한 긍정의 의미를 갖는 단어입니다. 하지만 여기서 주의해야 할 점은 Word2vec의 결과물이 반드시 의미적인 유사도를 보장하는 것은 아니라는 것입니다. Word2vec이 의미하는 것은 문맥적인 유사도입니다. 즉, 주변에 사용된 단어가 얼마나 유사한지를 나타냅니다. 의미적으로는 유사하지 않을 수도 있습니다.

참고로, sg=1, negative=5로 설정한 경우에도 위의 결과와 어느 정도 유사한 결과가 도출되는 것을 확인할 수 있습니다(코드와 결과는 movie_reviews_word2vec.ipynb 파일을 참고하세요).

이번에는 CBOW 방법을 사용해 보겠습니다. Word2vec을 사용해 각 단어의 벡터를 생성하기 위해, 앞에서와 마찬가지로 Word2vec 클래스의 생성자 함수를 호출해 객체를 만듭니다. 하지만 이번에는 sg 파라미터의 값을 0으로 설정합니다.

```
model_cbow_n10 = Word2Vec(
    docs1, window=3, min_count=3, vector_size=100, sg=0, negative=10
)
```

먼저, skip-gram의 경우와 동일하게 '이정재' 단어와 유사한 상위 50개의 단어를 확인해 보겠습니다.

```
model_cbow_n10.wv.most_similar('이정재', topn=50)
```

```
[('김윤석', 0.7929652333259583),
 ('이범수', 0.7816890478134155),
```

```
  ('이진욱', 0.744100034236908),
  ('조재현', 0.7371965050697327),
  ('공유', 0.7330566048622131),
  ('송강호', 0.7284312844276428),
  ('김범수', 0.7093769311904907),
  ('주지훈', 0.7074260711669922),
  ('이성민', 0.7028567790985107),
 … 이하 생략
```

Skip-gram(즉, **sg=1**)의 경우와 결과가 조금은 다른 것을 확인할 수 있습니다.

이번에는 '재밌' 단어와 유사한 벡터를 갖는 단어를 확인해 보겠습니다.

```
model_cbow_n10.wv.most_similar('재밌', topn=50)
```

```
[('재미있', 0.9074578285217285),
 ('재밌네', 0.8194817900657654),
 ('재밌어', 0.8014765977859497),
 ('재밌음', 0.8003607392311096),
 ('재밌었', 0.7868196964263916),
 ('재미있었', 0.7087598443031311),
 ('잼남', 0.7033387422561646),
 …
 ('무서움', 0.5104575157165527),
 …
 ('재미없', 0.4947068989276886),
 … 이하 생략
```

CBOW의 경우, 대부분의 단어가 '재밌'이라는 단어와 의미적으로도 유사하게 긍정의 의미를 담고 있지만, skip-gram과 다르게 그렇지 않은 단어도 포함되어 있습니다. 즉, 중간 아랫부분에 위치하는 **'무서움'**, **'재미없'**이라는 단어는 의미적으로는 오히려 '재밌'이라는 단어와 관련이 별로 없거나 반대의 의미를 갖고 있는 단어입니다.

참고로, **sg=0, negative=5**의 경우도 **sg=0, negative=10**인 경우와 비슷한 결과가 도출되는 것을 확인할 수 있습니다.

14.2.3 FastText

이 섹션에서는 FastText 알고리즘을 사용한 임베딩 방법에 대해 살펴보겠습니다.

14.2.3.1 FastText 소개

단어를 저차원의 벡터로 표현할 때 Word2vec 이외에 자주 사용되는 방법 중 하나가 FastText입니다. FastText는 Word2vec을 확장한 방법으로 페이스북에서 2016년에 제안한 방법입니다.[51] Word2vec의 주요 단점은 학습에서 사용되지 않은 단어의 임베딩 정보를 알 수 없다는 것입니다(이러한 문제를 out of vocabulary 문제라고 합니다). 예를 들어, 앞에서 살펴본 영화 리뷰 데이터를 학습한 결과에 대해 다음 코드를 입력해 '우주평화'라는 단어의 임베딩 정보를 찾아봅니다.

```
model_sg_n10.wv['우주평화']
```

어떤 결과 출력될까요?

```
KeyError: "Key '우주평화' not present"
```

직접 코드를 실행해 보면 알겠지만, **KeyError**가 발생합니다. 즉, 학습 데이터에 '우주평화'라는 단어가 존재하지 않는다는 것을 의미합니다. 이는 학습에서 사용되지 않은 단어에 대해서는 임베딩 정보를 추출할 수 없다는 뜻입니다. FastText는 단어를 여러 개의 하위 n-gram 문자로 쪼개서 학습하고, 결과물로 단어뿐만 아니라 하위 n-gram 문자에 대한 임베딩 정보도 추출하는 방법을 사용하여 이러한 out of vocabulary 문제를 해소합니다.

FastText는 Word2vec에서 사용된 skip-gram 방법을 확장한 방법입니다. 즉, 타깃 단어를 이용하여 주변에서 사용된 이웃 단어가 무엇인지를 예측하는 작업을 수행하면서 단어의 임베딩 정보를 계산하는 방식을 사용합니다. 다만, Word2vec과의 주요한 차이는 입력 단어가 되는 타깃 단어를 그대로 사용하는 것이 아니라, 앞에서 말한 것과 같이 여러 개의 n-gram으로 구분하여 사용합니다(입력 단어만을 하위 n-gram으로 구분하고, 이웃 단어는 단어 그대로 사용합니다).

입력 단어가 어떻게 하위 n-gram으로 구분되는지 예를 들어 설명해 보겠습니다. n=3인 경우, where이라는 단어는 다음과 같은 n-gram의 집합으로 구분됩니다.

---

51 Bojanowski, P., Grave, E., Joulin, A., & Mikolov, T.(2016). Enriching word vectors with subword information. Transactions of the association for computational linguistics, 5, 135–146.

<wh, whe, her, ere, re>

보다시피, FastText에서는 단어의 시작과 끝을 표현하기 위해 〈와 〉 기호를 사용했습니다. 〈와 〉 기호를 사용하면, 단어와 단어의 하위 n-gram을 쉽게 구분할 수 있다는 장점이 있습니다. 예를 들어, 〈her〉는 단어 her를 의미하는 것이고, 위에서 보는 것처럼 where에서 사용된 her는 her로만 표현됩니다. FastText에서는 위의 트라이그램(trigram, 즉 n=3)들 이외에 단어 자체도 하나의 하위 n-gram으로 사용했습니다. 즉, where이라는 단어는 〈wh, whe, her, ere, re〉와 〈where〉로 표현되는 것입니다.

FastText에서는 학습을 통해 각 하위 n-gram의 벡터를 구하고, 각 단어는 이러한 하위 n-gram 벡터들의 합으로 표현합니다. FastText에서는 각 n-gram의 임베딩 벡터를 계산하기 위해 특정한 형태의 비용함수를 사용했습니다. 특정한 타깃 단어(w_t)와 이웃 단어 하나(w_c)에 대한 비용함수는 다음과 같이 표현됩니다.

$$\log(1+e^{-s(w_t, w_c)})+ \sum_{n \in N_{t,c}}\log(1+e^{s(w_t, n)})$$

여기에서 $N_{t,c}$은 네거티브 샘플링 방법을 통해 선택된 네거티브 단어를 의미합니다. 그리고 $s(w_1, w_2)$는 서로 다른 두 개의 단어(즉, w_1과 w_2) 사이의 스코어 점수를 나타냅니다. 스코어 점수는 단어 사이의 유사도를 나타내는 값이라고 생각할 수 있습니다. 타깃 단어와 이웃 단어의 스코어 값은 다음과 같이 내적을 이용해 계산됩니다(내적은 벡터 간의 유사도를 의미합니다). 기억할 점은 입력 단어인 타깃 단어는 여러 개의 하위 n-gram으로 구분되어 표현된다는 것입니다.

$$s(w, \ c)= \sum_{g \in G_w} \mathbf{z}_g^T \mathbf{v}_c$$

여기서 $\mathbf{z}_g$는 단어 w의 하위 n-gram g에 대한 벡터를, $\mathbf{v}_c$는 이웃 단어에 대한 벡터를 나타냅니다. 그리고 G_w는 단어 w의 하위 n-gram들의 집합(예를 들어, where 단어의 경우, G_w={<wh, whe, her, ere, re>, <where>}가 됩니다)을 의미합니다.

이웃 단어가 여러 개인 경우, 특정 타깃 단어(w_t)에 대한 비용 함수는 다음과 같이 표현됩니다.

$$\sum_{c \in C_t}\log(1+e^{-s(w_t, w_c)})+ \sum_{n \in N_{t,c}}\log(1+e^{s(w_t, n)})$$

여기에서 C_t는 단어 w_t의 이웃 단어의 집합을 의미합니다.

따라서 전체 데이터에 존재하는 T 개의 단어에 대한 비용함수는 다음과 같습니다.

$$\sum_{t=1}^{T} \left[\sum_{c \in C_t} \log(1 + e^{-s(w_t, w_c)}) + \sum_{n \in N_{t,c}} \log(1 + e^{s(w_t, n)}) \right]$$

각 하위 n-gram에 대한 임베딩 벡터값에 대한 파라미터가 위의 비용함수를 최소화하는 값으로 계산됩니다. FastText에서는 SGD 옵티마이저를 사용해 학습을 수행했습니다.

14.2.3.2 파이썬 코딩

관련 코드는 FastText_example.ipynb 파일을 참고하세요. 여기서는 gensim에서 제공하는 FastText 클래스를 사용합니다. 예제 데이터는 Word2vec에서 사용했던 영화 리뷰 데이터입니다. gensim에서 제공하는 FastText 클래스에 관한 자세한 내용은 https://radimrehurek.com/gensim/models/fasttext.html를 참고하기 바랍니다.

일단 먼저 다음과 같은 코드로 데이터를 준비합니다.

```
with open('2016_filtered_review.txt', encoding='utf-8') as f:
    docs = [line.strip().split('\t\t') for line in f]
docs1 = [doc[1].strip().split() for doc in docs]
```

그다음, gensim에서 제공하는 FastText 클래스를 임포트합니다.

```
from gensim.models import FastText
```

다음과 같이 FastText 클래스의 객체를 만들어 학습시킵니다. FastText 클래스의 생성자 함수가 갖는 주요한 파라미터는 Word2vec 클래스 생성자 함수와 비슷합니다. Word2vec 클래스 생성자 함수의 파라미터 이외에 min_n과 max_n 파라미터가 존재합니다. min_n은 하나의 토큰을 여러 개의 문자 n-gram으로 분할할 때 사용되는 n-gram의 가장 짧은 길이를 의미하며, max_n은 문자 n-gram의 가장 긴 길이를 의미합니다. min_n의 기본값은 3으로, max_n의 기본값은 6으로 설정되어 있습니다. 여기서는 설명을 위해 min_n과 max_n을 모두 2로 설정하겠습니다. 즉, 하나의 단어를 여러 개의 바이그램(bigram) 문자들로 분할한다는 것을 의미합니다.

```
model_sg_n10 = FastText(
    docs1, window=3, min_count=3, vector_size=100, sg=1, negative=10, min_n=2, max_n=2
)
```

FastText 클래스의 생성자 함수를 사용해 객체를 생성한 다음에는, Word2vec과 마찬가지로 most_similar() 함수를 사용해 특정 단어와 유사한 상위 몇 개의 단어를 확인할 수 있습니다. 여기서도 '이정재' 단어와 유사한 상위 50개 단어를 확인해 보겠습니다.

```
model_sg_n10.wv.most_similar("이정재", topn=50)
```

```
[('이범수', 0.8507240414619446),
 ('정재영', 0.8451994061470032),
 ('정재', 0.8438768982887268),
 ('정재형', 0.8208006024360657),
 ('공유', 0.8174763321876526),
 ('김범수', 0.7952247262001038),
 ('임성민', 0.7835261821746826),
 ('박해일', 0.7801796793937683),
 … (이하 생략)
```

그다음, 데이터에 존재하지 않는 단어의 벡터도 확인해 보겠습니다. 앞에서 살펴본 것처럼 '우주평화'라는 단어는 데이터에 존재하지 않는 단어입니다. 이는 다음과 같이 확인할 수 있습니다.

```
'우주평화' in model_sg_n10.wv.key_to_index
```

```
False
```

FastText의 경우, Word2vec과는 달리 학습 데이터에 존재하지 않는 단어의 임베딩 벡터를 확인해도 에러가 발생하지 않습니다. 즉, '우주평화' 단어의 문자 단위 n-gram이 학습 데이터에 존재하는 경우에는 그러한 n-gram들의 벡터 정보를 이용해 '우주평화' 단어의 임베딩 정보를 얻을 수 있습니다.

```
model_sg_n10.wv['우주평화']
```

```
array([ 1.64252639e-01,  4.62326288e-01,  2.05779746e-01,  1.11546494e-01,
       -1.67664781e-01, -1.14685036e-01, -1.86945826e-01,  6.94909453e-01,
        3.04705501e-01,  1.01044014e-01, -1.82521340e-04,  1.94344684e-01,
        2.45456398e-02,  4.19537634e-01, -1.36935279e-01, -3.20029557e-01,
        1.05654873e-01, -1.86202869e-01,  1.03715301e-01,  1.33032203e-01,
        2.12360620e-01,  5.22386208e-02,  5.11780679e-02, -4.08248641e-02,
... (이하 생략)
```

most_similar() 함수를 사용해 유사한 단어를 찾아 보겠습니다.

```
model_sg_n10.wv.most_similar("우주평화")
```

```
[('우주', 0.821270763874054),
 ('평화', 0.8178757429122925),
 ('우주비행사', 0.8132615685462952),
 ('우장', 0.7991994023323059),
 ('우방', 0.7958466410636902),
 ('꽃밭', 0.7949529886245728),
 ('아비규환', 0.7891572117805481),
 ('동병상련', 0.784336507320404),
 ('지구대', 0.781747579574585),
 ('대영제국', 0.7802963256835938)]
```

14.3 문서 임베딩

앞에서는 하나의 단어를 주변에 사용된 단어의 정보를 사용해 저차원의 벡터로 변환하는 방법에 대해 알아봤습니다. 이번에는 하나의 문서를 저차원의 벡터로 표현하는 방법에 대해 살펴보겠습니다. 그러한 방법을 문서 임베딩(document embedding)이라고 합니다. 여기서는 Doc2vec 방법에 대해 설명하겠습니다.

14.3.1 Doc2vec

Doc2vec 방법은 기본적으로 작동하는 방식이 Word2vec과 유사합니다. Doc2vec은 Word2vec을 제안한 저자가 다른 동료들과 2014년에 후속으로 발표한 논문에서 제안된 방법입니다.[52]

지금까지 배운 문서를 벡터로 표현하는 방법은 단어 가방(Bag of Words, BoW) 모형을 사용한 방법입니다. 즉, 문서에 출현한 단어가 무엇이고 각 단어가 얼마나 사용되었는지에 대한 정보를 이용해 문서의 특성을 벡터로 표현한 방법입니다. 하지만 이러한 방법은 생성된 벡터가 문서에서 사용된 단어의 순서 정보혹은 단어 간의 연결 정보를 반영하지 못한다는 단점이 있습니다. 그리고 단어의 의미를 제대로 반영하지 못한다는 단점도 존재합니다.

---

[52] Le, Q., & Mikolov, T.(2014, January). Distributed representations of sentences and documents. In International conference on machine learning(pp. 1188–1196).

Doc2vec은 Word2vec과 유사하게 단어 간의 연결 정보 혹은 같이 사용된 정보를 사용해 문서의 특성을 나타내는 저차원의 벡터를 생성하는 방법입니다. 작동하는 방식은 많은 부분에 있어 Word2vec과 유사하기 때문에 여기서는 Doc2vec의 핵심적인 내용만 살펴보겠습니다.

14.3.1.1 Doc2vec 작동 방식

Doc2vec이 학습하는 방식에는 두 가지가 있습니다. 하나는 DM(distributed memory) 방식이고, 다른 하나는 DBOW(distributed BOW) 방식입니다. 각 방식에 대해 살펴보겠습니다.

■ Distributed memory 방식

Doc2vec에서의 DM 방식은 그림 14.13과 같이 표현할 수 있습니다. Word2vec에서의 CBOW 방식을 확장한 방식으로, 기본적으로 이웃 단어를 이용해 타깃 단어[53]를 예측하는 작업을 합니다. Word2vec에서는 단어의 정보만 사용해 이러한 작업을 했는데, Doc2vec에서는 여기에 문서의 벡터 정보를 추가합니다. 이웃 단어에 대한 정보도 원-핫 벡터의 형태로 입력되고, 문서 정보도 원-핫 벡터로 입력됩니다.

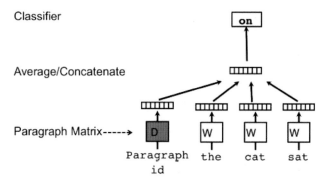

그림 14.13 DM 방식의 도식화(Paragraph id는 문서의 id를 의미합니다.)

그렇다면 단어와 문서의 원-핫 벡터는 어떻게 생성되어 입력층에 입력될까요? 이를 위해 일단 Word2vec에서 했던 것과 마찬가지로 단어와 문서에 인덱스 번호를 부여합니다. 단어는 단어만을 고려한 인덱스 번호를 부여하고, 문서는 문서만 고려하여 인덱스 번호를 부여합니다. 만약 전체 데이터에 1,000개의 문서가 있고, 총 단어의 수가 10,000개라면, 단어의 인덱스 번호는 0~9,999까지 존재하게 되며, 문서의 인덱스 번호는 0~999까지 존재합니다. 즉, 단어는 10,000차원의 벡터로 표현되고, 자신의 인덱스 번호에 해당하는 원소의 값만 1이고 나머지 원소의 값은 0인 벡터가 됩니다. 그리고 하나의 문서는 1,000

---

53 원 논문에서의 타깃 단어는 일련의 문맥 단어가 출현한 다음 나오는 단어를 의미합니다.

차원의 벡터로 표현되고, 역시나 마찬가지로 문서 자신의 인덱스 번호에 해당하는 원소의 값만 1이고 나머지 원소의 값은 0인 벡터가 됩니다. 예를 들어, 문서의 인덱스 번호가 9이고, 해당 문서에서 사용된 문맥 단어 두 개를 사용하여 타깃 단어를 예측한다고 가정하겠습니다. 이웃 단어의 인덱스가 각각 99와 199라면, 해당 신경망에 입력되는 값을 그림 14.14와 같이 표현할 수 있습니다.

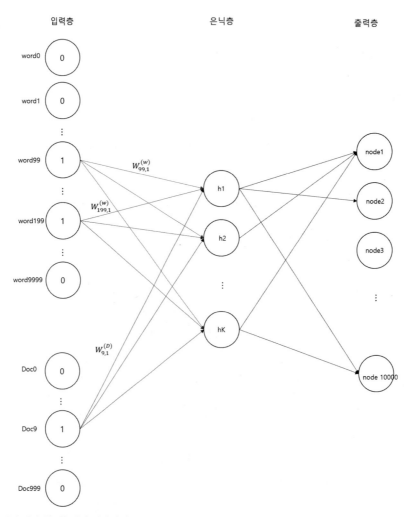

그림 14.14 문서와 단어 원-핫 벡터 입력의 예

첫 번째 은닉 노드에 입력되는 값은 $W_{99,1}^{(w)} + W_{199,1}^{(w)} + {}_{9,1}^{(D)}$이 되고, 이의 평균값(즉, $\frac{1}{3}\big(W_{99,1}^{(w)} + W_{199,1}^{(w)} + {}_{9,1}^{(D)}\big)$이 출력됩니다. 위의 그림을 통해 알 수 있는 것은 단어를 위한 가중치의 숫자가 $10,000 \times K$가 되고 문서들을 위한 가중치의 숫자가 $1,000 \times K$가 된다는 것입니다. 그리고 각 단어와 문서가 모두 K 차원의 벡터로 표

현됩니다. 문서에 대한 가중치 행렬의 각 행이 각 문서를 나타내는 벡터가 됩니다. 예를 들어, 1,000개의 문서 중에서 첫 번째 문서의 벡터는 1,000×K 형태의 문서 가중치 행렬의 첫 번째 행(즉, 1,000차원의 벡터)이 되고, 두 번째 문서의 벡터는 해당 행렬의 두 번째 행이 됩니다.

■ DBOW(Distributed Bag of Words) 방식

DBOW 방식은 Word2vec의 skip-gram 방식과 유사하게 작동한다고 생각할 수 있습니다. 다만, 입력되는 정보가 단어에 대한 정보가 아니라 특정 문서에 대한 정보입니다. 특정 문서의 정보가 해당 문서의 인덱스 번호를 이용하여 그림 14.15와 같이 원-핫 벡터로 입력됩니다. 그리고 해당 문서 정보를 이용해 출력층에서는 특정 단어가 해당 문서에서 사용되었는지를 예측합니다. 이러한 학습 과정에서 도출된 가중치 행렬을 이용해 문서의 벡터값을 구합니다.

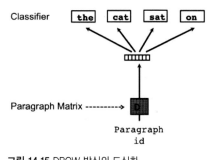

그림 14.15 DBOW 방식의 도식화

14.3.1.2 파이썬 코딩하기

Doc2vec도 Word2vec과 마찬가지로 gensim을 이용해 사용할 수 있습니다. 여기서는 Doc2vec을 통해 도출된 벡터를 이용해 문서 간의 유사도를 계산하는 것과 Doc2vec을 통해 얻어진 벡터를 특성 정보로 이용하여 감성분석을 수행해 보겠습니다.

■ Doc2vec을 이용해 문서 간의 유사도 파악하기

관련 코드는 Doc2vec_docs_similarity.ipynb 파일을 참고하세요. 여기서는 서로 다른 주제와 관련된 13개의 한글 신문 기사를 doc2vec을 이용해 벡터로 변환한 다음, 각 신문 기사 간의 유사도를 코사인 유사도를 이용해 계산해 보겠습니다. 해당 신문 기사들은 군집화 분석에서 다뤘던 기사들입니다. 해당 기사들은 example_Kr_docs 폴더에 그림 14.16과 같이 별도의 파일에 저장되어 있습니다. 파일 제목의 첫 번째 숫자가 동일한 기사가 동일한 주제에 대해 다룹니다. 즉, doc0_1, doc0_2, doc0_3, doc0_4는 모두 동일한 주제에 대해 다루는 기사에 대한 파일입니다.

그림 14.16 example_Kr_docs 폴더에 저장된 파일들

다음과 같은 코드를 이용해 텍스트 데이터를 주피터 노트북으로 읽어옵니다.

```
from os import listdir
from os.path import isfile, join

mypath = './example_Kr_docs/'
onlyfiles = [f for f in listdir(mypath) if isfile(join(mypath, f))]

total_docs = []
for file in onlyfiles:
    file_path = mypath+file
    with open(file_path, 'r', encoding='utf8') as f:
        content = f.read()
    total_docs.append(content)
```

total_docs에는 13개의 원본 신문 기사 내용이 저장되어 있습니다. 원본 신문 기사를 전처리하고, 전처리된 데이터에 Doc2vec을 적용해 저차원의 벡터로 표현할 것입니다. 전처리를 위해 키위 형태소 분석기를 사용합니다. 이를 위해 다음과 같이 **Kiwi** 클래스를 임포트하고 해당 클래스의 객체를 생성합니다.

```
from kiwipiepy import Kiwi

kiwi = Kiwi()
```

각 신문 기사를 전처리하기 위해 다음과 같은 사용자 정의 함수를 생성합니다. 불필요한 기호를 제거하기 위해 정규 표현식을 사용하기 때문에 re 모듈을 임포트합니다.

```
import re

def preprocess(content):
    if len(content.strip()) > 3:
        filtered_content = re.sub(r'[^\s\w\d]', ' ', content)
        kiwi_tokens = kiwi.tokenize(filtered_content)
        results = [token.form for token in kiwi_tokens]
        return results
```

다음과 같이 각 문서를 전처리하여 리스트 형태로 저장합니다.

```
docs = [preprocess(doc) for doc in total_docs]
```

gensim에서 제공하는 **Doc2Vec** 클래스를 이용해 임베딩 작업을 하기 위해서는 먼저 각 문서의 아이디를 지정해 줘야 합니다. 이러한 작업은 gensim에서 제공하는 **TaggedDocument**라는 클래스를 사용해 수행할 수 있습니다.

```
from gensim.models.doc2vec import TaggedDocument
tagged_docs = [TaggedDocument(doc, tags=[i]) for i, doc in enumerate(docs) if doc != None]
```

위와 같은 코드를 수행하면 **tagged_docs**에는 각 문서에 대해 고유한 태그 번호가 부여된 결과가 저장됩니다(태그 번호를 인덱스 번호라고 생각하면 됩니다).

이제 **gensim**의 **Doc2Vec** 클래스를 이용해 문서의 임베딩 벡터를 구하기 위한 준비가 다 끝났습니다. 그다음에는 다음과 같이 **Doc2Vec** 클래스의 객체를 생성함으로써 각 문서의 벡터를 추출할 수 있습니다. Doc2vec은 Word2vec 알고리즘을 확장한 방법이므로 Word2vec 클래스의 생성자 함수가 갖는 파라미터와 비슷한 파라미터를 갖습니다. **vector_size**, **min_count**, **epochs**, **negative**, **alpha**는 Word2Vec 클래스에서와 동일한 의미를 갖습니다. 따라서 관련 설명은 생략하겠습니다.[54] 그 외 파라미터 중 중요한 파라미터는 **dm** 파라미터입니다. **dm** 파라미터는 distributed memory를 의미합니다. 해당 파라미터가 취할 수 있는 값은 0과 1인데, 1의 경우 DM 방법을 사용하겠다는 의미이고, 0의 값은 DBOW(Distributed Bag of Words)를 사용하겠다는 의미입니다. 여기서는 DM 방법을 사용하겠습니다.

```
from gensim.models.doc2vec import Doc2Vec

model = Doc2Vec(
    tagged_docs, vector_size=100, min_count=3, epochs=100, dm=1, negative=5, alpha=0.001
)
```

이 코드를 실행하면, 각 문서에 대한 임베딩 벡터 결과가 **model** 객체에 저장됩니다. 특정 문서에 대한 임베딩 벡터는 다음과 같이 확인할 수 있습니다. 다음 코드는 첫 번째 문서의 벡터를 출력합니다. 여기서 **dv**는 document vector를 의미합니다.

```
print(model.dv[0])
[-1.2656219    0.0114486    0.28473583   1.0847627   -0.2919489   -0.9973102
  0.66139394   1.0777035   -0.2586633    0.0673442   -1.0279777   -1.3885996
 -0.888413     0.24893966   0.6999722   -0.6484902    0.3104377   -0.10035113
 …
```

---

54 이러한 파라미터는 하이퍼파라미터이기 때문에 그 값을 달리 변경해 가면서 모형의 성능을 파악해 보는 것이 필요합니다.

다음과 같이 각 문서의 임베딩 벡터를 사용해 특정한 두 문서 간의 코사인 유사도를 계산할 수 있습니다. 다음 코드는 첫 번째 문서와 두 번째 문서 간의 코사인 유사도를 계산합니다. 유사도가 9.97 정도 나오는 것을 확인할 수 있습니다.

```
import numpy as np

np.dot(model.dv[0], model.dv[1])/(np.linalg.norm(model.dv[0])*np.linalg.norm(model.dv[1]))
```
```
0.973034
```

Doc2Vec 클래스에서 제공하는 **most_similar()** 함수를 사용하면, 특정 문서와 유사한 상위 몇 개의 문서를 확인할 수 있습니다. 다음에서는 인덱스가 0인 문서(즉, 첫 번째 문서)와 유사한 상위 10개의 다른 문서들을 확인하고 있습니다.

```
print(model.dv.most_similar(0, topn=10))
```
```
[(2, 0.9757897257804871), (1, 0.9730340242385864), (3, 0.9569836854934692), (5,
0.31833362579345703), (6, 0.3152928948402405), (9, 0.29704588651657104), (4, 0.281202107667923),
(7, 0.2650044560432434), (8, 0.2616467773914337), (12, 0.2144526243209839)]
```

결과를 보면 0번 문서와 같은 주제를 다루고 있는 1, 2, 3번 문서가 상대적으로 유사도가 크게 나온 것을 확인할 수 있습니다.

■ Doc2vec을 이용해 감성분석 하기

이번에는 Doc2vec을 이용해 각 영화평을 저차원 벡터로 표현하고, 그렇게 표현된 저차원 벡터를 특성 정보로 하여 영화평의 긍부정을 구분하는 작업을 수행해 보겠습니다. 관련 코드는 **Doc2vec_sentiment_analysis.ipynb** 파일을 참고하세요. Doc2vec을 이용한 감성분석의 전반적인 순서는 다음과 같이 크게 두 부분으로 구분할 수 있습니다.

1. 각 영화평을 저차원의 임베딩 벡터로 표현하기: 각 영화평을 Doc2vec을 이용해 100차원의 임베딩 벡터로 표현하는 경우에는 각 영화평을 100개의 특성 정보를 이용해 표현하는 것이라고 생각할 수 있습니다.

2. 각 문서의 임베딩 벡터를 사용해 감성분석 수행하기: 로지스틱 회귀모형 또는 SVM과 같은 전통적인 기계학습 분류 모형 또는 신경망 모형을 각 문서의 임베딩 벡터에 적용해서 감성분석을 수행할 수 있습니다.

여기서는 감성분석 섹션에서 사용된 **Korean_movie_reviews_2016.txt** 파일에 저장된 영화평 데이터를 이용해 감성분석을 해보겠습니다. 먼저 Doc2vec을 적용해 각 영화평을 특정 차원의 벡터로 표현합니다.

다음과 같이 데이터를 읽어옵니다.

```python
with open('Korean_movie_reviews_2016.txt', encoding='utf-8') as f:
    docs = [doc.strip().split('\t') for doc in f]
    docs = [(doc[0], int(doc[1])) for doc in docs if len(doc) == 2]
    texts, labels = zip(*docs)
```

각 문서를 띄어쓰기를 기준으로 분리해서 토큰 단위로 저장합니다.

```python
docs_words = [doc.strip().split() for doc in texts]
```

이제 이렇게 저장된 각 문서의 토큰 정보에 Doc2Vec 클래스를 적용하여 각 문장의 임베딩 정보를 계산합니다. 이 과정은 앞에서 진행한 과정과 동일하기 때문에 자세한 설명은 하지 않겠습니다.

```python
from gensim.models.doc2vec import Doc2Vec, TaggedDocument

tagged_docs = [
    TaggedDocument(doc, tags=[i]) for i, doc in enumerate(docs_words) if doc != None
]
```

태그 번호를 부여한 결과를 확인하면 다음과 같습니다.

```python
tagged_docs[:2]
```

```
[TaggedDocument(words=['부산', '행', '때문', '너무', '기대하고', '봤'], tags=[0]),
 TaggedDocument(words=['한국', '좀비', '영화', '어색하지', '않게', '만들어졌', '놀랍'], tags=[1])]
```

다음과 같이 Doc2Vec 클래스의 생성자 함수를 호출하여 각 문서의 임베딩 정보를 생성합니다.

```python
model = Doc2Vec(tagged_docs, vector_size=100, min_count=3, window=3, epochs=100, dm=1, negative=5,
alpha=0.001)
```

각 영화평의 임베딩 정보가 제대로 생성됐는지 확인해 보겠습니다. 이를 위해 일부 영화평과 유사한 임베딩 벡터를 갖는 영화평을 직접 확인해 보겠습니다. 해당 영화평들이 유사한 의미를 가질수록 임베딩 벡터가 제대로 생성된 것을 의미합니다. 그렇지 않다면, Doc2vec 클래스 생성자 함수가 갖는 파라미터의 값을 튜닝하면서 원하는 결과가 나오게 해야 합니다. 첫 번째 영화평과 유사한 벡터를 갖는 상위 10개의 영화평을 확인해 보겠습니다. 첫 번째 영화평의 내용은 '부산 행 때문 너무 기대하고 봤'입니다.

```
texts[0]
```

```
'부산 행 때문 너무 기대하고 봤'
```

다음과 같이 **most_similar()** 함수를 사용해 유사한 상위 영화평을 확인합니다. 대체적으로 유사도가 잘 나오지는 않습니다. 주된 이유는 각 문서의 길이가 짧기 때문입니다. 일반적으로 Doc2vec은 짧은 문서에는 잘 적용되지 않는 것으로 알려져 있습니다. 즉, 문서가 짧은 경우에는 Doc2vec을 이용해서는 문서의 특성을 제대로 파악하기가 어렵습니다.

```
for id, sim in model.dv.most_similar(0, topn=10):
    print('reivew ID: {}, review: {}, similarity: {}'.format(id, texts[id], sim))
```

```
reivew ID: 89881, review: 호평 때문 기대하고 봤 기대 초과, similarity: 0.7534970641136169
reivew ID: 102986, review: 영 상미 넘 예쁨 애기 때문 빵빵 터졌, similarity: 0.7008088231086731
reivew ID: 161929, review: 화끈 액션 씬 때문 손 땀 나더, similarity: 0.6940357089042664
reivew ID: 10810, review: 시종일관 화려한 스케일 때문 눈 떼지 했, similarity: 0.6846963763237
reivew ID: 106992, review: 오베 남자 때문 울 웃다, similarity: 0.6795190572738647
reivew ID: 14517, review: 도대체 왜 때문, similarity: 0.6789843440055847
reivew ID: 155429, review: 음 부산 행 때문 보시 분 굳이 보실 필요 없 것 같아, similarity:
0.674677848815918
reivew ID: 7252, review: 흥미로운 스토리 때문 눈 뗄 수 없었, similarity: 0.6687542200088501
reivew ID: 45464, review: 지루한 부분 때문 기대 미치, similarity: 0.6607589721679688
reivew ID: 54255, review: 다양한 캐릭터 때문 보는 재미 쏠쏠 했, similarity: 0.6599541306495667
```

각 문서의 벡터 정보만 다음과 같이 별도로 저장합니다. 이 벡터 정보가 감성분석에서 사용되는 각 문서의 특성 정보가 되는 것입니다. 우리는 이러한 특성 정보와 각 문서의 레이블 정보를 사용하여 감성분석을 수행합니다. 여기서는 로지스틱 회귀모형을 이용하겠습니다.

```
# 각 문서의 임베딩 정보 추출하기
docs_vectors = []
for i in range(len(texts)):
    docs_vectors.append(model.dv[i])
```

일단 **train_test_split()** 함수를 이용해 학습 데이터와 평가 데이터로 구분합니다.

```
from sklearn.model_selection import train_test_split
train_features, test_features, train_labels, test_labels = train_test_split(docs_vectors, labels,
test_size=0.2, random_state=0)
```

학습 데이터에 대해 **sklearn**에서 제공하는 **LogisticRegression** 클래스를 사용해 학습합니다. 여기서는 규제화 방법으로 L1과 L2를 모두 사용해 봤습니다.

```
from sklearn.linear_model import LogisticRegression
lr2 = LogisticRegression(C=1, penalty='l2', solver='saga')
lr2.fit(train_features, train_labels)
pred_labels = lr2.predict(test_features)
```

평가 데이터에 대한 성능을 다음과 같이 확인합니다.

```
from sklearn.metrics import accuracy_score
print('Accuracy: %.2f' % accuracy_score(test_labels, pred_labels))
```

위 코드의 결과는 다음과 같습니다.

```
Accuracy: 0.79
```

L1 방법의 경우도 결과가 크게 다르지 않게 나오는 것을 확인할 수 있습니다.

```
lr1 = LogisticRegression(C=1, penalty='l1', solver='saga')
lr1.fit(train_features, train_labels)
pred_labels = lr1.predict(test_features)
print('Accuracy: %.2f' % accuracy_score(test_labels, pred_labels))
```
```
Accuracy: 0.79
```

지금까지 Doc2vec을 사용해 감성분석을 어떻게 수행할 수 있는지를 확인해 봤습니다. 그런데 위의 결과에서 볼 수 있듯이, 모형의 정확도가 0.79 정도로 그리 높지 않은 것을 알 수가 있습니다(BoW 모형을 사용한 로지스틱회귀모형의 경우에는 정확도가 0.87 정도 나왔었습니다). 이는 앞에서 언급한 것처럼, 문서의 길이가 짧은 경우 Doc2vec이 문서의 특성을 잘 파악하지 못하기 때문입니다.

15

CNN을 이용한
텍스트 분석

지금까지는 기본적인 신경망인 FNN을 이용한 텍스트 분석에 대해 살펴봤습니다. 여기서는 CNN(Convolutional neural network, 합성곱 신경망)이라는 딥러닝 알고리즘을 사용해 텍스트 분석을 어떻게 할 수 있는지 알아보겠습니다.

15.1 CNN

CNN을 이용한 텍스트 분석에 대해 설명하기 전에 CNN 알고리즘의 작동 원리에 대해 먼저 살펴보겠습니다.

15.1.1 CNN 소개

CNN은 일반적으로 이미지 분석에 많이 사용됩니다. 하지만 텍스트 분석에서도 유용하게 사용될 수 있습니다.[55] CNN 알고리즘의 이해를 돕기 위해 먼저 이미지 분석에서 CNN이 어떻게 사용되는지 살펴보겠습니다.

---

[55] CNN을 텍스트 분석에 적용한 대표적인 논문으로 Kim, Y.(2014). Convolutional neural networks for sentence classification. arXiv preprint arXiv:1408.5882가 있습니다.

하나의 이미지는 여러 개의 픽셀로 구성되어 있습니다. 컬러 이미지의 경우 각 픽셀은 세 개의 채널(즉, Red, Green, Blue 채널) 정보를 갖고 있습니다. 이는 하나의 픽셀이 R, G, B에 해당하는 세 가지 색상 정보를 갖는다는 것을 의미합니다. 그림 15.1과 같이 하나의 이미지가 3차원 형태의 어레이(array) 데이터로 표현될 수 있다는 것을 나타냅니다. 각 채널 정보는 0과 255 사이의 정수를 취합니다. 255에 가까울수록 해당 채널의 색이 강하다는 것을 의미합니다. 예를 들어, Red=255, Green=0, Blue=0은 순수 빨간색을 의미합니다.

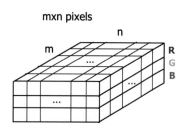

그림 15.1 컬러 이미지의 표현

흑백 이미지는 채널의 수가 한 개인 경우라고 생각할 수 있습니다(그림 15.2 참고). 흑백 이미지의 경우 255에 가까울수록 흰색을, 0에 가까울수록 검은색을 의미합니다.

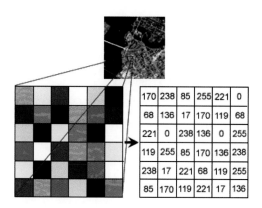

그림 15.2 흑백 이미지의 예

각 색 정보는 신경망에서 사용되는 하나의 독립변수(혹은 특성(feature))의 값이 됩니다. 예를 들어, 1000×1000픽셀(pixel)로 구성된 컬러 이미지의 경우에는 1000×1000×3개의 색 정보를 가지고 있다는 것을 뜻합니다. 즉, 1000×1000×3개의 독립변수가 존재하는 것입니다. 이러한 이미지에 대한 분류 작업을 일반적인 FNN을 통해 수행하는 경우, 입력층에 존재하는 노드의 개수는 1000×1000×3개가 됩니다(편향 노드 제외). 그리고 은닉층과 은닉 노드의 수가 늘어날수록 학습해야 하는 파라미터의 수가 크게 증가합니다. 학습해야 하는 파라미터가 많으면 그만큼 많은 학습 데이터가 있어야 할 뿐만 아니라, 학습하는 데도 많은 시간이 걸리고 과적합 문제가 발생할 가능성도 커집니다. 그리고 이미지는 사각형의 형태인데 기본적 FNN의 경우 사각형 형태의 데이터를 입력받을 수 없습니다. 그림 15.3과 같이 이미지를 각 행별로 자른 뒤 일렬로 이어 붙여 입력합니다. 이렇게 되면 이미지가 갖고 있는 공간(spatial) 정보가 손실되는 문제가 발생합니다. 즉, 이미지는 주변에 이웃한 픽셀의 정보를 활용하는 것이 중요한데, 그러한 정보를 신경망을 통해 추출하기가 어려운 것입니다.

그림 15.3 FNN에 이미지 데이터가 입력되는 형태

이러한 이미지 분석에 유용하게 적용될 수 있는 알고리즘이 CNN입니다. CNN은 입력되는 이미지 데이터에 작은 크기의 필터(filter)[56]를 적용해서 주어진 문제(예: 이미지 분류 혹은 객체 탐지(object detection) 등)를 푸는 데 필요한 중요한 정보를 추출하는 방식으로 데이터를 학습합니다. 필터를 적용하면 이미지가 갖고 있는 공간 정보를 잘 추출할 수 있을 뿐만 아니라, 학습을 통해 추정해야 하는 파라미터의 수가 줄어든다는 장점이 있습니다.

예를 들어 설명해 보겠습니다. 그림 15.4의 왼쪽과 같이 5×5 픽셀 크기의 흑백 이미지가 하나 있다고 가정합니다(흑백 이미지이므로 채널의 수 = 1이 됩니다). 이를 숫자로 표현하면 그림 15.4의 오른쪽과 같습니다.

---

56 커널(kernel)이라고도 합니다.

1	10	122	143	155
1	20	124	142	156
2	22	110	130	150
3	24	108	122	140
4	18	111	80	100

그림 15.4 5×5 픽셀의 흑백 이미지의 예

CNN 알고리즘은 위와 같은 이미지의 정보를 추출하기 위해 필터를 사용합니다.[57] 여기서는 3×3 크기의
필터를 사용해 보겠습니다. 필터는 셀마다 고유한 파라미터를 갖습니다. 우리는 그림 15.5와 같은 파라미
터를 갖는 3×3 필터를 사용합니다. 3×3 필터이기 때문에 전체 파라미터의 수는 9가 됩니다.

w11	w12	w13
w21	w22	w23
w31	w32	w33

그림 15.5 3×3 필터

필터를 이용해 이미지의 정보를 추출하기 위해 이미지의 왼쪽 위에서부터 순차적으로 필터를 적용합니다.
적용 순서는 그림 15.6과 같습니다.

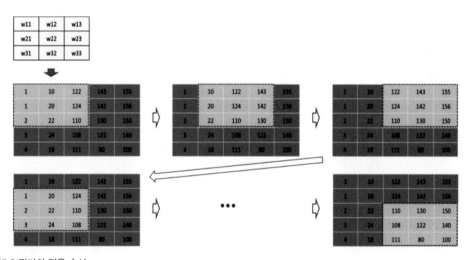

그림 15.6 필터의 적용 순서

---

57 이미지 분석의 경우, 일반적으로 정사각형의 필터를 사용합니다.

필터가 적용되면 이미지를 구성하는 각 셀의 숫자와 필터의 각 셀의 파라미터 간에 내적 연산이 이뤄집니다(이러한 연산을 합성곱(convolution)이라고 하고, 이러한 필터를 합성곱 필터라고 합니다). 필터가 처음 적용되는 경우와 두 번째 적용되는 경우에 합성곱은 그림 15.7과 같이 계산됩니다.

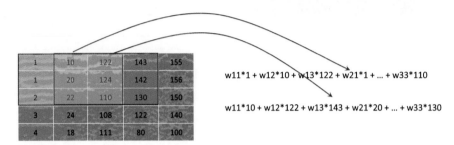

그림 15.7 합성곱 연산의 예

위와 같이 합성곱을 통해 계산된 값에 편향 b를 더해 다음과 같이 표현할 수 있습니다.

$$z11 = w11 \times 1 + w12 \times 10 + w13 \times 122 + w21 \times 1 + \cdots + w33 \times 110 + b$$

그리고 이러한 값을 입력값으로 하여 특정 활성화 함수(예: tanh, ReLU 등)를 적용해서 하나의 숫자에 해당하는 결과를 얻습니다. 입력값 z11에 대해서는 활성화 함수가 출력하는 값을 f(z11)라고 표현할 수 있습니다. 5×5 이미지에 3×3 필터를 적용하면 그 결과로 그림 15.8과 같은 3×3 형태의 행렬에 해당하는 결과를 얻게 됩니다.

f(z11)	f(z12)	f(z13)
f(z21)	f(z22)	f(z23)
f(z31)	f(z32)	f(z33)

그림 15.8 5×5 이미지에 3×3 필터를 한 개 적용해서 나온 결과, 3×3 행렬 형태

합성곱 필터를 적용해 도출된 이러한 결과물을 활성화 맵(activation map)(혹은 response map 또는 feature map이라고도 합니다)이라고 합니다. 위의 경우에는 활성화 맵의 크기가 3×3이 됩니다. 일반적으로 N×N 이미지에 F×F 필터를(그림 15.9 참고) 적용시키면, 한 변의 길이가 (N−F)/S + 1인 정사각형의 활성화맵이 도출됩니다. 여기에서 S는 스트라이드(stride)를 의미하며, 이는 필터를 한 번에 옆으로(혹은 아래로) 얼마나 움직이는지를 의미합니다.

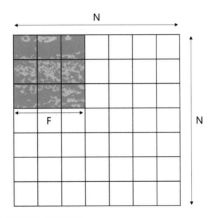

그림 15.9 활성화 맵 크기 계산을 위한 이미지와 필터의 예

그림 15.10은 스트라이드가 1인 경우와 2인 경우를 보여줍니다. 앞의 예에서는 한 번에 1칸 이동했기 때문에 스트라이드 = 1이 됩니다. 앞에서 살펴본 예의 경우, N = 5, F = 3, 스트라이드 = 1이었으므로, (5－3)/1 + 1 = 3이 나온 것입니다. 즉, 결과로 나온 활성화 맵의 크기가 3×3이 됩니다.

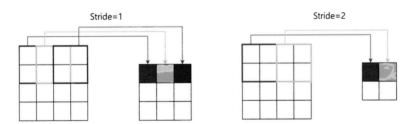

그림 15.10 Stride = 1과 stride = 2의 예

■ **컬러 이미지의 경우**

이미지가 흑백이 아니라 컬러라면 이미지 하나의 형태는 3D 어레이가 됩니다. 예를 들어, 32×32의 픽셀을 갖고 있는 컬러 이미지의 경우는 픽셀마다 R, G, B의 3가지 색 정보를 갖고 있기 때문에 32×32×3(혹은 (32, 32, 3))의 형태로 표현됩니다. 여기서 32는 가로 또는 세로의 길이를 의미하고, 3은 채널의 수를 의미합니다. 채널의 수를 이미지의 깊이(depth)라고도 표현합니다. 이러한 이미지는 그림 15.11과 같은 입체로 표현됩니다. 다음 이미지에 존재하는 셀의 수는 3,072(=32×32×3)가 됩니다. 그리고 각 셀마다 고유한 색상 정보를 갖습니다. 각 셀이 갖는 색상 정보는 0과 255 사이의 값을 사용해 표현됩니다.

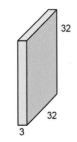

그림 15.11 32×32×3 컬러 이미지

이러한 컬러 이미지에는 3D 형태의 필터를 적용합니다. 컬러 이미지에 적용되는 필터는 일반적으로 컬러 이미지가 갖고 있는 깊이와 같은 깊이를 갖습니다. 위의 컬러 이미지에 CNN 필터를 적용하면 해당 필터의 깊이는 3이 됩니다. 일반적으로 사용자는 필터의 가로(혹은 세로)의 크기만 정합니다. 5×5×3의 필터를 사용하는 경우는 그림 15.12와 같이 표현될 수 있습니다.

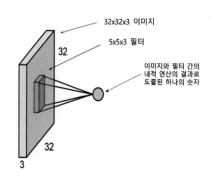

그림 15.12 컬러 이미지에 대한 필터 적용의 예

5×5×3 크기의 필터를 사용하는 경우, 각 필터의 셀이 하나의 고유한 파라미터를 갖기 때문에 필터에 존재하는 파라미터의 수도 5×5×3이 됩니다(편향 제외). 필터가 이미지에 적용되면 앞에서 살펴본 것처럼 합성곱 연산을 통해 '이미지에 저장되어 있는 값과 필터에 존재하는 가중치 간에 내적 연산 + 편향' 값이 계산되고, 이 값이 사용자가 지정한 활성화 함수의 입력값으로 사용됩니다. 하나의 필터를 적용하는 경우, 깊이가 1인 활성화 맵이 한 개 생성됩니다(그림 15.13 참고). 활성화 맵의 가로와 세로의 길이는 앞에서 살펴본 공식을 사용해 계산할 수 있습니다. 그림 15.13은 32×32×3 이미지에 5×5×3의 필터를 스트라이드 1로 적용하면 결과로 28×28×1의 활성화 맵이 얻어진다는 것을 보여줍니다. 가로와 세로 길이인 28은 (32−5)/1 + 1과 같이 계산됩니다.

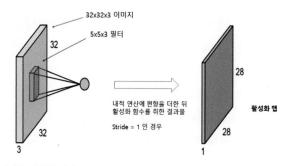

그림 15.13 한 개의 5×5×3 필터를 적용한 결과

■ 적용되는 필터의 수

한 개가 아닌 여러 개의 필터를 사용할 수 있습니다. 각 필터는 별도의 파라미터를 갖습니다. 예를 들어, 앞의 예제에서 5×5×3 크기에 해당하는 필터를 두 개 사용한다면 전체 파라미터의 수는 150(=5×5×3×2)이 될 것입니다(편향 제외). 왜냐하면 같은 크기(즉, 5×5×3)의 서로 다른 필터 두 개를 사용했고, 필터마다 고유한 5×5×3개의 파라미터를 갖기 때문입니다.

필터를 적용해서 얻어지는 깊이가 1인 활성화 맵의 수는 적용되는 필터의 수와 같습니다. 예를 들어 두 개의 필터를 적용하면, 그 결과로 깊이가 1인 활성화 맵을 두 개 얻게 됩니다(그림 15.14 참고). 우리는 보통 여러 개의 필터를 적용해서 나오는 여러 개의 깊이가 1인 활성화 맵을 **깊이 기준으로** 쌓아 그 결과를 다음 신경망 층으로 전달합니다. 예를 들어, 필터를 두 개 적용하여 깊이가 1인 활성화 맵을 두 개 얻었다면, 그 다음 층으로 전달되는 결과물은 깊이가 1인 활성화 맵을 깊이 기준으로 쌓아 도출된 깊이가 2인 결과물이 됩니다. 이렇게 깊이가 1인 활성화 맵을 깊이 기준으로 쌓아서 생성된 결과물도 하나의 활성화 맵이라고 표현합니다.

그림 15.14는 32×32×3 입력 이미지에 5×5×3 필터 세 개를 적용하여 최종적으로 얻어지는 활성화 맵을 보여줍니다. 각 필터를 통해 28×28×1의 활성화 맵이 도출되고, 그러한 활성화 맵들을 깊이 기준으로 쌓은 것이 최종 결과물이 되기 때문에 최종 활성화 맵의 형태는 28×28×3이 됩니다. 만약 적용된 필터의 수가 K라면 최종 활성화 맵의 크기는 28×28×K가 됩니다. 이렇게 도출된 활성화 맵을 또 다른 이미지라고 생각할 수도 있습니다(하지만 깊이가 3이 아닐 수도 있는 것입니다).

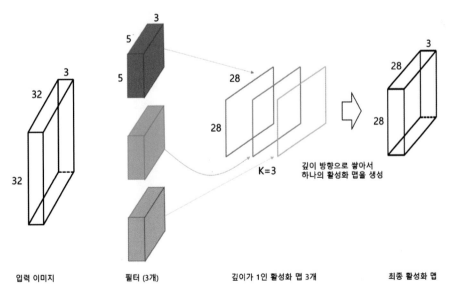

입력 이미지   필터 (3개)   깊이가 1인 활성화 맵 3개   최종 활성화 맵

그림 15.14 5×5×3 필터를 세 개 적용한 결과

주어진 문제를 풀기 위해 보통 이러한 합성곱 필터를 적용하는 과정을 여러 번 반복합니다. 그림 15.15는 32×32×3 이미지에 5×5×3 크기의 필터를 6개 적용해서 나온 활성화 맵(28×28×6)에 5×5×6 크기의 필터 10개를 다시 적용해서 24×24×10 크기의 활성화 맵을 얻는 경우를 보여줍니다.

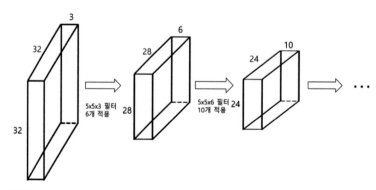

그림 15.15 합성곱 연산을 여러 번 수행하는 예

이와 같이 합성곱 필터를 적용하는 과정을 여러 번 반복하면 어떤 효과가 있을까요? 합성곱 신경망을 이용해 풀고자 하는 문제를 푸는 데 중요한 정보를 순차적으로 추출하는 효과가 있습니다.

■ 패딩

이번에는 패딩(padding) 방법에 대해 알아보겠습니다. 설명을 위해 그림 15.16과 같이 7×7 이미지에 3×3 필터를 적용한다고 가정합니다(깊이는 생략합니다).

스트라이드 = 1인 경우, 결과로 얻어지는 활성화 맵의 크기는 (7−3)/1+1 = 5(즉, 5×5)가 됩니다. 스트라이드 = 2인 경우에는 그 값이 (7−3)/2 + 1 = 3(즉, 3×3)이 됩니다. 그런데 만약 스트라이드 = 3으로 지정하고 필터를 적용하면 어떻게 될까요? 그 결과는 (7−3)/3 + 1 = 2.3333이 됩니다. 즉, 딱 나누어 떨어지지 않습니다. 이렇게 되면 나누어 떨어지지 않

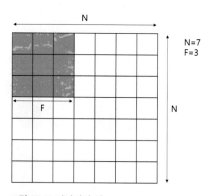

그림 15.16 이미지의 예

는 부분에 대한 정보는 버려집니다. 그림 15.17을 보겠습니다. 그림 15.17에서 회색 부분에는 필터가 적용될 수 없고, 이러한 부분의 정보는 필터가 적용되지 않기 때문에 추출되지 않습니다.

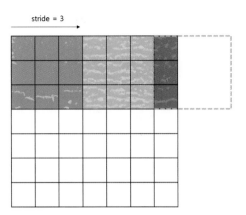

stride = 3

그림 15.17 필터가 적용되지 않는 부분의 예

이 문제를 해결하기 위해 패딩이라는 방법을 사용할 수 있습니다. 즉, 특정한 값으로 이미지의 주변을 채워주는 것입니다. 보통 0의 값을 많이 사용하는데, 그것을 제로 패딩(zero padding)이라고 합니다. 그림 15.18과 같이 원본 이미지의 가장자리에 다음과 같이 0의 값을 추가하는 것입니다.

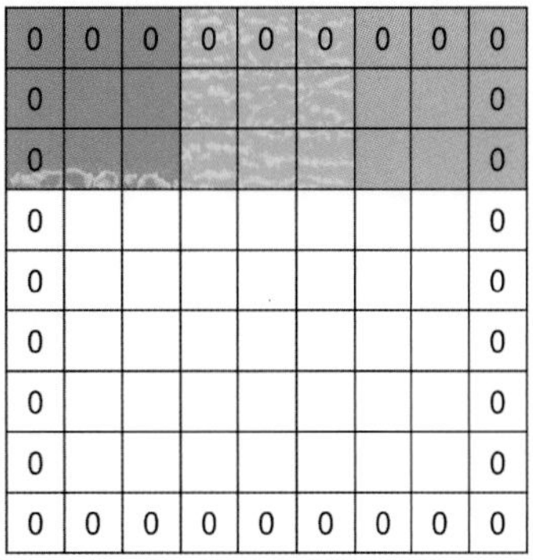

이렇게 하면 3×3 필터를 스트라이드 = 3으로 적용할 수 있습니다. 이 그림의 경우는 영 패드의 크기가 1이므로 전체 이미지의 크기는 9×9가 됩니다. 즉, 출력값의 크기는 (9−3)/3 + 1 = 3이 됩니다.

그림 15.18 제로 패딩의 예

■ **풀링**

필터를 적용하여 합성곱을 수행한 이후에는 보통 풀링(pooling)이라는 과정을 거칩니다. 이는 활성화 맵에 존재하는 정보 중에서 (이미지를 잘 나타내는) 일부 정보만 추출해서(즉, 풀링해서) 사용하겠다는 것을 의미합니다. 주요 풀링 방법에는 최대 풀링(max pooling)과 평균 풀링(average pooling)이 있습니다. 최소 풀링(min pooling)도 있기는 하지만 잘 사용하지 않습니다. 풀링을 위해서도 필터를 사용합니다. 최대 풀링은 필터가 적용되는 부분에 존재하는 값 중에서 가장 큰 값을 추출(풀링)하는 것이고, 평균 풀링은 필터가 적용되는 부분에 존재하는 값들의 평균 값을 추출하는 것입니다. 풀링 필터는 단순히 최대 또는 평균 값을 계산해서 추출하는 역할을 하기 때문에 별도의 파라미터는 갖지 않습니다. 그림 15.19는 최대 풀링의 예를 보여줍니다. 다음은 2×2 필터를 적용해서 최대 풀링을 하고 있는 것입니다. 풀링의 경우, 일반적으로 스트라이드의 크기는 필터의 가로(또는 세로)의 크기와 같습니다. 즉, 2×2 풀링 필터의 경우 스트라이드=2가 됩니다. 이러한 과정을 거치면, 학습해야 하는 파라미터의 수를 줄이고, 과적합 문제를 줄이는 효과를 얻을 수 있습니다.

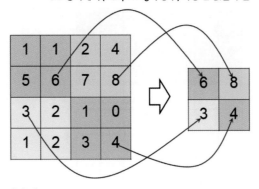

2x2 영역에서 (max pooling의 경우) 가장 큰 값을 추출

그림 15.19 최대 풀링(max pooling)의 예

그림 15.20은 평균 풀링의 예를 보여줍니다.

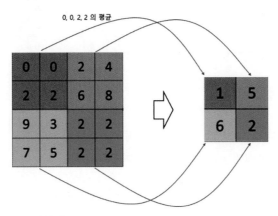

0, 0, 2, 2 의 평균

그림 15.20 평균 풀링(average pooling)의 예

■ CNN의 구조

주어진 문제(예: 이미지 분류)를 푸는 데 사용되는 전체
적인 CNN 모형은 일반적으로 그림 15.21과 같은 구조
를 갖습니다(즉, [합성곱(반복 가능)+ 풀링](반복 가능)
⇒ 완전연결층(Fully connected network)(반복 가능)
⇒ 출력층(활성화 함수 = 소프트맥스)). 여기서 완전연
결층은 기본적인 신경망에서의 은닉층이라고 생각할 수
있습니다.

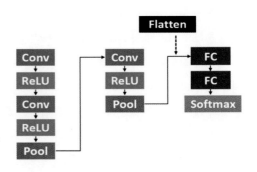

그림 15.21 전체적 CNN 모형 구조의 예

그림 15.21에서 보듯이 풀링한 다음, 데이터를 완전연결층에 입력 가능한 형태로 변환하기 위해서는 중간에 반드시 평탄화(Flatten) 과정을 거쳐야 합니다. 왜냐하면 풀링을 통한 결과물은 3차원 형태(즉, 가로×세로×깊이 형태)인데, 완전연결층의 입력 데이터는 1차원 형태여야 하기 때문입니다. 평탄화 과정은 그림 15.22와 같이 표현할 수 있습니다. 그림 15.22의 왼쪽은 활성화 맵의 깊이가 1인 경우를, 오른쪽은 1보다 큰 경우를 보여줍니다.

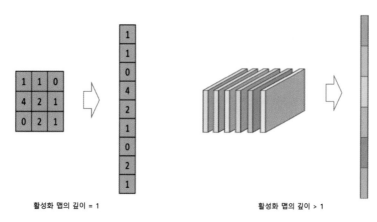

그림 15.22 평탄화 과정

15.1.2 파이썬 코딩하기

지금까지 CNN의 기본적인 개념과 작동 원리에 대해 살펴봤습니다. 이러한 기본적인 내용을 바탕으로 실제 분석을 해보겠습니다. 관련 코드는 `MNIST_CNN_example.ipynb`를 참고하세요. 여기서는 케라스를 사용해 CNN을 MNIST[58] 이미지 데이터셋에 적용해 보겠습니다. MNIST 데이터셋은 0에서 9까지의 숫자에 대한 손글씨 이미지를 포함하고 있습니다. 그림 15.23은 그러한 이미지 아홉 개를 보여줍니다. 한 이미지의 크기는 28×28입니다(흑백

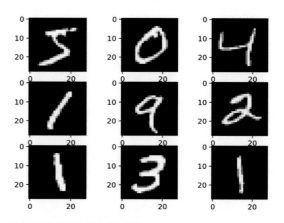

그림 15.23 MNIST 이미지들의 예

이미지이므로 좀 더 정확하게 표현하자면 28×28×1입니다).

---

58 MNIST는 Modified National Institute of Standards and Technology를 의미합니다.

이 코드의 목적은 CNN을 이용해 각 이미지에 쓰인 숫자가 무엇인지를 맞히는 것입니다. 즉, 0~9 중 하나의 숫자가 담긴 이미지를 학습해서 특정 이미지에 담겨 있는 숫자가 무엇인지를 맞히는 것입니다. 따라서 종속변수가 취할 수 있는 값은 0~9가 됩니다.

MNIST 데이터셋은 케라스에서 기본으로 제공하는 데이터셋에 포함되어 있습니다. 다음과 같은 코드를 사용하여 해당 데이터셋을 학습 데이터와 평가 데이로 구분해서 다운로드합니다.

```
import tensorflow as tf
from tensorflow import keras
from tensorflow.keras.datasets import mnist

(x_train, y_train), (x_test, y_test) = mnist.load_data()
```

학습 데이터를 저장하고 있는 **x_train**의 형태를 확인해 보겠습니다.

```
x_train.shape
```
```
(60000, 28, 28)
```

x_train의 형태가 **(60000, 28, 28)**인 것을 알 수 있습니다. 이는 하나의 이미지가 28×28로 되어 있고, 그러한 이미지가 60,000개 있다는 것을 의미합니다.

CNN에서는 각 이미지의 형태를 3차원 어레이 형태로 변환하여 신경망의 입력 데이터로 사용합니다. 즉, 각 이미지를 (28,28)이 아니라, (28,28,1)의 형태로 변환해야 합니다. MNIST 이미지는 흑백 이미지이므로 채널의 수가 1이 됩니다. 만약 컬러 이미지를 사용한다면 이미지를 (28,28,3)의 형태로 변환해야 합니다. 이를 위해 다음과 같이 **reshape()** 함수를 사용합니다. **reshape()** 함수의 첫 번째 인자로 입력된 **x_train.shape[0]**은 학습 데이터에 존재하는 이미지의 수, 즉 60,000을, **x_test.shape[0]**은 평가 데이터에 존재하는 이미지의 수를 의미합니다.

```
x_train = x_train.reshape(x_train.shape[0], 28, 28, 1) # 학습 데이터
x_test = x_test.reshape(x_test.shape[0], 28, 28, 1)     # 평가 데이터
```

위 코드를 실행하면 각 이미지의 형태가 $28 \times 28 \times 1$인 것을 확인할 수 있습니다.

```
x_train.shape
```
```
(60000, 28, 28, 1)
```

이러한 형태의 데이터에 CNN을 적용합니다. 즉, 하나의 이미지에 대한 데이터가 그림 15.24와 같은 형태로 CNN 신경망에 입력되는 것입니다.

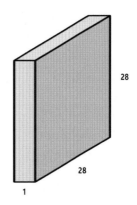

그림 15.24 CNN에 입력되는 MNIST 이미지의 형태

그다음에 할 일은 입력 데이터의 각 셀이 갖는 값(즉, 0~255)의 범위를 0과 1 사이로 정규화하는 것입니다. 이미지 데이터의 경우 일반적으로 그 값의 범위를 0과 1 사이로 정규화해야 모형의 성능이 더 좋아집니다. 이를 위해 다음과 같이 각 셀의 값을 255로 나누어 줍니다.

```
x_train = x_train/255   # 0~1 사이의 값으로 정규화하기
x_test = x_test/255
```

이제 데이터가 준비됐습니다. 그다음, 준비된 데이터에 합성곱 필터를 적용합니다. 합성곱 필터를 적용하기 위해서는 필터의 크기(즉, 가로, 세로 길이)와 필터의 개수, 스트라이드, 그리고 합성곱 연산을 통해 결과로 나온 숫자에 적용할 활성화 함수를 결정해야 합니다. 여기서는 가로와 세로의 길이가 3인 필터를 사용하겠습니다. 필터의 깊이는 입력되는 데이터의 깊이와 같습니다. 위의 예에서는 이미지 하나의 깊이가 1이기 때문에 우리가 사용하는 필터의 깊이도 1이 됩니다. 즉, 우리는 3×3×1 형태의 필터를 사용합니다. 이러한 형태의 필터 32개를 사용하겠습니다. 그리고 이미지 데이터의 경우 일반적으로 ReLU 활성화 함수가 사용되기 때문에 여기서도 ReLU 활성화 함수를 사용하겠습니다. 스트라이드의 값은 1로 설정하겠습니다. 케라스의 경우 이미지에 적용되는 합성곱 필터는 Conv2D라는 클래스를 이용해 적용합니다. 합성곱 필터를 적용하는 것도 하나의 층으로 간주되기 때문에 앞에서 했던 것처럼 Sequential 클래스를 이용해 Conv2D 층을 쌓습니다. 다음과 같이 필요한 클래스를 임포트합니다.

```
from tensorflow.keras.models import Sequential
from tensorflow.keras.layers import Conv2D, MaxPooling2D, Dense, Flatten
```

MaxPooling2D는 Conv2D를 이용해 합성곱 필터를 적용한 다음, 최대 풀링을 수행하기 위한 클래스이고, Dense는 완전연결층을 쌓기 위한 클래스이며, Flatten은 평탄화 작업을 위한 클래스입니다.

다음과 같이 Sequential 클래스의 객체를 생성한 후, add() 함수를 이용해 Conv2D 클래스의 객체를 추가합니다.

```
model = Sequential()
model.add(
    Conv2D(
        32, kernel_size=(3, 3), strides=(1,1), activation='relu',
        input_shape=x_train[0].shape
    )
)
```

Conv2D 클래스 생성자 함수의 첫 번째 인자 32는 이미지 데이터에 적용하고자 하는 필터의 수를 의미합니다. 두 번째 인자인 kernel_size는 사용되는 필터의 가로와 세로의 길이를 의미합니다. 앞에서 말한 것처럼 3×3 필터를 사용합니다(참고로 케라스에서는 필터를 커널이라고 부릅니다). 그다음 strides 파라미터는 가로 스트라이드와 세로 스트라이드 값을 지정하기 위한 파라미터입니다. 여기서는 모두 1로 지정합니다. activiation은 활성화 함수를 지정하기 위한 파라미터입니다. ReLU 활성화 함수를 사용하기 위해 'relu'라는 문자열 값을 입력합니다. 그리고 마지막으로 input_shape 파라미터의 값으로 입력되는 이미지의 형태를 입력합니다. 입력된 x_train[0].shape은 (28, 28, 1)의 정보를 갖고 있습니다. 여기서 사용되는 Conv2D 생성자 함수는 우리가 사용하고자 하는 CNN 모형의 첫 번째 층이기 때문에 input_shape을 지정해 줘야 합니다.

합성곱을 적용한 다음에는 풀링을 적용해야 하는데, 여기서는 최대 풀링을 적용합니다. 이를 위해서 케라스에서 제공하는 MaxPooling2D 클래스를 사용합니다.[59] 해당 클래스의 생성자 함수가 갖는 pool_size 파라미터의 값으로 사용하고자 하는 풀링 필터의 크기를 지정합니다. 여기서는 2×2 필터를 사용합니다. 풀링 필터의 스트라이드는 기본적으로 필터의 크기와 동일합니다. 즉, 다음의 경우는 strides = (2,2)가 됩니다.

```
model.add(MaxPooling2D(pool_size=(2, 2)))
```

그리고 동일한 형태의 Conv2D와 MaxPooling2D를 한 번 더 적용하겠습니다.

```
model.add(Conv2D(32, kernel_size=(3, 3), strides=(1,1), activation='relu'))
model.add(MaxPooling2D(pool_size=(2, 2)))
```

---

[59] 참고로 평균 풀링의 경우는 AveragePooling2D 클래스를 사용합니다.

그다음, 완전연결층을 추가하겠습니다. 이를 위해 먼저 풀링의 결과로 도출된 3차원 형태의 활성화 맵을 1차원 형태로 변행해 줍니다. 앞에서 언급했다시피 이러한 과정을 평탄화라고 합니다. 이를 위해 케라스에서 제공하는 **Flatten** 클래스를 사용합니다. **Sequetial** 클래스의 **add()** 함수를 이용해 다음과 같이 **Flatten** 클래스의 객체를 추가해 주면 됩니다.

```
model.add(Flatten())
```

그다음 완전연결층을 추가합니다. 완전연결층은 기본 신경망에서의 은닉층을 의미하기 때문에 **Dense** 클래스를 이용해 추가합니다. 다음 코드는 해당 층에 64개의 노드가 존재하며, 사용된 활성화 함수는 ReLU라는 것을 의미합니다.

```
model.add(Dense(64, activation='relu'))
```

마지막으로 출력층을 다음과 같이 생성합니다. 종속변수가 취할 수 있는 값의 수가 10개(즉, 숫자 0~9)인 분류 문제이기 때문에 출력 노드가 10개 존재합니다. 그리고 각 노드에서는 종속변수가 각 값을 취할 확률이 출력돼야 하기 때문에 활성화 함수로 소프트맥스 함수를 사용합니다.

```
model.add(Dense(10, activation='softmax'))
```

이렇게 해서 우리가 사용하고자 하는 CNN 모형이 구축됐습니다. `model.summary()` 함수를 사용해서 전체 모형의 형태를 확인해 보겠습니다.

```
model.summary()
```

결과는 다음과 같습니다.

```
Model: "sequential"

_____
 Layer (type)                Output Shape              Param #
=================================================================
 conv2d (Conv2D)             (None, 26, 26, 32)        320

 max_pooling2d (MaxPooling2D)  (None, 13, 13, 32)      0

 conv2d_1 (Conv2D)           (None, 11, 11, 32)        9248

 max_pooling2d_1 (MaxPooling2D)  (None, 5, 5, 32)      0

 flatten (Flatten)           (None, 800)               0

 dense (Dense)               (None, 64)                51264
```

```
dense_1 (Dense)                    (None, 10)                     650
================================================================
Total params: 61,482
Trainable params: 61,482
Non-trainable params: 0
```

두 번째 열인 Output Shape은 각 층에서 출력하는 결과물의 형태를 의미합니다. 첫 번째 층(즉, conv2d)에서 출력하는 결과물의 형태는 (None, 26, 26, 32)입니다. 여기서 첫 번째 원소인 None은 미니 배치의 크기를 의미합니다. 하지만 미니 배치의 크기는 fit() 함수를 이용해 학습할 때 지정되기 때문에 아직은 그 값을 몰라서 None으로 표기됐습니다. 입력된 각 이미지에 대해 첫 번째 층에서 출력되는 결과물의 형태는 (26, 26, 32)입니다. 26은 가로와 세로의 크기를 의미하고 32는 깊이를 의미합니다. 26은 28×28 이미지에 3×3 필터를 stride = 1로 적용해서 나온 결과입니다. 그리고 깊이 32는 3×3 필터를 32개 사용했기 때문에 나온 결과입니다.

위 결과의 세 번째 열인 Param #는 각 층에 존재하는 파라미터의 수를 나타냅니다. 첫 번째 층(conv2d)에는 320개의 파라미터가 존재합니다. 왜 파라미터의 수가 320일까요? 우리는 첫 번째 층에서 3×3×1 필터를 32개 사용했습니다(흑백 이미지에 적용된 필터이기 때문에 깊이가 1입니다). 그리고 각 필터는 편향 파라미터를 1개 갖습니다. 따라서 전체 파라미터의 수는 9×32 + 1×32 = 10×32 = 320이 됩니다.

그다음 최대 풀링층의 결과물의 형태는 (None, 13, 13, 32)가 됩니다. 풀링 필터는 채널별로(즉, 깊이별로) 적용됩니다(필터의 깊이가 1이 되는 것입니다). conv2d 층의 결과물인 (26, 26, 32)에 2×2(×1) 최대 풀링을 stride = 2로 해서 적용했기 때문에 (13, 13, 32)의 결과가 나온 것입니다. 앞에서 언급한 것처럼 풀링 필터는 파라미터를 갖지 않습니다(즉, Param # 열의 값이 0입니다).

그리고 max_pooling2d_1 층이 출력하는 결과물((None, 5, 5, 32) 형태)을 평탄화해서 (None, 800) 형태의 결과물이 나왔습니다. 여기서 800 = 5×5×32입니다.

완전연결층(즉, Dense 층)이 갖는 파라미터의 수 51,264는 평탄화 층과 완전연결층 사이에 존재하는 화살표의 수와 같습니다. 이는 801×64와 같습니다. 800이 아니라 801을 곱한 이유는 평탄화 층에도 하나의 편향이 사용되기 때문입니다.

사용하고자 하는 모형을 구축한 후에는 compile() 함수를 사용해 옵티마이저와 비용함수, 성능 평가 지표를 설정합니다. 여기서는 RMSprop 옵티마이저를 사용하고, 비용함수로는 범주형 교차 엔트로피(Categorical Cross Entropy)를, 모형 성능 평가 지표로는 범주형 정확도(Categorical Accuracy)를 사용합니다. 범주형 교차 엔트로피나 범주형 정확도는 분류 문제에서 종속변수가 취할 수 있는 값의 수가 3

이상인 경우에 사용합니다. 그리고 종속변수가 취할 수 있는 값의 수가 두 개인 경우에는 이항 교차 엔트로피(Binary Cross Entropy)와 이항 정확도(Binary Accuracy)를 사용합니다.

```
from tensorflow.keras import optimizers

model.compile(
    optimizer=optimizers.RMSprop(learning_rate=0.001), loss='categorical_crossentropy',
    metrics=['categorical_accuracy']
)
```

그다음에는 종속변수의 값을 원-핫 벡터로 변환해야 합니다. 현재 종속변수는 이미지에 쓰인 숫자에 따라 0부터 9까지의 숫자 중 하나의 값을 취하고 있습니다. 이를 출력 노드가 10개 있는 신경망 모형에서 사용하려면 원소가 10개인 원-핫 벡터로 변환해야 합니다. 원-핫 벡터는 원소의 수가 원래의 변수가 취할 수 있는 값의 수와 같고, 원래 변수의 값에 해당하는 원소의 값만 1이고 나머지 원소의 값은 모두 0인 벡터를 의미합니다. 예를 들어, MNIST 데이터의 종속변수 값이 5라고 하면 이는 다음과 같은 원-핫 벡터로 표현될 수 있습니다.

$$(0, 0, 0, 0, 0, 1, 0, 0, 0, 0)$$

종속변수가 취할 수 있는 값이 0부터 9까지 10개이기 때문에 10개의 원소를 갖는 원-핫 벡터로 표현되었으며, 5는 0부터 시작해서 여섯 번째 값이기 때문에 여섯 번째 원소의 값이 1이 되고, 나머지 원소의 값은 모두 0인 벡터로 표현됩니다. 종속변수를 원-핫 벡터로 표현하기 위해서는 케라스에서 제공하는 to_categorical() 함수를 사용합니다.

```
from tensorflow.keras.utils import to_categorical

y_train_one_hot = to_categorical(y_train)
y_test_one_hot = to_categorical(y_test)
```

학습 데이터에 존재하는 첫 번째 이미지의 종속변수 값이 원-핫 벡터로 어떻게 표현됐는지 살펴보겠습니다. 먼저 첫 번째 이미지를 확인해 보겠습니다.

```
import matplotlib.pyplot as plt

plt.imshow(x_train[0], cmap='gray')
plt.show()
```

결과는 다음과 같습니다. 즉, 5라는 숫자가 쓰여 있는 이미지입니다.

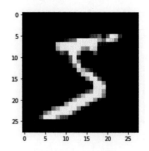

즉, 종속변수의 값이 5입니다. 이는 다음과 같이 확인할 수 있습니다.

```
y_train[0]
```

```
5
```

첫 번째 이미지의 원-핫 벡터를 확인해 보겠습니다.

```
y_train_one_hot[0]
```

```
array([0., 0., 0., 0., 0., 1., 0., 0., 0., 0.], dtype=float32)
```

이제, 다음과 같이 fit() 함수를 사용해 학습합니다. 여기서는 에포크의 크기를 20, 미니 배치의 크기를 128로 했습니다. 즉, 파라미터들을 한 번 업데이트할 때 128개의 이미지를 사용하고, 전체 학습 데이터를 20번 사용해서 학습하겠다는 의미입니다. validation_split=0.1은 전체 학습 데이터의 10%를 검증 데이터로 사용하겠다는 것을 의미합니다. 검증 데이터를 사용하는 주된 목적은 과적합 발생 여부를 확인하기 위해서입니다. 그리고 학습 결과를 시각화하기 위해 fit() 함수의 반환값을 history 변수에 저장합니다.

```
history = model.fit(
    x_train, y_train_one_hot, epochs=20, batch_size=128, validation_split=0.1
)
```

다음과 같이 학습 과정의 에포크마다 비용함수 값을 시각화해 봄으로써 과적합 발생 여부를 확인할 수 있습니다.

```
import matplotlib.pyplot as plt

plt.plot(history.history['loss'])
plt.plot(history.history['val_loss'])
```

```
plt.xlabel('epoch')
plt.ylabel('loss')
plt.legend(['train', 'val'])
plt.show()
```

시각화 결과는 다음과 같습니다(여러분의 결과는 다를 수 있습니다). 20에포크 동안 과적합은 발생하지 않은 것으로 확인됩니다. 과적합이 발생한다면 13.6절에서 다룬 과적합 해결 방안을 사용해 볼 수 있습니다.

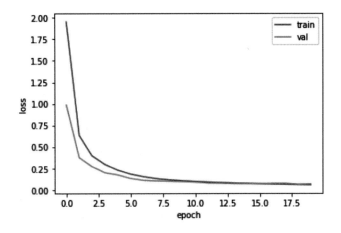

마지막으로 evaluate() 함수로 평가 데이터를 이용해 학습 결과를 평가합니다.

```
test_loss, test_acc = model.evaluate(x_test, y_test_one_hot)
print('test_acc:', test_acc)
```

```
test_acc: 0.9812999963760376
```

평가 데이터셋에 있는 전체 이미지 중 98.1%에 대한 이미지의 정답을 제대로 맞혔습니다.

15.2 CNN을 이용한 텍스트 분석

이 섹션에서는 CNN을 이용한 텍스트 분석으로 감성분석을 수행해 보겠습니다. CNN을 텍스트 분석에 적용하는 경우 하나의 문서가 하나의 이미지라고 생각할 수 있습니다. 즉, CNN을 텍스트 분석에 적용하기 위해서는 하나의 문서를 이미지 데이터 형태로 변환해야 합니다.

15.2.1 CNN에서의 문서 표현

CNN을 텍스트 데이터에 적용하기 위해서는 하나의 문서를 3D 어레이 형태로 변환합니다. 즉, 하나의 문서를 (n, m, c)의 형태로 변환해야 하는 것입니다. 여기에서 n은 문서를 표현할 때 사용하는 최대 단어 수(즉, 문서의 길이)를 의미합니다.[60] 모든 문서가 갖는 n의 값은 동일합니다. n=20이라면 각 문서를 최대 20개의 단어를 사용해 표현한다는 것입니다. 단어의 수 〉 20인 문서라면 21번째 단어 이후의 단어는 사용하지 않습니다. 반대로 단어수 〈 20인 문서인 경우는 제로 패딩(zero padding)을 하여 없는 단어를 채워 길이를 20으로 맞춰줍니다. m은 한 단어를 표현하는 벡터의 차원 수가 됩니다. m=100이면, 한 단어를 100차원의 임베딩 벡터로 표현합니다. 그리고 c는 이미지 데이터에서의 채널 수에 해당하는 값으로, 텍스트 데이터에서는 보통 1로 지정합니다.

CNN과 같은 신경망 모형을 텍스트 데이터에 적용해야 하는 경우 각 단어를 저차원의 벡터(즉, 임베딩 벡터)로 표현하는데, 이러한 저차원의 임베딩 벡터를 구하는 방법에는 크게 두 가지가 있습니다. 하나는 직접 학습하는 방법이고, 다른 하나는 다른 방법을 통해 이미 학습된 단어 임베딩(pretrained word embedding) 정보를 사용하는 것입니다.[61] 여기서는 케라스에서 제공하는 `Embedding` 클래스를 이용해 직접 학습해서 임베딩 벡터를 구하는 방법을 설명하겠습니다. 직접 학습을 하는 경우에는 각 단어의 임베딩 정보가 처음에는 랜덤하게 초기화됩니다.

설명을 위해 구체적인 예를 들어보겠습니다. 하나의 문서를 표현하는 데 최대 8개의 단어를 사용하고, 각 단어를 5차원 벡터로 표현한다고 가정합니다. 이러한 경우, 문서의 형태 (n, m, c)에서 n=8, m=5, c=1이 됩니다.

CNN을 적용하고자 하는 문서가 다음과 같은 단어들로 구성되어 있다고 가정합니다.

"The movie was interesting and enjoyable"

해당 문서는 그림 15.25와 같이 표현될 수 있습니다.

---

60 보다 일반적으로 토큰의 수라고 표현할 수 있습니다.
61 Word2vec 등의 알고리즘을 사용해 학습된 결과를 사용할 수 있습니다.

The	0.12	-2.13	-0.92	1.11	0.99
movie	...				
was	...				
interesting	...				
and	...				
enjoyable	...				
0	0	0	0	0	0
0	0	0	0	0	0

m=5

n=8

그림 15.25 8×5 형태의 문서

하나의 문서를 여덟 개의 단어로 표현하기로 했는데, 위 문서의 경우는 여섯 개의 단어로만 구성되어 있기 때문에 일곱 번째와 여덟 번째 단어로 0의 값을 사용했습니다(즉, 제로 패딩을 한 것입니다).

이미지 데이터에 CNN을 적용하는 경우와 마찬가지로 위와 같은 각 문서 데이터(즉, 8×5×1 형태의 어레이)에 합성곱 필터를 적용합니다. 문서에 적용되는 필터의 크기는 k×

w1,1	w1,2	w1,3	w1,4	w1,5
w2,1	w2,2	w2,3	w2,4	w2,5
w3,1	w3,2	w3,3	w3,4	w3,5

그림 15.26 3×5×1 형태의 필터

m×c입니다. 즉, m과 c는 문서 어레이의 값과 동일하고 k만 사용자가 정하게 됩니다. 여기서 보통 k < n 입니다. 위의 예에서는 k×5×1의 필터를 적용할 수 있습니다. 여기서는 k=3이라고 가정합니다. 즉, 그림 15.26과 같은 형태의 필터를 적용하는 것입니다. 해당 그림에서 볼 수 있는 것처럼 각 셀은 고유의 가중치를 갖습니다.

그림 15.26의 필터를 앞의 문서 어레이에 적용하면 그림 15.27과 같이 작동됩니다 (문서의 경우는 보통 stride=1로 지정합니다).

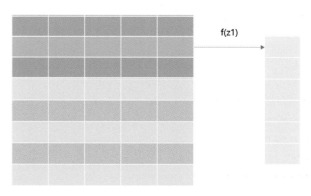

f(z1)

그림 15.27 문서 데이터에 필터를 적용한 경우

여기에서 z1은 문서 어레이의 각 셀과 필터 셀 간의 내적값 + 편향이 됩니다. 즉, 다음과 같습니다.

$$z1 = 0.12 \times w1,1 - 2.13 \times w1,2 + \cdots + b$$

그리고 f()는 활성화 함수가 됩니다. ReLU, tanh 등의 함수를 사용합니다.

해당 필터가 stride=1로 해서 그림 15.28과 같이 순차적으로 적용됩니다. 여기서 중요한 것은 문서에 적용되는 합성곱 필터는 아래 방향으로만 움직인다는 것입니다. 필터의 가로 길이와 문서의 가로 길이가 동일하기 때문에 아래 방향으로만 움직이게 됩니다. 필터의 가로 길이를 문서의 가로 길이보다 작게 설정하는 것도 가능하기는 하지만, 텍스트 분석에서는 일반적으로 그러한 방법을 사용하지 않습니다. 그 주된 이유는 그렇게 하면 단어의 임베딩 벡터 정보가 쪼개지는 문제가 발생하기 때문입니다.

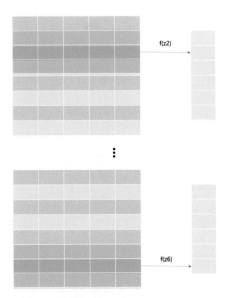

그림 15.28 필터 적용의 도식화

문서의 경우에도 이미지의 경우와 마찬가지로 동일한 형태의 필터를 여러 개 적용할 수 있습니다. 동일한 크기의 필터를 두 개 적용하면 그림 15.29와 같은 결과를 얻습니다.

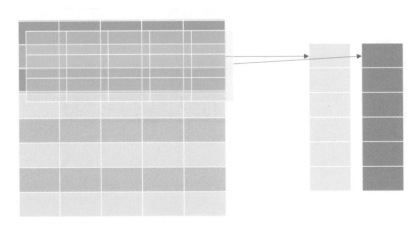

그림 15.29 필터를 두 개 적용한 경우

n×m 형태의 문서 데이터에 k×m 형태의 필터 h개를 적용하는 경우에 생기는 결과물은 (n − k + 1)×h입니다. 앞의 경우는 n=8, k=3, h=2이므로 6×2의 결과가 얻어집니다. 여기에 이미지 데이터에서 했던 것처럼 풀링 필터를 적용할 수 있습니다. 그리고 합성곱 필터와 풀링 필터 적용 과정을 여러 번 반복할 수 있습니다. 그 이후 완전연결층을 연결하기 이전에 평탄화 작업을 수행합니다. 마지막 출력층에서는 소프트맥스 활성화 함수를 사용합니다.

15.2.2 파이썬 코딩하기

파이썬을 이용해 텍스트 데이터에 CNN을 적용해 감성분석을 수행해 보겠습니다.

15.2.2.1 영어 텍스트 감성분석

먼저 영어 텍스트 데이터에 대해 CNN을 적용해 보겠습니다. IMDb라는 영화 사이트에서 제공하는 영화평 데이터에 대해 감성분석을 시행해 보겠습니다. 관련 코드는 **CNN_imdb_example.ipynb** 파일을 참고하세요.

여기서는 케라스에서 제공하는 IMDb 영화평 데이터셋을 사용합니다. 이를 위해 다음과 같이 해당 데이터를 다운로드합니다. **load_data()** 함수의 **num_words** 파라미터는 해당 데이터셋에 존재하는 전체 단어 중에서 빈도수를 기준으로 상위 몇 개의 단어를 사용해 데이터를 불러올 것인지를 결정하는 파라미터입니다. 여기서는 빈도수를 기준으로 상위 10,000개의 단어만 사용하겠습니다.

```
from tensorflow.keras.datasets import imdb

max_features = 10000
(x_train, y_train), (x_test, y_test) = imdb.load_data(num_words=max_features)
```

위와 같이 데이터를 다운로드하면 학습 데이터와 평가 데이터에 각각 25,000개의 영화평 데이터가 저장되어 있는 것을 확인할 수 있습니다. 여러 개의 문서로 구성된 텍스트 데이터에 CNN을 적용하기 위해서는 각 문서를 정해진 수의 단어로 표현해야 합니다(즉, 문서의 길이를 동일하게 맞춰주는 것이 필요합니다). 영화평 데이터에서는 하나의 영화평이 하나의 문서가 됩니다. 여기서는 하나의 영화평을 500개의 단어로 표현하겠습니다. 이렇게 하면, 사용된 단어의 수 〉500인 경우에는 501개 이후의 단어는 제거되고, 사용된 단어의 수 〈500인 영화평인 경우에는 500이라는 단어 수를 맞추기 위해 제로 패딩을 합니다. 예를 들어, 학습 데이터에 있는 첫 번째 영화평 같은 경우는 218개의 단어로 구성되어 있습니다.

```
len(x_train[0])
```

```
218
```

해당 영화평은 다음과 같이 사용된 단어의 인덱스 번호로 구성되어 있습니다(단어에 대한 인덱스 번호가 없는 경우에는 사용자가 직접 인덱스 번호를 부여해야 하지만, 케라스에서 제공하는 IMDb 데이터 경우에는 이미 인덱스 번호가 부여되어 있습니다. 인덱스 번호를 직접 부여하는 방법은 다음 예에서 알아보겠습니다). 첫 번째 영화평을 구성하고 있는 단어의 인덱스 번호를 확인해 보겠습니다.

```
print(x_train[0])
```

```
[1, 14, 22, 16, 43, 530, 973, 1622, 1385, 65, 458, 4468, 66, 3941, 4, 173, 36, 256, 5, 25, 100,
43, 838, 112, 50, 670, 2, 9, 35, 480, 284, 5, 150, 4, 172, 112, 167, 2, 336, 385, 39, 4, 172,
4536, 1111, 17, 546, 38, 13, 447, 4, 192, 50, 16, 6, 147, 2025, 19, 14, 22, 4, 1920, 4613, 469,
4, 22, 71, 87, 12, 16, 43, 530, 38, 76, 15, 13, 1247, 4, 22, 17, 515, 17, 12, 16, 626, 18, 2, 5,
62, 386, 12, 8, 316, 8, 106, 5, 4, 2223, 5244, 16, 480, 66, 3785, 33, 4, 130, 12, 16, 38, 619, 5,
25, 124, 51, 36, 135, 48, 25, 1415, 33, 6, 22, 12, 215, 28, 77, 52, 5, 14, 407, 16, 82, 2, 8, 4,
107, 117, 5952, 15, 256, 4, 2, 7, 3766, 5, 723, 36, 71, 43, 530, 476, 26, 400, 317, 46, 7, 4, 2,
1029, 13, 104, 88, 4, 381, 15, 297, 98, 32, 2071, 56, 26, 141, 6, 194, 7486, 18, 4, 226, 22, 21,
134, 476, 26, 480, 5, 144, 30, 5535, 18, 51, 36, 28, 224, 92, 25, 104, 4, 226, 65, 16, 38, 1334,
88, 12, 16, 283, 5, 16, 4472, 113, 103, 32, 15, 16, 5345, 19, 178, 32]
```

위의 영화평은 그 길이가 218로, 500보다 작기 때문에 제로 패딩을 통해 문서의 길이를 500으로 맞추는 것이 필요합니다. 각 영화평을 동일한 길이로 맞추기 위해서는 케라스에서 제공하는 **pad_sequences()** 함수를 사용합니다. 다음과 같이 코딩할 수 있습니다.

```
from tensorflow.keras.preprocessing import sequence

max_len = 500    # 문서의 길이를 500으로 맞춤
x_train = sequence.pad_sequences(x_train, maxlen=max_len)
x_test = sequence.pad_sequences(x_test, maxlen=max_len)
```

이렇게 하면 각 영화평의 길이가 500단어로 동일한 것을 알 수 있습니다.

```
len(x_train[0])
```

```
500
```

그리고 해당 영화평은 다음과 같이 0의 값을 사용해 500 단어로 구성되어 있는 것을 확인할 수 있습니다.

```
print(x_train[0])
```

```
[   0    0    0    0    0    0    0    0    0    0    0    0    0    0
     0    0    0    0    0    0    0    0    0    0    0    0    0    0
                    ... [중간 생략] ...
   25  104    4  226   65   16   38 1334   88   12   16  283    5   16
 4472  113  103   32   15   16 5345   19  178   32]
```

그다음에는 종속변수 값의 형태를 원-핫 벡터의 형태로 변환합니다.

```
from tensorflow.keras.utils import to_categorical

y_train_one_hot = to_categorical(y_train)
y_test_one_hot = to_categorical(y_test)
```

텍스트 데이터에 CNN을 적용하기 위해서는 각 단어를 저차원의 임베딩 벡터로 표현해 줘야 합니다. 여기서는 케라스에서 제공하는 Embedding 클래스를 이용해 각 단어의 임베딩 벡터를 생성하겠습니다. 이를 위해 다음과 같이 Embedding 클래스의 객체를 Sequential 클래스가 제공하는 add() 함수의 인자로 입력합니다.

```
from tensorflow.keras.models import Sequential
from tensorflow.keras import layers

model = Sequential()
model.add(layers.Embedding(max_features, 128, input_length=max_len))
```

Embedding 클래스의 생성자 함수의 첫 번째 인자로 전체 단어의 수를 입력하고, 두 번째 인자로는 각 단어의 임베딩 벡터가 갖는 차원의 수를 입력합니다. 여기서는 각 단어에 대해 128차원의 벡터를 생성하기 위해 두 번째 인자로 128을 입력했습니다. 해당 생성자 함수는 input_length라는 파라미터를 갖는데, 이 파라미터의 값은 입력되는 문서의 길이입니다. max_len 변수는 정수 500을 저장하고 있습니다.

위와 같이 Embedding 클래스의 객체를 추가하면 각 영화평이 그림 15.30과 같이 표현된다고 생각할 수 있습니다. 즉, 하나의 영화평이 500×128(×1)의 형태로 입력되는 것입니다. 각 단어가 갖는 128차원 벡터의 원소값들도 학습을 통해 도출해야 하는 파라미터입니다. 이 파라미터의 값은 처음에는 랜덤하게 설정됩니다.

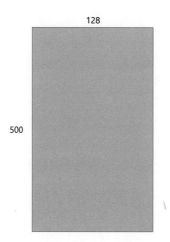

128

500

그림 15.30 500×128 형태의 문서

그다음에 수행해야 하는 과정은 MNIST 데이터에 CNN을 적용할 때와 동일합니다. 즉, 합성곱 층과 풀링 층을 반복적으로 적용한 후, 그 결과물을 평탄화한 후 완전연결층과 소프트맥스를 활성화 함수로 갖는 출력층을 추가하는 것입니다. 다만, 여기서는 종속변수가 갖는 값이 두 개밖에 없습니다(즉, 긍정(=1)과 부정(=0)입니다). 따라서 출력층에는 두 개의 노드만이 존재합니다. 다음과 같이 신경망을 구축합니다.

```
model.add(layers.Conv1D(32, 7, strides=1, activation='relu'))
model.add(layers.MaxPool1D(5))
model.add(layers.Flatten())
model.add(layers.Dense(32, activation='relu'))
model.add(layers.Dense(2, activation='softmax'))
```

500×128(×1) 형태의 문서에 합성곱 필터를 적용하기 위해 여기서는 케라스에서 제공하는 **Conv1D** 클래스를 사용했습니다. 이미지 데이터의 경우에는 **Conv2D** 클래스를 사용한 것과 차이가 있습니다. 이는 이미지에 적용되는 필터와 문서에 적용되는 필터의 움직이는 방향의 차이로 인한 것입니다. 그림 15.31의 왼쪽에서 볼 수 있는 것처럼, 이미지에 적용되는 필터는 가로와 세로로 움직입니다. 이렇게 두 방향으로 움직이는 필터는 **Conv2D** 클래스를 사용해 적용합니다. Conv2D에서 2D는 두 방향으로 움직인다는 것을 의미합니다. 반대로 그림 15.31의 오른쪽에서 보는 것처럼, 문서에 적용되는 필터는 종으로만 움직입니다. 이렇게 한 방향으로만 움직이는 필터를 적용하기 위해서는 **Conv1D** 클래스를 사용합니다. Conv1D에서 1D는 한 방향으로 움직인다는 것을 의미합니다.

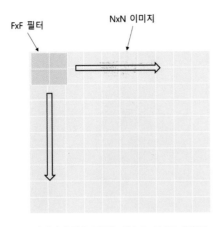

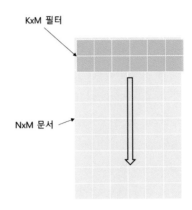

이미지의 경우, 필터는 횡으로, 종으로 움직임　　　　　문서의 경우, 필터는 종으로만 움직임

그림 15.31 이미지와 문서의 필터가 움직이는 방향

Conv1D 클래스의 생성자 함수가 입력받은 첫 번째 값인 32는 적용되는 필터의 수를 의미하고, 두 번째 인자인 7은 적용되는 필터의 세로 길이를 나타냅니다. Conv1D의 경우, 필터의 가로 길이는 입력되는 문서의 가로 길이(즉, 단어 벡터의 차원)와 동일하게 설정됩니다. 즉, 위의 코드는 크기가 7×128인 필터를 32개 적용한다는 것을 의미합니다. 그리고 strides 파라미터는 스트라이드 값을 정하는 역할을 합니다. 여기서는 strides=1로 지정했습니다. 즉, 필터가 아래 방향으로 한 칸씩 움직인다는 것을 의미합니다. activation 파라미터는 활성화 함수를 위한 것입니다. 여기서는 ReLU 활성화 함수를 사용합니다. 위와 같이 합성곱 필터를 적용하면 494×32 형태의 활성화 맵을 얻게 됩니다. 494는 500−7+1과 같이 계산됩니다. 그리고 32는 필터를 32개 적용했기 때문입니다. 해당 활성화 맵의 형태는 그림 15.32와 같습니다.

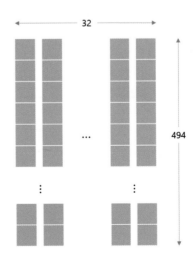

그림 15.32 500×128 문서에 7×128 필터를 32개 적용해서 나온 활성화 맵의 형태

합성곱 필터를 적용한 후에는 MaxPool1D 클래스를 이용해 최대 풀링을 적용합니다. 문서의 경우, 풀링 필터도 종 방향으로만 움직이기 때문에 이미지의 경우와 다르게 MaxPool2D가 아니라 MaxPool1D를 사용합니다. 해당 클래스의 생성자 함수가 입력받는 숫자 5는 풀링 필터의 세로 길이를 의미합니다. 즉, Conv1D를 적용해 도출된 494×32 활성화 맵에 세로의 길이가 5인 맥스 풀링을 위한 필터가 적용되는 것입니다. 그렇다면 풀링 필터의 가로 길이는 어떻게 될까요? 풀링 필터의 가로 길이는 1이 됩니다. 즉, 5×1 형태의 풀링 필터가 494×32 형태의 활성화 맵 각 열에 적용

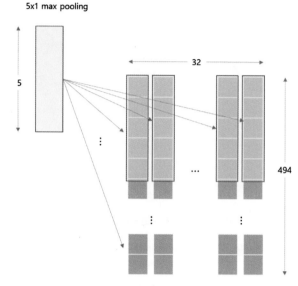

그림 15.33 MaxPool1D 필터가 적용되는 방식

되는 것입니다. 이는 그림 15.33과 같이 표현될 수 있습니다.

풀링 필터의 스트라이드는 기본적으로 필터의 크기와 동일하게 설정되어 있습니다. 즉, 풀링 필터의 크기를 5로 하는 경우, 스트라이드의 값은 5가 됩니다. 따라서 5×1 풀링 필터를 strides=5로 해서 494×32 활성화 맵에 적용하면, 결과물은 98×32 형태가 됩니다.

summary() 함수를 이용해서 전체 신경망의 형태를 확인해 보면 다음과 같습니다.

```
model.summary()
```

```
Model: "sequential"

_____
 Layer (type)                Output Shape              Param #
=================================================================
 embedding (Embedding)       (None, 500, 128)          1280000

 conv1d (Conv1D)             (None, 494, 32)           28704

 max_pooling1d (MaxPooling1D) (None, 98, 32)           0

 flatten (Flatten)           (None, 3136)              0

 dense (Dense)               (None, 32)                100384

 dense_1 (Dense)             (None, 2)                 66

=================================================================
Total params: 1,409,154
```

```
Trainable params: 1,409,154
Non-trainable params: 0
_____
```

conv1d 층의 파라미터 수는 28,704입니다. 위의 예에서는 7×128 형태의 필터를 32개 사용했습니다. 각 필터가 편향 파라미터를 하나씩 갖기 때문에, 하나의 필터가 갖는 총 파라미터의 수는 897(=7×128+1)이 됩니다. 따라서 897×32=28,704를 얻습니다.

여기서는 하나의 합성곱 층과 하나의 최대 풀링을 사용했지만, 각자 다른 형태를 시도해 볼 수 있습니다. 여러 형태를 사용해 보고 각 형태에 따라 모형의 성능이 어떻게 달라지는지 확인해 보세요!

나머지 과정은 이전에 했던 것과 비슷합니다. 여기서도 조기 종료를 위해 EarlyStopping 클래스와 ModelCheckpoint 클래스를 사용합니다.

```python
from tensorflow.keras.callbacks import EarlyStopping
from tensorflow.keras.callbacks import ModelCheckpoint

es = EarlyStopping(monitor='val_loss', mode='min', verbose=1, patience=5)
checkpoint_filepath = './temp/checkpoint'
mc = ModelCheckpoint(
    checkpoint_filepath, monitor='val_loss', mode='min',
    save_weights_only=True, save_best_only=True
)
```

그다음에는 compile() 함수를 이용해 옵티마이저, 비용함수, 모형 성능 평가 지표를 설정하고, fit() 함수를 이용해 학습을 진행합니다. 여기서는 옵티마이저로 RMSprop을, 비용함수로 이진 교차 엔트로피를, 모형 성능 평가 지표로 정확도를 사용했습니다.

```python
from tensorflow.keras.optimizers import RMSprop

model.compile(
    optimizer=RMSprop(learning_rate=0.001), loss='binary_crossentropy',
    metrics='accuracy'
)
history = model.fit(
    x_train, y_train_one_hot, epochs=10, batch_size=128, validation_split=0.2,
    callbacks=[es, mc]
)
```

학습 과정에서의 비용함수 값을 시각화해 보겠습니다.

```
import matplotlib.pyplot as plt

plt.plot(history.history['loss'])
plt.plot(history.history['val_loss'])
plt.xlabel('epoch')
plt.ylabel('loss')
plt.legend(['train','val'])
plt.show()
```

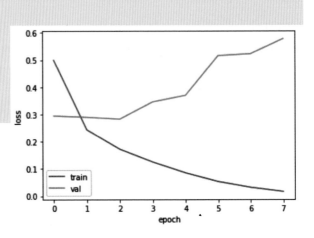

이 그림을 보면 과적합 문제가 발생한다고 생각할 수 있습니다. 따라서 ModelCheck point를 이용해 저장한 결과로 모형의 성능을 평가하겠습니다.

```
model.load_weights(checkpoint_filepath)
test_loss, test_acc = model.evaluate(x_test, y_test_one_hot)
test_acc
```

```
0.879040002822876
```

평가 데이터에 대해 정확도가 0.88 정도 나오는 것을 확인할 수 있습니다.

참고   **딥러닝에서의 n-gram과 단어 가방(bag of words, BOW) 모형**

본 책의 2부에서 전통적인 기계학습 알고리즘(예: 로지스틱 회귀 모형 등)을 사용해 텍스트 분석을 할 때 BOW 모형을 사용했습니다. 그리고 n-gram이 중요한 부분이었습니다. CountVectorizer(혹은 TfidfVectorizer)를 사용할 때 n-gram을 지정해야 했습니다. n-gram은 연속된 n 개의 단어(혹은 문자)라고 생각할 수 있습니다. BOW 모형에서 중요한 것은 각 n-gram이 해당 문서에서 몇 번 사용됐는지였습니다. 출현 순서는 중요하지 않았습니다. 하지만 CNN과 이후에 배우게 될 RNN 등의 딥러닝 알고리즘에서는 BOW과 n-gram의 내용이 중요하지 않습니다. 왜냐하면 필터 등을 사용해 연속된 단어(혹은 문자들)의 순서를 파악해서 그 안에 숨겨진 내용을 추출할 수 있기 때문입니다. 따라서 CNN과 RNN 등의 딥러닝 알고리즘 관련해서는 n-gram과 BOW 모형은 다루지 않습니다. 하지만 딥러닝 알고리즘에서는 각 단어(또는 토큰)를 저차원의 벡터 형태로 표현하는 것이 필요합니다.

15.2.2.2 한글 영화평 감성분석

이번에는 한글 영화평에 대해 CNN을 이용해 감성분석을 해보겠습니다. 관련 코드는 CNN_sentiment_Korean.ipynb 파일을 참고하세요. 여기서도 앞에서 사용한 Korean_movie_reviews_2016.txt 파일에 저장된 영화평 데이터를 사용합니다. 다음과 같이 데이터를 읽어옵니다.

```python
import pandas as pd
import numpy as np

with open('Korean_movie_reviews_2016.txt', encoding='utf-8') as f:
    docs = [doc.strip().split('\t') for doc in f]
    docs = [(doc[0], int(doc[1])) for doc in docs if len(doc) == 2]
texts, labels = zip(*docs)
```

이번에도 IMDb 데이터 분석에서 했던 것과 마찬가지로 전체 단어 중 (빈도수를 기준으로) 몇 개의 단어를 선택해서 분석에 사용할지를 결정하는 것이 필요합니다. 여기서는 빈도수를 기준으로 가장 많이 사용된 상위 10,000개의 단어를 사용하겠습니다. 이를 위해 파이썬에서 제공하는 Counter 클래스를 사용합니다.

```python
words_list = [doc.strip().split() for doc in texts]
total_words = []
for words in words_list:
    total_words.extend(words)

from collections import Counter

c = Counter(total_words)
max_features = 10000

# 빈도를 기준으로 상위 10,000개의 단어만 선택
common_words = [ word for word, count in c.most_common(max_features)]
```

그리고 각 단어에 인덱스 번호를 부여해야 합니다. IMDb 영화평 데이터의 경우, 인덱스 번호가 이미 부여되어 있었지만, 이번에는 직접 부여해야 합니다. 이를 위해 다음과 같이 enumerate() 함수를 사용합니다. 여기서 한 가지 주의해야 할 것이 있는데, CNN의 경우 제로 패딩을 이용해 각 문서의 길이를 동일하게 맞춰주는 것이 필요하다는 것입니다. 따라서 인덱스 번호 0은 단어의 인덱스를 위해 사용하면 안 됩니다. 숫자 0은 단어의 인덱스를 표현하기 위해 사용하는 것이 아니라 제로 패딩을 위해 사용합니다. 따라서 다음과 같이 index+1을 사용해 숫자 0이 단어의 인덱스로 사용되는 것을 방지합니다.

```
# 각 단어에 대해 index 생성하기
words_dic ={}
for index, word in enumerate(common_words):
    words_dic[word]=index+1
```

그리고 각 영화평을 그 영화평을 구성하는 단어의 인덱스 번호를 사용해 표현합니다.

```
filtered_indexed_words = []
for review in words_list:
    indexed_words=[]
    for word in review:
        try:
            indexed_words.append(words_dic[word])
        except:
            pass
    filtered_indexed_words.append(indexed_words)
```

텍스트 데이터의 첫 번째 영화평의 원 데이터는 다음과 같습니다.

```
words_list[0]
```

```
['부산', '행', '때문', '너무', '기대하고', '봤']
```

이 단어 중 상위 10,000개 단어의 인덱스 번호를 사용해 해당 영화평을 다시 표현하면 다음과 같이 됩니다.

```
filtered_indexed_words[0]
```

```
[204, 249, 121, 2, 345, 3]
```

이번에는 각 영화평을 최대 몇 개의 단어를 가지고 표현할 것인지를 결정해야 합니다. 이를 위해 데이터를 구성하고 있는 영화평의 길이 분포가 어떻게 되는지를 파악해 보는 것이 필요합니다. 일단 다음과 같이 각 문서의 길이 정보를 저장합니다.

```
docs_len = [len(doc) for doc in filtered_indexed_words]
```

문서 길이의 분포를 확인하기 위해 pandas를 사용하겠습니다. 이를 위해 docs_len 변수를 pandas의 데이터 프레임 형태로 저장합니다.

```
df = pd.DataFrame(docs_len, columns=["doc_len"])
```

그다음, pandas에서 제공하는 hist() 함수를 이용해 히스토그램을 그려보겠습니다.

```
df.hist()
```

결과는 다음과 같습니다.

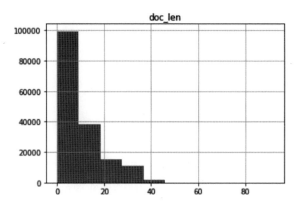

이번에는 describe() 함수를 이용해 분포의 주요 특성에 해당하는 값을 확인해 보겠습니다.

```
df.describe()
```

결과는 다음과 같습니다. 평균이 10.7 정도이고, 중간값이 8, 그리고 최댓값이 92인 것을 확인할 수 있습니다. 여러분이 갖고 있는 데이터에 대한 이러한 특성을 토대로, 문서의 길이를 몇으로 맞출 것인지를 결정해야 합니다. 정해진 답은 없습니다. 여기서는 문서의 길이를 40으로 통일하겠습니다.

	doc_len
count	165384.000000
mean	10.785910
std	8.590067
min	0.000000
25%	5.000000
50%	8.000000
75%	14.000000
max	92.000000

문서의 길이를 통일하기 위해 **pad_sequences()** 함수를 다음과 같이 사용합니다.

```
from tensorflow.keras.preprocessing import sequence
max_len = 40
X = sequence.pad_sequences(filtered_indexed_words, maxlen=max_len)
```

그다음, 종속변수 값을 원-핫 벡터로 변환하고, 전체 데이터를 학습 데이터와 평가 데이터로 구분합니다.

```
from tensorflow.keras.utils import to_categorical

y_one_hot = to_categorical(labels)

from sklearn.model_selection import train_test_split

X_train, X_test, y_train, y_test = train_test_split(X, y_one_hot, test_size=0.1)
```

사용하고자 하는 CNN 모형을 생성합니다. 하지만 모형을 생성하기 이전에 문서를 구성하는 각 단어의 임베딩 벡터를 생성하는 것이 필요합니다. 여기서도 케라스에서 제공하는 **Embedding** 클래스를 사용합니다. 다음과 같이 코딩할 수 있습니다. 여기서 주의해야 하는 것은 해당 클래스 생성자 함수의 첫 번째 인자로 **max_features+1**의 값이 입력되었다는 것입니다. 우리가 분석에서 사용하는 단어의 수는 **max_features**지만, 단어의 인덱스 번호 이외에 제로 패딩을 위해 숫자 0을 한 개 더 사용했습니다. 따라서 전체적으로 사용된 인덱스 번호는 **max_features+1**개가 됩니다. 각 인덱스 번호에 대한 저차원 벡터를 생성해야 하므로, **Embedding** 클래스 생성자 함수의 첫 번째 인자로 **max_features**가 아니라 **max_features + 1**을 입력합니다.

```
from tensorflow.keras import layers
from tensorflow.keras import models

model = models.Sequential()
model.add(layers.Embedding(max_features+1, 128, input_length=max_len))
```

그다음 다음과 같이 **Conv1D**와 **MaxPool1D**를 이용해 사용하고자 하는 CNN 모형을 구축합니다. 여기서는 합성곱 필터와 최대 풀링 필터를 두 번씩 적용합니다. 두 번째 최대 풀링 필터를 적용한 후에 그 결과물을 평탄화하고 그 이후에 완전연결층을 한 개 추가한 다음, 마지막으로 소프트맥스 활성화 함수를 갖는 노드가 두 개인 출력층을 추가했습니다.

```
model.add(layers.Conv1D(32, 5, activation='relu'))
model.add(layers.MaxPool1D(2))
model.add(layers.Conv1D(16, 3, activation='relu'))
model.add(layers.MaxPool1D(2))
model.add(layers.Flatten())
model.add(layers.Dense(32, activation='relu'))
model.add(layers.Dense(2, activation='softmax'))
```

summary() 함수를 사용해 전체 신경망의 구조를 확인해 보면 다음과 같습니다.

```
Model: "sequential"

_____
 Layer (type)                Output Shape              Param #
=================================================================
 embedding (Embedding)       (None, 40, 128)           1280128

 conv1d (Conv1D)             (None, 36, 32)            20512

 max_pooling1d (MaxPooling1D) (None, 18, 32)           0

 conv1d_1 (Conv1D)           (None, 16, 16)            1552

 max_pooling1d_1 (MaxPooling1D)  (None, 8, 16)         0

 flatten (Flatten)           (None, 128)               0

 dense (Dense)               (None, 32)                4128

 dense_1 (Dense)             (None, 2)                 66

=================================================================
Total params: 1,306,386
Trainable params: 1,306,386
Non-trainable params: 0
```

나머지 과정은 영어 텍스트에 대한 감성분석 과정과 동일하므로 설명을 생략하겠습니다.

```
from tensorflow.keras.callbacks import EarlyStopping
from tensorflow.keras.callbacks import ModelCheckpoint

es = EarlyStopping(monitor='val_loss', mode='min', verbose=1, patience=3)
checkpoint_filepath = './temp/checkpoint_kr'
mc = ModelCheckpoint(
    checkpoint_filepath, monitor='val_loss', mode='min',
    save_weights_only=True, save_best_only=True
)
```

```
from tensorflow.keras.optimizers import RMSprop

model.compile(
    optimizer=RMSprop(learning_rate=0.001), loss='binary_crossentropy',
    metrics='accuracy'
)
history = model.fit(
    X_train, y_train, epochs=20, batch_size=128, validation_split=0.1,
    callbacks=[es, mc]
)
```

학습을 마친 후에는 다음과 같이 **ModelCheckpoint**를 이용해 저장된 결과를 사용해서 평가 데이터에 대한 모형의 성능을 평가합니다.

```
model.load_weights(checkpoint_filepath)
test_loss, test_acc = model.evaluate(X_test, y_test)
test_acc
```

```
0.9019287824630737
```

평가 데이터에 대해 0.902 정도의 정확도가 나오는 것을 확인할 수 있습니다.

16

순환신경망 기반 알고리즘을 이용한 텍스트 분석

CNN 이외에 텍스트 분석을 위해 자주 사용되는 대표적인 딥러닝 알고리즘으로 RNN(Recurrent Neural Network, 순환신경망)이 있습니다. RNN을 일반적으로 기본 순환신경망이라고 표현합니다(영어로는 Vanilla RNN이라고 합니다). 순환신경망 기반의 딥러닝 알고리즘으로는 RNN 이외에, RNN이 갖는 단점을 보완한 LSTM(Long Short-Term Memory)과 GRU(Gated Recurrent Unit) 등이 있습니다.

16.1 RNN

여기서는 먼저 기본 순환신경망인 RNN의 작동 원리에 대해 살펴보고, RNN을 텍스트 분석에서 어떻게 사용할 수 있는지 알아보겠습니다.

16.1.1 RNN 소개

RNN 모형은 RNN 층이 포함된 모형을 의미합니다. RNN 층은 기본적인 신경망에서 살펴봤던 은닉층과 거의 유사하다고 생각할 수 있습니다. 하지만 기본적인 은닉층은 입력 데이터에 한 번만 적용되는 반면, RNN 층은 하나의 RNN 층이 순차적으로 입력되는 데이터에 반복적으로 적용되는 방식으로 작동합니다 (반복적으로 적용된다는 것을 '순환해서 적용된다'라고 표현할 수도 있습니다. 그렇기 때문에 해당 층을 순환층이라고도 부릅니다).

RNN은 순차적으로 입력되는 데이터를 분석하기에 적합합니다. 이렇게 순차적으로 입력되는 데이터를 시퀀스 데이터(sequence data)라고 합니다. 현재 단계에서 입력되는 데이터를 처리하기 위해 이전 단계에서 입력된 데이터의 정보를 사용하는 것이 시퀀스 데이터에 적용되는 RNN 모형이 갖는 가장 큰 특징입니다.

시퀀스 데이터는 어떤 것들이 순서를 가지고 연속적으로 나열되어 있는 데이터 형태라고 생각할 수 있습니다. 대표적인 시퀀스 데이터 중 하나가 텍스트 데이터입니다. 문서는 문장의 시퀀스로 생각할 수 있고, 문장은 단어의 시퀀스로 생각할 수 있습니다.

텍스트 데이터에 RNN을 적용해서 유용하게 수행할 수 있는 작업 중 하나가 주어진 단어들을 기반으로 다음에 출현할 단어를 예측하는 것입니다.[62] 가령 "I like the movie. The movie is ____"에서 'is' 다음에 나오는 단어가 무엇인지 예측하고자 하는 경우, RNN을 유용하게 사용할 수 있습니다. 'is' 다음에 오는 단어를 보다 정확히 예측하기 위해서는 앞에서 사용된 단어들의 정보를 사용하는 것이 필요합니다. "The movie is"만 사용하는 것보다 그 앞 문장인 "I like the movie"라는 정보를 함께 사용하면 'is' 다음에 오는 단어를 보다 정확하게 예측할 수 있습니다. 이렇게 이전에 입력된 단어들의 정보를 활용하기 위한 목적으로 RNN을 사용합니다.[63]

참고 Word2vec 같은 경우에도 RNN 기반의 언어 모형과 비슷한 특성을 갖습니다. 즉, 타깃 단어를 예측하기 위해 주변 이웃 단어를 사용하는 것입니다. 보통은 타깃 단어 양쪽에 있는 단어를 모두 사용하지만, 앞에서 사용된 적이 있는 단어들만 사용할 수도 있습니다. 하지만 Word2vec은 이웃 단어들의 사용 순서를 고려하지 않는다는 단점이 있습니다. 하지만 RNN에서는 단어들의 순서도 고려합니다. 참고로, RNN에서도 특정 단어를 예측하기 위해 해당 단어의 이전 단어들뿐만 아니라, 이후의 단어 정보까지 사용할 수 있습니다. 이러한 모형을 양방향(bidirectional) 모형이라고 합니다.

아울러, 문서(또는 문장)의 감성을 파악하는 등의 분류 작업에도 RNN이 사용됩니다. 문서(혹은 문장)의 감성을 분석할 때 단순히 단어의 출현 빈도만 고려하기보다 단어가 다른 단어와 어떤 관계를 갖고 출현했는지에 대한 정보를 사용하면 전체 문서 혹은 문장의 감성을 더 정확하게 파악할 수 있습니다. 예를 들면, "The movie was not fun."과 같은 문장의 감성은 fun, not이라는 단어의 빈도 혹은 출현 여부보다는 not과 fun이 어떠한 순서로 사용했는지를 고려한 경우에 더 정확하게 전체 문장의 감성을 파악할 수 있는 것입니다. 이렇게 이전에(혹은 이후에) 어떤 단어들이 어떤 순서대로 사용되었는지 정보를 추출하고, 해당 정보를 이용하여 어떤 작업을 하기 위한 목적으로 RNN이 유용하게 사용될 수 있습니다.

---

62 여러 개의 단어가 동시에 출현할 확률이나 특정한 단어가 주어질 때 그다음 나올 단어가 무엇인지를 예측하는 데 사용되는 모형을 언어 모형(language model)이라고 합니다.

63 특정 단어 이전에 사용된 단어들 정보뿐만 아니라 이후에 사용된 단어들의 정보도 사용할 수 있습니다.

■ RNN의 구조

RNN은 다양한 형태의 시퀀스 데이터(예: 동영상, 음악 등)에 적용될 수 있지만, 여기서는 텍스트 데이터를 기준으로 RNN을 설명하겠습니다. RNN을 이해하기 위해서는 텍스트 데이터를 구성하는 각 문서가 어떤 식으로 RNN에 입력되는지를 먼저 이해할 필요가 있습니다. 텍스트 데이터에 적용되는 다른 신경망 모형과 유사하게 RNN에 입력되는 문서의 경우도, 문서를 구성하는 단어를 저차원 벡터로 변환하여 RNN 모형의 입력층에 입력합니다. CNN과 마찬가지로 Word2vec 혹은 FastText와 같은 임베딩 방법을 사용해 각 단어에 대한 사전 학습된 임베딩 정보를 RNN에서 사용할 수도 있고, 아니면 직접 학습해서 도출되는 임베딩 정보를 사용할 수도 있습니다.

예를 들어, "the movie is fun"이라는 문서의 감성을 파악하기 위해 RNN을 사용한다고 가정해보겠습니다.[64] "the movie is fun"은 단어의 연속으로 구성된 단어의 시퀀스 데이터이므로 RNN을 사용하기에 적합한 데이터입니다(시퀀스 데이터를 구성하는 각 원소를 토큰(token)이라고도 표현합니다). 해당 문서를 RNN의 입력층으로 입력하기 위해서는 문서에서 사용된 각 단어를 임베딩 벡터로 표현하는 것이 필요합니다. 설명을 위해, 각 단어를 100차원의 벡터로 변환한다고 가정하겠습니다. Word2vec 등을 사용해 사전 학습된 임베딩 정보를 사용하지 않고, RNN을 이용해 단어의 임베딩 벡터를 직접 학습하는 경우에는 각 단어의 임베딩 벡터가 갖는 원소도 학습을 통해 그 값을 계산하는 파라미터가 됩니다. 초기에는 임의의 값으로 설정됩니다. 여기서는 그림 16.1과 같이 각 단어의 임베딩 벡터가 임의의 값으로 설정되었다고 가정합니다. 하나의 문서는 그림 16.1과 같이 하나의 행렬로 표현될 수 있습니다.

	100 차원			
the	0.13	-2.31	...	1.69
movie	-1.11	3.59	...	-2.22
is	3.93	0.01	...	0.97
fun	-2.77	2.67	...	1.09

그림 16.1 문서를 구성하는 각 단어의 임베딩 벡터의 예

하나의 문서를 각 단어의 벡터를 사용해 그림 16.1과 같이 표현한 후, RNN에는 각 단어의 임베딩 벡터가 순차적으로 입력됩니다. 이는 그림 16.2와 같이 도식화할 수 있습니다(동일한 RNN 층이 반복적으로 사용됩니다).

---

64 물론 학습 데이터에는 이러한 문서가 많이 존재합니다. 그중 하나의 문서를 입력받는 경우라고 생각하면 됩니다.

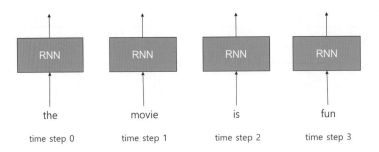

the　　　　　movie　　　　　is　　　　　fun

time step 0　　　time step 1　　　time step 2　　　time step 3

그림 16.2 RNN 층의 작동 예

첫 번째 단계(Time step 0이라고 표현)에서는 첫 번째 단어인 the에 대한 벡터가 RNN에 입력됩니다. 이를 입력받은 RNN 모형은 그림 16.3과 같은 구조를 갖습니다(간단하게 표현하기 위해 편향 노드는 생략했습니다).

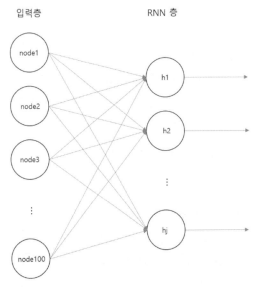

그림 16.3 100개의 입력 노드와 j 개의 은닉 노드로 구성된 RNN 층

각 단어가 100차원의 벡터로 표현되기 때문에 입력층에 존재하는(편향 노드를 제외한) 노드의 수는 100이 됩니다. 즉, 각 노드가 각 단어 벡터의 각 원소의 값을 입력받는 것입니다. 그리고 입력층 다음에 RNN 층(은닉층이라고 생각할 수 있습니다)이 나옵니다. RNN 층에 존재하는 노드의 수는 사용자가 정의합니다. 여기에서는 j 개의 노드가 있다고 가정합니다. RNN 층 다음에는 또 다른 RNN 층이 올 수도 있고, 기본적인 은닉층이 올 수도 있고, 또는 출력층이 올 수도 있습니다. 기본적인 신경망에서와 마찬가지로, 그림 16.3에서 각 화살표는 고유한 파라미터를 갖습니다.

첫 번째 단어의 벡터가 입력층에 어떻게 입력되는지 구체적으로 살펴보겠습니다. 첫 번째 단어의 벡터는 그림 16.4와 같이 입력됩니다.

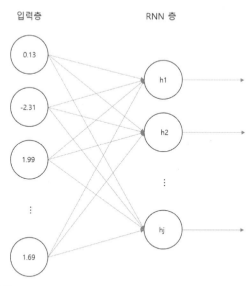

그림 16.4 첫 번째 단어의 벡터 입력

여기에서 RNN 층의 역할이 중요한데, 각 단어에 대한 출력값(즉, 노드 h1, h2, ··· hj에서 출력되는 값)을 다음 계층으로 바로 보내는 것이 아니라, 하나의 문서를 구성하는 단어들을 일단 순차적으로 모두 입력받고, 문서에 대해 한 번만 결괏값을 다음 계층으로 보냅니다. 이를 이해하기 위해 두 번째 단어의 벡터가 어떻게 입력되고 은닉 노드의 값이 어떻게 업데이트되는지 알아보겠습니다.

두 번째 단어에 대한 벡터 역시 그림 16.5와 같이 입력층을 통해 입력됩니다. 그런데, 이때 RNN 층으로 입력되는 값은 **해당 단어(즉, 두 번째 단어)의 벡터만이 아닙니다. 이전 단계에서 입력된 단어(즉, 첫 번째 단어)에 대한 RNN 층의 출력값 또한 입력받습니다**(그림 16.5 참고). 편의를 위해서 첫 번째 단어 (즉, time step 0에서의 단어)에 대한 RNN 층의 출력값을 h0라는 벡터로 표현하겠습니다. 그러면 h0 벡터는 원소의 수가 j 개인 벡터(즉, $h_{0,1}$, $h_{0,2}$, ··· $h_{0,j}$)가 됩니다($h_{i,j}$에서 아래 첨자 i는 time step i에서 입력되는 단어를 의미하고, j는 j번째 원소(RNN층의 노드 j에서 출력되는 값)를 의미합니다). 마찬가지로 두 번째 단어(즉, time step 1에서 입력되는 단어)에 대한 RNN 계층의 출력값을 h1이라는 벡터(즉, ($h_{1,1}$, $h_{1,2}$, ··· $h_{1,j}$))로 표현할 수 있습니다. N번째 단어(time step N−1에서 입력되는 단어)에 대한 RNN 계층의 출력값은 **hN−1**이 됩니다. 이렇게 RNN 층에서 출력되는 벡터를 은닉 상태 벡터(hidden state vector)라고 표현합니다(혹은 간단하게 은닉 상태, hidden state라고도 합니다). 그림 16.5에 존재하는 각 화살표는 고유한 파라미터를 갖습니다.

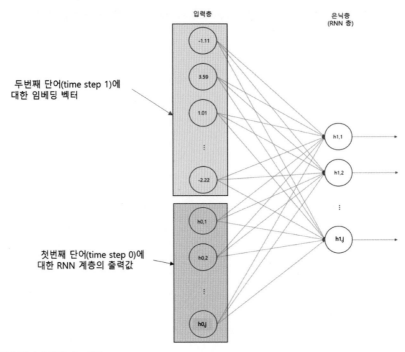

그림 16.5 두 번째 단어가 입력되는 경우

이렇게 함으로써 RNN은 이전에 입력된 단어(들)의 정보를 기억할 수 있는 것입니다. 이러한 과정을 주어진 문서에 포함되어 있는 모든 단어(T 개의 단어)에 대해 수행합니다. 이는 그림 16.6과 같이 도식화할 수 있습니다. 타임 스텝 0에서 RNN 층에 입력되는 초기 은닉 상태(initial hidden state) 벡터의 원소 값은 보통 0으로 초기화됩니다.

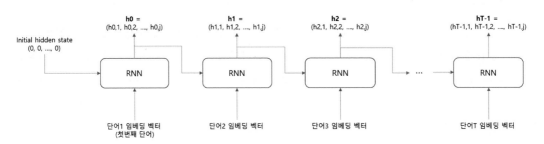

그림 16.6 하나의 문서를 구성하는 전체 단어(토큰)에 대한 RNN 층 적용

최종 RNN 층의 은닉 상태 벡터(즉, **hT−1**)만을 (RNN 계층 다음에 나오는) 계층의 입력값으로 전달할 수도 있고, 각 RNN 층의 은닉 상태 벡터를 모두(즉, **h0, h1, ⋯, hT−1**) 다음 계층의 입력값으로 전달할

수도 있습니다. 일반적으로 문서 분류와 같은 텍스트 분석에서는 최종 결과인 **hT−1**만을 다음 계층으로 전달합니다. **hT−1**만 전달한다고 하더라도 RNN 모형에서는 **hT−1**에 이전 단어의 정보가 저장되어 있습니다.

그림 16.6에서 주의해야 하는 것은 여러 개의 'RNN'(RNN)이 하나의 동일한 RNN 층을 의미한다는 것입니다. 즉, 동일한 RNN 층이 반복해서 순차적으로 서로 다른 단어에 적용되는 것입니다.

각 RNN 층에서 데이터가 어떻게 처리되는지를 벡터와 행렬을 이용해 설명해 보겠습니다. 그림 16.6의 경우, 타임 스텝 t에서 적용된 RNN 층이 출력하는 은닉 상태 벡터는 **ht**로 표현됩니다. 이는 특정한 차원의 벡터입니다. 여기서는 **ht** 벡터의 차원을 j라고 하겠습니다(즉, 원소의 수=j). 즉, 타임 스텝 t에서 적용되는 RNN 층은(해당 단계에서 새롭게 입력되는) 단어에 대한 벡터 정보와 이전 단계에서 입력된 단어에 적용된 RNN 층이 출력하는 은닉 상태 벡터(즉, **ht−1**)를 입력받아 **ht**를 출력하는 것입니다. 타임 스텝 t에서 입력되는 단어의 벡터를 **xt**라고 표현하겠습니다. **xt**는 k 차원의 벡터라고 가정합니다. RNN 층에서는 은닉 상태 벡터를 출력하기 위해 일반적으로 tanh 활성화 함수를 사용합니다. **xt**에 대한 가중치(weights) 행렬을 $\mathbf{w}_x$라고 놓고, **ht−1**에 대한 가중치를 행렬을 $\mathbf{w}_h$라고 놓겠습니다. 그리고 편향 노드에 대한 파라미터 벡터를 **b**라고 하면 우리는 다음과 같은 식을 갖게 됩니다(**b**는 하나의 벡터가 되고 그 원소의 수는 RNN 층의 은닉 노드의 수와 같습니다).

$$\mathbf{h}_t = \tanh(\mathbf{x}_t \cdot \mathbf{W}_x + \mathbf{h}_{t-1} \cdot \mathbf{W}_h + \mathbf{b})$$

$\mathbf{x}_t \mathbf{W}_x + \mathbf{h}_{t-1} \mathbf{W}_h + \mathbf{b}$의 차원수와 $\mathbf{h}_t$의 차원수가 같게 됩니다. 그리고 가중치 행렬인 $\mathbf{W}_x$와 $\mathbf{W}_h$는 타임 스텝 t와 상관없이 동일한 가중치를 갖습니다. 즉, 가중치를 공유합니다(이를 가중치 공유(weight sharing)라고 합니다).

$\mathbf{W}_x$의 크기는 k×j가 됩니다. 해당 행렬의 원소의 수는 입력 노드와 RNN 층에 존재하는 은닉 노드 사이에 존재하는 화살표의 수와 같습니다. 입력 노드의 수 = k, 은닉 노드의 수 = j이기 때문에 화살표의 수는 k×j가 됩니다. 해당 가중치 행렬의 구체적인 형태는 다음과 같이 표현할 수 있습니다.

$$\mathbf{W}_x = \begin{bmatrix} W_{0,0}^{(x)} & W_{0,1}^{(x)} & \cdots & W_{0,j-1}^{(x)} \\ W_{1,0}^{(x)} & W_{1,1}^{(x)} & \cdots & W_{1,j-1}^{(x)} \\ W_{2,0}^{(x)} & W_{2,1}^{(x)} & \cdots & W_{2,j-1}^{(x)} \\ \vdots & \vdots & \ddots & \vdots \\ W_{k-1,0}^{(x)} & W_{k-1,1}^{(x)} & \cdots & W_{k-1,j-1}^{(x)} \end{bmatrix}$$

$\mathbf{W}_h$의 크기는 j×j가 됩니다. 해당 행렬의 원소의 수는 은닉 노드와 은닉 노드 사이에 존재하는 화살표의 수와 같습니다. 구체적인 원소들은 다음과 같이 표현할 수 있습니다.

$$\mathbf{W}_h = \begin{bmatrix} W_{0,0}^{(h)} & W_{0,1}^{(h)} & \cdots & W_{0,j-1}^{(h)} \\ W_{1,0}^{(h)} & W_{1,1}^{(h)} & \cdots & W_{1,j-1}^{(h)} \\ W_{2,0}^{(h)} & W_{2,1}^{(h)} & \cdots & W_{2,j-1}^{(h)} \\ \vdots & \vdots & \ddots & \vdots \\ W_{j-1,0}^{(h)} & W_{j-1,1}^{(h)} & \cdots & W_{j-1,j-1}^{(h)} \end{bmatrix}$$

그리고 $\mathbf{x}_t$는 k 차원의 벡터이기 때문에 다음과 같이 표현됩니다.

$$\mathbf{x}_t = (x_{t,0},\ x_{t,1},\ \cdots,\ x_{t,k-1})$$

$\mathbf{h}_{t-1}$는 j 차원의 벡터이기 때문에 다음과 같이 표현될 수 있습니다. 해당 벡터의 원소의 수는 RNN 층에 존재하는 노드의 수와 동일합니다.

$$\mathbf{h}_{t-1} = (h_{t-1,0},\ h_{t-1,1},\ \cdots,\ h_{t-1,j-1})$$

편향 벡터는 다음과 같이 표현됩니다. 편향 벡터의 원소의 수는 편향 노드와 은닉 노드 사이에 존재하는 화살표의 수와 동일합니다.

$$\mathbf{b} = (b_0,\ b_1,\ \cdots,\ b_{j-1})$$

따라서 $\mathbf{x}_t \cdot \mathbf{W}_x + \mathbf{h}_{t-1} \cdot \mathbf{W}_h + \mathbf{b}$의 형태는 (1×k)(k×j)+(1×j)(j×j)+1×j, 즉 1×j가 됩니다. 원소의 수가 j개인 하나의 벡터가 되는 것입니다. 여기에 tanh() 함수를 적용하면 각 원소에 tanh() 함수가 적용됩니다.

■ RNN 활용의 예1: 언어 모형(Language model)

주어진 단어들의 정보를 이용해 다음 단어를 예측하는 언어 모형으로 RNN이 사용되는 경우, 각 단어에 대한 RNN 층의 출력값(즉, **ht**)은 다음 단어를 예측하는 목적으로 사용됩니다. 이는 그림 16.7과 같이 표현할 수 있습니다.

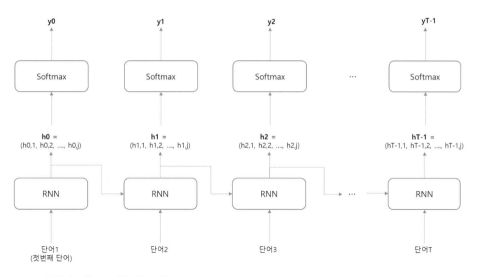

그림 16.7 RNN이 언어 모형으로 사용되는 경우

그림 16.7에서 **yt**는 n 차원 벡터라고 생각할 수 있습니다. 여기서 n은 최종 분석에서 사용되는 단어의 수를 의미합니다. 그리고 각 원소의 값은(소프트맥스 함수를 통해 출력되는) 특정 단어에 대한 확률이 됩니다. 그림 16.7에서 'Softmax' 층(Softmax)에는 n 개의 출력 노드가 존재하고, 각 출력 노드에는 소프트맥스 함수가 활성화 함수로 존재합니다. 앞에서 살펴본 것처럼, 소프트맥스 함수는 다음과 같이 정의됩니다.

$$y_{t,i} = \frac{e^{z_i}}{\sum_{j=1}^{n} e^{z_j}}$$

여기에서 z_i는 i번째 출력 노드에 입력되는 값입니다.

yt는 t+1번째 나오는 단어에 대한 확률값을 갖습니다. 그리고 해당 모형은 n 개 단어 중에서 일반적으로 확률이 제일 높은 단어를 t+1번째 단어로 선택합니다. 구체적인 예를 들어보겠습니다. 타임 스텝 t에서 다음 단계에 출현할 단어를 예측한다고 가정합니다. 그림 16.8의 오른쪽 사각형에 해당합니다.

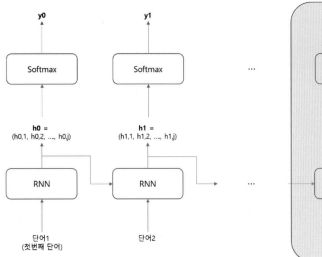
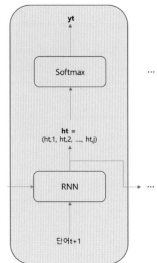

그림 16.8 타임 스텝 t에서 다음 단어를 예측하는 경우

텍스트 데이터에 존재하는 전체 단어의 수가 10개라고 할 때, 소프트맥스 함수를 활성화 함수로 갖는 출력층에는 10개의 노드가 존재합니다. 그리고 타임 스텝 t의 RNN 층에서 출력되는 은닉 벡터 **ht**는 j 개의 원소를 갖고 있기 때문에 이를 그림으로 표현하면 그림 16.9와 같습니다(설명을 위해 편향은 생략합니다). 그림 16.9에서 첫 번째 출력 노드인 O1에

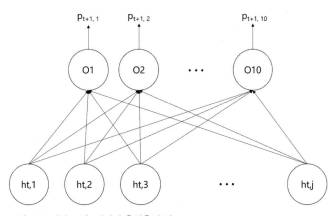

그림 16.9 타임 스텝 t에서의 출력층의 예

서 출력되는 $p_{t+1,\,1}$은 t+1 단계에서 나오는 단어가 단어1일 확률을 의미합니다.

각 확률값이 다음과 같다면

$$(p_{t+1,\,1},\, p_{t+1,\,2},\, p_{t+1,\,3},\, p_{t+1,\,4},\, p_{t+1,\,5},\, p_{t+1,\,6},\, p_{t+1,\,7},\, p_{t+1,\,8},\, p_{t+1,\,9},\, p_{t+1,\,10})$$
$$= (0.05,\, 0.01,\, 0.12,\, 0.09,\, 0.42,\, 0.08,\, 0.11,\, 0.01,\, 0.05,\, 0.06)$$

타임 스텝 t+1에서의 단어로 예측되는 단어는 확률값이 제일 큰 0.42에 해당하는 단어, 즉 단어 5가 됩니다.

학습할 때는 교차 엔트로피 비용함수를 사용합니다. 이를 위해 각 단어의 정답은 원-핫 벡터로 표현됩니다. 단어 t+1에 대한 비용함수는 다음과 같이 표현될 수 있습니다.

$$-\boldsymbol{y}_{t+1} \cdot \log(\mathbf{P}_{t+1})$$

여기서 $\boldsymbol{y}_{t+1}$은 단계 t+1에서의 정답 단어에 대한 원-핫 벡터를 의미하고, $\mathbf{P}_{t+1}$은 그림 16.9의 출력층이 출력하는 확률값들을 원소로 하는 벡터를 의미합니다. 즉, $\mathbf{P}_{t+1}$은 ($p_{t+1, 1}$, $p_{t+1, 2}$, $p_{t+1, 3}$, $p_{t+1, 4}$, $p_{t+1, 5}$, $p_{t+1, 6}$, $p_{t+1, 7}$, $p_{t+1, 8}$, $p_{t+1, 9}$, $p_{t+1, 10}$)이 됩니다. 만약 단계 t+1에서의 정답 단어가 단어 5라면 $\boldsymbol{y}_{t+1}$=(0, 0, 0, 0, 1, 0, 0, 0, 0, 0)이 됩니다. 따라서 $\boldsymbol{y}_{t+1} \cdot \log(\mathbf{P}_{t+1})$= $\log p_{t+1, 5}$가 됩니다.

이 언어 모형은 이후에 설명하는 seq2seq 또는 BERT의 기반이 되는 트랜스포머(Transformer)를 이해하는 데 중요한 역할을 합니다.

■ RNN 활용의 예2: 감성분석

감성분석과 같은 분류 문제에서는 일반적으로 마지막 단계에서 적용된 RNN 층의 은닉 상태 벡터만 그다음 층으로 전달됩니다. 그림 16.10과 같이 표현할 수 있습니다(최종 출력층과 RNN 층 사이에 다른 층이 추가로 사용될 수도 있습니다).

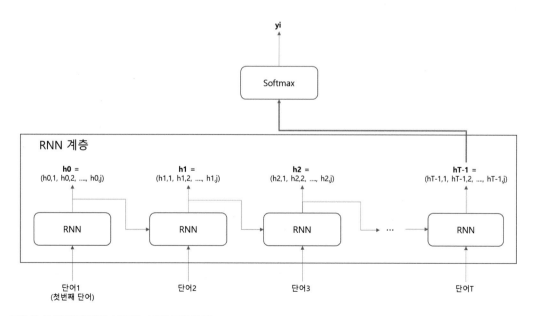

그림 16.10 감성분석에서 사용되는 RNN 모형의 예

그림 16.10에서 출력층이 출력하는 벡터 **y**i는 i번째 문서에 대한 결괏값이라고 생각할 수 있습니다. 문서가 취할 수 있는 감성이 긍정과 부정밖에 없다면, **y**i 벡터는 두 개의 원소를 갖습니다. 하나는 긍정 레이블에 대한 원소(종속변수의 값이 긍정일 확률)가 되고, 다른 하나는 부정 레이블에 대한 원소(종속변수의 값이 부정일 확률)입니다.

RNN을 사용하는 경우, 각 문서의 길이를 동일하게 맞춰주는 작업이 필요합니다. 그림 16.10의 예제에서는 각 문서를 T개의 단어를 이용해 표현합니다. 만약 T개보다 단어가 많은 경우에는 나머지 단어를 제거(truncate)하고, T개보다 단어가 적다면 패딩 방법을 사용하여 문서의 길이를 T로 맞춥니다.

16.1.2 RNN을 이용한 감성분석

여기서는 RNN을 이용해 영화평 데이터에 대한 감성분석을 해보겠습니다. 먼저 IMDb 사이트에서 제공하는 영화평 데이터에 대한 감성분석을 수행해 보고, 그 이후에 한글 영화평에 대한 감성분석을 수행해 보겠습니다.

16.1.2.1 IMDb 영화평 감성분석

관련 코드는 **RNN_imdb_example.ipynb** 파일을 참고하세요. 데이터 준비 과정은 CNN을 적용해 감성분석을 하는 경우와 비슷합니다. 즉, 케라스에서 제공하는 IMDb 영화평 데이터셋을 사용합니다. 다음과 같이 코딩합니다. 여기서도 CNN의 경우와 마찬가지로 빈도수를 기준으로 상위 10,000개의 단어만 사용하겠습니다.

```
import tensorflow as tf
from tensorflow.keras.datasets import imdb

max_features = 10000
(x_train, y_train), (x_test, y_test) = imdb.load_data(num_words=max_features)
```

CNN에서 했던 것과 마찬가지로 각 영화평을 특정 길이의 단어 수로 표현합니다. 여기에서도 각 영화평을 500단어를 이용해 표현하겠습니다(각자 다른 값을 사용해도 됩니다). 이를 위해 **pad_sequences()**를 사용합니다.

```
from tensorflow.keras.preprocessing import sequence

max_len = 500
```

```
x_train = sequence.pad_sequences(x_train, maxlen=max_len)
x_test = sequence.pad_sequences(x_test, maxlen=max_len)
```

종속변수가 갖는 값이 0(=부정)과 1(=긍정) 두 개이기 때문에 종속변수를 원소가 두 개인 원–핫벡터로
표현합니다.

```
from tensorflow.keras.utils import to_categorical

y_train_one_hot = to_categorical(y_train)
y_test_one_hot = to_categorical(y_test)
```

그다음에는 사용하고자 하는 RNN 모형을 구축하면 됩니다. 이를 위해 여기서도 Sequential 클래스를
사용하여 순차적으로 쌓습니다. 앞에서 설명한 기본적인 RNN 층은 케라스에서 SimpleRNN 클래스로 제
공됩니다. 여기서는 RNN 층이 하나만 존재하는 모형을 사용해 보겠습니다. 즉, 그림 16.10과 같이 RNN
층 이후에 소프트맥스 활성화 함수를 갖는 출력층이 바로 나오는 구조입니다.

CNN과 마찬가지로 각 단어를 저차원 벡터로 변환하는 Embedding 층이 먼저 추가돼야 합니다. 여기서는
각 단어를 64차원의 벡터로 표현합니다.

```
from keras import layers
from keras import models

model = models.Sequential()
model.add(layers.Embedding(max_features, 64))
```

그다음 다음과 같이 SimpleRNN 클래스를 이용해 RNN 층을 추가합니다. SimpleRNN 클래스 생성자 함수
의 첫 번째 인자로 입력된 32는 RNN 층에 존재하는 은닉 노드의 수를 의미합니다. 그리고 activation
파라미터를 이용해 활성화 함수를 지정합니다. 여기서는 tanh 활성화 함수를 사용하겠습니다(해당 파라
미터의 기본값으로 'tanh'이 사용됩니다).

```
model.add(layers.SimpleRNN(32, activation='tanh', return_sequences=False))
```

SimpleRNN() 생성자 함수에서 return_sequences라는 파라미터의 값을 False로 지정했습니다. 이
는 마지막 은닉 상태 벡터의 결괏값만 다음 계층(layer)으로 전달한다는 뜻입니다. 감성분석과 같은 분
류 문제에서는 일반적으로 마지막 은닉 상태 벡터의 결괏값만 다음 계층으로 전달합니다. 하지만 마지막

단계 이전 단계들에서 입력된 단어에 대한 은닉 상태 벡터도 다음 계층으로 전달하고자 한다면 return_sequences의 값을 True로 설정해야 합니다. 해당 파라미터의 기본값은 False로 되어 있습니다. 이와 관련된 예는 다음 섹션에서 살펴보겠습니다.

이어서 다음과 같이 노드가 두 개 있는 출력층을 생성합니다. 활성화 함수는 소프트맥스 함수로 지정했습니다.

```
model.add(layers.Dense(2, activation='softmax'))
```

summary() 함수를 사용해 전체 구조를 살펴보면 다음과 같습니다.

```
Model: "sequential"

_____
 Layer (type)                Output Shape              Param #
=================================================================
 embedding (Embedding)       (None, None, 64)          640000
 simple_rnn (SimpleRNN)      (None, 32)                3104
 dense (Dense)               (None, 2)                 66
=================================================================
Total params: 643,170
Trainable params: 643,170
Non-trainable params: 0
_____
```

embedding 층의 출력 결과물의 형태(Output Shape)는 (None, None, 64)입니다. 여기서 첫 번째 원소는 미니 배치 크기를 의미합니다. 이는 fit() 함수를 사용해 학습할 때 지정되기 때문에 여기서는 None으로 표기되었습니다. 두 번째 원소는 문서의 길이를 의미합니다. 위의 예에서는 문서의 길이를 500으로 고정했습니다. 하지만 Embedding 클래스의 생성자 함수를 호출할 때 이 크기를 지정하지 않았기 때문에 두 번째 원소의 값이 None으로 표기되었습니다. 이렇게 하면 학습 중에 입력되는 문서의 길이가 자동으로 반영됩니다. 모형을 생성할 때 문서의 길이를 입력하고자 한다면, Embedding 클래스 생성자 함수가 갖는 input_length 파라미터의 값을 문서의 길이로 지정하면 됩니다. 위의 예에서는 문서의 길이가 500이기 때문에 다음과 같이 호출할 수 있습니다.

```
model.add(layers.Embedding(max_features, 64, input_length=500))
```

그러면 embedding 층의 출력 결과물의 형태가 다음과 같이 표기될 것입니다.

```
embedding_1 (Embedding)        (None, 500, 64)              640000
```

세 번째 원소 64는 각 단어가 64차원의 벡터로 표현됐다는 것을 의미합니다. 그리고 embedding 층에 존재하는 전체 파라미터의 수는 640,000입니다. 이는 전체 단어의 수(즉, 10,000)에 64가 곱해진 결과입니다.

simple_rnn 층의 출력 결과물 형태는 (None, 32)입니다. 이는 각 문서에 대해 32차원의 은닉 상태 벡터가 출력된다는 것을 의미합니다. 역시나 마찬가지로, 첫 번째 원소의 값은 미니 배치의 크기를 의미하고 이 값은 아직 정해지지 않았기 때문에 None으로 표기됩니다. 그리고 simple_rnn 층에 존재하는 파라미터의 수는 3,104입니다. 이는 $64 \times 32 + 32 \times 32 + 32$과 같이 계산됩니다. 64×32에서 64는 입력 노드의 수를 의미하고, 32는 은닉 노드의 수를 의미합니다. 즉, 다음 식에서 가중치 행렬 $\mathbf{W}_x$에 존재하는 가중치, 즉 파라미터의 수입니다. 32×32에서 32는 모두 은닉 노드의 수를 의미합니다. 이는 다음 식에서 $\mathbf{W}_h$에 존재하는 파라미터의 수를 의미합니다. 그리고 마지막 32는 편향 파라미터의 수입니다. 즉, 다음 식에서 벡터 $\mathbf{b}$의 원소 수=32가 됩니다.

$$\mathbf{h}_t = \tanh(\mathbf{x}_t \cdot \mathbf{W}_x + \mathbf{h}_{t-1} \cdot \mathbf{W}_h + \mathbf{b})$$

그다음 과정은 CNN을 이용한 감성분석의 과정과 동일합니다. 조기 종료를 위해 EarlyStopping 클래스와 ModelCheckpoint 클래스를 사용합니다.

```
from tensorflow.keras.callbacks import EarlyStopping
from tensorflow.keras.callbacks import ModelCheckpoint

es = EarlyStopping(monitor='val_loss', mode='min', verbose=1, patience=5)
checkpoint_filepath = './temp/checkpoint_en'
mc = ModelCheckpoint(
    checkpoint_filepath, monitor='val_loss', mode='min',
    save_weights_only=True, save_best_only=True
)
```

compile() 함수를 사용해 옵티마이저와 비용함수, 그리고 모형 성능 평가 지표를 지정합니다. 여기서는 RMSprop 옵티마이저, 비용함수로는 이항 교차 엔트로피를, 성능 평가 지표로는 정확도를 사용합니다. 그다음, fit() 함수를 이용해 학습합니다.

```
from tensorflow.keras.optimizers import RMSprop

model.compile(
    optimizer=RMSprop(learning_rate=0.0005), loss='binary_crossentropy',
    metrics='accuracy'
)
history=model.fit(
    x_train, y_train_one_hot, epochs=20, batch_size=128, validation_split=0.1,
    callbacks=[es, mc]
)
```

학습 과정에서의 비용함수 값을 시각화해 보겠습니다.

```
import matplotlib.pyplot as plt

plt.plot(history.history['loss'])
plt.plot(history.history['val_loss'])
plt.xlabel('epoch')
plt.ylabel('loss')
plt.legend(['train', 'val'])
plt.show()
```

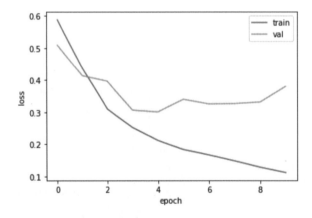

ModelCheckpoint 클래스를 이용해 저장된 결과로 평가 데이터에 대해 모형의 성능을 평가합니다. 0.87 정도의 정확도가 나오는 것을 확인할 수 있습니다.

```
model.load_weights(checkpoint_filepath)
test_loss, test_acc = model.evaluate(x_test, y_test_one_hot)
print('test_acc:', test_acc)
```

```
test_acc: test_acc: 0.8696799874305725
```

이번에는 sklearn에서 제공하는 classification_report() 함수를 이용해 다른 지표들의 값도 확인해 보겠습니다. 이를 위해 일단 다음과 같이 종속변수의 값을 예측합니다. 하지만 predict() 함수가 출력하는 값은 종속변수가 0과 1의 값을 가질 확률이기 때문에 이를 최종 종속변수의 값으로 변환해야 합니다.

```
preds = model.predict(x_test) # 각 값을 취할 확률을 반환

import numpy as np

labels=[0,1]
preds1 = [labels[np.argmax(probs)] for probs in preds] # 최종 종속변수의 값으로 변환

from sklearn.metrics import classification_report

print(classification_report(y_test, preds1))
```

```
              precision    recall  f1-score   support

           0       0.87      0.87      0.87     12500
           1       0.87      0.87      0.87     12500

    accuracy                           0.87     25000
   macro avg       0.87      0.87      0.87     25000
weighted avg       0.87      0.87      0.87     25000
```

16.1.2.2 한글 영화평 감성분석 해보기

이번에는 RNN을 이용해 한글 영화평에 대한 감성분석을 수행해 보겠습니다. 관련 코드는 RNN_sentiment_Korean.ipynb 파일을 참고하세요. 여기서도 Korean_movie_reviews_2016.txt 파일에 저장된 영화평 데이터를 사용하겠습니다. 해당 영화평 데이터에 대해 RNN 모형을 적용하기 위해서는 다음과 같은 과정을 거쳐야 합니다.

- 전체의 단어 중 빈도를 기준으로 상위 몇 개의 단어를 사용할 것인지를 결정합니다.
- 선택된 단어에 고유한 인덱스를 부여합니다.
- 각 문서를 단어의 인덱스를 이용해 표현합니다.
- 문서의 길이를 동일하게 맞춰줍니다(truncation or zero padding).
- 그 이후의 과정은 앞에서 살펴본 영어 데이터의 경우와 동일합니다.

일단 다음 코드를 이용해 데이터를 불러옵니다.

```
with open('Korean_movie_reviews_2016.txt', encoding='utf-8') as f:
    docs = [doc.strip().split('\t') for doc in f]
    docs = [(doc[0], int(doc[1])) for doc in docs if len(doc) == 2]
texts, labels = zip(*docs)
```

지금은 하나의 문서가 하나의 문자열값으로 저장되어 있습니다. 이를 단어의 리스트 형태로 변환해 다시 저장합니다.

```
words_list = [doc.strip().split() for doc in texts]
```

words_list 변수에는 다음과 같은 형태로 문서들이 저장되어 있습니다.

```
print(words_list[:2])
```

```
[['부산', '행', '때문', '너무', '기대하고', '봤'], ['한국', '좀비', '영화', '어색하지', '않게', '만들어졌', '놀랍']]
```

그다음으로 해야 하는 작업은 전체 단어 중 빈도를 기준으로 상위 K 개의 단어를 선택하는 것입니다. 모든 단어를 사용할 수도 있지만, 그렇게 하면 학습 속도도 느리고 일반적으로 모형의 성능도 더 안 좋아지기 때문에 상대적으로 더 빈번하게 사용되는 단어를 이용해 학습합니다. 여기서는 전체 단어 중 상위 10,000 개의 단어를 사용하겠습니다.

```
total_words = []
for words in words_list:
    total_words.extend(words)

from collections import Counter

c = Counter(total_words)
print(c)
```

```
Counter({'영화': 73347, '너무': 22800, '봤': 17603, '좋': 16880, '진짜': 16306, '정말': 12277,
'보고': 11747, '연기': 11095, '평점': 9738, '스토리': 9447, '배우': 8790... 이하 생략})
```

전체 단어의 수는 52,011개입니다.

```
len(c)
```
```
52011
```

다음과 같이 빈도 기준으로 상위 10,000개의 단어를 선택합니다. 이를 위해 Counter 클래스에서 제공하는 most_common() 함수를 사용했습니다.

```
max_features = 10000
common_words = [ word for word, count in c.most_common(max_features)]
```

그다음 다음과 같이 각 단어의 고유한 인덱스 번호를 부여합니다. CNN에서와 마찬가지로 제로 패딩을 할 때 숫자 0이 사용되기 때문에 숫자 0을 인덱스 번호로 사용하지 않습니다.

```
words_dic ={}
for index, word in enumerate(common_words):
    words_dic[word]=index+1
```

words_dic 변수를 확인해 보면 다음과 같이 각 단어의 인덱스 번호가 부여되어 있는 것을 알 수 있습니다.

```
print(words_dic)
```
```
{'영화': 1, '너무': 2, '봤': 3, '좋': 4, '진짜': 5, '정말': 6, '보고': 7, '연기': 8, '평점': 9,
'스토리': 10,... 이하 생략}
```

그다음으로 해야 하는 작업은 각 문서를 상위 10,000개 단어의 인덱스 번호를 사용해 표현하는 것입니다. 이를 위해 다음과 같이 코딩합니다.

```
filtered_indexed_words = []
for review in words_list:
    indexed_words=[]
    for word in review:
        try:
            indexed_words.append(words_dic[word])
```

```
        except: # 상위 10000개의 단어가 아닌 경우는 pass
            pass
    filtered_indexed_words.append(indexed_words)
```

그다음에는 문서의 길이를 통일시키는 작업을 수행해야 합니다. 이를 위해 일단 먼저 문서 길이의 분포가 어떻게 되는지 확인하는 것이 필요합니다. 이에 대한 작업은 CNN을 이용한 한글 영화평 분석 부분에서 수행했으니, 해당 부분을 참고하기 바랍니다. 여기서는 문서의 길이를 40으로 맞추겠습니다. 다음과 같이 **pad_sequences()** 함수를 이용해 문서의 길이를 40으로 맞춰줍니다.

```
max_len = 40
from tensorflow.keras.preprocessing import sequence
X = sequence.pad_sequences(filtered_indexed_words, maxlen=max_len)
```

종속변수의 값을 원-핫 벡터 형태로 표현합니다. 그다음 **train_test_split()** 함수를 사용해 학습 데이터와 평가 데이터로 구분합니다. 여기서는 전체 정답 데이터의 10%를 평가 데이터로 사용합니다.

```
from tensorflow.keras.utils import to_categorical

y_one_hot = to_categorical(labels)

from sklearn.model_selection import train_test_split

X_train, X_test, y_train, y_test = train_test_split(X, y_one_hot, test_size=0.1)
```

그다음에 사용하고자 하는 RNN 모형을 구축합니다. 여기서는 각 단어를 32차원의 벡터로 표현하겠습니다. 그리고 32개의 은닉 노드가 존재하는 RNN 층을 사용합니다. 그 이후에 출력층이 바로 나오는 것이 아니라 노드를 16개 갖는 은닉층을 하나 사용하겠습니다.

```
from tensorflow.keras import layers
from tensorflow.keras import models

model = models.Sequential()
model.add(layers.Embedding(max_features+1, 32)) # +1을 하는 이유 => index 번호 0이 포함되었기 때문
model.add(layers.SimpleRNN(32))
model.add(layers.Dense(16, activation='tanh'))
model.add(layers.Dense(2, activation = 'softmax'))
```

모형의 형태는 다음과 같습니다.

```
model.summary()
```

```
Model: "sequential"
_____
Layer (type)                  Output Shape              Param #
=============================================================
embedding (Embedding)         (None, None, 32)          320032
simple_rnn (SimpleRNN)        (None, 32)                2080
dense (Dense)                 (None, 16)                528
dense_1 (Dense)               (None, 2)                 34
=============================================================
Total params: 322,674
Trainable params: 322,674
Non-trainable params: 0
```

나머지 과정은 영어 데이터에 대한 감성분석의 경우와 동일하기 때문에 여기서는 자세한 설명은 생략하겠습니다.

```python
from tensorflow.keras.callbacks import EarlyStopping
from tensorflow.keras.callbacks import ModelCheckpoint

es = EarlyStopping(monitor='val_loss', mode='min', verbose=1, patience=3)
checkpoint_filepath = './temp/checkpoint_kr'
mc = ModelCheckpoint(
    checkpoint_filepath, monitor='val_loss', mode='min',
    save_weights_only=True, save_best_only=True
)

from tensorflow.keras.optimizers import RMSprop

model.compile(
    optimizer=RMSprop(learning_rate=0.001), loss='binary_crossentropy',
    metrics='accuracy'
)
history = model.fit(
    X_train, y_train, epochs=20, batch_size=128, validation_split=0.1, callbacks=[es, mc]
)
```

학습이 종료된 이후에는 다음과 같이 평가 데이터에 대해 모형의 성능을 평가합니다.

```
model.load_weights(checkpoint_filepath)
test_loss, test_acc = model.evaluate(X_test, y_test)
print('test_acc:', test_acc)
```

```
test_acc: 0.9018078446388245
```

모형의 정확도가 0.90 정도 나오는 것을 확인할 수 있습니다.

16.1.3 각 단어의 은닉 상태 벡터를 모두 사용하기

앞에서는 입력되는 각 문서에 대한 시퀀스 데이터에 대해 RNN 층이 출력하는 마지막 은닉 상태 벡터만 그다음 층으로 전달해서 감성분석을 수행했습니다. 이를 다시 그림으로 표현하면 그림 16.11과 같습니다. 하지만 이 방법에는 단점이 존재합니다. 그림 16.11에서 마지막 은닉 상태 벡터인 $hT-1$의 경우는 이전 단계에서 입력된 단어(즉, 단어1, …, 단어T-1)에 대한 정보도 포함하고 있기는 하지만 상대적으로 해당 단계에서 입력된 단어, 즉 단어T에 대한 정보를 더 많이 가지고 있고, 반면에 오래전에 입력된 단어에 대한 정보는 별로 갖고 있지 않습니다. 그렇기 때문에 만약 문서의 특성 정보를 잘 나타내는 단어가 문서의 앞부분에서 사용된 경우라면 마지막 은닉 상태의 벡터만 다음 층으로 전달해서는 문서의 특성 정보가 잘 전달되지 않을 수 있습니다. 이러한 문제는 입력되는 문서의 길이가 긴 경우에 더 자주 발생합니다.

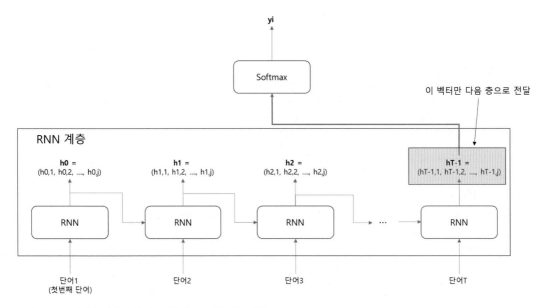

그림 16.11 마지막 은닉 상태 벡터만 다음 층으로 전달하는 경우

마지막 은닉 상태 벡터만 다음 층으로 전달할 때 발생할 수 있는 이러한 문제를 해소하기 위해서 시퀀스 데이터에 존재하는 모든 단어에 대해 RNN 층이 출력하는 모든 은닉 상태 벡터를 다음 층으로 전달하는 방법을 사용할 수 있습니다. 그림 16.11에서 h0, h1, …, hT-1이 갖고 있는 정보를 모두 다음 층으로 전달하는 것입니다. 케라스의 경우, SimpleRNN 클래스의 생성자 함수가 갖는 return_sequences 파라미터의 값을 True로 설정하면 모든 은닉 상태 벡터의 정보를 반환할 수 있습니다.

그렇다면, 특성 시퀀스 데이터(즉, 하나의 문서)에 대해 RNN 층이 출력하는 모든 은닉 상태 벡터는 어떻게 사용할 수 있을까요? 방법은 크게 두 가지 정도가 있습니다. 첫 번째 방법은 각 단어의 은닉 상태 벡터들을 이어 붙이기(concatenation)하는 것이고, 두 번째 방법은 은닉 상태 벡터들의 평균 벡터를 계산해 사용하는 것입니다.[65] 각 방법에 대해 간략하게 살펴보겠습니다.

16.1.3.1 은닉 상태 벡터 이어 붙이기

하나의 문서에 대해 RNN 층이 반환하는 여러 개의 은닉 상태 벡터를 이어 붙이기 해서 하나의 벡터로 만들고, 그렇게 만들어진 벡터를 다음 층으로 전달하여 감성분석을 수행해 보겠습니다. 관련 코드는 RNN_return_seq_true_concat_imdb.ipynb 파일을 참고하세요. 여기서는 앞에서 살펴봤던 IMDb 영화평 데이터를 사용하겠습니다.

대부분의 과정이 IMDb 영화평 감성분석에서 살펴봤던 RNN_imdb_example.ipynb 파일의 코드와 유사합니다. 주된 차이는 케라스의 Sequential 클래스를 이용해 RNN 모형을 구축하는 과정입니다. 여기서는 해당 과정에 대한 코드 부분만 살펴보겠습니다. 관련 코드는 다음과 같습니다.

```
model = models.Sequential()
model.add(layers.Embedding(max_features, 64, input_length=max_len))  # max_len=100
model.add(layers.SimpleRNN(32, return_sequences=True))
model.add(layers.Flatten())
model.add(layers.Dense(2, activation='softmax'))
```

이 예에서는 각 문서의 길이를 100으로 맞췄습니다. 즉, max_len의 값이 100입니다. 이는 하나의 문서에 대해 100개의 단어(또는 토큰)가 RNN 층에 입력된다는 것을 의미합니다. 즉, 하나의 문서에 대해 RNN 층이 100번 반복 적용되어 각 단어에 대해 하나의 은닉 상태 벡터를 출력합니다. 코드에 나와 있는 것처럼 SimpleRNN 클래스 생성자 함수의 첫 번째 인자로 32라는 값이 입력되었기 때문에 RNN 층에 존재하는 은닉 노드의 수는 32이고, 이는 은닉 상태 벡터의 크기가 32라는 것을 의미합니다. 즉, 각 문서

---

65 더하는 방법도 평균을 구하는 방법과 크게 다르지 않기 때문에 여기서는 평균을 구하는 방법만 살펴보겠습니다.

에 대해 32차원의 벡터가 100개 생성되는 것입니다. 그런데 SimpleRNN() 생성자 함수가 갖는 return_sequences 파라미터의 값을 False로 설정하면, 100개의 은닉 상태 벡터 중에서 마지막 은닉 상태 벡터만 다음 층으로 전달됩니다. 모든 은닉 상태 벡터를 사용하기 위해서는 해당 파라미터의 값을 다음과 같이 True로 설정해야 합니다. 위 코드에서 SimpleRNN(32, return_sequences=True)가 출력하는 결과는 그림 16.12와 같습니다. 즉, 32차원의 은닉 상태 벡터 100개가 100×32의 행렬 형태로 반환됩니다.

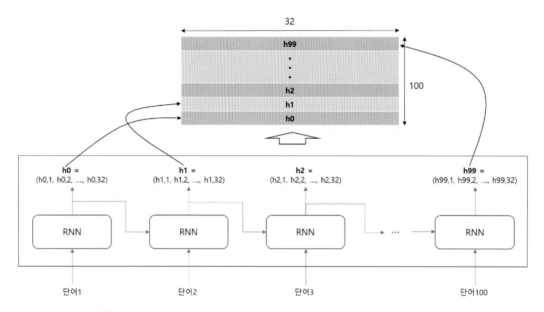

그림 16.12 SimpleRNN(32, return_sequences=True) 작동 방식

이번 예에서는 RNN 층이 출력하는 여러 개의 은닉 상태 벡터들을 이어 붙이기 해서 하나의 벡터로 표현하고, 그렇게 생성된 벡터를 다음 층으로 전달해 감성분석을 수행하고자 합니다. 따라서 32차원의 벡터 100개를 이어 붙이기 해야 합니다. RNN 층이 출력하는 벡터를 이어 붙이기를 하는 방법은 여러 가지가 있을 수 있지만, 여기서는 간단히 평탄화 방법을 사용하겠습니다. RNN 층이 출력하는 100×32 형태의 행렬을 평탄화하면 1×3200의 벡터를 얻을 수 있습니다. 이를 그림으로 표현하면 16.13과 같습니다.

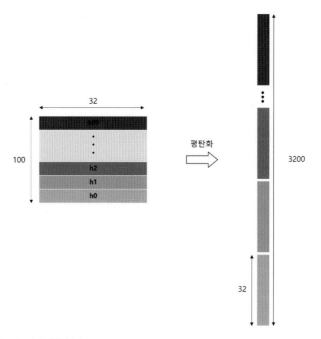

평탄화 → 3200

32

100

h99

h2
h1
h0

32

그림 16.13 RNN 층의 결과물을 평탄화한 형태

평탄화를 진행한 다음, 최종적으로 노드가 두 개인 출력층을 추가했습니다. 전체 모형의 구조를 summary() 함수를 이용해 확인하면 다음과 같습니다. 다음 결과에서 flatten (Flatten) 층이 출력하는 결과물을 보면, 관측치 하나당 3,200차원의 벡터가 출력되는 것을 확인할 수 있습니다.

```
model.summary()
```

```
Model: "sequential"

_____
 Layer (type)                Output Shape              Param #
=================================================================
 embedding (Embedding)       (None, 100, 64)           640000
 simple_rnn (SimpleRNN)      (None, 100, 32)           3104
 flatten (Flatten)           (None, 3200)              0
 dense (Dense)               (None, 2)                 6402
=================================================================
Total params: 649,506
Trainable params: 649,506
Non-trainable params: 0
```

학습을 마친 후, 평가 데이터에 대해 모형의 성능을 평가해 보면 정확도가 0.822 정도 나오는 것을 확인할 수 있습니다.

16.1.3.2 은닉 상태 벡터의 평균 벡터 사용하기

RNN 층이 출력하는 모든 은닉 상태 벡터의 정보를 사용하는 두 번째 방법은 여러 은닉 상태 벡터의 평균 벡터를 구하는 것입니다. 즉, 벡터들이 갖는 각 원소의 평균을 구하는 것입니다. 각 단어의 은닉 상태 벡터가 32차원이기 때문에, 평균을 구하면 그 결과도 32차원이 됩니다. 앞에서 사용한 이어 붙이기 방법의 경우, 문서를 구성하는 단어의 수가 많거나 RNN 층에 존재하는 노드의 수가 많은 경우 이어 붙이기를 통해 도출되는 벡터의 크기가 커질 수 있다는 단점이 있습니다. 그렇게 되면 과적합 등의 문제가 발생할 수 있습니다. 평균 벡터를 사용하는 방법과 관련한 코드는 RNN_return_seq_true_mean_imdb.ipynb 파일을 참고하세요.

해당 파일에서 모형을 구축하는 부분 이외의 다른 부분은 앞에서 살펴본 코드와 동일하기 때문에 여기서는 모형 구축 부분만 살펴보겠습니다. 모형을 구축하는 과정에서 중요하게 수행해야 하는 작업은 RNN 층이 출력하는 100개의 32차원 벡터의 평균 벡터를 구하는 것입니다. 그런데 이를 위해서는 지금까지 케라스를 이용해 신경망 모형을 구축할 때 사용했던 방법인 순차적 방법, 즉 Sequential 클래스를 이용하여 층을 쌓는 방법을 사용하기가 어렵습니다. 대신, 함수적인(functional) 방법을 사용해 모형을 구축해야 합니다.

 참고   함수적인 방법을 이용해 신경망 모형 구축하기

함수적인 방법을 사용하면, 순차적인 방법보다 더 복잡한 모형을 구축할 수 있습니다. 여기서는 함수적인 방법을 이용해 신경망 모형을 구축하는 방법에 대해 간략하게 살펴보겠습니다. 설명을 위해, 우리가 구축하고자 하는 신경망 모형이 다음과 같다고 가정합니다. 즉, 784차원의 벡터로 된 관측치를 입력층을 통해 입력받고, 그다음에 64개의 노드를 갖고 있고 ReLU 활성화 함수를 사용하는 은닉층(Dense 층)이 두 개 존재하고, 마지막으로 노드가 10개, 활성화 함수가 소프트맥스인 출력층이 존재하는 모형이 되는 것입니다.

(input: 784-dimensional vectors)

↓

[Dense (64 units, relu activation)]

↓

[Dense (64 units, relu activation)]

↓

[Dense (10 units, softmax activation)]

이러한 모형을 순차적인 방법이 아닌 함수적인 방법을 이용해 구축해 보겠습니다. 먼저 필요한 클래스들을 임포트합니다.

```
from tensorflow.keras.layers import Input, Dense
from tensorflow.keras.models import Model
```

함수적인 방법을 이용해 신경망 모형을 구축하기 위해서는 먼저 입력층을 생성해야 합니다. 이는 케라스의 layers 모듈이 제공하는 Input 클래스를 사용해 수행합니다. 다음과 같이 코딩할 수 있습니다. 다음과 같이 Input 클래스의 생성자 함수의 인자로 입력되는 관측치의 형태를 shape 파라미터를 이용해 지정합니다.

```
inputs = Input(shape=(784,))
```

그다음에는 첫 번째 은닉층을 쌓아야 합니다. 함수적인 방법을 사용하기 위해서는 다음과 같이 코딩합니다. 입력층에 해당하는 객체인 inputs를 새롭게 추가하고자 하는 층을 나타내는 Dense 클래스의 객체인 dense를 함수로 하여 해당 함수의 인자로 입력합니다. 그리고 그 결과로 x가 출력됩니다. 이렇게 하면 x에는 입력층의 정보와 첫 번째 은닉층의 정보가 모두 저장됩니다.

```
dense = layers.Dense(64, activation="relu")
x = dense(inputs)
# 위 두 줄의 코드는 간단히 x = layers.Dense(64, activation="relu")(inputs)라고 할 수
있습니다.
```

이번에는 두 번째 은닉층을 추가해 보겠습니다. 다음과 같이 코딩합니다.

```
x = layers.Dense(64, activation="relu")(x)
```

지금까지 구축된 층의 정보를 담고 있는 x 객체를 새롭게 추가하고자 하는 Dense 클래스 객체 함수에 인자로 입력했습니다. 이렇게 하면, 지금까지 구축된 층(즉, 입력층과 첫 번째 은닉층) 위에 새로운 은닉층(즉, 64개의 노드를 갖고 활성화 함수가 ReLU인 은닉층)이 추가되고, 그러한 정보를 담고 있는 결과가 x라는 객체에 저장됩니다(즉, x가 업데이트되는 것입니다). 위의 코드가 실행되고 나면, x 객체에는 입력층과 두 개의 은닉층에 대한 정보가 저장됩니다.

비슷한 방식으로 마지막 출력층을 다음과 같이 추가합니다.

```
outputs = layers.Dense(10, activation="softmax")(x)
```

지금까지 추가한 층들의 정보를 이용해 하나의 신경망 모형을 생성하기 위해서는 케라스의 models 모듈이 제공하는 Model 클래스를 다음과 같이 사용해야 합니다. 즉, 생성하고자 하는 모형의 입력층과 출력층을 명시해야 하는 것입니다.

```
model = Model(inputs=inputs, outputs=outputs)
```

이렇게 하면 model 객체가 우리가 생성하고자 하는 신경망 모형을 나타내게 됩니다.

이를 지금까지 사용했던 순차적인 방법으로 표현하면 다음과 같습니다.

```
from tensorflow.keras.models import Sequential
from tensorflow.keras.layers import Dense

model = Sequential()
model.add(Dense(64, activation='relu', input_shape=(784,)))
model.add(Dense(64, activation='relu'))
model.add(Dense(10, activation='softmax'))
```

RNN 층이 출력하는 모든 은닉 벡터의 평균 벡터를 계산하기 위해 다음과 같이 함수적인 방법으로 모형을 구축합니다. 여기서는 SimpleRNN 층이 출력하는 100개의 32차원 벡터들의 평균 벡터를 계산하기 위해서 Lambda 클래스를 사용했습니다. 해당 클래스 생성자 함수의 인자로 입력된 코드를 보면 텐서플로에서 제공하는 reduce_mean() 함수가 사용된 것을 확인할 수 있습니다. 이는 여러 벡터의 평균 벡터를 계산할 때 사용되는 함수입니다. 따라서 Lambda 클래스의 객체는 100개의 32차원 벡터의 평균 벡터인 하나의 32차원 벡터를 출력합니다. 그 위에 노드가 두 개이고 소프트맥스 활성화 함수를 갖는 출력층이 추가됩니다. 마지막으로, 모형을 구축하기 위해 models 모듈에서 제공하는 Model 클래스의 생성자 함수를 호출합니다. 해당 생성자 함수의 인자로 입력층과 마지막 출력층을 명시적으로 입력하여 모형을 생성합니다.

```
from tensorflow.keras.layers import Input, Embedding, SimpleRNN, Dense, Lambda
from tensorflow.keras.models import Model

main_input = Input(shape=(max_len,), dtype='int32')
x = Embedding(output_dim=64, input_dim=max_features, input_length=max_len)(main_input)
RNN_out = SimpleRNN(32, return_sequences=True)(x) # 각 문서에 대해 100×32 행렬 반환

# 평균을 구함 => 하나의 문서에 대해서 32 차원 벡터 출력
out = Lambda(lambda x: tf.math.reduce_mean(x, axis=1))(RNN_out)

main_output = Dense(2, activation='softmax')(out)
model = Model(inputs=main_input, outputs=main_output)
```

summary() 함수를 이용해 생성된 모형의 형태를 살펴보면 다음과 같습니다.

```
model.summary()
```

```
Model: "model"

_____
 Layer (type)               Output Shape            Param #
===================================================================
 input_1 (InputLayer)       [(None, 100)]           0

 embedding (Embedding)      (None, 100, 64)         640000

 simple_rnn (SimpleRNN)     (None, 100, 32)         3104

 lambda (Lambda)            (None, 32)              0

 dense (Dense)              (None, 2)               66

===================================================================
Total params: 643,170

Trainable params: 643,170

Non-trainable params: 0
```

학습을 마친 후, 평가 데이터에 대해 모형의 성능을 평가하면 정확도가 0.823 정도 나오는 것을 확인할 수
있습니다.

16.1.4 여러 개의 RNN 층 사용하기

지금까지는 RNN 층을 하나만 사용했습니다. 하지만 여러 개의 RNN 층을 사용하는 것도 가능합니다. 여
러 개의 RNN 층을 쌓은 모형을 Stacked RNN이라고 합니다. 하지만 여기서 주의해야 하는 것은 RNN
층은 시퀀스 데이터를 입력받는다는 것입니다. 서로 다른 두 개의 RNN 층을 순차적으로 쌓은 모형은 그
림 16.14와 같이 표현됩니다. 첫 번째 RNN 층은 단어의 시퀀스 데이터를 입력받습니다. 그렇다면 두 번
째 RNN 층은 어떤 시퀀스 데이터를 입력받을까요? 두 번째 RNN 층은 첫 번째 RNN 층이 각 단어에 대
해 반환하는 은닉 상태 벡터로 구성된 시퀀스 데이터를 입력받습니다. 이를 위해서는 케라스의 경우 반드
시 첫 번째 RNN 층을 나타내는
SimpleRNN 클래스 생성자 함수
가 갖는 return_sequences 파
라미터의 값을 True로 설정해
야 합니다.

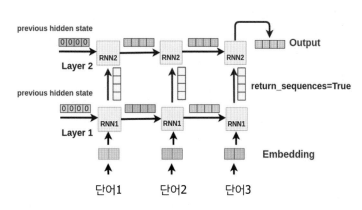

그림 16.14 두 개의 RNN 층으로 연결된 모형

SimpleRNN 클래스 생성자 함수의 return_sequences 파라미터를 True로 설정하면 각 단어에 대한 은 닉 상태 벡터가 다음 RNN 층으로 전달되는데, 이렇게 하면 각 단어의 은닉 상태 벡터로 구성된 새로운 시 퀀스 데이터가 그다음 RNN 층의 입력값으로 들어오는 것입니다.

파이썬 코드를 살펴보겠습니다. 관련 코드는 Stacked_RNN_imdb_example.ipynb 파일을 참고하세요. 여기서도 IMDb 영화평 데이터를 이용해 감성분석을 수행하겠습니다. 데이터를 준비하는 과정이나 학습 하는 과정은 이전에 살펴본 내용과 동일하기 때문에 여기서는 Stacked RNN 모형을 쌓는 부분만 살펴보 겠습니다.

연속된 두 개의 RNN 층으로 구성된 모형을 생성해 보겠습니다. 케라스의 경우, 다음과 같이 서로 다른 두 개의 SimpleRNN 층을 쌓을 수 있습니다. 첫 번째 SimpleRNN은 64개의 노드를 갖고, 두 번째 SimpleRNN 은 32개의 노드를 갖습니다. 즉, 첫 번째 SimpleRNN이 출력하는 각 단어에 대한 은닉 상태 벡터는 64 차원이고 두 번째 SimpleRNN이 출력하는 은닉 상태 벡터는 32차원이 됩니다. 두 번째 SimpleRNN 층 도 시퀀스 데이터를 입력받아야 하기 때문에 첫 번째 SimpleRNN 클래스의 생성자 함수가 갖는 return_ sequences가 True로 설정된 것을 알 수 있습니다.

```python
from tensorflow.keras import layers
from tensorflow.keras import models

model = models.Sequential()
model.add(layers.Embedding(max_features, 64))
model.add(layers.SimpleRNN(64, return_sequences=True))
model.add(layers.SimpleRNN(32))
model.add(layers.Dense(2, activation='softmax'))
```

summary() 함수를 사용해 모형의 형태를 살펴보겠습니다.

```
model.summary()
```

```
Model: "sequential"
_____
 Layer (type)                Output Shape              Param #
=================================================================
 embedding (Embedding)       (None, None, 64)          640000

 simple_rnn (SimpleRNN)      (None, None, 64)          8256

 simple_rnn_1 (SimpleRNN)    (None, 32)                3104

 dense (Dense)               (None, 2)                 66
```

```
================================================================
Total params: 651,426
Trainable params: 651,426
Non-trainable params: 0
----------------------------------------------------------------
```

첫 번째 RNN 층의 경우 8,256개의 파라미터가 존재하는데, 이는 다음과 같이 계산됩니다.

$$8256 = 64 \times 64 + 64 \times 64 + 64$$

그리고 두 번째 RNN 층에 존재하는 3,104개의 파라미터는 다음과 같이 계산됩니다.

$$3104 = 64 \times 32 + 32 \times 32 + 32$$

학습한 후, 평가 데이터에 대해 모형의 성능을 평가하면 정확도가 0.82 정도 나오는 것을 확인할 수 있습니다.

참고 케라스의 경우 return_sequences=True를 설정하지 않고 연속적인 RNN 층을 쌓는 것은 불가능합니다.

```python
model2 = models.Sequential()
model2.add(layers.Embedding(max_features, 64))
model2.add(layers.SimpleRNN(64))  # return_sequences의 기본값은 False입니다.
model2.add(layers.SimpleRNN(32))
model2.add(layers.Dense(2, activation = 'softmax'))
```

위의 코드를 실행하면 다음과 같은 에러가 발생합니다.

```
ValueError: Input 0 of layer simple_rnn_1 is incompatible with the layer: expected
ndim=3, found ndim=2. Full shape received: (None, 64)
```

16.2 LSTM

앞에서 설명한 RNN(즉, Simple RNN)은 큰 단점이 존재합니다. 오래전에 사용된(혹은 입력된) 단어의 정보가 잘 전달되지 못한다는 것입니다. 예를 들어, 다음과 같은 텍스트 데이터가 있다고 가정합니다.

'I lived in Korea for a long time. I am good at speaking Korean.'

만약 위의 문서에 대해 언어 모형을 적용하여 speaking 다음에 출현하는 단어를 예측해야 하는 경우라면, 예측해야 하는 단어의 인접 단어보다 상대적으로 많이 떨어져 있는 Korea라는 단어의 정보가 중요한 힌트가 됩니다. 즉, Korean 단어를 잘 예측하려면 많이 떨어진 단어인 Korea의 정보가 예측하려는 단어까지 잘 전달돼야 합니다. 이렇게 우리가 예측하고자 하거나 맞히고자 하는 단어와 관련된 유용한 정보를 담고 있는 단어와 거리가 먼 것을 장기의존(long-term dependency)이라고 합니다. 하지만 앞에서 설명한 RNN에서는 이렇게 오래전에 사용된 단어의 정보가 잘 전달되지 않는다는 문제가 있습니다. 이를 장기 의존 문제(즉, problem of long-term dependency)라고 합니다. 혹은 반대로 단기 기억(short-term memory)이라고 표현하기도 합니다. 오래전(단어에 대한) 기억을 잘 하지 못한다는 것을 의미합니다.

그뿐만 아니라, 마지막 타임 스텝에서 입력된 단어에 대한 RNN 층에서 출력되는 은닉 상태 벡터만 다음 층으로 전달하는 경우, 입력된 문서 앞부분에서 사용된 단어의 정보가 잘 반영되지 못한다는 문제도 존재합니다. 이 현상의 가장 큰 원인은 경사소실문제(vanishing gradient problem)인 것으로 알려져 있습니다. 왜냐하면 해당 단어가 정답에 대해 갖는 영향 정도가 가중치로 표현되는데, 오래전 단어이기 때문에 경사 소실로 인해 해당 가중치가 제대로 업데이트되지 않는 문제가 있는 것입니다. 이러한 문제를 보완하기 위해 제안된 것이 LSTM(Long short-term memory)과 GRU(Gated recurrent units)입니다. 둘의 공통점은 오래전 단어의 정보를 효율적으로 사용하기 위해 게이트(gate)라는 것을 사용한다는 것입니다. 둘이 비슷한 방식으로 작동하기 때문에 여기서는 LSTM을 중점적으로 설명하겠습니다.[66]

16.2.1 LSTM 소개

LSTM과 기본 RNN의 가장 큰 차이는 LSTM은 기억셀(memory cell)을 가지고 있고, 이를 이용하여 오래전 단어의 내용을 보다 잘 기억할 수 있다는 것입니다(즉, 단어 간의 장기 의존 관계를 잘 파악할 수 있습니다). 하지만 둘의 기본 원리는 크게 다르지 않습니다. 즉, 타임 스텝 t에서의 은닉층(즉, RNN 층 또는 LSTM 층)은 타임 스텝 t에서 입력되는 단어 t에 대한 벡터(즉, **x**t)와 이전 은닉층(즉, 타임 스텝 t-1)에서

---

66 관련 논문은 Hochreiter, S., & Schmidhuber, J.(1997). Long short-term memory. Neural computation, 9(8), 1735-1780을 참고하세요.

전달하는 은닉 상태 벡터 **ht−1**을 같이 입력받는 방식은 동일합니다. LSTM은 여기에 기억셀이 추가된 구조입니다. 이를 그림으로 표현하면 그림 16.15와 같습니다. 기존의 은닉 상태 벡터를 나타내는 **ht**와 더불어 기억셀을 나타내는 **ct**가 더 추가된 것이라고 보면 됩니다.

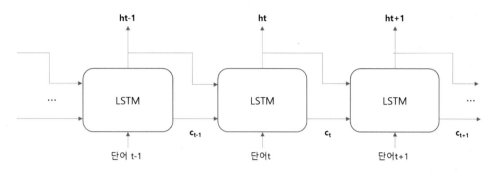

그림 16.15 LSTM 모형의 구조

일반적으로 기억셀의 특징은, 기억셀이 담고 있는 정보는 그다음 층(출력층 또는 또 다른 은닉층)의 입력값으로 전달되지 않는다는 것입니다. 즉, LSTM 계층 내에서만 이전 단계에서 입력된 단어의 정보를 기억하는 목적으로 사용됩니다. 그다음 계층으로 전달되는 값은 은닉 상태 벡터입니다(하지만 경우에 따라서 기억셀의 결과물도 다음 계층으로 전달할 수 있습니다).

기억셀은 이전 단어에 대한 정보를 기억하는 역할을 합니다. 그림 16.16을 보면서 조금 더 자세히 설명하겠습니다.[67] 해당 그림은 타임 스텝 t에서의 LSTM 층이라고 생각할 수 있습니다.

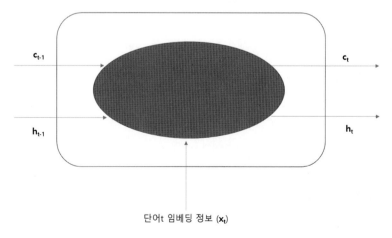

그림 16.16 타임 스텝 t에서의 LSTM 층

---

67 해당 그림은 《밑바닥부터 시작하는 딥러닝2》(한빛미디어, 2019) 책을 참고했습니다.

그림 16.16의 타원 부분에서 어떤 일이 수행되는지 살펴보겠습니다. 해당 타원에서 수행되는 주요 작업은 다음 두 가지입니다.

1. 기억셀 정보 업데이트: c_{t-1}(이전 기억셀)이 h_{t-1}(이전 단계에서 전달되는 은닉 상태 벡터)과 x_t(현재 단계에서 입력된 단어 t의 임베딩 벡터)를 사용하여 c_t(현재의 기억셀)로 업데이트됩니다.

2. 단어 t에 대한 은닉 상태 벡터(h_t) 출력: x_t, h_{t-1}, 그리고 c_t를 이용하여 h_t가 계산됩니다(즉, 현재 입력된 단어의 정보, 이전 계층에서 입력된 은닉 상태 벡터, 그리고 업데이트된 기억셀의 정보를 이용하여 현재 은닉층에서 출력되는 은닉 상태 벡터의 값을 계산하는 것입니다).

위 두 가지의 작업을 하는 데 중요한 역할을 하는 것이 게이트(gate)입니다. **게이트의 주요 역할은 1) 기억셀이 가지고 있는 이전 정보의 일부를 삭제하고 새로운 정보를 추가하여 기억셀을 업데이트하는 것과 2) 업데이트된 기억셀을 이용해 새로운 은닉 상태 벡터를 출력하는 것입니다.** 다르게 표현하면, 게이트는 x_t, h_{t-1}의 정보를 이용하여 c_{t-1}를 c_t로 업데이트하고, c_t, x_t, h_{t-1}의 정보를 이용하여 h_t를 계산하는 역할을 합니다. LSTM에는 서로 다른 역할을 하는 게이트가 세 개 존재합니다. 각 게이트에 대해 살펴보겠습니다.

일단 먼저 LSTM 계층에서 해야 하는 작업은 기억셀의 정보를 업데이트하는 것(즉, $c_{t-1} \rightarrow c_t$)입니다. 업데이트 과정에서는 이전에 가지고 있던 정보의 일부를 삭제하고 새로운 정보를 추가합니다. 이때 사용되는 게이트가 망각(forget) 게이트와 입력(input) 게이트입니다. 이 둘에 대해 먼저 알아보겠습니다.

■ 망각 게이트

망각 게이트는 무엇인가를 잊게 하는 역할을 한다는 뜻에서 붙여진 이름입니다. 망각 게이트가 잊는 것은 이전 기억셀(즉, c_{t-1})의 내용입니다. c_{t-1}이 가지고 있는 정보 중 정답을 맞히는 데 불필요한 정보는 잊어버린다(혹은 삭제한다)고 생각하면 됩니다. c_{t-1}이 가지고 있는 정보 중에서 몇 %를 잊어버릴 것이냐를 결정하기 위해 0~1 사이의 값을 반환하는 시그모이드 함수를 사용합니다. 그리고 해당 시그모이드 함수의 입력값으로 들어가는 값은 h_{t-1}과 단어 t의 임베딩 정보(x_t)입니다. 즉, h_{t-1}과 단어 t의 정보를 이용해 c_{t-1}의 내용 중 얼마만큼을 잊을 것인가를 결정한다고 생각할 수 있습니다. 망각 게이트가 출력하는 0과 1 사이의 값은 다음과 같이 계산됩니다.

$$\sigma\left(\mathbf{x}_t \cdot \mathbf{W}_x^f + \mathbf{h}_{t-1} \cdot \mathbf{W}_h^f + \mathbf{b}^f\right)$$

여기에서 위 첨자 f는 forget 게이트에 대한 파라미터입니다. 위의 가중치 행렬 $\mathbf{W}_x^f$와 $\mathbf{W}_h^f$의 형태는 앞의 SimpleRNN에서 설명한 가중치 행렬의 형태와 유사합니다. LSTM 계층에 존재하는 은닉 노드의 개수가

h개라면 위의 함수는 h 차원의 벡터를 반환합니다. 각 원소의 값은 0~1 사이의 값이 됩니다. 그리고 c_{t-1} 벡터와 $\sigma(\mathbf{x}_t \cdot \mathbf{W}_x^f + \mathbf{h}_{t-1} \cdot \mathbf{W}_h^f + \mathbf{b}^f)$가 반환하는 벡터가 갖는 원소 간의 곱하기 연산이 수행됩니다. 이는 다음과 같이 표현할 수 있습니다.

$$\mathbf{c}_{t-1}{'} = \sigma(\mathbf{x}_t \cdot \mathbf{W}_x^f + \mathbf{h}_{t-1} \cdot \mathbf{W}_h^f + \mathbf{b}^f) \odot c_{t-1}$$

여기에서 $\mathbf{c}_{t-1}{'}$는 망각 게이트를 통해 업데이트된 c_{t-1}을 의미합니다. 위 식에서 $\odot$는 원소별 곱하기를 의미합니다. 이를 아마다르 곱하기라고 합니다. 두 벡터에 대해 아마다르 곱하기의 예는 다음과 같습니다.

$$\begin{bmatrix} a_1 \\ a_2 \end{bmatrix} \odot \begin{bmatrix} b_1 \\ b_2 \end{bmatrix} = \begin{bmatrix} a_1 b_1 \\ a_2 b_2 \end{bmatrix}$$

망각 게이트가 작동하는 과정을 그림으로 표현하면 그림 16.17과 같습니다.

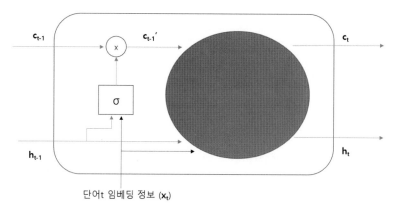

단어t 임베딩 정보 ($\mathbf{x}_t$)

그림 16.17 망각 게이트의 작동 과정

위의 연산을 수행하면 원래 c_{t-1}이 가지고 있는 원소들의 절댓값이 줄어들게 됩니다. 그런데 줄어드는 정도가 시그모이드 함수가 출력하는 값에 따라 달라집니다(즉, 망각 게이트가 출력하는 값의 크기에 따라 달라집니다). 만약 시그모이드 함수가 0에 가까운 값을 출력한다면 c_{t-1}이 갖고 있는 해당 원소의 값이 그만큼 많이 줄어듭니다. 반대로 시그모이드 함수가 1에 가까운 값을 출력한다면, c_{t-1}이 갖고 있는 해당 원소의 값이 거의 줄어들지 않는다는 것을 의미합니다.[68] 예를 들어, c_{t-1}이 다음과 같이 표현된다고 가정합시다.

---

68 즉, 게이트(gate)는 흐르는 정보의 양을 조절하는 문의 역할을 한다고 생각할 수 있습니다. 댐의 수문과 같은 역할을 한다고도 생각할 수 있습니다. 시그모이드 함수의 값이 1에 가까운 경우는 댐의 수문이 많이 열려 있어 그만큼 통과하는 물의 양이 많다는 것을 의미하고, 반대로 시그모이드 함수 값이 0에 가까운 경우는 댐의 수문이 많이 닫혀 있어 그만큼 통과하는 물의 양이 적다는 것을 의미한다고 볼 수 있습니다.

$$c_{t-1} = \begin{bmatrix} c_{t-1,\,0} \\ c_{t-1,\,1} \\ c_{t-1,\,2} \\ \vdots \end{bmatrix}$$

c_{t-1}이 갖는 원소 중에서 $c_{t-1,\,0}$은 정답을 맞히는 데 필요한 정보를 조금만 가지고 있고, $c_{t-1,\,1}$은 그러한 정보를 많이 가지고 있다고 가정하겠습니다. 그럴 경우, 시그모이드 함수를 통해 출력되는 값의 예는 다음과 같을 수 있습니다. 즉, 중요한 정보를 더 많이 가지고 있는 원소 $c_{t-1,\,1}$의 절댓값이 조금만 줄어드는 것입니다.

$$\begin{bmatrix} 0.2 \\ 0.9 \\ 0.3 \\ \vdots \end{bmatrix} \odot \begin{bmatrix} c_{t-1,\,0} \\ c_{t-1,\,1} \\ c_{t-1,\,2} \\ \vdots \end{bmatrix} = \begin{bmatrix} 0.2 \times c_{t-1,\,0} \\ 0.9 \times c_{t-1,\,1} \\ 0.3 \times c_{t-1,\,2} \\ \vdots \end{bmatrix} = c_{t-1}{}'$$

■ **입력 게이트**

망각 게이트를 거치면서 c_{t-1}의 일부 내용이 삭제되었습니다. 그런데 기억셀을 업데이트하기 위해서는 기존 내용을 삭제만 하면 안 됩니다. 정답을 맞히는 데 있어 중요한 역할을 하는 새로운 정보를 추가해야 합니다. 이때 사용되는 것이 입력(input) 게이트입니다.

기억셀에 새로운 정보을 추가하기 위해서는 먼저 추가하고자 하는 정보를 계산합니다. 추가하고자 하는 정보를 계산하기 위해 LSTM 층에 입력되는 h_{t-1}과 단어 t의 정보(즉, x_t)를 사용합니다. 추가되는 원소의 긍·부정 역할을 반영하기 위해 −1~1 사이의 값을 반환하는 tanh() 함수를 사용합니다. 새롭게 추가되는 값들을 원소로 갖는 벡터는 다음과 같이 계산됩니다.

$$\tanh(\mathbf{x}_t \cdot \mathbf{W}_x^{\,n} + \mathbf{h}_{t-1} \cdot \mathbf{W}_h^{\,n} + \mathbf{b}^n)$$

위 첨자 n은 새로운 정보(new information)를 의미합니다. 위의 함수가 반환하는 벡터 또한 h 개의 원소를 갖습니다. 원소의 값이 1에 가까울수록 긍정의 역할을, −1에 가까울수록 부정의 역할을 한다고 생각할 수 있습니다.

위에서 계산된 새로운 정보는 기존의 기억셀에 그대로 반영되는 것이 아니라, 그 정답을 맞히는 데 있어서 기여하는 정도에 따라 적용되는 비율이 달라집니다. $\tanh(\mathbf{x}_t \cdot \mathbf{W}_x^{\,n} + \mathbf{h}_{t-1} \cdot \mathbf{W}_h^{\,n} + \mathbf{b}^n)$이 출력하는 벡터의 각 원소가 정답을 맞히는 데 기여하는 정도를 나타내기 위해 0~1 사이의 값을 반환하는 시그모이드 함수를 사용합니다. 시그모이드 함수의 값을 계산하기 위해 여기서도 $\mathbf{h}_{t-1}$와 $\mathbf{x}_t$ 벡터를 사용합니다. 이는 다음과 같이 표현됩니다.

$$\sigma\left(\mathbf{x}_t \cdot \mathbf{W}_x^i + \mathbf{h}_{t-1} \cdot \mathbf{W}_h^i + \mathbf{b}^i\right)$$

위 식에서 위 첨자 i는 input 게이트를 의미합니다.

기존 기억셀에 새롭게 추가되는 정보는 다음과 같이 계산됩니다. 추가되는 정보의 긍·부정 역할과 정답을 맞히는 데 기여하는 정도를 모두 반영한 정보라고 생각할 수 있습니다.

$$\tanh\left(\mathbf{x}_t \cdot \mathbf{W}_x^n + \mathbf{h}_{t-1} \cdot \mathbf{W}_h^n + \mathbf{b}^n\right) \odot \sigma\left(\mathbf{x}_t \cdot \mathbf{W}_x^i + \mathbf{h}_{t-1} \cdot \mathbf{W}_h^i + \mathbf{b}^i\right)$$

그리고 이렇게 계산된 값이 이전 단계에서 구한 $\mathbf{c}_{t-1}{'}$에 더해져 새로운 기억셀 정보인 $\mathbf{c}_t$가 구해집니다. 이를 식으로 표현하면 다음과 같습니다.

$$\mathbf{c}_t = \mathbf{c}_{t-1}{'} + \tanh\left(\mathbf{x}_t \cdot \mathbf{W}_x^n + \mathbf{h}_{t-1} \cdot \mathbf{W}_h^n + \mathbf{b}^n\right) \odot \sigma\left(\mathbf{x}_t \cdot \mathbf{W}_x^i + \mathbf{h}_{t-1} \cdot \mathbf{W}_h^i + \mathbf{b}^i\right)$$

지금까지 설명한 과정을 그림으로 나타내면 그림 16.18과 같습니다(망각 게이트 부분도 포함되어 있습니다).

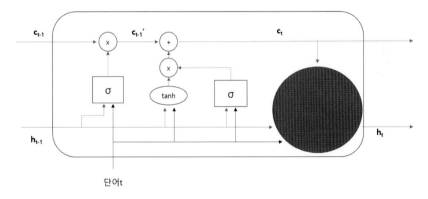

그림 16.18 망각 게이트와 입력 게이트의 도식화

■ 출력 게이트

출력(output) 게이트의 역할은 망각 게이트와 입력 게이트를 이용하여 업데이트된 기억셀의 정보, 즉 $\mathbf{c}_t$, 를 이용하여 새로운 은닉 상태 벡터, 즉 $\mathbf{h}_t$를 계산하는 것입니다. $\mathbf{h}_t$가 현재 단계에서 적용된 LSTM 층의

출력물(output)이 되기 때문에, $\mathbf{h}_t$를 계산하는 역할을 하는 게이트를 출력(output) 게이트라고 합니다. 출력 게이트는 $\mathbf{c}_t$가 갖는 원소의 값들을 이용하여 $\mathbf{h}_t$를 계산합니다. 일단, $\mathbf{c}_t$의 원소들이 정답을 맞히는 데 있어 갖는 긍·부정의 역할을 반영하기 위해 $\mathbf{c}_t$에 −1~1의 값을 출력하는 tanh() 함수를 적용합니다. 그런 다음, 입력 게이트에서와 마찬가지로 각 원소가 정답을 맞히는 데 기여하는 정도를 반영하기 위해 0~1의 값을 반환하는 시그모이드 함수의 결과를 적용합니다. 시그모이드 함수의 출력값을 계산하기 위해 $\mathbf{h}_{t-1}$과 $\mathbf{x}_t$ 정보를 사용합니다. 이러한 과정을 식으로 나타내면 다음과 같습니다.

$$\mathbf{h}_t = \sigma(\mathbf{x}_t \cdot \mathbf{W}_x^o + \mathbf{h}_{t-1} \cdot \mathbf{W}_h^o + \mathbf{b}^o) \odot \tanh(\mathbf{c}_t)$$

위 식에서 위 첨자 o는 output 게이트를 의미합니다. 이 과정을 그림으로 표현하면 그림 16.19와 같습니다.

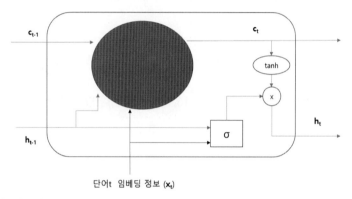

그림 16.19 출력 게이트의 도식화

망각 게이트, 입력 게이트, 그리고 출력 게이트를 종합해서 표현하면, 타임 스텝 t에서 적용되는 최종적인 LSTM 층의 형태는 그림 16.20과 같습니다.

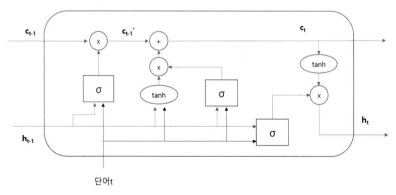

그림 16.20 타임 스텝 t에서 적용되는 LSTM 층의 구조

그리고 이러한 LSTM 층이 각 단어에 순차적으로 적용됩니다(즉, 단어마다 위와 같은 LSTM 층 하나가 적용되는 것입니다). 이는 그림 16.21과 같이 표현할 수 있습니다.

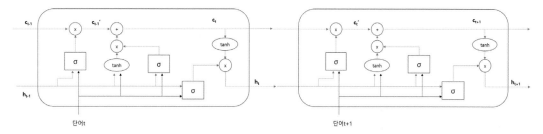

그림 16.21 두 단어에 순차적으로 적용되는 LSTM 층의 예

언어 모형의 경우에는 각 LSTM 층의 출력물인 은닉 상태 벡터(h_t)가 다음 계층(예: 소프트맥스 활성화 함수를 갖는 출력층)으로 전달되어 다음 단어를 예측하는 정보로 사용됩니다(앞에서 설명한 기본 RNN의 경우와 동일합니다). 그에 반해 보통 분류 문제에서는 마지막 타임 스텝에서 적용된 LSTM 층이 출력하는 은닉 상태 벡터만 다음 계층으로 전달됩니다. 케라스에서는 기본적으로 마지막 은닉 상태 벡터만 그다음 층으로 전달되는데, 이전 각 타임 스텝에서 적용된 모든 LSTM 층의 은닉 상태 벡터를 다음 층으로 전달하고자 하는 경우에는 LSTM 층을 나타내는 클래스(즉, LSTM 클래스)의 생성자 함수가 갖는 return_sequences 파라미터의 값을 True로 설정하면 됩니다.

참고 케라스의 경우에는 마지막 은닉 상태 벡터의 결과(케라스에서는 이를 output이라고 표현합니다)뿐만 아니라 마지막 기억셀 정보도 다음 층(예: 출력층)으로 전달할 수 있습니다. 이를 위해 케라스의 LSTM 클래스 생성자 함수가 갖는 return_state 파라미터의 값을 True로 설정하면 됩니다. 케라스에서는 기억셀의 정보를 state라고 표현합니다.

LSTM 층의 전체적인 작동 순서를 다시 정리하면 다음과 같습니다.

- 다음과 같은 과정을 거쳐 기억셀의 정보를 업데이트합니다(즉, $c_{t-1} \rightarrow c_t$).
  - 기억셀의 일부 정보를 삭제합니다(잊어버립니다)(망각 게이트 사용).
  - 기억셀에 새로운 정보를 추가합니다(입력 게이트 사용).
- 업데이트된 기억셀 정보를 이용해 은닉 상태 벡터(h_t)를 계산합니다(출력 게이트 사용).

그리고 이러한 과정은 다음과 같은 수식을 이용해 표현할 수 있습니다.

- 망각 게이트: $\mathbf{f} = \sigma(\mathbf{x}_t \mathbf{W}_x^f + \mathbf{h}_{t-1} \mathbf{W}_h^f + \mathbf{b}^f)$
- 새로운 정보: $\mathbf{n} = \tanh(\mathbf{x}_t \mathbf{W}_x^n + \mathbf{h}_{t-1} \mathbf{W}_h^n + \mathbf{b}^n)$
- 입력 게이트: $\mathbf{i} = \sigma(\mathbf{x}_t \mathbf{W}_x^i + \mathbf{h}_{t-1} \mathbf{W}_h^i + \mathbf{b}^i)$
- 출력 게이트: $\mathbf{o} = \sigma(\mathbf{x}_t \mathbf{W}_x^o + \mathbf{h}_{t-1} \mathbf{W}_h^o + \mathbf{b}^o)$
- 업데이트된 기억셀: $\mathbf{c}_t = \mathbf{f} \odot \mathbf{c}_{t-1} + \mathbf{n} \odot \mathbf{i}$
- **새롭게 계산된 은닉 상태 벡터**: $\mathbf{h}_t = \mathbf{o} \odot \tanh(\mathbf{c}_t)$

16.2.2 LSTM을 이용한 감성분석

여기서는 한글 영화평에 대한 감성분석을 LSTM을 이용해 수행해 보겠습니다. `Korean_movie_reviews_2016.txt` 파일의 영화평 데이터를 사용합니다. 관련 코드는 `LSTM_sentiment_Korean.ipynb` 파일을 참고하세요.[69] LSTM의 경우도 전반적인 과정은 CNN 혹은 SimpleRNN의 경우와 유사합니다. 빈도를 기준으로 상위 10,000개의 단어만 사용하고, 각 단어에 인덱스 번호를 부여한 후, 각 문서를 단어의 인덱스 번호를 이용해 표현합니다. 그리고 각 문서의 길이를 40으로 맞추겠습니다. 관련 코드는 주피터 노트북 파일을 확인하세요.

데이터가 준비되면 다음과 같이 사용하고자 하는 모형을 생성합니다. 케라스의 경우, LSTM 클래스를 이용해 LSTM 층을 사용할 수 있습니다. 여기서는 LSTM 층이 하나인 모형을 생성합니다.[70]

```python
from tensorflow.keras import layers
from tensorflow.keras import models

model = models.Sequential()
model.add(
    layers.Embedding(
        max_features+1,  # +1을 하는 이유는 index 번호 0이 포함되었기 때문
        32
    )
)
model.add(layers.LSTM(32))
model.add(layers.Dense(2, activation='softmax'))
```

---

69 LSTM을 이용한 영어 영화평에 대한 감성분석은 LSTM_imdb_example.ipynb 파일을 참고하세요.
70 여러 개의 LSTM 층을 사용하고자 하는 경우에는 SimpleRNN의 경우와 마찬가지로 이전 LSTM 층을 나타내는 LSTM 클래스 생성자 함수가 갖는 return_sequences 파라미터를 True로 설정하면 됩니다.

이 구조를 summary() 함수를 사용해 확인해 보면 다음과 같습니다.

```
model.summary()
```

```
_____
Layer (type)                 Output Shape              Param #
=================================================================
embedding (Embedding)        (None, None, 32)          320032
_____
lstm (LSTM)                  (None, 32)                8320
_____
dense (Dense)                (None, 2)                 66
=================================================================
Total params: 328,418
Trainable params: 328,418
Non-trainable params: 0
_____
```

위에서 LSTM 층은 8,320개의 파라미터를 갖습니다. 각 단어의 임베딩 벡터의 차원과 은닉 상태 벡터의 차원 모두 32입니다. 따라서 총 파라미터의 수는 다음과 같이 계산됩니다.

$$(32 \times 32 + 32 \times 32 + 32) \times 4 = 8,320$$

위 식의 소괄호 안의 첫 번째 32×32는 단어 벡터에 대한 가중치 행렬을 의미합니다. 단어 임베딩 벡터와 은닉 상태 벡터의 크기가 모두 32이기 때문에 32×32 형태의 가중치 행렬이 됩니다. 그리고 두 번째 32×32는 은닉 상태 벡터에 대한 가중치 행렬입니다. 이는 은닉 상태 벡터의 크기가 32이기 때문에 32×32 형태가 됩니다. 그리고 마지막 32는 편향 벡터를 나타냅니다. 이러한 가중치 행렬과 편향 벡터의 수가 네 개씩이기 때문에 4가 곱해졌습니다.

생성된 모형을 이용해 학습한 후, 평가 데이터에 대해 평가하면 90.5% 정도의 정확도가 나오는 것을 확인할 수 있습니다.

16.2.3 양방향 LSTM

새로운 내용으로 넘어가기 전에 양방향(Bidirectional) LSTM에 대해 간략하게 알아보겠습니다. 앞에서 살펴본 LSTM은 (입력된 시퀀스 데이터의 왼쪽에서 오른쪽의) 한 방향으로 작동하는 LSTM입니다. 이렇게 하면 특정한 단어를 기준으로 지금까지 사용된 단어의 정보를 활용할 수 있습니다. 하지만 지금까지 사용된 단어 정보뿐만 아니라, 그다음에 사용되는 단어의 정보를 사용하는 게 중요하거나 더 효과적인 경우도 있는데, 이러한 경우에는 작동되는 방향이 반대인 LSTM을 추가적으로 사용해야 합니다. 이렇게 작동방향이 서로 반대인 두 개의 서로 다른 LSTM 층을 이용하는 LSTM 모형을 양방향 LSTM 모형이라고 합니다. 이는 그림 16.22와 같이 도식화할 수 있습니다(해당 그림은 네 개의 단어로 구성된 문서에 대한 예가 됩니다).

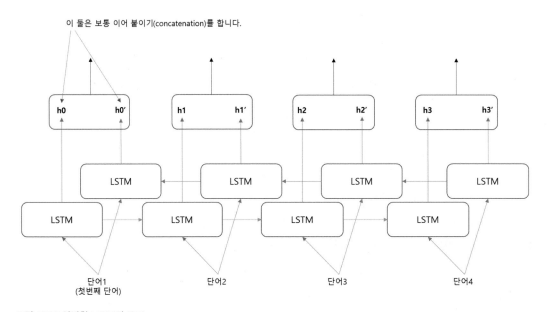

그림 16.22 양방향 LSTM의 구조

그림 16.22에서 볼 수 있듯이, 양방향 LSTM은 방향이 서로 다른 두 개의 LSTM(즉, 순방향 LSTM과 역방향 LSTM)을 동시에 사용하는 것입니다.[71] 그리고 순방향 LSTM과 역방향 LSTM의 각 층에서 출력하는 은닉 상태 벡터를 서로 이어 붙이기(concatenation) 해서 최종 결과를 출력합니다. 그림 16.22와 같이 모든 단계에서 출력되는 은닉 상태 벡터를 모두 사용할 수도 있고, 아니면 그림 16.23과 같이 마지막 단계에서 적용된 LSTM 층이 출력하는 은닉 상태 벡터들만 사용할 수도 있습니다(이러한 경우에도 둘을 이어 붙이기 합니다). 분류 문제에서는 보통 그림 16.23과 같이 각 방향 LSTM의 마지막 계층에서 출력하는 은닉 상태 벡터만을 사용합니다.

---

71 참고로 방향이 다른 두 개의 RNN을 사용하는 모형을 양방향 RNN이라고 합니다. 양방향 RNN의 작동 원리는 양방향 LSTM과 동일합니다. 다만, LSTM이 아니라 RNN이 사용된다는 차이만 존재합니다.

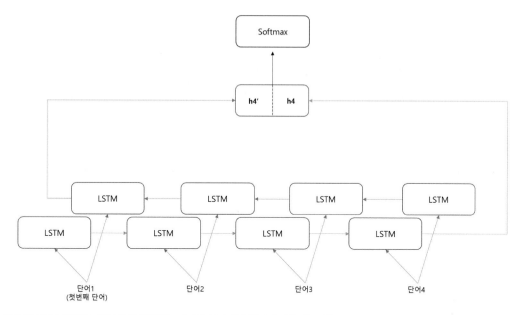

그림 16.23 각 방향의 LSTM 층이 출력하는 마지막 은닉 상태 벡터만 사용하는 경우

16.2.4 양방향 LSTM을 사용한 감성분석

여기서는 양방향 LSTM을 이용해 IMDb 영화평 데이터에 대한 감성분석을 수행해 보겠습니다. 관련 코드는 `Bidirectional_LSTM_imdb_example.ipynb` 파일을 참고하세요.[72] 일단 다음과 같이 필요한 데이터를 준비합니다.

```
from tensorflow import keras

max_features = 10000  # 상위 10,000 단어만 사용
maxlen = 500  # 영화평의 길이를 500으로 맞춤
(x_train, y_train), (x_test, y_test) = keras.datasets.imdb.load_data(
    num_words=max_features
)
x_train = keras.preprocessing.sequence.pad_sequences(x_train, maxlen=maxlen)
x_test = keras.preprocessing.sequence.pad_sequences(x_test, maxlen=maxlen)

from tensorflow.keras.utils import to_categorical
```

---

72 한글 영화평 감성분석 관련 코드는 `Bidirectional_LSTM_sentiment_Korean.ipynb` 파일을 참고하세요.

```
y_train_one_hot = to_categorical(y_train)
y_test_one_hot = to_categorical(y_test)
```

그다음, 사용하고자 하는 양방향 LSTM 층을 생성합니다. 양방향 층을 생성하기 위해서는 케라스에서 제공하는 Bidirectional 클래스를 사용합니다. Bidirectional 클래스 생성자 함수의 첫 번째 인자로 양방향 층으로 사용하고자 하는 클래스의 객체를 입력합니다. 여기서는 노드가 64개인 LSTM 층을 사용하겠습니다. LSTM 클래스의 return_sequences 파라미터의 값은 기본적으로 False로 설정되어 있습니다. 따라서 다음과 같이 코딩하면 각 방향의 LSTM 층은 마지막 단계에서 출력되는 64차원의 은닉 상태 벡터만을 최종 결과물로 반환합니다. Bidirectional 클래스 생성자 함수는 merge_mode 파라미터를 갖습니다. 이 파라미터는 각 방향의 층(여기서는 LSTM 층)이 출력하는 결과물을 어떤 방식으로 결합(merge)할 것인지를 결정하는 역할을 합니다. 기본값은 'concat'(이어 붙이기)으로 되어 있습니다. 해당 파라미터가 취할 수 있는 값으로는 'sum', 'avg', 'mul' 등이 있습니다. 다음 코드는 각 방향의 LSTM 층이 출력하는 64차원의 벡터를 이어 붙입니다. 즉, Bidirectional 클래스가 반환하는 최종 결과물은 128차원의 벡터가 됩니다. merge_mode='avg'로 설정하면, Bidirectional 클래스가 출력하는 최종 결과물은 64차원이 될 것입니다(즉, 두 64차원 벡터의 평균 벡터가 출력됩니다).

```
from tensorflow.keras import layers
from tensorflow.keras import models

model = models.Sequential()
model.add(layers.Embedding(max_features, 128, input_length=maxlen))
model.add(layers.Bidirectional(layers.LSTM(64), merge_mode='concat'))
model.add(layers.Dense(2, activation='softmax'))
```

모델의 구조는 다음과 같습니다.

```
model.summary()
```

```
Model: "sequential"
_____
 Layer (type)                 Output Shape              Param #
=================================================================
 embedding (Embedding)        (None, 500, 128)          1280000

 bidirectional (Bidirectional) (None, 128)              98816

 dense (Dense)                (None, 2)                 258
```

```
================================================================
Total params: 1,379,074
Trainable params: 1,379,074
Non-trainable params: 0
```

앞의 코드에서 layers.Bidirectional(layers.LSTM(64)) 부분은 그림 16.24에 해당합니다. 즉, 순방향 LSTM의 마지막 은닉 상태 벡터(다음 그림에서 **hT**)와 역방향 LSTM의 마지막 은닉 상태 벡터(**hT'**)만 이어 붙이기 해서 사용합니다. **hT**와 **hT'**는 모두 64차원의 벡터입니다.

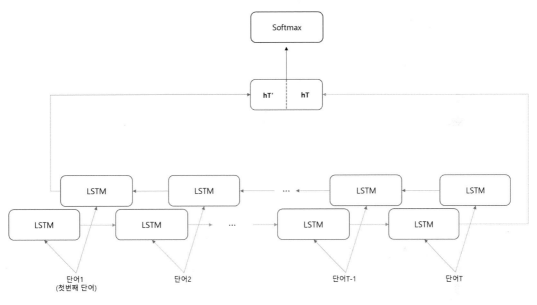

그림 16.24 layers.Bidirectional(layers.LSTM(64)) 도식화

모형을 생성한 후, 학습을 완료하고 평가 데이터에 대해 모형의 성능을 평가하면 0.87 정도의 정확도가 나오는 것을 확인할 수 있습니다.

참고 Stacked LSTM 사용하기

☑️ 다음과 같이 여러 개의 양방향 LSTM 층을 쌓을 수도 있습니다(다음의 경우는 두 개를 쌓고 있습니다). 이때는 첫 번째 LSTM 층의 return_sequences를 True로 설정해야 합니다.

```
model = models.Sequential()
model.add(layers.Embedding(max_features, 128, input_length=maxlen))
model.add(layers.Bidirectional(layers.LSTM(64, return_sequences=True)))
```

```
model.add(layers.Bidirectional(layers.LSTM(64)))
model.add(layers.Dense(2, activation='softmax'))
model.summary()
```

모델의 구조는 다음과 같습니다.

```
Model: "sequential_1"
_____
Layer (type)                    Output Shape            Param #
=================================================================
embedding_1 (Embedding)        (None, 500, 128)         1280000

bidirectional_1 (Bidirectional) (None, 500, 128)         98816

bidirectional_2 (Bidirectional) (None, 128)              98816

dense_1 (Dense)                 (None, 2)                258


=================================================================
Total params: 1,477,890
Trainable params: 1,477,890
Non-trainable params: 0
```

위의 결과에서 첫 양방향 층의 출력 결과물 형태(Output Shape)이 (None, 500, 128)이 되는 이유는 return_sequences=TRUE로 설정했기 때문입니다. 위 예의 경우, 각 문서가 500개의 단어로 구성돼 있고, 단어마다 64차원의 은닉 상태 벡터가 출력됩니다. 순방향 LSTM이 단어마다 64차원의 은닉 상태 벡터를 출력하고, 마찬가지로 역방향 LSTM도 단어마다 64차원의 은닉 상태 벡터를 출력합니다. 그리고 단어마다 순방향과 역방향 LSTM의 결과가 이어 붙여지기 때문에(즉, concat 연산을 하기 때문에) 단어마다의 결과가 128차원의 벡터가 됩니다.

참고 **GRU**

기본 RNN이 갖는 장기의존 문제를 해결하기 위해 제안된 또 다른 방법으로 GRU(Gated Recurrent Unit)라는 방법이 있습니다. GRU는 LSTM과 마찬가지로 게이트라는 개념을 사용합니다. 하지만 리셋(reset) 게이트와 업데이트(update) 게이트라는 두 가지 종류의 게이트만 가지고 있습니다. 아울러, LSTM과는 달리 기억셀을 사용하지 않습니다. 즉, GRU는 은닉 상태 벡터를 그대로 사용합니다. 하지만 은닉 상태 벡터를 업데이트하기 위해 리셋 게이트와 업데이트 게이트를 이용하는 것입니다. GRU는 LSTM보다는 간단한 구조를 가지고 있으며, 기억셀을 사용하지 않음으로써 속도면에서 어느 정도 장점이 있습니다. 하지만 LSTM보다는 (일반적으로) 정확성이 떨어지는 것으로 알려져 있습니다. GRU는 문서의 길이가 짧은 경우, 그리고 LSTM은 문서의 길이가 긴 경우 상대적으로 작동이 잘 되는 것으로 알려져 있습니다. 타임 스텝 t에서 적용되는 GRU 층의 구조는 그림 16.25와 같습니다.

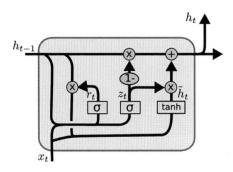

그림 16.25 타임 스텝 t에서 사용되는 GRU 층의 구조

그림 16.25에서 σ는 시그모이드 함수를 의미합니다. 첫 번째 시그모이드 함수가 리셋 게이트 부분이 되며, 두 번째 시그모이드 함수가 업데이트 게이트 부분이 됩니다. 그림에서 '×' 표시(⊗)는 아마다르 곱하기를 의미합니다. GRU 층에 입력된 이전 단계의 GRU 층에서 전달되는 은닉 상태 벡터(즉, $\mathbf{h}_{t-1}$)와 해당 단계에서 입력되는 단어에 대한 임베딩 벡터($\mathbf{x}_t$)를 이용해서 새로운 은닉 상태 벡터($\mathbf{h}_t$)를 계산하는 과정은 다음과 같이 표현됩니다.

$$\boldsymbol{r_t} = \sigma_g(\mathbf{x}_t \mathbf{W}_x^r + \mathbf{h}_{t-1}\mathbf{W}_h^r + \mathbf{b}^r)$$

$$\boldsymbol{z_t} = \sigma_g(\mathbf{x}_t \mathbf{W}_x^u + \mathbf{h}_{t-1}\mathbf{W}_h^u + \mathbf{b}^u)$$

$$\tilde{\boldsymbol{h}}t = \sigma_g(\mathbf{x}_t \mathbf{W}_x^{\sim} + \boldsymbol{r_t} \odot \mathbf{h}_{t-1}\mathbf{W}_h^{\sim} + \mathbf{b}^{\sim})$$

$$\boldsymbol{h_t} = (1-\boldsymbol{z_t}) \odot \mathbf{h}_{t-1} + \boldsymbol{z_t} \odot \tilde{\boldsymbol{h}}_t$$

케라스의 경우는 GRU 클래스를 이용해 GRU 층을 생성할 수 있습니다. GRU 클래스를 이용하는 것은 앞에서 살펴본 SimpleRNN 클래스와 LSTM 클래스를 이용하는 것과 크게 차이가 없기 때문에 여기서는 설명을 생략하겠습니다. GRU를 이용한 영어 텍스트 감성분석 관련 코드는 `GRU_imdb_example.ipynb` 파일을, 한글 텍스트 감성분석 관련 코드는 `GRU_sentiment_Korean.ipynb` 파일을 참고하기 바랍니다.

16.3 seq2seq

최근 자연어처리 분야나 텍스트 분석 분야에서 중요한 역할을 하는 알고리즘 중 하나가 트랜스포머 (Transformer)입니다. 이 책에서 다루는 BERT나 GPT 등은 트랜스포머를 기반으로 합니다. 그리고 트랜스포머는 기본적으로 인코더-디코더(encoder-decoder) 모형입니다. 인코더-디코더 모형을 이해하기 위해서는 기본이 되는 seq2seq를 이해하는 것이 필요합니다. 이를 위해, 여기서는 RNN을 사용한 seq2seq 모형에 대해 간략하게 살펴보겠습니다.

seq2seq는 주로 번역의 목적으로 사용됩니다. 예를 들어, 한글을 영어로, 또는 영어를 한글로 번역하는 경우에 유용하게 사용할 수 있는 알고리즘입니다(이 책에서는 기계 번역에 대한 내용을 다루지 않지만, 이 책에서 다루는 트랜스포머나 BERT 등을 이해하기 위해서는 seq2seq 모형에 대해 알고 있는 것이 필요합니다). 한글 텍스트도 시퀀스 데이터이고 영어 텍스트도 시퀀스 데이터이므로 한 종류의 시퀀스 데이터를 다른 종류의 시퀀스 데이터로 변환한다는 의미에서 seq2seq(sequence to sequence를 의미)라고 표현합니다.[73]

RNN을 기반으로 한 seq2seq 알고리즘은 두 개의 RNN 모형을 사용합니다. 하나의 RNN 모형을 인코더로 사용하고 또 다른 RNN 모형을 디코더로 사용합니다(따라서 이러한 모형을 인코더-디코더 모형이라고 합니다). 인코더가 하는 역할은 입력된 텍스트 데이터를 벡터 형태로 변환하는 것이라고 생각하면 됩니다. 반대로 디코더는 그렇게 벡터로 변경된 정보를 다른 도메인의 텍스트 데이터로 변환하는 역할을 합니다. 한글을 영어로 번역하는 경우에 인코더에 해당하는 RNN은 한글을 벡터 형태로 변환하는 역할을 하고 디코더에 해당하는 RNN은 벡터 정보를 영어로 변환하는 역할을 합니다(인코더 또는 디코더로 RNN이 아닌 LSTM 또는 GRU 등을 사용할 수도 있습니다).

앞에서 살펴본 simple RNN 모형을 사용해 설명해 보겠습니다. 즉, simple RNN을 이용해 인코더와 디코더를 구성하는 것입니다. 설명을 위해 "오늘은 금요일입니다"라는 한글 문장을 "Today is Friday"라는 영어 문장으로 변경하는 예를 들어 보겠습니다. 일단 인코더 역할을 하는 RNN을 이용해 해야 하는 것은 "오늘은 금요일입니다"라는 문장에 대한 숫자 정보를 생성하는 것입니다(즉, 벡터를 생성해야 합니다). 여기서는 전처리를 통해 다음과 같이 단어 단위로 해당 문장이 구분되었다고 가정합니다—'오늘은', '금요일', '입니다'. 즉, 단어1이 '오늘은', 단어2가 '금요일', 단어3이 '입니다'인 시퀀스 데이터가 되는 것입니다. 인코더에 해당하는 simple RNN을 그림으로 표현하면 그림 16.26과 같습니다. 타임 스텝 0에서 입력되는 단

---

73 관련 논문은 Sutskever, I., Vinyals, O., & Le, Q. V.(2014). Sequence to sequence learning with neural networks. Advances in neural information processing systems, 27.을 참고하세요.

어가 첫 번째 단어인 '오늘은'이고, 타임 스텝 1에서 입력되는 단어가 두 번째 단어인 '금요일', 타임 스텝 2에서 입력되는 단어는 세 번째 단어인 '입니다'가 됩니다(각 단어의 저차원 임베딩 벡터가 입력됩니다). 각 단어에 RNN 층이 적용되어 은닉 상태 벡터가 출력됩니다. '오늘은'의 은닉 상태 벡터는 **h0**, '금요일'의 은닉 상태 벡터는 **h1**, '입니다'의 은닉 상태 벡터(즉, 마지막 RNN 층에서 출력되는 은닉 상태 벡터)는 **h2**가 됩니다. **h2**에는 '입니다'뿐만 아니라 이전 단계에서 입력된 다른 단어, 즉 '오늘은'과 '금요일'에 대한 정보까지 어느 정도 포함하고 있습니다. 그림 16.26의 RNN 기반 인코더에서는 마지막 RNN 층에서 출력되는 **h2**만을 디코더로 전달합니다.

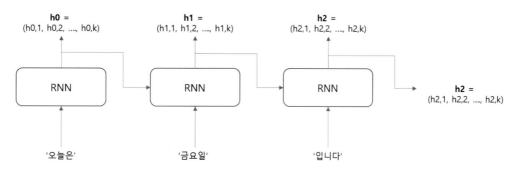

그림 16.26 인코더의 RNN 모형

즉, RNN이 인코더의 역할을 수행하여 '오늘은 금요일입니다'라는 문장에 대한 숫자 정보를 담고 있는 **h2**를 생성한 것입니다. 이 숫자 정보를 디코더의 역할을 하는 또 다른 RNN으로 전달하고 해당 RNN이 해당 숫자 정보, 즉 **h2**를 디코딩(decoding)하여 영어 문장으로 변환하는 것입니다. 디코더의 역할을 하는 RNN은 그림 16.27과 같이 표현될 수 있습니다. 이러한 번역을 위해 디코더에 해당하는 RNN은 언어 모형으로 사용된다고 생각할 수 있습니다. 즉, 주어진 단어 정보를 사용하여 다음 단어를 예측하는 작업을 하는 것입니다. 처음에는 인코더에서 넘어온 **h2** 정보를 이용해서 'Today'라는 첫 단어를 예측하고(그림 16.27에서 **y0**가 첫 단어에 대한 정보를 담고 있습니다), 그다음에는 두 번째 단어인 'is'를 예측합니다(해당 정보는 **y1**에 저장되어 있습니다). 디코더는 이러한 단어 예측 작업을 문장의 끝을 나타내는 기호가 예측될 때까지, 혹은 정해진 횟수만큼 반복합니다.

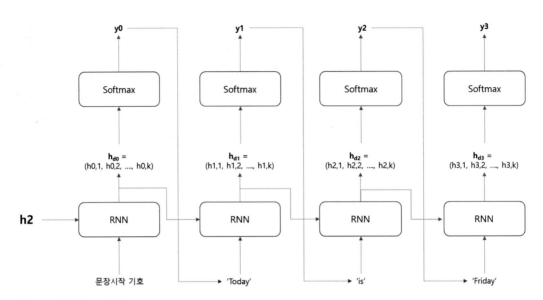

그림 16.27 디코더 RNN의 구조

17

트랜스포머

트랜스포머(Transformer)는 2017년에 바스와니(Vaswani)와 그의 동료들이 발표한 "Attention is all you need"라는 논문에서 제안된 인코더-디코더 알고리즘입니다.[74] 트랜스포머에서는 기존 순환신경망 기반의 방법이 아닌 어텐션(attention)이라는 방법을 이용해 인코더-디코더 모형을 구현했습니다. 이러한 어텐션 기반의 트랜스포머는 최근 자연어처리 분야에서 큰 주목을 받고 있는 BERT(Bidirectional Encoder Representations from Transformers), GPT(Generative Pre-trained Transformer), BART(Bidirectional and Auto-Regressive Transformers) 그리고 T5(Text-to-Text Transfer Transformer) 등의 주요 구성 요소로 사용되고 있습니다. BERT는 트랜스포머의 인코더 부분만 사용한 것이고, GPT는 디코더 부분만, 그리고 BART와 T5는 인코더와 디코더 부분을 모두 사용한 알고리즘입니다.

트랜스포머는 어텐션이라는 알고리즘을 기반으로 합니다. 따라서 트랜스포머를 제대로 이해하기 위해서는 어텐션 알고리즘을 먼저 이해하는 것이 필요합니다.

17.1 어텐션 알고리즘

어텐션(Attention) 방법은 앞에서 설명한 순환신경망 기반의 seq2seq가 갖는 문제점을 보완하기 위해 제안된 방법이라고 생각할 수 있습니다.[75] 앞에서 살펴본 기본적인 seq2seq를 구성하는 인코더가 갖는 주된

---

[74] Vaswani, A., Shazeer, N., Parmar, N., Uszkoreit, J., Jones, L., Gomez, A. N., ... & Polosukhin, I.(2017). Attention is all you need. Advances in neural information processing systems, 30.

[75] 관련 논문은 Bahdanau, D., Cho, K., & Bengio, Y.(2014). Neural machine translation by jointly learning to align and translate. arXiv preprint arXiv:1409.0473.을 참고하세요.

문제는 입력된 시퀀스 데이터에 대해 하나의 고정된 벡터(즉, 마지막 은닉 상태 벡터)만을 디코더로 전달한다는 것입니다. 예를 들어, "오늘은 금요일입니다"라는 한글 문장을 "Today is Friday"라는 영어 문장으로 변환하는 작업을 생각해 보겠습니다. 이 경우, seq2seq 알고리즘은 ['오늘은', '금요일', '입니다']라는 문장이 인코더로 입력되면, 인코더를 통해 그림 17.1과 같이 (마지막 단어의 은닉 상태 벡터인) h2만을 디코더로 전달합니다.

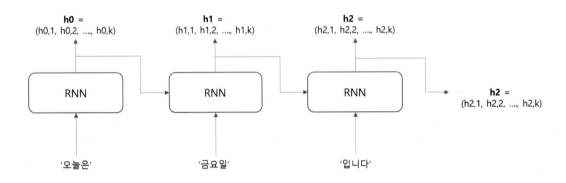

그림 17.1 기본 seq2seq의 인코더 구조

하지만 h2만 디코더로 보내는 경우 인코더에 입력된 시퀀스 데이터를 구성하는 각 단어의 정보가 제대로 전달되지 않게 됩니다(특히, 앞부분에서 입력된 단어의 정보가 제대로 전달되지 않습니다. 입력된 시퀀스 데이터의 길이가 긴 경우 이러한 문제는 더 심각해집니다). 이러한 문제점을 보완하기 위해 제안된 방법이 어텐션입니다.

■ 어텐션 추가

앞에서 설명한 기본 seq2seq의 인코더가 갖는 문제점을 보완하기 위한 방법은 그림 17.2와 같이 인코더에 입력된 각 단어의 은닉 상태 벡터를 모두 디코더로 전달하는 것입니다. 즉, 첫 번째 단어인 '오늘은'의 은닉 상태 벡터인 h0, 두 번째 단어인 '금요일'에 대한 h1, 그리고 마지막 단어인 '입니다'에 대한 h2 모두를 디코더로 전달하는 것입니다.

그렇다면 인코더 부분에서 넘어온 각 단어에 대한 은닉 상태 벡터를 디코더 부분에서 어떻게 사용할 수 있을까요? 디코더 부분의 주된 목적은 인코더에서 넘어온 정보를 사용하여 그에 해당하는 다른 도메인의 시퀀스 데이터를 생성하는 것입니다. 앞의 예에서는 한글로 되어 있는 '오늘은 금요일입니다'에 대한 정보를 받아서 그에 해당하는 영어 문장, 즉 'Today is Friday'라는 또 다른 시퀀스 데이터를 생성하는 것입니다. 디코더 부분에서 수행하는 작업이 언어 모형이 하는 역할과 동일하다고 생각할 수 있습니다. 즉, 이전 단어들의 정보를 사용해 다음 단어가 무엇인지를 예측하는 작업을 수행합니다. 어텐션 기반의 디코더는 새로운 단어를 예측할 때 인코더 부분에서 넘어온 이러한(인코더에 입력된) 각 단어의 모든 은닉 상태 벡터를 사용합니다. 이때 그냥 사용하는 것이 아니라, 예측하고자 하는 단어와 관련이 더 많은(인코더 부분에 입력된) 단어에 대한 은닉 상태 벡터에 더 많은 주의(attention)를 기울이게 됩니다. 즉, 해당 벡터의 정보를 더 많이 사용하는 것입니다.

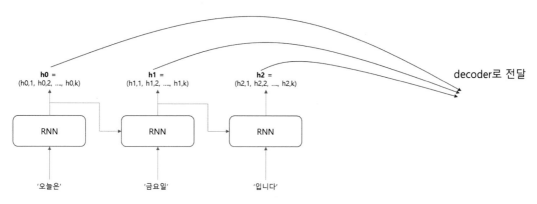

그림 17.2 모든 은닉 상태 벡터를 디코더로 전달

(디코더에서 사용되는) 어텐션에서는 인코더에서 넘어온 각 입력 단어에 대한 은닉 상태 벡터에 가중치를 줍니다.[76] 즉, 인코더에 입력된 어떠한 단어가 디코더 부분에서 예측하고자 하는 단어와 더 큰 관련이 있는지 혹은 해당 단어를 예측하는 데 중요한 역할을 하는지를 반영하는 가중치를 주는 것입니다(가중치를 많이 주는 경우, 해당 단어의 정보를 더 많이 사용한다고 생각할 수 있습니다). 이렇게 입력된 단어에(혹은 단어의 은닉 상태 벡터에) 서로 다른 가중치를 주는 것을 어텐션이라고 합니다. 단어를 예측할 때 각 입력 단어의 역할에 따라 그 단어에 주의(attention)를 기울이는 정도(신경을 쓰는 정도)를 다르게 한다고 생각할 수 있습니다.

'오늘은 금요일입니다'라는 문장을 'Today is Friday'라는 문장으로 번역하는 경우에 인코더에 입력되는 단어는 '오늘은', '금요일', '입니다'가 됩니다. 그리고 각 단어에 대해 RNN 또는 LSTM 층을 거쳐 은닉 상태 벡터가 출력됩니다. 각 은닉 상태 벡터를 h0, h1, h2라고 할 수 있고, 이러한 벡터를 세로로 쌓은 것을 **hs**로 표현할 수 있습니다(**hs**는 하나의 행렬입니다). 즉, 다음과 같이 표현됩니다.

$$\mathbf{hs} = \begin{bmatrix} h0 \\ h1 \\ h2 \end{bmatrix}$$

---

76 여기서 '가중치를 준다'는 것은 신경을 쓰는 정도 또는 주의를 기울이는 정도를 다르게 한다는 것을 의미합니다.

인코더 부분에 입력된 각 단어에 대한 은닉 상태 벡터(즉, h0, h1, h2)는 해당 단어 이전에 입력되는 단어들에 대한 정보도 담고 있지만, 해당 단어에 대한 정보를 가장 많이 담고 있습니다. 예를 들어, 위의 예에서 h1은 이전 단계에서 입력된 '오늘은'이라는 단어에 대한 정보도 어느 정도 가지고 있지만, 해당 단계에서 입력된 '금요일'이라는 단어에 대한 정보를 가장 많이 담고 있는 것입니다. 따라서 우리는 벡터 ht를 타임 스텝 t에서(인코더 부분에) 입력되는 단어의 특성을 반영하는 은닉 상태 벡터라고 생각할 수 있습니다.

이때 디코더에서는 더 정확한 번역을 위해 인코더에서 전달된 hs의 각 은닉 상태 벡터에 가중치를 달리 줄 수 있습니다. 즉, 디코더 층에서 예측하고자 하는 단어와 더 많이 관련 있는 인코더에 입력된 단어의 은닉 상태 벡터에 더 많은 가중치를 주어 번역에 반영하는 것입니다.

"오늘은 금요일입니다"라는 문장을 "Today is Friday"라는 문장으로 번역하는 경우, 어텐션 방법을 포함한 디코더의 구조는 그림 17.3과 같습니다. (그림 17.3은 디코더 부분에 RNN과 어텐션이 함께 사용된 모형의 구조를 보여줍니다. RNN을 사용하지 않고 어텐션만 사용하는 것도 가능합니다. 이후에 설명할 트랜스포머에서는 어텐션만 사용했습니다.)

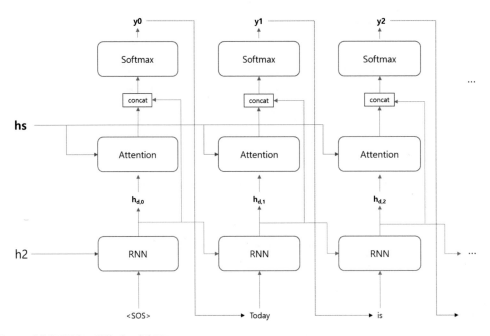

그림 17.3 어텐션 방법을 포함한 디코더의 구조

그림 17.3에서 〈SOS〉는 start of sequence(또는 start of sentence)를 의미합니다. 즉, 디코더의 첫 번째 RNN 층에는 시퀀스의 처음을 나타내는 특정한 토큰(즉, 〈SOS〉)에 대한 임베딩 정보와 인코더에서 넘

어오는 마지막 은닉 상태 벡터인 h2가 입력됩니다. 디코더의 첫 번째 RNN 층에서 출력되는 값(즉, $h_{d,0}$)은 다음에 출현하는 단어(즉, 위의 경우 'Today')를 예측하는 데 사용되는 은닉 상태 벡터가 됩니다.

'Today'라는 단어를 예측하고자 하는 경우, 어텐션 층에서는 hs에 포함되어 있는 벡터 중에서(즉, 인코더에서 넘어온 은닉 상태 벡터 중에서) 예측하고자 하는 단어인 'Today'와 관련이 제일 많은 '오늘은' 단어에 해당하는 은닉 상태 벡터인 h0에 제일 많은 가중치를 주게 됩니다(즉, 해당 단어의 정보를 제일 많이 사용하는 것입니다). 다음과 같이 표현될 수 있습니다.

$$\begin{bmatrix} h0 \\ h1 \\ h2 \end{bmatrix} \begin{matrix} \times 0.8 \\ \times 0.1 \\ \times 0.1 \end{matrix}$$

여기서 0.8, 0.1, 0.1이 가중치입니다. 그리고 그 합은 1이 됩니다(각 가중치가 어떻게 계산되는지는 잠시 후에 설명하겠습니다. 여기서는 어떠한 계산을 통해 0.8, 0.1, 0.1이 도출되었다고 가정합니다). 조금 더 구체적인 예를 들어보겠습니다. 인코더에서 전달되는 각 단어의 은닉 상태 벡터가 5차원 벡터이며, 다음과 같이 구체적인 값을 갖는다고 가정합시다(원래 각 원소의 값은 학습을 통해 결정됩니다).

$$\begin{bmatrix} h0 \\ h1 \\ h2 \end{bmatrix} = \begin{bmatrix} 1 & 0 & 0 & 1 & 2 \\ 1 & 0 & 0 & 1 & 1 \\ 1 & 1 & 0 & 0 & 1 \end{bmatrix}$$

각 벡터에 대해 가중치를 곱하면 다음과 같이 됩니다.

$$h0 \times 0.8 = (0.8 \quad 0 \quad 0 \quad 0.8 \quad 1.6)$$
$$h1 \times 0.1 = (0.1 \quad 0 \quad 0 \quad 0.1 \quad 0.1)$$
$$h2 \times 0.1 = (0.1 \quad 0.1 \quad 0 \quad 0 \quad 0.1)$$

그리고 그림 17.3의 어텐션 층에서 출력되는 값은 위 벡터값들을 더한 하나의 새로운 벡터가 됩니다. 즉, 다음과 같습니다.

$$(0.8 \quad 0 \quad 0 \quad 0.8 \quad 1.6) + (0.1 \quad 0 \quad 0 \quad 0.1 \quad 0.1) + (0.1 \quad 0.1 \quad 0 \quad 0 \quad 0.1) = (1.0 \quad 0.1 \quad 0 \quad 0.9 \quad 1.8)$$

'Today'를 예측하는 데 사용되는 어텐션의 결과 벡터인 (1.0 0.1 0 0.9 1.8)에는 'Today'와 인코더에 입력된 단어 중에서 관련이 제일 높은 단어인 '오늘은'의 정보를 가장 많이 담고 있고(80%), 관련이 별로 없는

'금요일'과 '입니다'의 정보는 상대적으로 조금(각 10%) 담겨 있습니다. 첫 번째 어텐션 층이 출력하는 결과를 그림으로 표현하면 그림 17.4와 같습니다.

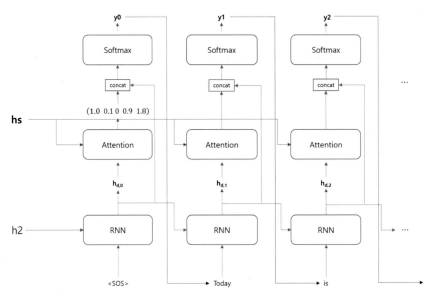

그림 17.4 첫 번째 어텐션 층의 결과물의 예

그리고 이러한 벡터가 디코더 RNN 층에서 출력되는 은닉 상태 벡터(즉, $h_{d,0}$)와 이어 붙이기 연산(즉, concatecation)이 이뤄지고, 그 결과가 소프트맥스 활성화 함수를 갖는 출력층의 입력값으로 사용됩니다.[77]

■ 가중치 계산

위의 예에서는 0.8, 0.1, 0.1의 임의의 가중치를 사용했습니다. 이러한 가중치 값은 어텐션 층에서 계산됩니다. 그러면 가중치는 어떻게 계산될까요?

가중치는 인코더에서 전달되는 **hs**의 각 은닉 상태 벡터와 디코더에 예측하고자 하는 단어에 대한 (RNN 층이 출력하는) 은닉 상태 벡터와의 유사도를 이용해 계산됩니다. 두 벡터 간의 유사도를 계산하는 방법에는 여러 가지가 있으나 일반적으로 내적 연산이 사용됩니다. 내적 연산은 두 벡터 간의 (방향성을 기준으로 한) 유사도, 즉 코사인 유사도와 비례한 값을 갖습니다. 특히, 각 벡터가 단위벡터인 경우에는 코사인 유사도와 같은 값을 갖습니다.

---

77 출력층이 바로 안 나오고 다른 층이 올 수도 있습니다.

예를 들어, 그림 17.3에서 디코더 부분의 첫 번째 RNN 층에서 출력되는 'Today' 단어를 예측하는 데 사용되는 은닉 상태 벡터, 즉 $\mathbf{h}_{d,0}$이 다음과 같은 벡터라고 한다면,

$$\mathbf{h}_{d,0} = (1 \ 0 \ 0 \ 0 \ 2)$$

인코더에서 넘어온 각 단어의 은닉 상태 벡터와의 $\mathbf{h}_{d,0}$ 간의 내적 연산을 통해 오른쪽과 같은 결과를 얻을 수 있습니다.

이렇게 계산된 값들(즉, 5, 3, 3)을 **어텐션 스코어 (attention score)**라고 합니다. 어텐션 스코어의 값이 클수록 벡터 간의 관련도가 크다는 것을 의미합니다.

$$(1 \ 0 \ 0 \ 1 \ 2) \cdot (1 \ 0 \ 0 \ 0 \ 2) = 1+4 = 5$$
$$(1 \ 0 \ 0 \ 1 \ 1) \cdot (1 \ 0 \ 0 \ 0 \ 2) = 1+2 = 3$$
$$(1 \ 1 \ 0 \ 0 \ 1) \cdot (1 \ 0 \ 0 \ 0 \ 2) = 1+2 = 3$$

참고 **어텐션 스코어를 구하는 다양한 방법**

이 책에서는 어텐션 스코어를 구하는 방법으로 내적을 사용하지만, 관련 선행 연구에서는 내적이 아닌 다른 방법도 사용됐습니다. 하지만 최근에는 내적 연산을 기반으로 한 방법이 주로 사용됩니다. 표 17.1은 선행 연구들에서 사용된 어텐션 스코어를 구하는 방법을 보여줍니다.

표 17.1 어텐션 스코어의 종류[78]

이름	벡터 s_t와 h_i 간의 어텐션 스코어	참고 논문
Content-based attention	$\cos(s_t, h_i)$	Graves, A., Wayne, G., & Danihelka, I. (2014). Neural turing machines. arXiv preprint arXiv:1410.5401.
Additive	$v_a^T \tanh(\mathbf{W}_a[s_i; h_i])$ $\mathbf{W}_a$는 가중치 행렬입니다.	Bahdanau, D., Cho, K., & Bengio, Y. (2014). Neural machine translation by jointly learning to align and translate. arXiv preprint arXiv:1409.0473.
General	$s_t^T \mathbf{W}_a h_i$	Luong, M. T., Pham, H., & Manning, C. D. (2015). Effective approaches to attention-based neural machine translation. arXiv preprint arXiv:1508.04025.
Dot-Product (내적)	$s_t^T h_i$	
Scaled Dot-Product	$s_t^T h_i / \sqrt{n}$ n은 벡터의 차원을 의미합니다.	Vaswani, A., Shazeer, N., Parmar, N., Uszkoreit, J., Jones, L., Gomez, A. N., ... & Polosukhin, I. (2017). Attention is all you need. Advances in neural information processing systems, 30.

---

78 출처: https://lilianweng.github.io/posts/2018-06-24-attention/

어텐션 스코어를 이용해 가중치를 계산하는데, 가중치는 확률값으로 표현됩니다. 그리고 확률값으로 가중치를 표현하기 위해 어텐션 스코어에 소프트맥스 함수를 적용합니다. 어텐션 스코어가 5, 3, 3일 때, 어텐션 스코어가 5인 경우에 대한 가중치는 다음과 같이 계산됩니다.

$$\frac{e^5}{(e^5 + e^3 + e^3)} \approx 0.8$$

어텐션 스코어가 3인 경우에 대한 가중치는 다음과 같이 계산됩니다.

$$\frac{e^3}{(e^5 + e^3 + e^3)} \approx 0.1$$

즉, 'Today'라는 단어에 대해 인코더에서 넘어온 **h0**, **h1**, **h2**에 대한 각 가중치는 대략 0.8, 0.1, 0.1이 되는 것입니다.

이렇게 어텐션 방법을 적용하면 다음 단어를 예측하기 위해 RNN에서 출력되는 은닉 상태 벡터(즉, $\mathbf{h}_{d, 0}$)만을 이용하는 것이 아니라, 인코더에 입력되는 시퀀스 데이터의 각 단어의 은닉 상태 벡터에 가중치를 적용한 결과(즉, 어텐션 층에서 출력하는 값)를 같이 활용하기 때문에 다음 단어를 더 정확하게 예측할 수 있습니다.

17.2 셀프 어텐션

앞에서 설명한 어텐션은 인코더-디코더(encoder-decoder) 모형의 인코더에서 디코더로 넘어오는 은닉 상태 벡터에 가중치를 주는 식으로 디코더 부분에서 사용됩니다. 이러한 어텐션을 일반적으로 인코더-디코더 어텐션이라고 합니다. 그에 반해, 셀프 어텐션(self-attention)은 입력된 텍스트 데이터 내에 존재하는 단어 간에 가중치를 주기 위해 사용됩니다. 즉, 입력된 단어 중에서 특정 단어와 관련이 높은 단어를 찾아 그 정보를 더 많이 사용하는 것입니다. 셀프 어텐션을 사용하면 단어의 문맥적 의미 혹은 단어 간의 관계를 더 정확하게 파악할 수 있고, 그에 따라 입력되는 텍스트 데이터의 특성을 더 잘 파악할 수 있습니다. 예를 들어 다음과 같은 두 개의 문장이 있다고 가정합시다.

'The dog likes an apple. It has a long tail.'

위와 같은 텍스트 데이터가 인코더에 입력된 경우 컴퓨터의 관점에서는 두 번째 문장의 it의 의미가 확실하지 않게 됩니다. 이러한 경우, it이라는 단어와 입력된 텍스트 데이터에 존재하는 다른 단어 간의 관계를 파악하면 dog라는 단어와 관련이 높은 것을 알 수 있습니다. 이러한 목적으로 유용하게 사용될 수 있는 것이 셀프 어텐션입니다. 입력된(자기 자신) 데이터에 존재하는 단어 간의 관계를 파악하여 관련이 높은 단어에 더 많은 주의(attention)를 준다는 의미로 해석할 수 있습니다(즉, 관련이 높은 단어의 정보를 상대적으로 더 많이 사용하는 것입니다).

셀프 어텐션이 작동하는 방식을 간단한 예를 통해 설명하겠습니다. 셀프 어텐션은 디코더에서도 사용될 수 있지만, 여기서는 이해를 좀 더 쉽게 하기 위해 인코더에서 사용되는 셀프 어텐션을 예로 설명하겠습니다. 인코더에 다음과 같은 텍스트 데이터가 입력되었다고 가정합니다. 인코더에 존재하는 셀프 어텐션 층이 입력된 해당 텍스트에 대해 어떻게 작동하는지 살펴보겠습니다.

예: 입력 텍스트 $\Rightarrow$ 'Today is Monday'

앞에서 살펴본 디코더에서 사용되는 인코더-디코더 어텐션의 경우는 인코더에서 전달되는 은닉 상태 벡터를 사용하지만, 인코더에서 사용되는 셀프 어텐션은 입력된 텍스트 데이터에 존재하는 단어의 임베딩 벡터를 사용합니다. 입력된 'Today is Monday'가 ['Today', 'is', 'Monday']의 세 개의 단어로 구분되고 각 단어에 대한 임베딩 벡터가 다음과 같은 5차원 벡터라고 가정합니다. e0는 'Today'의 임베딩 벡터, e1은 'is', e2는 'Monday'의 임베딩 벡터입니다(이러한 임베딩 벡터는 학습을 통해 계산되지만, 여기서는 랜덤하게 다음과 같이 원소 값들이 정해졌다고 가정하겠습니다).

$$\begin{bmatrix} e0 \\ e1 \\ e2 \end{bmatrix} = \begin{bmatrix} 1 & 0 & 0 & 1 & 1 \\ 1 & 0 & 0 & 1 & 0 \\ 1 & 1 & 0 & 0 & 1 \end{bmatrix}$$

설명을 위해 'Monday'라는 단어에 대한 셀프 어텐션 결과를 계산해 보겠습니다. 전반적인 과정은 앞에서 살펴본 인코더-디코더 어텐션과 유사합니다. 즉, 먼저 'Monday' 단어의 임베딩 벡터와 다른 단어(자기 자신 포함)의 임베딩 벡터와의 어텐션 스코어를 구해야 합니다. 그리고 어텐션 스코어에 소프트맥스 함수를 적용해 가중치의 값을 구하면 됩니다.

먼저 'Monday'의 어텐션 스코어(단어 간의 유사한 정도를 표현)를 구해 보겠습니다. 이는 인코더-디코더 어텐션 부분에서 설명한 것과 마찬가지로 벡터 간의 내적을 통해 계산됩니다(단, 셀프 어텐션에서는 단어의 임베딩 벡터를 사용하는 것입니다). 'Monday'의 임베딩 벡터, 즉 e2와 'Today'의 임베딩 벡터 e0의 내적은 다음과 같습니다.

$$(1\ 0\ 0\ 1\ 1)\cdot(1\ 1\ 0\ 0\ 1)=2$$

인코더에 입력된 다른 단어(자기 자신 포함)에 대해서도 같은 방식으로 내적 연산을 수행합니다.

$$(1\ 0\ 0\ 1\ 0)\cdot(1\ 1\ 0\ 0\ 1)=1$$
$$(1\ 1\ 0\ 0\ 1)\cdot(1\ 1\ 0\ 0\ 1)=3$$

어텐션 스코어는 단어 간의 관련된 정도를 나타냅니다. 위의 결과를 보면 'Monday'라는 단어는 자기 자신과 관련이 제일 높고, 그다음에는 'Today'라는 단어와 관련이 높으며, 'is'라는 단어와의 관련성이 제일 작은 것을 알 수 있습니다.

어텐션 스코어를 구한 다음에는, 가중치를 계산하기 위해 소프트맥스 함수를 적용합니다. 어텐션 스코어가 2, 1, 3이기 때문에 각 스코어에 대한 소프트맥스 함수의 값은 다음과 같습니다.

$$e^2/(e^2+e^1+e^3)\approx0.25$$
$$e^1/(e^2+e^1+e^3)\approx0.09$$
$$e^3/(e^2+e^1+e^3)\approx0.66$$

이 가중치를 각 단어의 임베딩 벡터에 곱하고, 그 결과 벡터를 더한 것이 단어 'Monday'에 대한 셀프 어텐션의 결과물이 됩니다.

$$\mathbf{e0}\times0.25=(0.25\ \ 0\ \ 0\ \ 0.25\ \ 0.25)$$
$$\mathbf{e1}\times0.09=(0.09\ \ 0\ \ 0\ \ 0.09\ \ 0)$$
$$\mathbf{e2}\times0.66=(0.66\ \ 0.66\ \ 0\ \ 0\ \ 0.66)$$

즉, 최종 결과물은 다음과 같습니다.

$$(0.25\ \ 0\ \ 0\ \ 0.25\ \ 0.25)+(0.09\ \ 0\ \ 0\ \ 0.09\ \ 0)+(0.66\ \ 0.66\ \ 0\ \ 0\ \ 0.66)$$
$$=(1\ \ 0.66\ \ 0\ \ 0.34\ \ 0.91)$$

동일한 작업을 입력된 다른 단어에 대해서도 수행할 수 있습니다.

17.3 트랜스포머에서의 어텐션

트랜스포머의 구조를 살펴보기 전에 트랜스포머에서 어텐션 알고리즘이 어떠한 식으로 사용됐는지 살펴보겠습니다. 트랜스포머의 어텐션에서는 입력되는 단어의 벡터(임베딩 벡터 혹은 인코더에서 전달되는 은닉 상태 벡터)를 직접 사용해서 어텐션 작업을 수행하지 않았습니다. 각 단어의 벡터를 이용해 단어마다 서로 다른 세 개의 벡터를 추가로 생성하고, 그러한 벡터를 이용해서 어텐션 작업을 수행합니다. 각 단어의 벡터를 이용해 생성되는 세 개의 벡터는 쿼리(query), 키(key), 밸류(value) 벡터입니다. 여기서는 각 단어의 벡터를 이용해 쿼리, 키, 밸류 벡터가 어떻게 생성되고, 그러한 벡터를 이용해 어텐션이 어떻게 작동하는지에 대해 알아보겠습니다. 셀프 어텐션과 인코더-디코더 어텐션이 작동하는 방식이 유사하기 때문에 여기서는 셀프 어텐션을 기준으로 설명합니다.

> **참고** **쿼리(query), 키(key), 밸류(value) 벡터의 의미**
>
> 키 벡터와 밸류 벡터는 사전(dictionary) 데이터에서의 키, 밸류를 의미한다고 생각할 수 있습니다. 즉, 키 벡터는 각 단어(또는 토큰)를 구분하는 정보를 담고 있고, 밸류 벡터는 단어의 고유한 특성 정보를 담고 있습니다. 그리고 쿼리 벡터는 질의 벡터라고 생각할 수 있습니다. 우리는 이 쿼리 벡터를 특정 단어와 관련이 많은 단어를 찾을 때 사용합니다. 어텐션 결과를 얻고자 하는 단어의 쿼리 벡터와 다른 단어의 키 벡터의 내적 연산을 이용해 어텐션 스코어를 구하고, 그 결과에 소프트맥스 함수를 적용하여 가중치를 구한 다음, 그 가중치를 각 단어의 밸류 벡터에 곱합니다. 가중치가 곱해진 밸류 벡터들의 합이 해당 단어에 대한 어텐션 층의 결과가 됩니다.

설명을 위해 앞에서와 마찬가지로 인코더에 'Today is Monday'라는 문장이 입력된다고 가정합니다. 그리고 각 단어의 임베딩 벡터가 다음과 같다고 가정하겠습니다.

$$\text{Today} = (1\ \ 0\ \ 0\ \ 1\ \ 1), \text{is} = (1\ \ 0\ \ 0\ \ 1\ \ 0), \text{Monday} = (1\ \ 1\ \ 0\ \ 0\ \ 1)$$

위 값들은 그림 17.5와 같이 셀프 어텐션 층의 입력값이 됩니다. 그러한 입력값들을 이용해 셀프 어텐션 층에서 계산이 수행된 후에 각 단어에 대한 결과 (output1, output2, output3)이 출력됩니다.

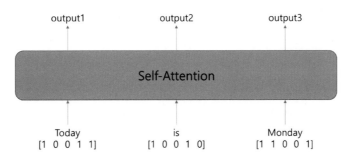

그림 17.5 셀프 어텐션 층의 예

셀프 어텐션 층에서는 일단 먼저 각 단어의 임베딩 벡터를 이용해 단어당 새로운 벡터 세 개, 즉 쿼리, 키, 밸류 벡터를 생성합니다. 입력된 단어의 임베딩 벡터를 사용해 쿼리, 키, 밸류 벡터를 생성하기 위해 가중치[79] 행렬(weight matrix)을 사용합니다(해당 가중치 행렬의 원소 값도 학습을 통해 계산됩니다).

설명을 위해 여기서는 쿼리, 키, 밸류 벡터가 3차원 벡터라고 가정하겠습니다(다른 차원의 벡터가 될 수도 있습니다). 입력되는 단어의 임베딩 벡터가 5차원이기 때문에 이를 3차원 벡터로 변경하기 위해서는 5×3 형태의 가중치 행렬이 있어야 합니다. 쿼리 벡터를 생성하기 위한 5×3 행렬이 하나 있어야 하고, 키 벡터를 생성하기 위한 또 다른 5×3 행렬, 밸류 벡터를 생성하기 위한 5×3 행렬이 있어야 합니다. 각 행렬은 다음과 같이 표현될 수 있습니다.

$$
\begin{bmatrix} W_{0,0}^Q & W_{0,1}^Q & W_{0,2}^Q \\ W_{1,0}^Q & W_{1,1}^Q & W_{1,2}^Q \\ W_{2,0}^Q & W_{2,1}^Q & W_{2,2}^Q \\ W_{3,0}^Q & W_{3,1}^Q & W_{3,2}^Q \\ W_{4,0}^Q & W_{4,1}^Q & W_{4,2}^Q \end{bmatrix}
\qquad
\begin{bmatrix} W_{0,0}^K & W_{0,1}^K & W_{0,2}^K \\ W_{1,0}^K & W_{1,1}^K & W_{1,2}^K \\ W_{2,0}^K & W_{2,1}^K & W_{2,2}^K \\ W_{3,0}^K & W_{3,1}^K & W_{3,2}^K \\ W_{4,0}^K & W_{4,1}^K & W_{4,2}^K \end{bmatrix}
\qquad
\begin{bmatrix} W_{0,0}^V & W_{0,1}^V & W_{0,2}^V \\ W_{1,0}^V & W_{1,1}^V & W_{1,2}^V \\ W_{2,0}^V & W_{2,1}^V & W_{2,2}^V \\ W_{3,0}^V & W_{3,1}^V & W_{3,2}^V \\ W_{4,0}^V & W_{4,1}^V & W_{4,2}^V \end{bmatrix}
$$

Query 가중치 행렬   Key 가중치 행렬   Value 가중치 행렬

이러한 가중치 행렬을 이용해 입력된 각 단어의 벡터에 대한 쿼리, 키, 밸류 벡터가 생성됩니다. 그리고 이러한 가중치 행렬의 가중치는 학습을 통해 그 값이 정해집니다. 처음에는 랜덤하게 가중치의 값이 정해지고, 그 값을 이용해 쿼리, 키, 밸류 벡터를 생성하고 비용함수를 최소화하게끔 가중치의 값을 업데이트합니다. 설명을 위해 여기서는 다음과 같이 각 가중치 행렬이 초기화되었다고 가정하겠습니다.

$$
\begin{bmatrix} 0 & 0 & 1 \\ 0 & 0 & 0 \\ 1 & 1 & 0 \\ 1 & 0 & 0 \\ 1 & 0 & 1 \end{bmatrix}
\qquad
\begin{bmatrix} 1 & 1 & 0 \\ 0 & 0 & 1 \\ 0 & 0 & 1 \\ 1 & 1 & 0 \\ 1 & 0 & 1 \end{bmatrix}
\qquad
\begin{bmatrix} 0 & 1 & 0 \\ 1 & 0 & 1 \\ 1 & 1 & 0 \\ 1 & 0 & 1 \\ 0 & 1 & 1 \end{bmatrix}
$$

Query 가중치 행렬   Key 가중치 행렬   Value 가중치 행렬

먼저, 각 단어의 쿼리 벡터를 계산해 보겠습니다. 각 단어의 쿼리 벡터는 각 단어의 임베딩 벡터와 쿼리 가중치 행렬이 곱해져 생성됩니다.

---

79 이 가중치는 일반 신경망에서의 가중치(즉, 학습을 통해 최적값이 결정되는 가중치)를 의미합니다. 어텐션 알고리즘에서 단어 간의 유사도를 나타내는 가중치와 구분되는 개념입니다.

단어1(Today)에 대한 쿼리 벡터 구하기:

$$[1\ 0\ 0\ 1\ 1]\times\begin{bmatrix}0&0&1\\0&0&0\\1&1&0\\1&0&0\\1&0&1\end{bmatrix}=[2\ 0\ 2]$$

단어2(is)에 대한 쿼리 벡터 구하기:

$$[1\ 0\ 0\ 1\ 0]\times\begin{bmatrix}0&0&1\\0&0&0\\1&1&0\\1&0&0\\1&0&1\end{bmatrix}=[1\ 0\ 1]$$

단어3(Monday)에 대한 쿼리 벡터 구하기:

$$[1\ 1\ 0\ 0\ 1]\times\begin{bmatrix}0&0&1\\0&0&0\\1&1&0\\1&0&0\\1&0&1\end{bmatrix}=[1\ 0\ 2]$$

비슷한 방식으로 각 단어 벡터에 대한 키 벡터와 밸류 벡터를 구할 수 있습니다.

단어1(Today)에 대한 키 벡터 구하기:

$$[1\ 0\ 0\ 1\ 1]\times\begin{bmatrix}1&1&0\\0&0&1\\0&0&1\\1&1&0\\1&0&1\end{bmatrix}=[3\ 2\ 1]$$

단어2(is)에 대한 키 벡터 구하기:

$$[1\ 0\ 0\ 1\ 0]\times\begin{bmatrix}1&1&0\\0&0&1\\0&0&1\\1&1&0\\1&0&1\end{bmatrix}=[2\ 2\ 0]$$

단어3(Monday)에 대한 키 벡터 구하기:

$$[1\ 1\ 0\ 0\ 1]\times\begin{bmatrix}1&1&0\\0&0&1\\0&0&1\\1&1&0\\1&0&1\end{bmatrix}=[2\ 1\ 2]$$

단어1(Today)에 대한 밸류 벡터 구하기:

$$[1\ 0\ 0\ 1\ 1] \times \begin{bmatrix} 0 & 1 & 0 \\ 1 & 0 & 1 \\ 1 & 1 & 0 \\ 1 & 0 & 1 \\ 0 & 1 & 1 \end{bmatrix} = [1\ 2\ 2]$$

단어2(is)에 대한 밸류 벡터 구하기:

$$[1\ 0\ 0\ 1\ 0] \times \begin{bmatrix} 0 & 1 & 0 \\ 1 & 0 & 1 \\ 1 & 1 & 0 \\ 1 & 0 & 1 \\ 0 & 1 & 1 \end{bmatrix} = [1\ 1\ 1]$$

단어3(Monday)에 대한 밸류 벡터 구하기:

$$[1\ 0\ 0\ 1\ 0] \times \begin{bmatrix} 0 & 1 & 0 \\ 1 & 0 & 1 \\ 1 & 1 & 0 \\ 1 & 0 & 1 \\ 0 & 1 & 1 \end{bmatrix} = [1\ 2\ 2]$$

■ 어텐션 스코어 구하기

셀프 어텐션 층에서 수행하는 작업은 특정 단어(예: 'Monday')를 나타내는 쿼리 벡터와 각 단어의 키 벡터의 내적 연산을 통해 어텐션 스코어를 구한 후 소프트맥스 함수를 적용해 가중치를 계산하고, 그 가중치를 각 단어의 밸류 벡터에 곱한 후 그 결과를 더해서 최종 결과 벡터를 추출하는 것입니다.

먼저 가중치를 계산해 보겠습니다. 특정 단어를 나타내는 쿼리와 키 벡터 사이의 유사한 정도를 계산하기 위해 내적 연산을 해서 어텐션 스코어를 구하고, 그 값에 소프트맥스 함수를 적용해 가중치의 값을 계산합니다.

■ 단어1(Today)의 경우

단어1의 쿼리 벡터와 나머지 단어(자기 자신 포함)의 키 벡터의 내적을 구하고 소프트맥스 함수를 적용하여 가중치를 구합니다. 먼저 쿼리 벡터와 키 벡터 간의 내적 연산을 수행하겠습니다.

단어1의 쿼리 벡터: [2 0 2]

단어1의 키 벡터: [3 2 1], 단어2의 키 벡터: [2 2 0], 단어3의 키 벡터: [2 1 2]

$$[2 \ 0 \ 2] \cdot [3 \ 2 \ 1] = 2 \times 3 + 0 \times 2 + 2 \times 1 = 8$$
$$[2 \ 0 \ 2] \cdot [2 \ 2 \ 0] = 4$$
$$[2 \ 0 \ 2] \cdot [2 \ 1 \ 2] = 8$$

이 값이 단어1에 대한 어텐션 스코어가 됩니다. 즉, 단어1은 자기 자신, 그리고 단어3과 상대적으로 더 많은 관련이 있다고 생각할 수 있습니다. 위의 어텐션 스코어에 소프트맥스 함수를 적용하여 가중치를 구합니다. 어텐션 스코어가 8인 경우와 4인 경우, 소프트맥스 함수의 값은 다음과 같습니다.

$$e^8 / (e^8 + e^4 + e^8) \approx 0.5$$
$$e^4 / (e^8 + e^4 + e^8) \approx 0.0$$

따라서 우리는 다음과 같은 결과를 얻습니다. 단어1은 단어1과 단어3에 더 많은 주의를 기울이는 것이 됩니다.

$$\text{Softmax}([8 \ 4 \ 8]) = [0.5 \ 0 \ 0.5]$$

그리고 이러한 가중치를 각 단어의 밸류 벡터에 곱합니다.

단어1의 밸류 벡터: [1 2 2], 단어2의 밸류 벡터: [1 1 1], 단어3의 밸류 벡터: [1 2 2]
$$0.5 \times [1 \ 2 \ 2] = [0.5 \ 1 \ 1]$$
$$0.0 \times [1 \ 1 \ 1] = [0 \ 0 \ 0]$$
$$0.5 \times [1 \ 2 \ 2] = [0.5 \ 1 \ 1]$$

그리고 결과로 도출된 각 벡터를 원소별로 더합니다.

$$
\begin{array}{r}
[0.5 \ 1 \ 1] \\
[0 \ \ 0 \ 0] \\
+ \ [0.5 \ 1 \ 1] \\
\hline
[1 \ \ 2 \ 2]
\end{array}
$$

이 결과가 첫 번째 단어('Today')에 대한 셀프 어텐션 층의 결과가 됩니다. 즉, 그림 17.6에서 output1입니다.

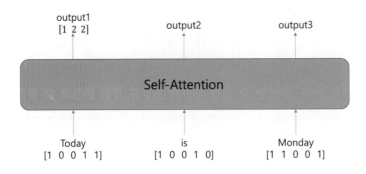

output1
[1 2 2]

output2

output3

Self-Attention

Today
[1 0 0 1 1]

is
[1 0 0 1 0]

Monday
[1 1 0 0 1]

그림 17.6 'Today' 단어에 대한 셀프 어텐션 층의 결과물

■ 단어2와 3의 경우

단어2와 3에 대해서도 위와 같은 방식으로 어텐션 스코어와 가중치를 구할 수 있고, 해당 값에 단어의 밸류 벡터를 곱해서 단어2와 단어3의 출력값을 계산할 수 있습니다. 먼저 단어2에 대한 셀프 어텐션 층의 결과를 계산해 보겠습니다. 이를 위해 다음과 같이 단어2에 대한 쿼리 벡터와 다른 단어의 키 벡터 간의 내적 연산을 수행해서 어텐션 스코어를 구합니다.

단어2의 쿼리 벡터: [1 0 1]
단어1의 키 벡터: [3 2 1], 단어2의 키 벡터: [2 2 0], 단어3의 키 벡터: [2 1 2]

$$[1\ 0\ 1]\cdot[3\ 2\ 1]=1\times3+1\times1=4$$
$$[1\ 0\ 1]\cdot[2\ 2\ 0]=2$$
$$[1\ 0\ 1]\cdot[2\ 1\ 2]=4$$

그다음 어텐션 스코어에 다음과 같이 소프트맥스 함수를 적용해 가중치를 구합니다.

$$\text{Softmax}([4\ \ 2\ \ 4]) = [0.47\ \ \ 0.06\ \ \ 0.47]$$

$$e^4/(e^4+e^2+e^4)\approx0.47$$
$$e^2/(e^4+e^2+e^4)\approx0.06$$

그리고 구해진 가중치를 각 단어의 밸류 벡터에 곱하고, 그 결과를 더해서 최종 결과를 얻습니다.

단어1의 밸류 벡터: [1 2 2], 단어2의 밸류 벡터: [1 1 1], 단어3의 밸류 벡터: [1 2 2]

$$0.47\times[1\ 2\ 2]= [0.47\ 0.94\ 0.94]$$
$$0.06\times[1\ 1\ 1]= [0.06\ 0.06\ 0.06]$$
$$0.47\times[1\ 2\ 2]= [0.47\ 0.94\ 0.94]$$

최종 결과물은 다음과 같습니다.

$$
\begin{array}{r}
[0.47 \quad 0.94 \quad 0.94] \\
[0.06 \quad 0.06 \quad 0.06] \\
+ \quad [0.47 \quad 0.94 \quad 0.94] \\
\hline
[1 \quad\quad 1.94 \quad 1.94]
\end{array}
$$

이번에는 단어3에 대한 셀프 어텐션 층의 결과를 계산해 보겠습니다. 마찬가지로 다음과 같이 먼저 단어3의 쿼리 벡터와 다른 단어의 키 벡터 간의 내적 연산을 통해 어텐션 스코어를 구합니다.

단어3의 쿼리 벡터: $[1 \quad 0 \quad 2]$

단어1의 키 벡터: $[3 \quad 2 \quad 1]$, 단어2의 키 벡터: $[2 \quad 2 \quad 0]$, 단어3의 키 벡터: $[2 \quad 1 \quad 2]$

$$[1 \ 0 \ 2] \cdot [3 \ 2 \ 1] = 1 \times 3 + 2 \times 1 = 5$$
$$[1 \ 0 \ 2] \cdot [2 \ 2 \ 0] = 2$$
$$[1 \ 0 \ 2] \cdot [2 \ 1 \ 2] = 6$$

그리고 어텐션 스코어에 소프트맥스 함수를 적용해서 가중치를 구합니다.

$$\text{softmax}([5 \quad 2 \quad 6]) = [0.27 \quad 0.01 \quad 0.72]$$

$$e^5/(e^5 + e^2 + e^6) \approx 0.27$$
$$e^2/(e^5 + e^2 + e^6) \approx 0.01$$
$$e^6/(e^5 + e^2 + e^6) \approx 0.72$$

가중치를 각 단어의 밸류 벡터에 곱하고, 그 결과로 나온 벡터를 다음과 같이 더해서 최종 결과물을 얻습니다.

$$0.27 \times [1 \ 2 \ 2] = [0.27 \quad 0.54 \quad 0.54]$$
$$0.01 \times [1 \ 1 \ 1] = [0.01 \quad 0.01 \quad 0.01]$$
$$0.72 \times [1 \ 2 \ 2] = [0.72 \quad 1.44 \quad 1.44]$$

$$
\begin{array}{r}
[0.27 \quad 0.54 \quad 0.54] \\
[0.01 \quad 0.01 \quad 0.01] \\
+ \quad [0.72 \quad 1.44 \quad 1.44] \\
\hline
[1 \quad\quad 1.99 \quad 1.99]
\end{array}
$$

입력된 'Today', 'is', 'Monday'에 대한 셀프 어텐션 층의 결과는 그림 17.7과 같습니다.

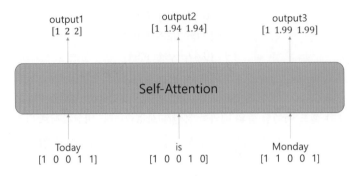

그림 17.7 셀프 어텐션 층의 최종 결과물

지금까지 설명한 과정을 수식으로 표현하면 다음과 같습니다.

$$\text{Attention}(Q, K, V) = \text{Softmax}(QK^T)V$$

위 식에서 Q는 쿼리 벡터에 대한 행렬, K는 키 벡터에 대한 행렬, V는 밸류 벡터에 대한 행렬입니다. K^T는 K 행렬의 전치행렬(transposed matrix)입니다(즉, K 행렬의 행과 열을 바꾼 행렬입니다). 그리고 Q와 K^T의 곱하기는 쿼리 벡터와 키 벡터의 내적 연산을 의미합니다.

앞에서 살펴본 예제에 대해 QK^T는 다음과 같이 계산됩니다.

$$Q = \begin{bmatrix} 2 & 0 & 2 \\ 1 & 0 & 1 \\ 1 & 0 & 2 \end{bmatrix}, K = \begin{bmatrix} 3 & 2 & 1 \\ 2 & 2 & 0 \\ 2 & 1 & 2 \end{bmatrix}, V = \begin{bmatrix} 1 & 2 & 2 \\ 1 & 1 & 1 \\ 1 & 2 & 2 \end{bmatrix}$$

$$, K^T = \begin{bmatrix} 3 & 2 & 2 \\ 2 & 2 & 1 \\ 1 & 0 & 2 \end{bmatrix}$$

$$QK^T = \begin{bmatrix} 2 & 0 & 2 \\ 1 & 0 & 1 \\ 1 & 0 & 2 \end{bmatrix} \times \begin{bmatrix} 3 & 2 & 2 \\ 2 & 2 & 1 \\ 1 & 0 & 2 \end{bmatrix} = \begin{bmatrix} 8 & 4 & 8 \\ 4 & 2 & 4 \\ 5 & 2 & 6 \end{bmatrix}$$

여기에서 소프트맥스 함수를 적용하면 행별로 소프트맥스 함수가 적용되어 다음 결과를 얻습니다.

$$\text{Softmax}(QK^T) = \text{Softmax}\left(\begin{bmatrix} 8 & 4 & 8 \\ 4 & 2 & 4 \\ 5 & 2 & 6 \end{bmatrix}\right) \approx \begin{bmatrix} 0.5 & 0 & 0.5 \\ 0.47 & 0.06 & 0.47 \\ 0.27 & 0.01 & 0.72 \end{bmatrix}$$

따라서 최종 결과는 다음과 같습니다.

$$\text{Attention}(Q, K, V) = \text{Softmax}(QK^T) \times V \approx \begin{bmatrix} 0.5 & 0 & 0.5 \\ 0.47 & 0.06 & 0.47 \\ 0.27 & 0.01 & 0.72 \end{bmatrix} \times \begin{bmatrix} 1 & 2 & 2 \\ 1 & 1 & 1 \\ 1 & 2 & 2 \end{bmatrix} = \begin{bmatrix} 1 & 2 & 2 \\ 1 & 1.94 & 1.94 \\ 1 & 1.99 & 1.99 \end{bmatrix}$$

$\begin{bmatrix} 1 & 2 & 2 \\ 1 & 1.94 & 1.94 \\ 1 & 1.99 & 1.99 \end{bmatrix}$ 의 첫 번째 행이 첫 번째 단어에 대한 셀프 어텐션 층의 결과이며, 두 번째 행은 두 번째 단어,

세 번째 행은 세 번째 단어에 대한 결과입니다.

17.4 트랜스포머 소개

이 섹션에서는 트랜스포머(Transformer)의 구조와 작동 원리에 대해 알아보겠습니다.

17.4.1 트랜스포머의 구조

트랜스포머는 바스와니(Vaswani)와 그의 동료들이 2017년에 제안한 인코더-디코더 모형, 즉 번역과 같은 작업에 사용될 수 있는 모형입니다. 트랜스포머의 구조는 그림 17.8과 같습니다. 그림에서 왼쪽 부분이 인코더, 오른쪽 부분이 디코더입니다.

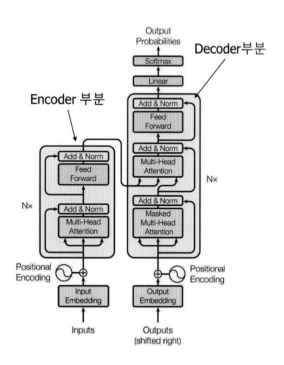

그림 17.8 트랜스포머의 구조

17.4.2 인코더 부분

먼저 인코더 부분을 살펴보겠습니다. 인코더에서 가장 중요한 부분은 그림 17.9와 같습니다. 이를 하나의 인코더 블록(encoder block)이라고 합니다. 하나의 인코더 블록은 다시 여러 개의 하위 층으로 구성됩니다(즉, Multi-Head Attention, Add & Norm, Feed Forward 층). 이러한 인코더 블록은 여러 개를 사용할 수 있는데, 트랜스포머 논문에서는 여섯 개(N=6)를 사용하여 인코더 부분을 구성했습니다.

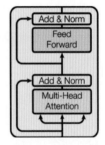

그림 17.9 하나의 인코더 블록

각 인코더 블록을 보면 아래 층에서 전달되는 단어의 정보를 먼저 멀티-헤드 어텐션(multi-head attention) 층에서 입력받고, 그 결과가 Add & Norm 층으로 전달됩니다. 다시 그 결과에 완전연결층을 적용하고(해당 논문에서는 Feed Forward 층으로 표현했습니다), 그다음에 다시 한 번 Add & Norm 층을 적용합니다. 인코더 블록의 각 층이 어떠한 역할을 하는지 조금 더 자세하게 살펴보겠습니다.

■ 멀티-헤드 어텐션

이 부분은 어텐션이 사용되는 부분입니다. 인코더 블록에서 사용된 어텐션은 셀프 어텐션입니다. 멀티-헤드(multi-head)는 이러한 셀프 어텐션이 여러 개 사용되었다는 것을 의미합니다. 그림 17.10에서 볼 수 있는 것처럼 원 논문에서는 여덟 개의 셀프 어텐션을 사용했습니다.

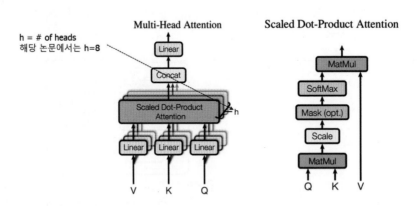

그림 17.10 멀티-헤드 어텐션의 구조

멀티-헤드 어텐션 부분을 조금 더 자세히 살펴보겠습니다. 그림 17.10에서 볼 수 있듯이 트랜스포머에서는 멀티-헤드 어텐션 부분에서 스케일드 내적 어텐션(scaled dot-product(self) attention)을 여덟 개 사용했습니다. 여기에서 스케일드 내적 어텐션은 그림 17.10의 오른쪽과 같으며, 수식으로는 다음과 같이 표현됩니다.

$$\text{Attention}(Q, K, V) = \text{Softmax}\left(\frac{QK^T}{\sqrt{d_k}}\right)V$$

이는 앞에서 설명한 셀프 어텐션이 작동하는 방식과 거의 비슷합니다. 즉, 각 단어에 대한 쿼리, 키, 밸류 벡터를 사용하는 것입니다. 어텐션 스코어를 계산하기 위해 쿼리와 키 벡터를 내적하고 이를 소프트맥스 함수에 입력하여 어텐션 가중치를 구합니다. 다만, 트랜스포머에서는 내적값을 $\sqrt{d_k}$로 나눠줍니다. 여기서 d_k는 키 벡터의 원소의 개수를 의미합니다(트랜스포머에서 d_k=64입니다). 내적(dot product) 값을 $\sqrt{d_k}$로 나눠주기 때문에 이러한 어텐션을 스케일드 내적 어텐션이라고 표현합니다. 이렇게 스케일링(scaling)을 해주면 학습이 더 안정적으로 진행되고, 모형의 성능이 더 좋아진다고 합니다.

그리고 각 스케일드 내적 셀프-어텐션 결과를 이어 붙이기를 해서 멀티-헤드 어텐션을 계산합니다. 수식으로 표현하면 다음과 같습니다.

$$\text{MultiHead}(Q, K, V) = \text{Concat}(\text{head}_1, \cdots, \text{head}_h)\, W^O$$
$$\text{where head}_i = \text{Attention}(QW_i^Q, KW_i^K, VW_i^V)$$

위 식에서 $\text{head}_i = \text{Attention}(QW_i^Q, KW_i^K, VW_i^V)$를 살펴보면, 트랜스포머의 경우는 Q, K, V를 그대로 사용하지 않고 다시 한번 선형 변환(linear projection)한 것을 확인할 수 있습니다. 이러한 선형 변환 연산은 벡터의 차원의 수를 변경하기 위해 사용됩니다. 해당 논문에 따르면, Q, K, V에 속한 쿼리, 키, 밸류 벡터의 차원은 d_{model}(=512)로 동일합니다. 그리고 W_i^Q, W_i^K, W_i^V의 가중치 행렬을 이용해 차원의 크기가 다른 쿼리, 키, 밸류 벡터로 변환합니다. 논문에서는 변환된 쿼리, 키 벡터의 차원은 d_k, 그리고 밸류 벡터의 차원은 d_v로 표현했는데, d_k=d_v=64로 동일하게 설정되었습니다. 따라서 W_i^Q, W_i^K, W_i^V의 가중치 행렬의 크기는 512×64가 됩니다. W_i^Q, W_i^K, W_i^V를 이용한 선형 변환은 그림 17.10의 왼쪽 아랫부분에 [Linear]로 표현됐습니다.

하나의 어텐션을 거치게 되면 각 토큰에 대해 64차원 벡터가 도출됩니다. 트랜스포머에서는 이러한 어텐션을 여덟 개 사용했고, 각 어텐션의 결과 벡터를 이어 붙이기(concatenation) 했습니다. 따라서 멀티-헤드 어텐션을 거쳐서 도출되는 각 토큰에 대한 결과 벡터는 64×8, 즉 512차원이 됩니다. 트랜스포머에서는 이러한 512차원 벡터에 또 다른 가중치 행렬(W^O)을 곱해서 나온 결과물이 멀티-헤드 어텐션 층의 최종 결과물이 됩니다. W^O 행렬의 크기는 512×512입니다. 또 다른 가중치 행렬(W^O)을 곱하는 것이 그림 17.10의 왼쪽 윗부분에 있는 [Linear]에 해당합니다. 이와 같은 선형 변환을 하면 결과가 더 좋게 나온 다고 합니다.

해당 논문에 따르면, 여러 개의 어텐션을 사용하는 이유에는 크게 두 가지가 있습니다. 첫째는 각 단어에 대해 주목해야 하는 다른 단어가 무엇인지를 더 잘 파악할 수 있다는 것이고, 두 번째 이유는 각 단어가 갖고 있는 의미적, 위치적 특성을 더 잘 표현할 수 있다는 것입니다.

■ Add & Norm 층

멀티-헤드 어텐션 층 다음으로는 Add & Norm 층이 나옵니다. 그 구조는 그림 17.11의 'Add & Normalize' 부분과 같습니다. 해당 그림은 토큰이 두 개인 경우를 보여줍니다.

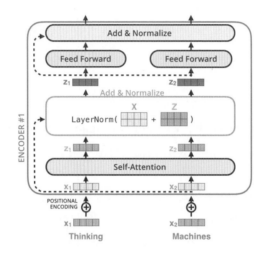

그림 17.11 Add & Norm 층[80]

Add & Norm 층에서는 Add & Norm 층 아래에 있는 멀티-헤드 어텐션 층이 출력하는 값과 인코더 블록에 입력되는 값[81]을 더한 다음(Add 부분, 같은 원소끼리 더합니다), 계층 정규화(layer normalization)를 수행합니다(그래서 Add & Norm 층이라고 표현). 인코더 블록의 입력값과 (멀티-헤드 어텐션 층의) 출력값을 다시 더해주는 것을 스킵 커넥션(skip connection) 혹은 아이덴티티 매핑(identity mapping)이라고 합니다. 이렇게 하면 경사소실문제를 줄여 학습이 더 안정적으로 된다는 장점이 있습니다. 이미지

---

80 http://jalammar.github.io/illustrated-Transformer/
81 가장 아래에 있는 인코더 블록에는 단어의 임베딩 정보가 입력되며, 두 번째 인코더 블록부터는 밑에 있는 인코더 블록이 출력하는 값이 입력됩니다.
　① 첫 번째 인코더 블록에 입력되는 값: 각 단어의 임베딩 정보가 입력됩니다. 트랜스포머에서 사용된 임베딩 벡터의 크기는 512입니다
　② 다른 인코더 블록에 입력되는 값: 두 번째 인코더 블록에 입력되는 값은 그 아래에 존재하는 인코더 블록에서 출력하는 각 단어에 대한 512 벡터값(이
　　를 은닉 상태 벡터라고 합니다)을 입력받습니다.

분석에서 유명한 ResNet[82]에서 이 방법이 사용되었습니다. 계층 정규화는 특정한 층(layer)에 입력되는 값을 표준화하는 것을 의미합니다. 계층 정규화를 수행하는 주된 이유 역시 학습이 더 안정적으로 되고, 모형의 성능이 좋아지기 때문입니다. 신경망에서 주로 사용되는 정규화 방법에는 크게 두 가지가 있습니다. 하나는 배치 정규화(batch normalization)이고 다른 하나는 계층 정규화입니다. 배치 정규화는 주로 이미지 분석에 사용되며(예: CNN 모형 등), 계층 정규화는 텍스트 분석에서 더 많이 사용됩니다. 정규화 관련 내용은 이 책의 13.6절을 참고하기 바랍니다.

■ 위치 기반 순방향 층

이렇게 Add & Norm 층을 통해 출력되는 결과는 그다음 순방향(Feed-forward) 층의 입력값으로 전달됩니다. 여기에서 사용되는 순방향 층은 위치 기반 순방향(Position-wise feed-forward) 층입니다. 여기서의 위치(position)는 각 단어(또는 토큰)를 의미합니다. 위치 기반이라는 것은 동일한 순방향 층이 각 단어(혹은 토큰)에 대한 결과에 독립적으로 적용된다는 것을 의미합니다. 여기에서는 이러한 위치 기반 순방향 층을 위해 완전연결층(fully connected layer)을 두 개 사용합니다. 첫 번째 층에는 ReLU 활성화 함수가 사용되는 반면, 두 번째 층은 활성화 함수가 없는 구조입니다. 이를 수식으로 표현하면 다음과 같습니다.

$$FFN(x) = \max(0, \ xW_1 + b_1)\,W_2 + b_2$$

위 식에서 $\max(0, \ xW_1 + b_1)$은 첫 번째 완전연결층을 의미하고, $\max(0, \ xW_1 + b_1)\,W_2 + b_2$는 첫 번째 완전연결층이 출력하는 결과물에 또 다른 (활성화 함수가 없는) 완전연결층을 한 개 더 적용한 것을 의미합니다. 여기에서 x는 첫 번째 완전연결층에 입력되는 입력 벡터를 의미(즉, 아래에 있는 Add & Norm 층이 출력하는 각 단어에 대한 결과 벡터)하며, W_1은 입력 벡터와 첫 번째 완전연결층 사이의 가중치 행렬이고, W_2는 첫 번째와 두 번째 완전연결층 사이의 가중치 행렬입니다. b_1과 b_2는 각 완전연결층에 존재하는 편향을 의미합니다. 이러한 파라미터는 토큰별로 공유됩니다.

위치 기반 순방향 층 다음에 Add & Norm 층이 한 번 더 적용되어, 인코더 블록의 최종 결과물이 출력됩니다. 이러한 결과물을 해당 인코더 블록의 은닉 상태 벡터라고 합니다. 각 단어의 은닉 상태 벡터는 512차원의 벡터입니다.

82 He, K., Zhang, X., Ren, S., & Sun, J.(2016). Deep residual learning for image recognition. In Proceedings of the IEEE conference on computer vision and pattern recognition(pp. 770-778).

■ 위치 임베딩(Positional embedding)

트랜스포머에서는 첫 번째 인코더 블록에 입력되는 단어의 벡터를 생성하기 위해 단어의 임베딩 벡터만 사용하는 것이 아니라 (단어가 갖는) 입력된 시퀀스 데이터 내에서의 위치(position) 정보도 사용합니다. 위치 정보를 사용하면 단어 간의 거리 혹은 상대적인 위치를 파악할 수 있어 문서가 가지고 있는 정보를 더 잘 추출할 수 있습니다.

위치 정보를 명시적으로 입력해 주는 주된 이유는, 트랜스포머는 RNN이나 LSTM과 같은 순환신경망 구조를 사용하지 않기 때문입니다(즉, 어텐션 방법을 사용합니다). 순환신경망 모형의 경우 하나의 문서를 구성하는 단어가 순차적으로 입력되어 (단어의 위치 정보를 명시적으로 입력하지 않더라도) 단어 간의 위치 정보나 순서 정보를 파악할 수 있습니다. 하지만 트랜스포머의 경우는 문서를 구성하는 모든 단어가 한 번에 입력됩니다. 따라서 단어가 갖는 (상대적인) 위치 정보를 반영하는 것이 필요한데, 이를 위해 위치 정보를 반영하는 벡터를 사용합니다. 이를 위치 임베딩 벡터(positional embedding vector)라고 합니다. 인코더 블록에 입력되는 단어의 최종 임베딩 벡터는 그림 17.12와 같이 표현될 수 있습니다. 첫 번째 인코더 블록에 입력되는 각 단어의 임베딩 정보는 각 단어의 원래 임베딩 정보와 위치 임베딩 정보의 합이 됩니다. 예를 들어, 다음 그림에서 $e_{0,0} = x_{0,0} + p_{0,0}$이 됩니다.

최종 embedding	$(e_{0,0}, e_{0,1}, ..., e_{0,n})$	$(e_{1,0}, e_{1,1}, ..., e_{1,n})$	$(e_{2,0}, e_{2,1}, ..., e_{2,n})$
	=	=	=
Positional embedding	$(p_{0,0}, p_{0,1}, ..., p_{0,n})$	$(p_{1,0}, p_{1,1}, ..., p_{1,n})$	$(p_{2,0}, p_{2,1}, ..., p_{2,n})$
	+	+	+
원래의 embedding	$(x_{0,0}, x_{0,1}, ..., x_{0,n})$	$(x_{1,0}, x_{1,1}, ..., x_{1,n})$	$(x_{2,0}, x_{2,1}, ..., x_{2,n})$
입력단어	단어0	단어1	단어2

그림 17.12 단어의 최종 임베딩 벡터 구성

그렇다면 각 단어에 대한 위치 임베딩 벡터는 어떻게 계산될까요? 해당 논문에서는 삼각함수(즉, sin() 과 cos())를 이용했습니다. sin() 함수와 cos() 함수의 출력값은 −1과 1 사이가 됩니다. 이러한 방법을 사용하면 단어의 원래 임베딩 정보를 단어의 위치에 따라 약간만 조정하며, 같은 단어라고 할지라도 위치에 따라서 다른 임베딩 벡터를 갖게 되는 효과가 있습니다. 다음과 같은 공식을 사용해서 각 단어에 대한 위치 임베딩 정보를 생성합니다.

$$PE_{(i,\,j)} = \sin\left(\frac{i}{10000^{j/emb\_dim}}\right),\ j\text{가 짝수인 경우}$$

$$PE_{(i,\,j)} = \cos\left(\frac{i}{10000^{j-1/emb\_dim}}\right),\ j\text{가 홀수인 경우}$$

여기서 $PE_{(i,\,j)}$는 단어 i의 위치 임베딩 벡터가 갖는 위치 j의 원소 값을 의미합니다. 예를 들어 첫 번째 단어가 갖는 위치 임베딩 벡터의 첫 번째 원소는 $i=j=0$이 됩니다. 그리고 j의 값이 짝수(0 포함)인 경우에는 sin() 함수를 사용하여 원소의 값을 계산하고, 홀수인 경우에는 cos() 함수를 사용해서 원소의 값을 계산합니다.

['Today', 'is', 'Monday']에 대한 위치 임베딩 벡터의 정보는 오른쪽과 같이 계산될 수 있습니다(임베딩 벡터의 차원은 트랜스포머에서와 마찬가지로 512라고 가정합니다. 따라서 위의 식에서 emb_dim = 512가 됩니다.

$$\begin{array}{c}{\scriptstyle j=0}\qquad\qquad{\scriptstyle j=1}\\[2pt]\begin{array}{c}Today\ (i=0)\\is\ \ (i=1)\\Monday\ (i=2)\end{array}\begin{bmatrix}\sin\left(\dfrac{0}{10000^{\frac{0}{512}}}\right) & \cos\left(\dfrac{0}{10000^{\frac{0}{512}}}\right) & \cdots\\[12pt]\sin\left(\dfrac{1}{10000^{\frac{0}{512}}}\right) & \cos\left(\dfrac{1}{10000^{\frac{0}{512}}}\right) & \cdots\\[12pt]\sin\left(\dfrac{2}{10000^{\frac{0}{512}}}\right) & \cos\left(\dfrac{2}{10000^{\frac{0}{512}}}\right) & \cdots\end{bmatrix}\end{array}$$

17.4.3 디코더 부분

이번에는 트랜스포머의 디코더 부분을 살펴보겠습니다. 그림 17.13에서 볼 수 있는 것처럼 디코더 부분도 여러 개의 동일한 형태의 디코더 블록으로 구성되어 있습니다. 인코더 블록이 여섯 개 사용된 것처럼 디코더 블록도 여섯 개 사용됐습니다.

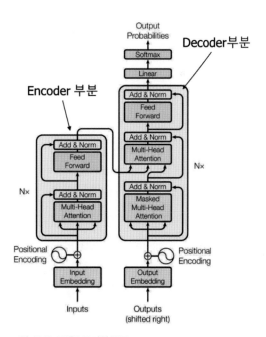

그림 17.13 트랜스포머의 구조

하나의 디코더 블록의 구조도 인코더 블록의 구조와 유사합니다. 가장 큰 차이점은 디코더 블록에는 인코더 블록과 다르게 서로 다른 두 종류의 어텐션이 사용되었다는 것입니다. 하나의 디코더 블록을 살펴보겠습니다.

그림 17.14에서 아랫부분에 있는 어텐션(즉, Masked multi-head attention)은 셀프 어텐션이고 윗부분에 있는 어텐션(즉, Multi-head attention)은 인코더-디코더 어텐션입니다. 그 외의 구성요소는 대부분 인코더 블록과 비슷합니다. 즉, 단어의 원래 임베딩 벡터와 위치 임베딩 벡터가 합산되어 첫 번째 디코더 블록으로 입력됩니다. 그리고 각 디코더 블록에 입력된 정보는 먼저 셀프 어텐션을 거치게 되고, 그 결과에 Add & Norm 층이 적용됩니다. 그다음에 인코더-디코더 어텐션이 적용됩니다. 나머지 부분은 인코더 블록과 동일합니다.

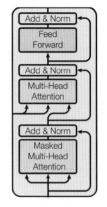

그림 17.14 디코더 블록의 구조

마지막 디코더 블록의 결과물은 소프트맥스를 활성화 함수로 갖는 출력층의 입력값으로 전달됩니다. 그리고 해당 출력층에 존재하는 출력 노드는 다음 단어에 대한 확률을 출력합니다.

디코더 블록에서는 두 가지 종류의 어텐션이 사용된다고 했습니다. 하나가 인코더-디코더 어텐션이고 다른 하나가 셀프 어텐션입니다. 먼저 인코더-디코더 어텐션에 대해 살펴보겠습니다. 트랜스포머에서 사용된 인코더-디코더 어텐션도 17.1절에서 살펴본 인코더-디코더 어텐션과 비슷한 방식으로 작동됩니다. 다만, 인코더 부분에 입력된 단어의 은닉 상태 벡터나 디코더 부분에 입력된 단어의 임베딩 정보를 직접적으로 사용하지는 않습니다. 대신, 앞 섹션에서 살펴본 트랜스포머 인코더의 셀프 어텐션과 마찬가지로 쿼리, 키, 밸류 벡터를 사용합니다. 이때 쿼리 벡터는 디코더 부분에 입력된 단어에 대한 쿼리 벡터가 되고, 키와 밸류 벡터는 인코더 부분에서(인코더 부분에 입력된) 각 단어에 대한 값으로 전달됩니다. 디코더 부분에 입력된 단어의 쿼리 벡터를 계산하기 위해 인코더-디코더 어텐션 밑에 있는 Add & Norm 층이 출력하는 결과를 이용합니다(쿼리 벡터를 구하기 위한 가중치 행렬을 사용합니다). 그리고 키와 밸류 벡터는 인코더 부분의 마지막 인코더 블록에서 출력하는 각 단어에 대한 은닉 상태 벡터를 사용해 계산됩니다(키, 밸류 벡터를 구하기 위한 가중치 행렬을 사용합니다). 작동하는 방식은 앞에서 살펴본 것과 동일합니다. 즉, 다음 공식을 사용해 각 어텐션의 결과를 계산합니다(인코더 블록의 어텐션과 마찬가지로 Q, K, V에 선형 변환을 추가적으로 수행합니다).

$$\text{Attention}(Q,\ K,\ V) = \text{Softmax}\left(\frac{QK^{T}}{\sqrt{d_k}}\right)V$$

그리고 이러한 어텐션을 여덟 개 사용하여 나온 결과를 이어 붙이기를 하고, 선형 변환을 수행합니다.

이번에는 디코더 블록에서 사용된 셀프 어텐션을 살펴보겠습니다. 디코더에 있는 셀프 어텐션은 인코더의 셀프 어텐션과 약간 다르게 작동합니다. 이를 이해하기 위해서는 학습 단계에서 트랜스포머의 디코더 부분이 어떻게 작동하는지를 먼저 알아야 합니다.

트랜스포머의 디코더 부분에서는 학습 과정에서 teacher forcing이라는 방법을 사용합니다. 모형이 현재 단계까지 예측한 단어들의 정보를 사용하여 다음 단어를 예측하는 것이 아니라, 정답 데이터 정보를 이용해 그다음에 출현하는 단어를 예측하는 것입니다. 이러한 방법을 사용하는 이유는 모형이 예측한 단어들의 정보를 이용해서 다음 단어를 예측하는 경우에는 이전 단어들에 대한 예측이 잘못되면 그다음 단어에 대한 예측이 제대로 될 수 없기 때문입니다.

참고 **Teacher forcing**

Teacher forcing이 작동하는 방식을 설명하기 위해 RNN 기반의 seq2seq의 예를 들어 보겠습니다. '나는 어제 골프를 쳤다'를 'I played golf yesterday'로 번역하는 경우를 살펴보겠습니다. 디코더에서 예측해야 하는 정답은 'I played golf yesterday'입니다. 그런데 teacher forcing 방법을 사용하지 않으면, 즉 디코더가 예측하는 단어를 사용해서 그다음 단어를 예측하는 경우에는 그림 17.15와 같은 결과가 도출될 수 있습니다. 첫 번째 단어가 'I'로 예측됐고 'I'를 이용해 두 번째 단어로 'watched'가 예측됐습니다. 하지만 이 단어는 정답 단어가 아닙니다. 정답 단어가 아님에도 불구하고 'watched'를 이용해 세 번째 단어를 예측하면 'television'이라는 단어가 예측될 수 있습니다. 이는 문맥상 이상하지는 않지만, 우리가 예측해야 하는 정답 단어와는 거리가 있습니다. 즉, 잘못 예측된 단어 정보를 이용해 다음 단어를 예측하면 다음 단어도 정답과 다른 단어가 예측될 가능성이 높아지는 것입니다.

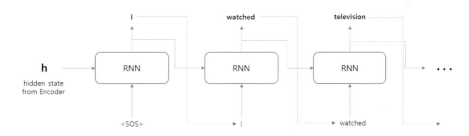

그림 17.15 Teacher forcing을 사용하지 않는 경우의 예

이러한 문제를 해결되기 위해 사용되는 방법이 teacher forcing입니다. Teacher forcing은 모형에서 예측한 단어를 이용해 다음 단어를 예측하는 것이 아니라, 모형에서 예측한 단어가 무엇인지와는 상관없이 정답 단어를 이용해 다음 단어를 예측하는 방식입니다. 그림 17.16을 살펴보겠습니다. 예를 들어 두 번째 단어가 모형에 의해 'watched'라는 단어로 잘못 예측돼도 해당 단어의 정보를 사용해 그다음 단어를 예측하지 않고 정답 단어, 즉 'played' 단어를 이용해 그다음 단어를 예측합니다.

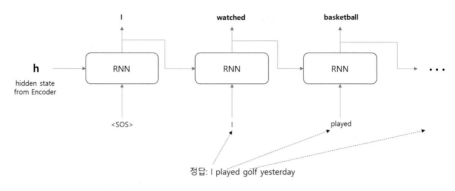

그림 17.16 Teacher forcing을 사용하는 경우의 예

정답 문장 정보를 사용해 특정 단어를 예측할 때도 역시나 마찬가지로 디코더는 언어 모형의 역할을 수행하기 때문에 어떠한 단어를 예측할 때 다음 단계에 출현하는 단어들의 정보를 활용하면 안 됩니다. 예를 들어 보겠습니다.

예: '오늘은 금요일입니다'를 'Today is Friday'로 번역하는 경우

Teacher forcing 방법을 사용하는 경우, 'Today is Friday'라는 정답 정보를 사용하여 학습합니다. 이를 위해 디코더는 'Today', 'is', 'Friday' 앞에 Start of Sequence를 의미하는 〈SOS〉 토큰을 추가합니다(이렇게 하면 원래 단어가 한 칸씩 오른쪽으로 이동하는데, 이러한 방법을 트랜스포머 논문에서는 right shifted output이라고 표현했습니다). 디코더

	<SOS>	This	is	Friday
<SOS>	7	2	2	2
This	1	6	2	4
is	1	2	8	1
Friday	1	4	2	6

단어 This에 대한 attention score

그림 17.17 〈SOS〉, 'Today', 'is', 'Friday'에 대한 어텐션 스코어의 예

는 〈SOS〉, 'Today', 'is', 'Friday'라는 네 개의 토큰에 대한 임베딩 정보와 위치 임베딩 정보를 사용해 쿼리, 키, 밸류 벡터를 구하고 어텐션 스코어를 계산합니다. 어텐션 스코어가 그림 17.17과 같이 구해졌다고 가정하겠습니다.

하지만 디코더는 언어 모형으로 작동하기 때문에 다음에 나오는 단어를 예측하기 위해 특정 단어의 어텐션 스코어 중에서 자기 자신 다음에 나오는 단어에 대한 정보를 사용할 수 없습니다. 예를 들어, 두 번째 단어(즉, is)까지의 정보를 사용해 세 번째 단어를 예측하는 경우를 생각해 보겠습니다. 이때는 위의 예에서 is 단어에 대한 셀프 어텐션 결과를 사용해야 합니다. is 단어에 대한 셀프 어텐션 결과를 계산하기 위해 디코더에 입력된 단어들의 정보를 사용해야 하는데, 언어 모형이기 때문에 is 다음에 나오는 단어에 대

한 정보를 사용할 수 없습니다(is 다음에 나오는 단어들은 아직 예측되지 않아 그 정보를 알지 못한다고 생각할 수 있습니다). 즉, is까지의 단어/토큰인 〈SOS〉, This, is에 대한 정보만을 사용해 어텐션 스코어를 구하고, 그 정보를 이용해 계산된 가중치를 밸류 벡터에 곱해서 어텐션 결과물을 얻어야 합니다. 이를 위해 기준이 되는 단어 후에 나오는 단어들에 대한 어텐션 스코어를 다음과 같이 −∞로 대체합니다. 이러한 방법을 마스킹 방법이라고 합니다(그렇기 때문에 해당 멀티−헤드 어텐션을 마스크드(masked) 멀티−헤드 어텐션이라고 합니다).

	⟨SOS⟩	This	is	Friday
⟨SOS⟩	7	−∞	−∞	−∞
This	1	6	−∞	−∞
is	1	2	8	−∞
Friday	1	4	2	6

그림 17.18 −∞ 값으로 마스킹한 경우의 예

이렇게 하면, 어텐션 스코어의 값이 −∞인 값들에 대한 소프트맥스 함수의 값이 0이 되기 때문에(즉, 가중치가 0이 되기 때문에) 어텐션 층의 결과물을 계산할 때 해당 단어의 정보는 사용되지 않습니다.[83]

17.4.4 트랜스포머의 인코더 블록을 이용한 감성분석

지금까지 트랜스포머의 구조에 대해 살펴봤습니다. 여기서는 트랜스포머의 인코더 블록을 이용해 감성분석을 수행해 보겠습니다. 인코더 블록은 텐서플로의 케라스를 이용해 구현하겠습니다.

17.4.4.1 영어 텍스트 감성분석

먼저 영어 텍스트에 대한 감성분석을 수행해 보겠습니다. 관련 코드는 `Transformer_imdb_example.ipynb` 파일을 참고하세요.[84] 여기서도 케라스에서 제공하는 IMDb 영화평 데이터를 사용하겠습니다. 다음과 같이 데이터를 준비합니다. 여기서는 빈도를 기준으로 상위 20,000개의 단어를 사용하고, 각 문서의 길이를 200으로 맞추겠습니다.

```
import tensorflow as tf
from tensorflow import keras


vocab_size = 20000   # 상위 20,000개의 단어만 사용
maxlen = 200         # 각 영화평의 길이를 200으로 맞춤
(x_train, y_train), (x_test, y_test) = keras.datasets.imdb.load_data(
    num_words=vocab_size
)
```

---

[83] 어텐션 스코어가 −∞인 경우, 소프트맥스 함수의 분자는 $e^{-\infty} = \frac{1}{e^{\infty}} \cong 0$이 됩니다.
[84] 해당 코드는 https://keras.io/examples/nlp/text_classification_with_transformer/를 참고해 작성했습니다.

```
print(len(x_train), "Training sequences")
print(len(x_test), "Test sequences")
x_train = keras.preprocessing.sequence.pad_sequences(x_train, maxlen=maxlen)
x_test = keras.preprocessing.sequence.pad_sequences(x_test, maxlen=maxlen)
```

그다음, 트랜스포머의 인코더 부분에 대한 코드를 작성해야 합니다. 여기서는 트랜스포머의 인코더 블록과 토큰의 임베딩 벡터 생성을 위해 클래스를 만들어서 사용하겠습니다(파이썬의 클래스 관련 내용은 1부의 파이썬 문법 부분을 참고하세요). 먼저 인코더 블록을 위한 **EncoderBlock** 클래스를 다음과 같이 생성합니다.

```
from tensorflow.keras import layers

class EncoderBlock(layers.Layer):
    def __init__(self, embed_dim, num_heads, ff_dim, rate=0.1):
        super().__init__()
        self.att = layers.MultiHeadAttention(num_heads=num_heads, key_dim=embed_dim)
        self.ffn = keras.Sequential(
            [layers.Dense(ff_dim, activation="relu"), layers.Dense(embed_dim),]
        )
        self.layernorm1 = layers.LayerNormalization()
        self.layernorm2 = layers.LayerNormalization()
        self.dropout1 = layers.Dropout(rate)
        self.dropout2 = layers.Dropout(rate)

    def call(self, inputs, training):
        attn_output = self.att(inputs, inputs)
        attn_output = self.dropout1(attn_output, training=training)
        out1 = self.layernorm1(inputs + attn_output)
        ffn_output = self.ffn(out1)
        ffn_output = self.dropout2(ffn_output, training=training)
        return self.layernorm2(out1 + ffn_output)
```

EncoderBlock 클래스는 **layers** 모듈에서 제공하는 **Layer** 클래스를 상속해서 만듭니다. 즉, **EncoderBlock** 클래스를 케라스를 이용해 구축하는 신경망 모형을 구성하는 하나의 층으로 사용하겠다는 것을 의미합니다. 해당 클래스는 두 개의 함수를 갖습니다. 하나는 **__init__()**이고, 다른 하나는 **call()**입니다.

EncoderBlock 클래스의 __init__() 함수에서는 하나의 인코더 블록을 구성하는 하위 층들을 정의합니다. 트랜스포머의 인코더 블록을 구성하는 하위 층에는 멀티-헤드 어텐션 층, Add & Norm 층, 두 개의 완전연결층(Feed-Forward)이 있었습니다(그림 17.9 참고). 멀티-헤드 어텐션 층은 케라스에서 제공하는 MultiHeadAttention 클래스를 사용합니다. 해당 클래스의 생성자 함수는 주요한 파라미터 두 개를 갖습니다. 하나는 num_heads 파라미터이고, 다른 하나는 key_dim 파라미터입니다. num_heads 파라미터는 헤드의 수(즉, 어텐션의 수), key_dim 파라미터는 키 벡터의 차원을 의미합니다. 두 파라미터 모두 사용자가 결정하는 하이퍼파라미터가 됩니다.

두 개의 완전연결층은 Dense 클래스를 이용해 순차적인 방법(즉, Sequential 클래스 사용)으로 생성합니다. 첫 번째 완전연결층은 ReLU 활성화 함수를 갖고, 두 번째 완전연결층은 활성화 함수를 사용하지 않습니다.

계층 정규화는 케라스에서 제공하는 LayerNormalization 클래스를 사용합니다. 하나의 인코더 블록에서 Add & Norm 층이 두 번 사용됐기 때문에 LayerNormalization 클래스의 객체 두 개를 사용합니다. Add 층은 서로 다른 두 벡터를 더하는 역할을 하기 때문에 별도의 클래스를 사용하지 않습니다. 그리고 드롭아웃을 적용하기 위해 Dropout 클래스를 사용합니다.[85]

__init__() 함수를 이용해 인코더 블록의 각 하위 층을 정의한 다음, call() 함수 부분에서 __init__() 함수에서 정의된 구성 요소를 이용해 인코더 블록을 직접 생성합니다. call() 함수 부분을 보면, 하나의 인코더 블록이 그림 17.19와 같은 순서로 구성된 것을 확인할 수 있습니다.[86]

---

85 트랜스포머의 경우, 과적합 문제를 줄이기 위해 모델 구현 시 드롭아웃을 적용했습니다.
86 dropout 객체의 training=training 부분은 드롭아웃은 학습 시에만 적용된다는 것을 의미합니다.

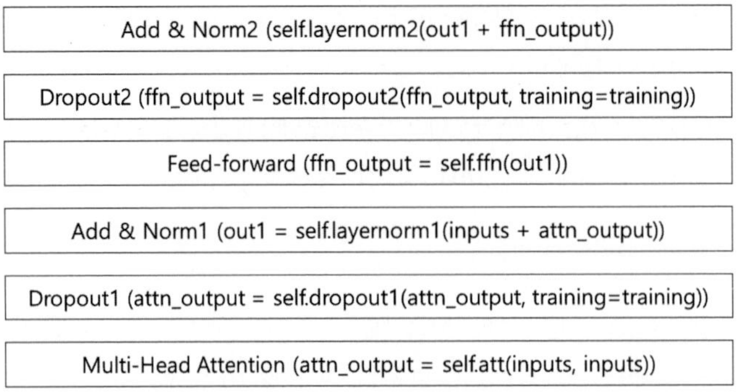

| Add & Norm2 (self.layernorm2(out1 + ffn_output)) |
| Dropout2 (ffn_output = self.dropout2(ffn_output, training=training)) |
| Feed-forward (ffn_output = self.ffn(out1)) |
| Add & Norm1 (out1 = self.layernorm1(inputs + attn_output)) |
| Dropout1 (attn_output = self.dropout1(attn_output, training=training)) |
| Multi-Head Attention (attn_output = self.att(inputs, inputs)) |

그림 17.19 EncoderBlock 클래스의 call( ) 함수에서 생성된 인코더 블록의 구조(괄호 안은 관련 코드)

이번에는 입력되는 문서를 구성하는 단어(즉, 토큰)의 임베딩을 위한 TokenAndPositionEmbedding 클래스를 살펴보겠습니다. 해당 클래스도 Layer 클래스를 상속합니다. EncoderBlock 클래스와 마찬가지로 __init__() 함수와 call() 함수를 갖습니다. __init__() 함수에서는 각 단어의 임베딩 벡터 생성을 위한 Embedding 클래스의 객체를 생성하고, call() 함수에서는 __init__()에서 생성된 객체를 사용해서 단어의 임베딩 벡터를 생성합니다. __init__() 함수의 경우, 기본 임베딩 벡터와 위치 임베딩 벡터 생성을 위해 두 개의 Embedding 클래스 객체를 생성합니다. 원 논문에서는 sin()과 cos() 함수를 사용해 위치 임베딩 벡터를 계산했지만, 여기서는 학습을 통해 그 값을 계산하는 방법을 사용합니다. call() 함수는 이렇게 생성된 객체를 이용해서 직접적으로 단어의 임베딩을 계산하는 역할을 합니다. 그리고 call() 함수의 return 키워드를 보면 단어의 기본 임베딩 벡터와 위치 임베딩 벡터의 합이 최종 임베딩 결과물로 반환되는 것을 확인할 수 있습니다.

```python
class TokenAndPositionEmbedding(layers.Layer):
    def __init__(self, maxlen, vocab_size, embed_dim):
        super().__init__()
        self.token_emb = layers.Embedding(input_dim=vocab_size, output_dim=embed_dim)
        self.pos_emb = layers.Embedding(input_dim=maxlen, output_dim=embed_dim)

    def call(self, x):
        maxlen = tf.shape(x)[-1]
        positions = tf.range(start=0, limit=maxlen, delta=1)
        positions = self.pos_emb(positions)
        x = self.token_emb(x)
        return x + positions
```

필요한 클래스를 생성한 후, 다음과 같이 함수적인 방법을 사용해 모형을 구축합니다. 여기서는 트랜스포머의 인코더 블록을 두 개 사용하고, 멀티-헤드 어텐션에서 사용되는 헤드의 수도 두 개로 설정하겠습니다. 그리고 각 단어의 임베딩 벡터 차원과 완전연결층에 존재하는 노드의 수는 32로 설정합니다. 이 책에서는 마지막 인코더 블록이 출력하는 결과물에 글로벌 평균 풀링과 드롭아웃을 적용하고, 노드의 수가 20인 완전연결층 하나와 출력층을 추가한 모형을 사용합니다.

```
embed_dim = 32  # 각 토큰의 임베딩 벡터 크기
num_heads = 2   # 어텐션 헤드의 수
ff_dim = 32     # 완전연결층의 노드 수


inputs = layers.Input(shape=(maxlen,))


# 각 단어의 임베딩 정보 생성
embedding_layer = TokenAndPositionEmbedding(maxlen, vocab_size, embed_dim)


x = embedding_layer(inputs)
x = EncoderBlock(embed_dim, num_heads, ff_dim)(x) # 첫 번째 인코더 블록
x = EncoderBlock(embed_dim, num_heads, ff_dim)(x) # 두 번째 인코더 블록
x = layers.GlobalAveragePooling1D()(x)
x = layers.Dropout(0.1)(x)
x = layers.Dense(20, activation="relu")(x)
x = layers.Dropout(0.1)(x)
outputs = layers.Dense(2, activation="softmax")(x)
model = keras.Model(inputs=inputs, outputs=outputs)
```

그다음에는 compile() 함수를 이용해 옵티마이저, 비용함수, 모형 성능 평가 지표를 정하고, fit() 함수를 이용해 학습합니다(여기서는 Adam 옵티마이저를 사용합니다). 조기 종료를 적용하기 위해 EarlyStopping 클래스와 ModelCheckpoint 클래스도 함께 사용합니다. 해당 코드는 다음과 같습니다.

```
from tensorflow.keras.callbacks import EarlyStopping
from tensorflow.keras.callbacks import ModelCheckpoint


es = EarlyStopping(monitor='val_loss', mode='min', verbose=1, patience=3)
checkpoint_filepath = './temp/checkpoint_en'
mc = ModelCheckpoint(
    checkpoint_filepath, monitor='val_loss', mode='min',
    save_weights_only=True, save_best_only=True
```

```
)

from tensorflow.keras.optimizers import Adam

model.compile(
    optimizer=Adam(learning_rate=0.001), loss="binary_crossentropy", metrics="accuracy"
)

from tensorflow.keras.utils import to_categorical

y_train_one_hot = to_categorical(y_train)
y_test_one_hot = to_categorical(y_test)
history = model.fit(
    x_train, y_train_one_hot, batch_size=128, epochs=10,
    validation_split=0.1, callbacks=[es, mc]
)
```

학습 후에 평가 데이터에 대해 모형의 성능을 평가하면 정확도가 8.873 정도 나오는 것을 확인할 수 있습니다.

17.4.4.2 한글 텍스트 감성분석

이번에는 트랜스포머의 인코더 부분을 이용해 한글 텍스트 감성분석을 수행해 보겠습니다. 관련 코드는 `Transformer_sentiment_Korean.ipynb` 파일을 참고하세요. 여기서도 `Korean_movie_reviews_2016.txt` 파일의 영화평 데이터를 사용합니다. 데이터를 준비하는 과정은 앞에서 살펴본 것과 동일합니다. 즉, 전체 단어 중에서 빈도를 기준으로 상위 K 개의 단어를 선택한 후, 각 단어에 인덱스 번호를 부여하고 각 문서를 단어의 인덱스 번호를 사용해 표현하는 것입니다. 그리고 각 문서를 동일한 길이로 맞춰줍니다. 여기서는 상위 20,000개의 단어를 사용하고, 각 문서의 길이를 40으로 맞추겠습니다. 코드는 앞에서 살펴본 것과 동일하기 때문에 관련 설명은 생략합니다.

한글 텍스트 분석에서도 트랜스포머의 인코더 블록과 단어 임베딩 벡터 생성을 위해 앞에서 살펴본 `EncoderBlock` 클래스와 `TokenAndPositionEmbedding` 클래스를 동일하게 사용하겠습니다. 그리고 인코더 블록의 수와 멀티-헤드 어텐션의 헤드의 수가 2인 모형을 다음과 같이 생성합니다. 여기서도 마지막 인코더 블록 다음에 글로벌 평균 풀링과 드롭아웃, 그리고 완전연결층 하나와 출력층을 추가한 모형을 사용합니다.

```
embed_dim = 32   # 각 토큰의 임베딩 벡터 크기
num_heads = 2    # 어텐션 헤드의 수
ff_dim = 32      # 완전연결층의 노드 수

inputs = layers.Input(shape=(maxlen,))
embedding_layer = TokenAndPositionEmbedding(maxlen, vocab_size+1, embed_dim)
x = embedding_layer(inputs)
x = EncoderBlock(embed_dim, num_heads, ff_dim)(x)
x = EncoderBlock(embed_dim, num_heads, ff_dim)(x)
x = layers.GlobalAveragePooling1D()(x)
x = layers.Dropout(0.1)(x)
x = layers.Dense(20, activation="relu")(x)
x = layers.Dropout(0.1)(x)
outputs = layers.Dense(2, activation="softmax")(x)

model = keras.Model(inputs=inputs, outputs=outputs)
```

영어 텍스트에서와 마찬가지로 compile() 함수를 이용해 옵티마이저, 비용함수, 모형 성능 평가 지표를 설정한 후 fit() 함수를 이용해 학습합니다. 평가 데이터에 대해 모형의 성능을 평가하면 정확도가 0.901 정도 나오는 것을 확인할 수 있습니다.

 참고 **트랜스포머 기반 알고리즘들**

트랜스포머 발표 이후, 많은 논문이 트랜스포머를 기반으로 한 자연어처리 관련 알고리즘을 발표했습니다. 그러한 알고리즘은 세 종류로 구분될 수 있습니다. 트랜스포머의 인코더 부분을 활용한 알고리즘, 디코더 부분만 활용한 알고리즘, 그리고 인코더와 디코더 부분을 모두 활용한 것으로 구분됩니다. 이러한 구분에 따른 주요한 알고리즘은 그림 17.20과 같습니다. 이 책에서는 인코더 부분을 활용한 알고리즘들과 디코더 부분을 활용한 알고리즘들에 대해서 설명합니다.

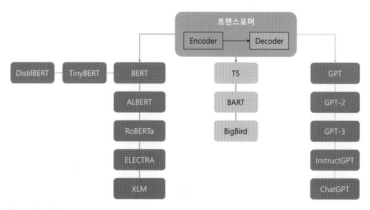

그림 17.20 트랜스포머 기반 주요 알고리즘

18

BERT

지금까지 셀프 어텐션과 인코더-디코더 어텐션을 바탕으로 한 트랜스포머 알고리즘에 대해서 살펴봤습니다. 지금부터는 트랜스포머를 바탕으로 하는 BERT(Bidirectional Encoder Representations from Transformers)에 대해 알아보겠습니다.[87] 기본적으로 BERT는 전체 트랜스포머 모형과는 달리 트랜스포머의 인코더 부분만을 사용합니다. 기본적인 구조는 트랜스포머의 인코더 부분과 유사하기 때문에 트랜스포머를 제대로 이해했다면 BERT의 작동 방식을 이해하는 것은 어렵지 않을 것입니다.

BERT의 기본적인 취지는 대용량의 학습 데이터를 사용해 학습을 수행한 사전학습 모형(pre-trained model)을 만들자는 것입니다. 그리고 그러한 사전학습 모형을 새로운 작업[88]에 적용하자는 것입니다. 사전학습 모형을 사용하는 이러한 방법을 전이학습(transfer learning)이라고 합니다. 조금 더 구체적으로 언급하자면, 모형이 갖는 파라미터의 최적값을 일단 대용량의 학습 데이터를 이용해서 도출한 후 적용하고자 하는 작업(즉, 다운스트림 작업)에 따라 그 값을 조금씩 조정(즉, 미세조정, fine-tuning)하여 사용할 수 있게 한 것입니다. 이미지 분석의 경우 ImageNet 데이터셋을 이용한 전이학습이 일반적인 방법인데, 이미지 분석에서 사용되던 방법을 이제 텍스트 데이터에도 적용해 보자는 것입니다.[89]

---

87 Devlin, J., Chang, M. W., Lee, K., & Toutanova, K.(2018). Bert: Pre-training of deep bidirectional transformers for language understanding. arXiv preprint arXiv:1810.04805
88 사전학습 모형이 적용되는 이러한 새로운 작업을 다운스트림 작업(downstream task)이라고 합니다.
89 BERT 이전에도 그러한 시도는 있었습니다. ULMFiT 등이 그러한 예입니다.

18.1 BERT의 구조

BERT는 앞에서 말한 것처럼 트랜스포머의 인코더 부분만을 사용합니다. 다만, 인코더 블록의 수와 멀티 헤드 어텐션에서 사용한 어텐션의 수, 그리고 각 단어(즉, 토큰) 임베딩 벡터 및 은닉 상태 벡터의 크기는 트랜스포머와 다릅니다. BERT 논문에서는 서로 다른 두 가지 버전이 사용됐습니다. 하나는 $BERT_{BASE}$ 버전이고 다른 하나는 $BERT_{LARGE}$ 버전입니다. 둘의 차이는 다음과 같습니다.

- $BERT_{BASE}$: L=12, H=768, A=12, 전체 파라미터의 수=110M
- $BERT_{LARGE}$: L=24, H=1024, A=16, 전체 파라미터의 수=340M

여기서 L은 인코더 블록의 수, H는 임베딩 벡터 또는 은닉 상태 벡터의 차원의 수, A는 멀티 헤드 어텐션에서 사용한 어텐션의 수를 의미합니다. 두 버전이 작동하는 방식에는 큰 차이가 없기 때문에 여기서는 조금 더 간단한 $BERT_{BASE}$를 기준으로 설명하겠습니다.

BERT의 전체적인 구조는 그림 18.1과 같습니다. BERT는 두 개의 문장으로 구성된 입력 데이터(하나의 문장을 입력받을 수도 있습니다)를 입력받습니다. 이때 입력 데이터를 토큰[90] 단위로 쪼개는데, BERT에서는 WordPiece 토큰화(tokenization) 방법을 사용했습니다(해당 방법이 어떻게 작동하는지는 이후에 나오는 '파이썬 코딩하기'에서 구체적으로 다루겠습니다). 두 개의 문장으로 구성된 입력 데이터에 존재하는 토큰들 이외에도 BERT에서는 특정한 두 개의 토큰을 추가합니다. 하나는 입

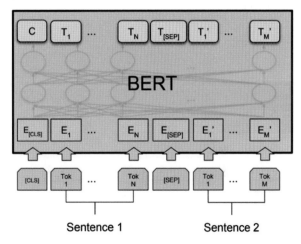

그림 18.1 BERT의 구조

력 데이터 가장 앞부분에 추가되는 [CLS]라는 토큰이고(class를 의미합니다), 또 다른 하나는 두 개의 문장을 구분하는 목적으로 사용된 [SEP]라는 토큰으로 두 개의 문장 중간과 두 번째 문장 끝에 추가됩니다. 이러한 토큰들의 임베딩 벡터를 입력받아 BERT를 이용하여 작업한 후에 각 토큰에 대한 결과물이 출력됩니다. 그 결과물도 벡터의 형태이며, 이러한 벡터를 은닉 상태 벡터라고 합니다. 그림 18.1에서 'BERT'에

---

90 하나의 토큰은 하나의 단어라고 생각할 수 있습니다.

해당하는 부분(**BERT**)이 트랜스포머에서 사용된 여러 개의 인코더 블록으로 구성되어 있다고 생각하면 됩니다.

다시 말하지만, BERT가 출력하는 값은 각 토큰에 대한 은닉 상태 벡터입니다. 그림 18.1에서는 T로 표현됐습니다. Ti는 토큰 i에 대한 은닉 상태 벡터를 의미합니다. 그리고 C는 입력되는 시퀀스 데이터에 붙는 [CLS]라는 토큰에 대한 은닉 상태 벡터가 됩니다. [CLS]는 입력된 두 개의 문장으로 구성된 시퀀스 데이터의 전체적인 특성 정보를 반영하는 역할을 합니다(RNN 계층의 경우, 마지막 RNN 층에서 출력하는 은닉 상태 벡터와 같은 역할을 한다고 생각할 수 있습니다). 이러한 C의 은닉 상태 벡터는 보통 문서 분류 등의 목적에 사용됩니다.

BERT의 인코더 블록에 입력되는 각 토큰에 대한 정보는 트랜스포머의 경우와 약간 다릅니다. 트랜스포머에서는 토큰의 임베딩 정보와 위치 기반 임베딩 정보를 사용했습니다. BERT에서는 이러한 두 가지 정보에 추가로 문장 임베딩 정보를 사용했습니다. 각 토큰은 최종적으로 그림 18.2에서와 같이 세 가지 종류의 정보(즉, 다음 그림에서의 token embedding, sentence embedding, position embedding)의 합으로 구성됩니다.

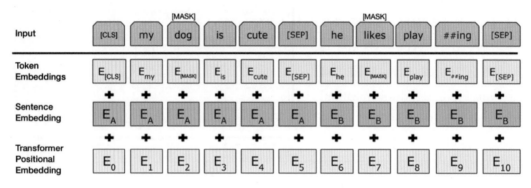

그림 18.2 인코더 블록에 입력되는 임베딩 벡터의 구성

토큰 임베딩(Token embedding)이나 위치 임베딩(Positional embedding)은 트랜스포머에서와 같은 방식으로 작동합니다. BERT에 새롭게 추가된 부분은 문장 임베딩(sentence embedding)입니다. 이 임베딩 정보는 각 토큰이 입력된 두 개의 문장(즉, A와 B 문장) 중에서 어떤 문장에 속하는지를 나타내기 위해 사용됐습니다. 이렇게 각 토큰에 대해 서로 다른 세 가지 임베딩 정보를 갖게 되고, 이러한 세 가지의 임베딩 정보를 더한 것이 각 토큰에 대해 최종적으로 BERT의 인코더 블록에 입력되는 값이 됩니다.

18.1.1 BERT 내부 구조

앞에서 말한 것처럼, BERT는 트랜스포머의 인코더 부분에서 사용된 인코더 블록을 여러 개 쌓아 놓은 형태입니다. BERT 논문에서는 인코더 블록을 12개 사용한 모형과 24개 사용한 모형 두 가지를 제안했습니다. 해당 모형을 그림으로 표현하면 그림 18.3과 같습니다.

앞에서 살펴본 입력된 (두 개의 문장으로 구성된) 시퀀스 데이터를 구성하는 각 토큰에 대한 임베딩 정보가 첫 번째 인코더 블록의 입력값으로 전달됩니다. 그리고 한 인코더 블록의 출력값은 다음 인코더의 입력값으로 전달됩니다. 각 인코더 블록이 어떻게 구성되고 어떻게 작

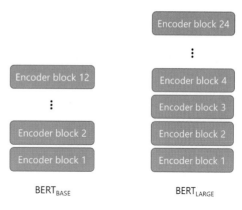

그림 18.3 BERT 버전에 따른 인코더 블록의 수와 구조

동하는지는 트랜스포머 부분에서 설명했기 때문에 여기서는 생략하겠습니다.

18.1.2 BERT 학습

BERT는 두 가지 작업을 동시에 수행하면서 모형이 갖는 파라미터들의 값을 학습합니다. 하나는 마스크 언어 모형(Masked language model, MLM)이고 다른 하나는 다음 문장 예측(Next Sentence Prediction, NSP)입니다. MLM은 입력된 데이터를 구성하는 토큰 중에서 일부 토큰을 비워놓고(즉, mask 처리하고) 해당 단어를 맞히는 작업을 말합니다. NSP는 입력된 두 개의 문장이 서로 연속된 문장인지 그렇지 않은지를 맞히는 것입니다.

18.1.2.1 Task1: 마스크 언어 모형(Masked Language Model, MLM)

MLM은 일반적인 언어 모형과 다르게 다음에 출현할 단어를 맞히는 것이 아니라, 입력된 텍스트 데이터에서 (마스크 처리된) 임의의 단어를 맞히는 것입니다. BERT는 입력되는 데이터를 구성하는 단어 중 15%를 랜덤하게 마스킹 단어로 선택하고 마스킹 단어의 자리에 위치하는 원래 단어를 예측합니다. 마스킹 단어로 선택된 단어의 원래 단어를 예측하기 위해 학습 과정에서는 교차 엔트로피 비용함수를 사용했습니다.

 참고 BERT에서의 마스킹(Masking)

BERT에서는 마스킹 단어로 선택된 단어에 대한 예측 작업을 수행하기 위해 해당 단어를 [MASK]라는 특정한 토큰으로 대체합니다. 하지만 BERT에서는 임의로 선택된 15%의 단어를 모두 [MASK] 토큰으로 대체하지 않았습니다. 해당 논문에 따

르면, 15%의 토큰 중에서 80%만 [MASK] 토큰으로 대체했고, 10%는 임의의 단어로, 나머지 10%는 원래 단어로 대체했습니다. 해당 논문에 따르면, 15% 단어 전체를 [MASK] 토큰으로 대체하지 않은 이유는 학습 과정과 실제 데이터 분석을 위한 미세 조정 과정에 존재하는 미스매치(mismatch)를 줄이기 위해서라고 합니다. 학습에서는 [MASK] 토큰이 사용되는 반면, 실제 작업을 위한 미세 조정 과정에서는 [MASK]라는 토큰이 사용되지 않기 때문입니다. 이렇게 해야지만, 미세 조정의 성능이 더 좋아질 수 있다고 논문의 저자들은 얘기하고 있습니다.

앞에서 언급한 마스킹 과정이 어떻게 수행되는지 구체적인 예를 통해 살펴보겠습니다. 다음과 같은 하나의 문장으로 구성된 학습 데이터가 있다고 가정하겠습니다.

입력 시퀀스 → 'my dog is cute and it has a long tail'

입력 시퀀스를 구성하는 토큰(즉, 단어) 중 마스킹을 위해 임의로 선택된 15%에 해당하는 토큰이 'cute'라고 가정합니다. 해당 입력 시퀀스가 전체 학습 과정에서 사용되는 정도를 100이라고 가정하면 다음과 같은 식으로 다른 토큰으로 대체됩니다.

- 그중 80%를 [MASK] 토큰으로 대체: 예) 'cute' → [MASK]
- 그중 10%를 임의의 토큰으로 대체: 예) 'cute' → 'your'
- 그중 10%를 원래의 토큰으로 대체: 예) 'cute' → 'cute'

위와 같은 과정을 거쳐, 만약 학습에 [MASK] 토큰이 포함된 문장이 사용된다면 다음과 같이 입력됩니다.

[CLS] my dog is [MASK] and it has a long tail [SEP]

그리고 해당 문장에 대해서 BERT를 통해 각 토큰에 대한 은닉 상태 벡터가 출력됩니다(그림 18.4 참고).

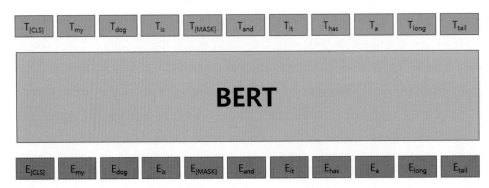

그림 18.4 [MASK] 토큰에 대한 은닉 상태 벡터 출력의 예

이렇게 나오는 결과 중에서 [MASK] 토큰에 대한 결과인 $T_{[MASK]}$를 소프트맥스 활성화 함수의 입력값으로 전달합니다.[91] $T_{[MASK]}$는 768차원의 벡터이고, BERT에서 사용한 전체 토큰의 수를 N(원 논문에서는 30,000개 정도가 됩니다)이라고 하면 그림 18.5와 같이 표현할 수 있습니다.

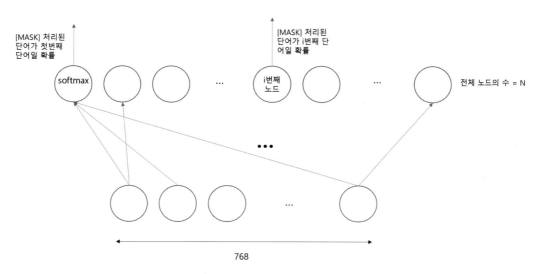

그림 18.5 [MASK] 토큰에 위치하는 정답 단어 예측

이러한 출력값을 사용해 교차 엔트로피 비용함수를 계산합니다.

18.1.2.2 Task2: 다음 문장 예측(Next Sentence Prediction, NSP)

BERT는 학습을 위한 두 번째 태스크로 NSP를 사용합니다. 이는 두 개의 문장을 하나의 시퀀스 데이터로 입력받아 두 번째 문장이 실제로 첫 번째 문장 다음에 출현하는 문장인지 그렇지 않은지를 예측하는 것입니다. 실제로 두 번째 문장이라면(즉, 두 개의 문장이 실제로 연결된 것이라면) 정답이 'IsNext'가 되고 그렇지 않으면 정답이 'NotNext'가 되는 학습 데이터를 이용해 학습하는 것입니다. 이것은 정답이 두 개인 분류 문제가 됩니다. 학습 데이터의 50%는 실제로 연결된 두 문장으로 구성되고(정답이 'IsNext'), 나머지 50%에 대해서는 두 번째 문장으로 랜덤하게 선택된 문장이 사용됩니다(정답이 'NotNext'). 다음과 같은 두 개의 입력 시퀀스를 예로 살펴보겠습니다.

---

91 마스킹 단어로 선택된 15% 단어에 대해 동일한 작업을 수행합니다. 즉, [MASK] 토큰이 아닌 다른 단어 혹은 원래의 단어로 대체된 단어에 대해서도 예측 작업이 수행됩니다.

- **입력 시퀀스1**: [CLS] the man went to [MASK] store [SEP] he bought a gallon [MASK] milk [SEP]

  위의 입력 시퀀스는 두 문장이 실제로 연결된 문장이기 때문에 정답이 'IsNext'가 됩니다.

- **입력 시퀀스2**: [CLS] the man [MASK] to the store [SEP] penguin [MASK] are flight ##less birds [SEP]

  위의 입력 시퀀스는 두 문장이 실제로 연결된 문장이 아니기 때문에 정답이 'NonNext'가 됩니다.

NSP 작업을 위해 클래스(class)를 의미하는 [CLS] 토큰이 연속된 두 개의 문장 중 첫 문장의 앞부분에 추가되고, 분리(separation)를 의미하는 [SEP] 토큰이 각 문장의 끝에 추가됩니다. 그리고 두 개의 문장 중에서 첫 번째 문장인지 두 번째 문장인지를 구분하는 문장 임베딩 정보도 추가됩니다. NSP에서는 [CLS] 토큰에 대한 은닉 상태 벡터를 사용하여 정답을 예측합니다(그림 18.6 참고). 즉, [CLS] 토큰에 대한 은닉 상태 벡터가 출력 노드가 두 개인 출력층의 입력값으로 사용되는 것입니다(각 출력 노드의 활성화 함수는 소프트맥스입니다). 여기에서 [CSL] 토큰의 은닉 상태 벡터를 사용하는 이유는, [CSL] 토큰의 은닉 상태 벡터가 입력된 두 문장에 대한 정보를 담고 있기 때문입니다.

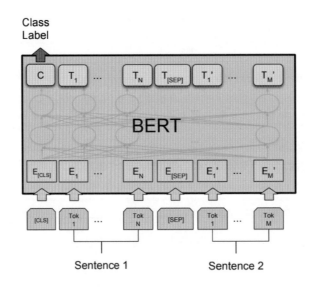

그림 18.6 [CLS] 토큰의 결과물을 이용한 분류 작업

BERT는 이 두 가지 작업의 비용함수를 이용해 전체적인 비용함수를 구성하고, 전체 비용함수를 최소화하게끔 파라미터들을 학습합니다. BERT는 학습을 위해 커다란 두 개의 데이터셋을 사용했습니다. 하나는 Toronto BooksCorpus(800M words)이고 다른 하나는 영어 Wikipedia(2,500M words) 데이터입니다. 이렇게 커다란 학습 데이터를 가지고 학습한 결과로 모형이 갖고 있는 파라미터들의 최적값을 도출합니다. BERT를 사용해서 어떠한 새로운 문제를 풀고자 하는 경우, 이렇게 학습된 사전학습 모형

(pre-trained model)을 사용합니다. 이렇게 사전학습된 모형을 새로운 문제에 적용하는 방법을 전이학습(transfer learning)이라고 합니다.

전이학습 방법은 크게 두 가지로 구분할 수 있습니다. 하나는 미세조정(fine-tuning) 방법이고 다른 하나는 특성 정보 기반(feature-based) 방법입니다. 미세조정 방법은 사전학습 모형을 우리가 풀고자 하는 새로운 문제에 대한 학습 데이터를 이용해 새롭게 학습하는 방법입니다. 다만, 완전히 새롭게 모형의 파라미터 값을 학습하는 것이 아니라, 사전학습 모형이 가지고 있는 파라미터값을 초깃값으로 사용해 추가적인 조정을 통해 우리가 갖고 있는 학습 데이터에 더 적합한 파라미터 값을 얻게 됩니다. 특성 정보 기반 방법은 사전학습 모형이 가지고 있는 파라미터값을 그대로 사용하는 방법입니다. BERT의 경우에는 사전학습 모형을 이용해 우리가 갖고 있는 데이터를 구성하는 단어와 문장의 은닉 상태 벡터를 얻게 됩니다. 이렇게 사전학습 모형을 통해 얻어진 벡터 정보가 우리가 가지고 있는 단어 또는 문장이나 문서의 특성 정보가 되기 때문에, 이러한 방법을 특성 기반 방법이라고 합니다. 이렇게 사전학습 모형을 이용해 도출되는 단어 혹은 문서의 특성 정보를 이용해서 군집화, 문서 분류 등의 추가적인 작업을 수행할 수 있습니다.

18.1.3 BERT 논문에서 사용된 다운스트림 작업

BERT 논문에서 저자들은 사전학습된 BERT 모형을 미세조정 방법을 이용해서 여러 가지의 새로운작업에 적용하고 모형의 성능을 평가했습니다. 이렇게 사전학습된 모형이 적용되는 새로운 작업을 다운스트림 작업(downstream task)이라고 표현합니다. 해당 논문에서 수행된 작업에는 1) 하나의 문장을 다른 문장으로 표현하는 것(paraphrasing), 2) 자연어 추론(natural language inference, a.k.a., entailment)[92], 3) 질의-응답(question answering), 4) 텍스트 분류가 있습니다.

의역(parapharasing) 작업의 경우에는 관련이 있는 두 개의 문장이, 자연어 추론 작업의 경우는 함의 (entailment) 관계 여부를 나타내는 두 개의 문장이, 질의-응답 작업의 경우는 질문과 그에 대한 정답이, 그리고 텍스트 분류의 경우에는 하나의 문서(혹은 문장)가 사전학습 BERT 모형의 입력값으로 사용됩니다.

BERT 논문에서 미세조정을 위해 사용된 데이터셋은 GLUE(General Language Understanding Evaluation), SQuAD(Stanford Question Answering Dataset), SWAG(Situations With Adversarial Generations)입니다. GLUE는 여러 가지 서로 다른 작업에 대한 데이터셋을 포함하고 있습니다. 자연어 추론 관련 데이터셋인 MNLI(Multi-Genre Natural Language Inference), 질의-응답 데이터셋인

---

92 자연어 추론이란 문장 A(premise)가 주어졌을 때 또 다른 문장 B(hypothesis)가 문장 A에 의해 추론될 수 있는 것인지(entailment), 문장 A와 모순된 것인지(contradiction), 아니면 참/거짓을 알 수 없는 것인지(neutral)인지를 판단하는 것을 말합니다.

QNLI(Question Natural Language Inference), 감성분석 데이터셋인 SST−2(Stanford Sentiment Treebank) 등이 그러한 예입니다. SQuAD는 질의·응답을 위한 데이터셋이고, SWAG는 자연어 추론을 위한 데이터셋입니다.

18.1.4 BERT를 이용한 각 단어의 벡터 추출하기

$BERT_{BASE}$의 경우, 12개의 인코더 블록을 사용합니다. 각 인코더 블록에서 각 토큰에 대해 768차원의 은닉 상태 벡터를 출력합니다. 그렇다면 각 단어마다(혹은 토큰마다) 12개의 은닉 상태 벡터가 존재하는 것입니다. 그럼 최종적으로 각 단어의 벡터로 우리는 무엇을 사용하면 될까요?[93] 정해진 한 가지의 방법이 있는 것이 아니라, 여러 가지 방법이 사용될 수 있습니다. 마지막 인코더 블록의 출력값만을 사용할 수도 있고, 서로 다른 인코더 블록에서 출력하는 여러 벡터의 정보를 사용할 수도 있습니다.[94] 사용하고자 하는 벡터가 여러 개인 경우, 합을 구하거나 평균을 구할 수도 있고, 이어 붙이기를 할 수도 있습니다. 참고로, BERT 논문에서는 마지막 네 개의 인코더 블록에서 출력하는 은닉 상태 벡터들을 사용했습니다. 각 인코더 블록의 은닉 상태 벡터를 어떻게 추출하는지는 다음의 예제 코드를 보면서 설명하겠습니다.

 참고 BERT의 단어 벡터 vs. Word2vec(or FastText)

Word2vec이나 FastText의 경우, 단어의 벡터를 생성하기 위해 문맥 정보를 사용하기는 하지만 한계가 있습니다. 바로 동음이의어의 벡터 값이 같다는 것입니다. 예를 들어, '나는 과일 중에서 사과를 좋아합니다'에서의 사과와 '내가 어제 일에 대해서 너에게 사과할게'에서의 사과는 다른 의미를 갖는 단어이지만 Word2vec 경우는 동일한 벡터를 출력합니다. 하지만, BERT의 경우는 문맥적인 의미를 반영합니다. 따라서 동음이의어에 대해서도 서로 다른 벡터 결과물(인코더 블록이 출력하는 은닉 상태 벡터)을 출력합니다. 구체적인 예는 다음 절의 파이썬 코드에서 살펴보겠습니다.

18.2 파이썬 코딩하기

여기서는 앞에서 살펴본 BERT의 이론적 내용을 바탕으로 실제 코딩을 해보겠습니다.

---

93 각 토큰에 대해 인코더 블록들이 출력하는 은닉 상태 벡터 이외에도 추가적으로 한 개의 벡터가 더 있습니다. 바로 첫 번째 인코더 블록에 입력되는 임베딩 벡터입니다. 하지만 이러한 임베딩 벡터는 각 토큰에 대한 BERT의 최종 결과물로 사용하지 않습니다. 그 주된 이유는, 해당 임베딩 벡터는 각 토큰에 대해서 토큰이 갖는 문맥적 의미 혹은 다른 토큰들과의 관계 정도 등이 포함되어 있지 않기 때문입니다.
94 BERT를 통해 얻어지는 각 단어(토큰)에 대한 이러한 은닉 상태 벡터를 BERT를 통해 얻어지는 단어의 임베딩 벡터라고도 표현합니다. 이때의 임베딩 벡터는 BERT의 첫 번째 인코더 블록에 입력되는 단어의 임베딩 벡터와 다른 의미를 갖습니다.

18.2.1 BERT를 사용한 단어와 문장/문서의 벡터 추출하기

사전학습된 BERT가 실제로 어떻게 작동하는지를 설명하기 위해 하나의 문장으로 구성된 입력 데이터에 대해 사전학습된 BERT를 적용해 보겠습니다(원 논문에서는 두 개의 문장을 하나의 입력 데이터로 사용했지만, 하나의 문장만 입력해도 됩니다). 관련 코드는 BERT_word_embeddings_TF.ipynb를 참고하세요.

여기서는 허깅 페이스(Hugging Face)에서 제공하는 사전학습된 BERT 모형을 사용해서 우리가 갖고 있는 텍스트 데이터를 구성하는 단어의 벡터를 추출해 보겠습니다. 허깅 페이스의 경우, transfomers라는 모듈을 통해 사전학습 모형을 제공합니다. transformers 모듈을 이용하기 위해 다음 명령어를 명령 프롬프트 창 혹은 터미널에서 실행합니다.

```
pip install transformers
```

 참고 허깅 페이스

> 허깅 페이스는 여러 가지 다른 프로그래밍 언어와 방식으로 작성된 트랜스포머 기반의 사전학습 모형을 표준화된 방식으로 제공하는 플랫폼이라고 생각할 수 있습니다. 허깅 페이스는 여러 가지의 사전학습 모형을 transformers라는 모듈을 통해 제공합니다. 이 책이 작성되는 시기를 기준으로 텐서플로, 파이토치, JAX 등의 세 가지 딥러닝 프레임워크 기반의 코드를 제공합니다. 더 자세한 내용은 https://huggingface.co/에서 확인할 수 있습니다.

먼저 필요한 모듈과 클래스를 임포트합니다.

```
import tensorflow as tf
from transformers import BertTokenizer, TFBertModel
```

사전학습 BERT 모형을 이용하기 위해 허깅 페이스에서 제공하는 **transformers** 모듈에서 기본적으로 임포트해야 하는 클래스는 두 개입니다. 하나는 입력된 텍스트 데이터를 토큰화[95]하기 위한 클래스이고, 다른 하나는 사전학습 모형을 사용하기 위한 클래스입니다. 어떤 사전학습 모형을 사용하느냐에 따라 사용하는 토크나이제이션 클래스와 사전학습 클래스가 달라집니다.[96] 여기서는 사전학습 BERT 모형을 사용하므로, 토큰화를 위해 **BertTokenizer** 클래스를 임포트하고, 사전학습 BERT 모형을 이용하기 위해 **TFBertModel** 클래스를 임포트합니다.[97]

---

95 토큰화(Tokenization)는 입력된 텍스트 데이터를 토큰 단위로 분할하는 것을 의미합니다.
96 transformers 모듈에는 BERT 이외에도 다양한 사전학습 모형이 포함돼 있습니다.
97 허깅 페이스의 경우, 사전학습된 BERT 모형이 텐서플로 버전과 파이토치 버전으로 제공됩니다(JAX 버전도 있습니다). 여기서는 텐서플로 버전을 사용합니다. 파이토치 버전의 경우는 BertModel 클래스를 이용합니다. 텐서플로 버전의 클래스인 경우, 클래스 이름 앞에 TF가 붙습니다.

사전학습된 BERT를 이용해 입력된 텍스트 데이터를 구성하는 각 토큰의 저차원 벡터 결과[98]를 얻기 위해서는 일단 입력된 데이터를 토큰 단위로 분할하는 것이 필요합니다. BERT의 경우는 WordPiece 방법을 이용해 입력된 문장을 토큰 단위로 구분합니다. 토큰 단위로 분할하기 위해서 다음과 같이 BertTokenizer 클래스의 from_pretrained() 함수를 사용해 사전학습된 토크나이저를 다운로드합니다. 두 개의 BERT 버전 중에서, 여기서는 base 버전과 uncased(즉, 대소문자를 구분하지 않는) 버전을 사용하겠습니다. 이를 위해 from_pretrained() 함수의 인자로 'bert-base-uncased' 문자열 값을 입력합니다.

```
tokenizer = BertTokenizer.from_pretrained('bert-base-uncased')
```

■ 입력되는 텍스트 데이터의 형태

BERT는 입력 데이터로 하나의 문장 또는 두 개의 문장을 입력받습니다(원래 학습에서는 두 개의 문장이 사용됐습니다). 두 개의 문장이 입력되는 경우에는 [SEP] 토큰을 두 개의 문장 중간과 두 번째 문장 마지막에 추가하고, 하나의 문장을 입력받는 경우에는 해당 문장 끝에 [SEP] 토큰을 추가합니다(다음 예 참고).

- [CLS] The man went to the store [SEP] He bought a gallon of milk [SEP]
- [CLS] The man went to the store [SEP]

■ 토큰화(Tokenization)의 예

BERT는 자체적인 토크나이저를 제공합니다. 이는 앞에서 tokenizer = BertTokenizer. from_pretrained('bert-base-uncased')를 사용해 다운로드했습니다. 해당 토크나이저가 다음 문장을 어떻게 토큰 단위로 분할하는지 살펴보겠습니다.

```
example_text = "These days word embeddings are important."
```

해당 문장을 BERT에 입력하기 위해서는 문장 앞에 [CLS] 토큰과 문장 마지막 부분에 [SEP] 토큰을 추가해야 합니다.[99] 다음과 같이 할 수 있습니다.

---

98 다시 한번 강조하지만, BERT의 결과물로 얻어지는 각 토큰에 대한 저차원 벡터는 BERT의 인코더 블록에서 출력하는 은닉 상태 벡터를 의미합니다. 첫 번째 인코더 블록에 입력되는 임베딩 벡터를 의미하는 것이 아닙니다.

99 실제 분석에서는 이러한 토큰을 명시적으로 추가해 줄 필요 없이, 토크나이저가 자동으로 추가해 줍니다. 여기서는 그러한 토큰의 아이디를 직접 눈으로 확인하기 위해 직접 추가해서 토큰화를 수행해 보겠습니다.

```
input_text = "[CLS]" + example_text + "[SEP]"
```

BERT가 토큰화하는 방법을 확인하기 위해 위의 문장에 대해 다음과 같이 **tokenize()** 함수를 사용해 토큰 단위로 쪼개줍니다.

```
tokenized_text = tokenizer.tokenize(input_text)
```

해당 결과를 출력해 보면 다음과 같습니다. 결과로 도출된 리스트 데이터의 각 원소는 하나의 토큰을 의미합니다.

```
print(tokenized_text)
```
```
['[CLS]', 'these', 'days', 'word', 'em', '##bed', '##ding', '##s', 'are', 'important', '.', '[SEP]']
```

여기서 주의 깊게 살펴봐야 하는 것은 'embeddings'라는 단어에 대한 토큰화 결과입니다. 그 결과는 다음과 같습니다.

'em', '##bed', '##ding', '##s'

'embeddings'라는 단어가 여러 개의 토큰으로 분할되어 출력된 것을 알 수 있습니다. '##bed', '##ding', '##s'에 사용된 두 개의 해시 기호(##)는 해당 토큰이 어떠한 단어를 구성하는 하위 단어(subwords)이며, 앞부분에 어떠한 다른 단어(혹은 토큰)가 존재한다는 것을 의미합니다(참고로, 하위 단어지만 가장 앞부분에서 사용된 단어(즉, 'em')에는 해시 태그가 붙지 않습니다). 예를 들어, '##bed'가 의미하는 것은 여기서 사용된 bed라는 토큰은 더 큰 다른 단어의 일부이며, 앞에 다른 하위 단어(즉, 'em')가 존재한다는 것을 의미합니다. 즉, 침대를 의미하는 'bed'라는 단어와는 구분되는 것입니다. 이는 BERT가 각 단어를 토크나이즈하는 방식 때문에 그렇습니다.

BERT 토크나이저는 WordPiece 모형을 기반으로 작동합니다. WordPiece는 토큰화를 위해서 3만 개 정도의 토큰으로 구성된 어휘사전을 사용합니다. 이 3만 개의 토큰에는 단어, 단어의 일부, 문자 등이 포함되어 있습니다. 작동하는 원리는 다음과 같습니다. 일단 하나의 단어가 어휘 사전에 있는지를 확인합니다. 그리고 만약 없다면 해당 단어를 쪼갭니다. 그리고 그렇게 쪼갠 결과인 단어의 일부가 해당 어휘 사전에 있다면 그것을 하나의 토큰으로 간주합니다. 그렇게 해서도 찾지 못한 단어 혹은 단어의 일부는 더 쪼개서 개별 문자로 구분합니다. 그리고 쪼개진 결과가 다른 단어의 일부인 경우에는 앞에 ##를 붙여서 표현합니다. embeddings라는 단어가 위처럼 분할된 것은 embeddings라는 단어가 WordPiece가 사용하는(즉, BERT가 사용하는) 3만 개의 토큰을 저장하고 있는 어휘 사전에 단어로 포함되어 있지 않고 대신

'em', 'bed', 'ding', 's'가 해당 어휘 사전에 존재하기 때문입니다. 여기서 단어의 첫 부분에서 사용된 'em'에는 ##가 붙지 않았고, 그 이후의 하위 토큰들에는 상위 단어의 일부임을 표현하기 위해서 ##이 앞에 붙어서 출력되었습니다.

우리는 BERT를 통해 각 토큰에 대한 저차원 벡터를 얻을 수 있는데, 각 토큰의 벡터를 활용해서 'embeddings'라는 전체 단어에 대한 벡터를 추출할 수 있습니다(예: embeddngs 단어를 구성하는 각 토큰 벡터의 평균 또는 합 방식을 사용할 수 있습니다).

BertTokenizer는 각 토큰에 대한 인덱스 정보를 가지고 있습니다. 다음과 같이 확인할 수 있습니다.

```
indexed_tokens = tokenizer.convert_tokens_to_ids(tokenized_text)
for token, index in zip(tokenized_text, indexed_tokens):
    print('Token: {0},  Index: {1}'.format(token, index))
```

```
Token: [CLS],  Index: 101
Token: these,  Index: 2122
Token: days,  Index: 2420
Token: word,  Index: 2773
Token: em,  Index: 7861
Token: ##bed,  Index: 8270
Token: ##ding,  Index: 4667
Token: ##s,  Index: 2015
Token: are,  Index: 2024
Token: important,  Index: 2590
Token: .,  Index: 1012
Token: [SEP],  Index: 102
```

위의 결과를 통해 확인할 수 있듯이, [CLS]와 [SEP]이라는 토큰은 그 인덱스 번호가 101과 102입니다. BERT에서 두 토큰이 입력 데이터의 포맷을 정하는 역할을 하기 때문에 서로 인접한 인덱스 번호를 갖습니다. 참고로 다음 코드를 사용해 WordPiece 어휘 사전에 저장된 토큰들을 확인할 수 있습니다.

```
print(list(tokenizer.vocab.keys())[2000:2010])
```

```
['to', 'was', 'he', 'is', 'as', 'for', 'on', 'with', 'that', 'it']
```

이번에는 다음과 같은 또 다른 예제 문장을 살펴보겠습니다.

```
"After stealing money from the bank vault, the bank robber was seen fishing on the
                         Mississippi river bank."
```

위의 문장에는 'bank'라는 단어가 세 번 사용된 것을 확인할 수 있습니다. 그중 첫 번째 두 개의 단어는 '은행'의 의미를 갖고 마지막 하나는 '강둑'이라는 의미를 갖습니다. BERT는 동음이의어라고 할지라도 문맥적 의미에 따라 서로 다른 저차원 벡터 결과를 반환합니다.[100] 위의 예를 보면, '은행'을 의미하는 'bank'에 대해 BERT가 출력하는 벡터와 '강둑'을 의미하는 'bank'에 대해 BERT가 출력하는 벡터가 다르게 되는 것입니다. BERT를 통해 해당 단어가 사용된 문맥에 따라 어떻게 서로 다른 벡터를 갖는지 확인해 보겠습니다.

```
text = "After stealing money from the bank vault, the bank robber was seen fishing on the
Mississippi river bank."
```

이를 위해 위와 같이 **text** 변수에 저장되어 있는 텍스트 데이터를 먼저 BERT 토크나이저를 이용해 토큰 단위로 분할하는 것이 필요합니다. 이번에는 BertTokenizer가 갖는 **tokenize()** 함수를 이용하지 않고, 해당 객체인 **tokenizer**를 직접 이용해 토큰화를 수행해 보겠습니다. 이렇게 하면 [CLS]와 [SEP] 토큰을 명시적으로 추가할 필요가 없습니다. 해당 토크나이저가 자동으로 추가해 줍니다. 다음과 같이 코딩할 수 있습니다.

```
inputs = tokenizer(
    text, return_tensors="np", max_length=50, padding='max_length', truncation=True
)
```

tokenizer()의 첫 번째 인자로 토큰화 작업을 수행하기 위한 텍스트 데이터를 입력합니다. **return_tensors** 파라미터는 각 토큰화의 결과를 어떤 데이터 유형으로 추출할지에 대한 것입니다. 여기서는 넘파이의 어레이 형태로 추출하기 위해 넘파이를 의미하는 '**np**'를 입력합니다. 참고로, 텐서플로의 텐서 형태로 추출하기 위해서는 '**tf**'를, 파이토치의 텐서 형태로 추출하기 위해서는 '**pt**'를 입력합니다. 입력되는 문서의 길이를 맞춰주기 위해 **max_length** 파라미터의 값도 설정합니다. 여기서는 50으로 설정했습니다. 입력된 문서의 길이가 max_length보다 짧은 경우 제로 패딩을 하기 위해서 **padding** 파라미터의 값을 '**max_length**'로 입력합니다. 그리고 입력된 문서의 길이가 max_length보다 긴 경우에는 max_length로 길이를 맞춰주기 위해 **truncation** 파라미터의 값을 True로 설정합니다.

---

100 여기서 말하는 벡터는 인코더 블록에 입력되는 최초의 임베딩 벡터를 의미하는 것이 아니라, BERT에서 사용된 인코더 블록에서 출력하는 은닉 상태 벡터를 의미합니다. 우리는 일반적으로 이러한 은닉 상태 벡터를 BERT가 출력하는 특정 단어의 최종 저차원 벡터로 사용합니다.

참고 padding 파라미터가 취할 수 있는 값들

> padding 파라미터의 경우, 'max_length' 값 이외에 True와 False 값을 취할 수 있습니다. 데이터에 존재하는 문서의 수가 두 개 이상인 경우에 'max_length'의 값이 입력되면, 모든 문서의 길이를 tokenizer()가 갖는 max_length 파라미터의 값(여기서는 50으로 설정되었습니다)으로 맞추게 됩니다. padding 파라미터의 값이 True로 설정되는 경우에는 입력되는 문서 중에서 가장 긴 문서를 기준으로 자동으로 제로 패딩이 수행됩니다. False의 값은 패딩하지 않겠다는 것을 의미합니다.

토큰화 결과를 저장하고 있는 inputs 변수의 내용을 확인해 보겠습니다.

```
inputs
```

```
{'input_ids': <tf.Tensor: shape=(1, 50), dtype=int32, numpy=
array([[  101,  2044, 11065,  2769,  2013,  1996,  2924, 11632,  1010,
         1996,  2924, 27307,  2001,  2464,  5645,  2006,  1996,  5900,
         2314,  2924,  1012,   102,     0,     0,     0,     0,     0,
            0,     0,     0,     0,     0,     0,     0,     0,     0,
            0,     0,     0,     0,     0,     0,     0,     0,     0,
            0,     0,     0,     0,     0]])>, 'token_type_ids': <tf.Tensor: shape=(1, 50),
dtype=int32, numpy=
array([[0, 0, 0, 0, 0, 0, 0, 0, 0, 0, 0, 0, 0, 0, 0, 0, 0, 0, 0, 0, 0, 0, 0,
        0, 0, 0, 0, 0, 0, 0, 0, 0, 0, 0, 0, 0, 0, 0, 0, 0, 0, 0, 0, 0, 0,
        0, 0, 0, 0, 0]])>, 'attention_mask': <tf.Tensor: shape=(1, 50), dtype=int32, numpy=
array([[1, 1, 1, 1, 1, 1, 1, 1, 1, 1, 1, 1, 1, 1, 1, 1, 1, 1, 1, 1, 1, 1,
        0, 0, 0, 0, 0, 0, 0, 0, 0, 0, 0, 0, 0, 0, 0, 0, 0, 0, 0, 0, 0, 0,
        0, 0, 0, 0, 0, 0]])>}
```

inputs 변수에는 세 가지 정보가 저장돼 있는 것을 확인할 수 있습니다. 첫 번째는 input_ids 정보입니다. 이는 각 토큰의 아이디 정보를 의미합니다. 결과를 확인해 보면 첫 번째 토큰의 아이디가 101이고(즉, [CLS] 토큰) 마지막 토큰의 아이디가 102(즉, [SEP] 토큰)인 것을 확인할 수 있습니다. 아이디가 0인 토큰은 제로 패딩에 사용된 [PAD] 토큰을 의미합니다. tokenizer가 자동으로 [CLS] 토큰과 [SEP] 토큰을 추가한 것을 알 수 있습니다. 두 번째는 token_type_ids 정보입니다. BERT는 두 개의 문장을 입력받을 수 있는데, token_type_ids는 각 토큰이 첫 번째 문장과 두 번째 문장 중 어떤 문장에 속하는지를 나타냅니다. 그 값이 0인 경우는 첫 번째 문장에 속했다는 것을, 1인 경우는 두 번째 문장에 속했다는 것을 의미합니다. 지금은 입력되는 문장이 하나밖에 없기 때문에 모든 토큰의 token_type_ids 값이 0으로 표기됐습니다. 마지막으로 attention_mask는 원래의 토큰과 제로 패딩에 사용된 토큰을 구분하는 정보를 저장하고 있습니다. 원래 토큰인 경우에는 1을, 제로 패딩인 경우에는 숫자 0을 갖습니다.

이제 다음 코드를 이용해 사전학습된 BERT 모형을 다운로드합니다. 앞에서와 마찬가지로 이를 위해 from_pretrained() 함수를 사용합니다. 여기서도 대소문자를 구분하지 않는 기본 모형을 사용하기 위해 해당 함수의 첫 번째 인자로 'bert-base-uncased'를 입력합니다. 기본 모형의 경우 12개의 인코더 블록을 사용하는데, 다음과 같이 output_hidden_states = True로 설정하면(각 토큰에 대해) BERT가 가지고 있는 12개의 모든 인코더 블록이 출력하는 은닉 상태 벡터를 얻을 수 있습니다.[101]

```
model = TFBertModel.from_pretrained(
    'bert-base-uncased',
    output_hidden_states=True,  # 모델이 전체 은닉 상태를 반환하는지 여부
)
```

다운로드된 사전학습 모형에 다음과 같이 텍스트 데이터에 대한 토큰화 결과를 저장하고 있는 inputs 변수를 입력합니다.

```
outputs = model(inputs)
```

이렇게 하면 model()은 입력된 텍스트 데이터에 대한 사전학습 BERT 모형의 결과를 반환합니다. 그 결과를 저장하고 있는 outputs 변수에는 세 가지의 정보가 저장되어 있습니다. 하나는 last_hidden_state이고, 다른 하나는 pooler_output, 그리고 마지막은 hidden_states 정보입니다. 이는 다음과 같이 확인할 수 있습니다.

```
outputs.keys()
```

```
odict_keys(['last_hidden_state', 'pooler_output', 'hidden_states'])
```

last_hidden_state는 각 토큰에 대해 사전학습 BERT 모형의 마지막 인코더 블록이 출력하는 결과를 의미합니다. 위 예에서 입력된 문서의 수가 1이고 해당 문서의 길이가 50이며, BERT 기본 모형의 경우

---

101 다음 코드를 실행하면 출력되는 문구(예: "Some layers from the model checkpoint at bert-base-uncased were not used when initializing TFBertModel: ['mlm___cls', 'nsp___cls']···")는 현재 수행하는 작업과 관련이 없는 내용이므로 무시해도 됩니다. 이러한 문구가 출력되는 이유는 사전학습에서 사용된 모형의 구조와 우리가 사용하고자 하는 모형의 구조가 조금 다르기 때문입니다. 사전학습 시 사용된 모형의 경우는, 사전학습을 위한 추가적인 층들(예: MLM 작업과 NSP 작업을 위한 층들)을 가지고 있지만, 우리가 사용하는 모형에는 그러한 부분이 포함되어 있지 않습니다. 이러한 문구를 출력하지 않기 위해서 다음 코드를 사용할 수 있습니다.

```
from transformers import logging
logging.set_verbosity_error()
```

하나의 토큰이 갖는 은닉 상태 벡터의 크기가 768차원이기 때문에 `last_hidden_state`가 저장하고 있는 결과물의 형태는 다음과 같습니다.

```
outputs.last_hidden_state.shape
```

```
TensorShape([1, 50, 768])
```

이 결과는 그림 18.7에서 인코딩 블록 12가 각 토큰에 대해 출력하는 결과물이 됩니다.

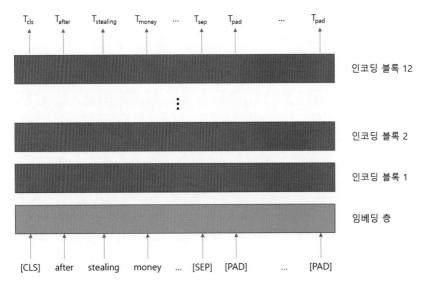

그림 18.7 예제 텍스트 데이터에 대한 BERT 결과물

예를 들어 다음과 같이 코딩하면 마지막 인코더 블록에서 반환하는 첫 번째 토큰, 즉 [CLS]의 768차원 은닉 상태 벡터를 얻을 수 있습니다.

```
last_hidden_state = outputs.last_hidden_state
last_hidden_state[0][0]   # [CLS] 토큰의 은닉 상태 벡터
```

```
<tf.Tensor: shape=(768,), dtype=float32, numpy=
array([ 1.86302587e-01, -8.85376334e-02, -3.16472143e-01,  2.16291517e-01,
        4.41600159e-02, -3.11819822e-01, -1.97564185e-01,  9.13671851e-01,
        1.19621672e-01, -3.86951983e-01,  3.09093237e-01, -1.04595676e-01,
        2.22184002e-01,  3.67674768e-01,  3.13024044e-01,  2.39848435e-01,
        1.26845583e-01,  2.78158128e-01,  6.46569550e-01, -2.51294523e-01,
        이하 생략
```

`pooler_output` 정보는 각 문서의 [CLS] 토큰에 대한 마지막 인코더 블록에서 출력하는 은닉 상태 벡터를 입력으로 받아서 다시 768차원의 최종 벡터를 반환하는 완전연결층의 결과물을 의미합니다. 지금은 입력된 문서가 하나밖에 없기 때문에 `pooler_output`의 결과는 다음과 같습니다.

```
outputs.pooler_output.shape
```

```
TensorShape([1, 768])
```

마지막으로 `hidden_states`는 사전 학습 BERT 모형이 가지고 있는 각 층에서 출력하는 모든 결과를 저장하고 있습니다. 기본 버전의 경우 12개의 인코더 블록과 한 개의 임베딩 층에 대한 결과가 저장되어 있습니다. 다음과 같이 확인할 수 있습니다.

```
hidden_states = outputs.hidden_states
len(hidden_states)
```

```
13
```

`hidden_states`의 첫 번째 원소가 임베딩 층(그림 18.7에서 임베딩 층)이 갖고 있는 벡터이고 13번째 원소가 12번째 마지막 인코더 블록(즉, 그림 18.7에서 인코딩 블록 12)에서 출력되는 은닉 상태 벡터입니다.

앞에서 언급한 것처럼, 12개의 인코더 블록이 출력하는 각 토큰의 은닉 상태 벡터 중 마지막 인코더 블록이 출력하는 벡터를 최종 결과물로 사용할 수도 있고, 다른 인코더 블록의 벡터를 최종 결과물로 사용하거나 서로 다른 인코더 블록에서 출력하는 여러 벡터의 정보를 평균이나 합을 구하는 방법으로 같이 사용할 수도 있습니다. 일반적으로 마지막 인코딩 블록이 출력하는 벡터를 최종 결과물로 사용합니다.

■ 문맥적 의미에 따른 벡터값의 차이

위의 예제 텍스트에는 서로 다른 뜻을 갖는 bank라는 단어가 사용되었습니다. 예제 데이터를 다시 한번 살펴보겠습니다.

"After stealing money from the bank vault, the bank robber was seen fishing on the
Mississippi river bank."

첫 번째 bank와 두 번째 bank는 은행이라는 뜻으로 사용됐고, 마지막에 나오는 bank는 강둑이라는 의미로 사용됐습니다. Word2vec과 같은 알고리즘은 동음이의어를 구분해서 처리하지 못한다는 단점이 있습니다. 하지만 BERT는 서로 다른 의미를 갖는 같은 형태의 단어(즉, 동음이의어)에도 다른 벡터값을 부여합니다. 즉, 동음이의어에 대해 BERT의 인코더 블록에서 출력하는 은닉 상태 벡터의 값이 다르게 되는 것입니다. 이는 같은 단어라고 할지라도 문장에서 사용된 위치가 다르고, 주변에 사용된 단어가 다르기 때문에 그렇습니다.

여기서는 각 bank 단어에 대해 사전학습 BERT 모형의 마지막 12번째 인코더 블록이 출력하는 768차원의 은닉 상태 벡터를 각 단어의 최종 벡터로 이용해 단어 간의 코사인 유사도를 계산해 보겠습니다. 일단 다음과 같이 각 'bank' 단어의 벡터를 추출합니다. 참고로 `outputs.last_hidden_state[0][6]`에서 첫 번째 인덱스 [0]은 문서를(지금은 입력된 문서가 하나밖에 없습니다), 그리고 두 번째 인덱스 [6]은 입력된 문서에 존재하는 첫 번째 'bank' 단어를 의미합니다.

```
bank1_vector = outputs.last_hidden_state[0][6]    # 첫 번째 bank
bank2_vector = outputs.last_hidden_state[0][10]   # 두 번째 bank
bank3_vector = outputs.last_hidden_state[0][19]   # 세 번째 bank
```

각 벡터는 768차원인 것을 다음과 같이 확인할 수 있습니다.

```
bank1_vector.shape
```
```
TensorShape([768])
```

단어 간의 문맥적 유사도를 파악하기 위해 단어 간의 코사인 유사도를 계산해 보겠습니다.

```
import numpy as np

# 첫 번째 bank와 두 번째 bank 간의 코사인 유사도
np.dot(bank1_vector, bank2_vector)/(np.linalg.norm(bank1_vector)*np.linalg.norm(bank2_vector))
```
```
0.9517975
```

'은행'의 의미를 갖고 있는 첫 번째 'bank'와 두 번째 'bank' 간의 코사인 유사도는 0.95 정도 나왔습니다. 다음과 같이 다른 단어 간의 유사도도 계산해 보겠습니다.

```
# 첫 번째 bank와 세 번째 bank 간의 코사인 유사도
np.dot(bank1_vector, bank3_vector)/(np.linalg.norm(bank1_vector)*np.linalg.norm(bank3_vector))
```
```
0.69389445
```

```
# 두 번째 bank와 세 번째 bank 간의 코사인 유사도
np.dot(bank3_vector, bank2_vector)/(np.linalg.norm(bank3_vector)*np.linalg.norm(bank2_vector))
```

```
0.7164332
```

위의 결과에서 알 수 있듯이 '강둑'의 의미를 갖는 세 번째 'bank'와 '은행'의 의미를 갖는 나머지 두 개의 'bank' 간의 유사도는 상대적으로 작게 나온 것을 확인할 수 있습니다.

18.2.2 영어 텍스트 감성분석

여기서는 사전학습 BERT를 이용하여 영어 텍스트로 구성된 영화평 데이터에 대한 감성분석을 수행해 보겠습니다. BERT를 이용한 문서의 분류라고 생각할 수 있습니다(한글 영화평 데이터의 분석은 다음 섹션에서 다루겠습니다). 해당 영화평 데이터는 https://github.com/clairett/pytorch-sentiment-classification/raw/master/data/SST2/train.tsv에서 다운로드할 수 있습니다. 각 영화평은 다음과 같이 긍정(1)과 부정(0)의 레이블(즉, 종속변수) 값을 갖습니다.

영화평	레이블
a stirring , funny and finally transporting re imagining of beauty and the beast and 1930s horror films	1
apparently reassembled from the cutting room floor of any given daytime soap	0
they presume their audience won't sit still for a sociology lesson	0
this is a visually stunning rumination on love , memory , history and the war between art and commerce	1
jonathan parker 's bartleby should have been the be all end all of the modern office anomie films	1

위의 영화평 데이터에 대해 여기서는 두 가지 방법을 사용해 감성분석을 수행해 보겠습니다. 첫 번째 방법은 특성 기반(feature-based) 방법이고 다른 하나는 미세 조정(fine-tuning) 방법입니다. 특성 기반 방법은 BERT와 같은 사전학습 모형을 이용해 각 문서의 특성 정보를 저차원 벡터 형태로 추출하고, 그렇게 추출된 특성 정보를 다른 분류 모형의 입력값으로 이용하여 문서를 분류하는 방법입니다. 사전학습 모형을 이용해 각 문서의 특성을 추출하기 때문에 특성 추출(feature extraction) 방법이라고도 합니다. 여기서는 각 영화평의 정보를 담고 있는 [CLS] 토큰에 대한 (은닉 상태) 벡터를 각 영화평의 특성 정보로 활용하겠습니다. 그리고 분류 모형으로는 로지스틱 회귀모형을 사용해 보겠습니다.

두 번째 방법은 미세 조정(fine-tuning) 방법입니다. 추가적인 학습없이 사전학습 모형이 가지고 있는 파라미터의 값을 그대로 사용하는 특성 기반 방법과 달리, 미세 조정 방법은 사전학습 모형이 가지고 있는 파라미터를 새로운 학습 데이터를 이용해 추가적으로 학습합니다. 새롭게 학습하더라도 각 파라미터의 초깃값으로 사전학습 결과로 도출된 파라미터의 값을 사용합니다.

18.2.2.1 특성 기반 방법

먼저 특성 기반 방법을 살펴보겠습니다. 코드는 BERT_En_movie_review_sentiment_feature_based.ipynb 파일을 참고하세요. 앞에서 언급한 것처럼, 사전학습 모형인 BERT를 이용해 각 영화평의 특성 정보를 추출하고, 그렇게 추출된 특성 정보를 별도의 분류 모형에 입력해 각 영화평의 감성을 분류합니다. 여기서는 분류 모형으로 로지스틱 회귀모형을 사용합니다. 로지스틱 회귀모형도 별도의 파라미터를 가지고 있고, 이러한 파라미터는 학습되어 있지 않기 때문에 학습을 위한 데이터가 필요합니다. 즉, 일단 정답이 있는 영화평 데이터를 준비해야 합니다.

사전학습 BERT를 이용한 특성 기반 감성분석의 전반적인 순서는 다음과 같습니다.

① **정답이 있는 데이터를 준비**: 사전학습 모형을 추가적인 학습 없이 그대로 사용하기는 하지만, 사전학습 모형이 출력하는 특성 정보에 적용되는 분류 모형(예: 로지스틱 회귀모형 등)도 자체적으로 파라미터를 갖고 있기 때문에 그러한 파라미터에 대한 학습과 모형 성능 평가를 위한 정답 데이터를 준비하는 것이 필요합니다.

② **사전학습 BERT 모형을 이용해 각 영화평의 특성 정보[102] 추출**: 사전학습 BERT 모형을 이용해 각 영화평의 특성 정보를 추출하기 위해서는 일단 각 영화평을 BERT에 입력할 수 있는 형태로 변환해야 합니다. 이러한 목적으로 사용되는 것이 BERT에서 제공하는 토크나이저(tokenizer)입니다. 이를 위해 앞에서 살펴본 **BertTokenizer** 클래스를 사용합니다. 토큰 단위로 분할된 입력 데이터를 사전학습 BERT 모형에 입력해서 각 문서에 대한 벡터를 추출합니다. 이러한 벡터가 각 영화평의 특성을 나타내는 특성 정보가 됩니다.

③ **각 영화평에 대해 사전학습 BERT 모형이 출력하는 (은닉 상태) 벡터를 각 영화평의 특성 정보로 사용하여 분류 모형 적용하기**: 앞에서 얻은 각 영화평의 특성 정보에 기계학습 분류 모형을 적용하여 문서 분류를 수행합니다. 분류 모형으로는 소프트맥스 함수를 활성화 함수로 갖는 신경망층을 적용할 수도 있고, 로지스틱 회귀 모형과 같은 전통적인 기계학습 분류 모형을 적용할 수도 있습니다.

코드를 보면서 설명하겠습니다. 기본적으로 다음 모듈과 클래스를 임포트합니다. 여기서도 허깅 페이스의 **transformers** 모듈에서 제공하는 **BertTokenizer** 클래스와 **TFBertModel** 클래스를 임포트합니다.

```
import numpy as np
import pandas as pd
import tensorflow as tf
from transformers import BertTokenizer, TFBertModel
```

---

102 이는 사전학습 BERT 모형의 인코더 블록이 출력하는 은닉 상태 벡터입니다.

다음과 같이 정답이 들어 있는 영화평 데이터를 다운로드합니다. 여기서는 pandas에서 제공하는 `read_csv()` 함수를 사용해 데이터 프레임 형태로 데이터를 다운로드하겠습니다.

```
df = pd.read_csv(
    'https://github.com/clairett/pytorch-sentiment-classification/raw/master/data/SST2/train.tsv',
    delimiter='\t',
    header=None
)
```

해당 데이터는 다음과 같이 구성되어 있습니다. 첫 번째 칼럼에 영화평이 저장돼 있고, 두 번째 칼럼에 긍/부정 정보가 저장돼 있습니다. 1은 긍정, 0은 부정을 나타냅니다.

```
df.head()
```

	0	1
0	a stirring , funny and finally transporting re...	1
1	apparently reassembled from the cutting r...	0
2	they presume their audience wo n't sit still f...	0
3	this is a visually stunning rumination on love...	1
4	jonathan parker 's bartleby should have been t...	1

여기서는 전체 영화평 중 2,000개의 영화평만을 사용하겠습니다.[103]

```
df1 = df[:2000]
```

2,000개의 영화평 중 1,041이 긍정, 949가 부정의 영화평입니다.

```
df1[1].value_counts()
```
```
1    1041
0     959
Name: 1, dtype: int64
```

일단 영화평 데이터와 레이블 정보를 별도의 변수에 저장합니다.

---

[103] 사전학습 모형인 BERT를 이용해 각 영화평의 특성 정보를 추출하는 경우, 많은 양의 메모리가 필요한 것으로 알려져 있습니다. 따라서 한 번에 많은 문서의 특성 정보를 추출하고자 하는 경우 메모리 부족 에러가 발생할 수 있습니다.

```
labels = df1[1].values # 레이블 정보 저장
texts = df1[0].values.tolist() # 영화평 정보 저장, 이는 리스트 형태로 저장합니다.
```

BertTokenizer의 경우, 텍스트 데이터를 리스트 형태로 입력받기 때문에 **tolist()** 함수를 사용해서 리스트 형태로 영화평 데이터를 준비했습니다. **texts** 변수를 확인해 보면 각 영화평이 하나의 문자열 원소로 저장된 리스트 변수인 것을 알 수 있습니다.

```
texts[:5]
```

```
['a stirring , funny and finally transporting re imagining of beauty and the beast and 1930s horror films',
 'apparently reassembled from the cutting room floor of any given daytime soap', "they presume
their audience wo n't sit still for a sociology lesson , however entertainingly presented , so
they trot out the conventional science fiction elements of bug eyed monsters and futuristic women
in skimpy clothes", 'this is a visually stunning rumination on love , memory , history and the
war between art and commerce', "jonathan parker 's bartleby should have been the be all end all
of the modern office anomie films"]
```

이러한 텍스트 데이터를 사전학습 BERT 모형에 입력하기 위해서는 **BertTokenizer**를 사용해 토큰화를 수행해야 합니다. 이를 위해 다음과 같이 일단 먼저 사전 학습된 토크나이저를 다운로드합니다. 여기서도 앞에서와 마찬가지로 **bert-base-uncased** 버전을 다운로드합니다.

```
tokenizer = BertTokenizer.from_pretrained("bert-base-uncased")
```

그다음 다음과 같이 영화평 데이터에 대한 토큰화를 수행합니다. 여기서는 문서의 길이를 30으로 맞추겠습니다.

```
tokenized_data = tokenizer(
    texts, return_tensors="np", max_length=30, padding='max_length', truncation=True
)
```

앞에서 살펴본 것처럼 **tokenized_data**에는 각 토큰에 대해 **input_ids**, **token_type_ids**, **attention_mask** 정보가 저장되어 있습니다.

사용하고자 하는 사전학습 모형을 다음과 같이 다운로드합니다. 여기서도 대소문자를 구분하지 않는 기본 모형을 사용합니다(즉, bert-base-uncased 버전). 그리고 임베딩 층과 12개의 인코더 블록에서 출력하는 결과를 모두 추출하기 위해 **output_hidden_states** 파라미터의 값을 True로 설정합니다.

```
model = TFBertModel.from_pretrained('bert-base-uncased', output_hidden_states=True)
```

다음과 같이 준비된 영화평 데이터에 대해 사전학습 BERT의 결과물을 추출합니다.

```
outputs = model(tokenized_data)
```

앞에서 살펴본 것처럼 outputs 변수에는 last_hidden_state, pooler_output, hidden_states 정보가 저장돼 있습니다. 여기서는 [CLS] 토큰에 대해 마지막 인코더 블록(즉, 12번째 인코더 블록)에서 출력하는 768차원의 은닉 상태 벡터와 풀러층[104]에서 출력하는 768차원의 벡터를 특성 정보를 사용해 감성분석을 수행하고, 결과를 비교해 보겠습니다.

■ 마지막 인코더 블록에서 출력하는 은닉 상태 벡터 사용하기

다음과 같이 마지막 인코더 블록에서 출력하는 [CLS] 토큰에 대한 은닉 상태 벡터를 추출합니다. 텐서플로 텐서 형태의 데이터를 넘파이 어레이 형태로 변환하기 위해 마지막 부분에 numpy() 함수를 적용했습니다.

```
features1 = outputs.last_hidden_state[:,0,:].numpy()
```

outputs.last_hidden_state[:,0,:]에서 첫 번째 인덱스는 문서를 의미하고, 두 번째 인덱스는 각 문서를 구성하는 토큰, 그리고 마지막은 각 토큰에 대한 768차원 벡터를 의미합니다(그림 18.8 참고).

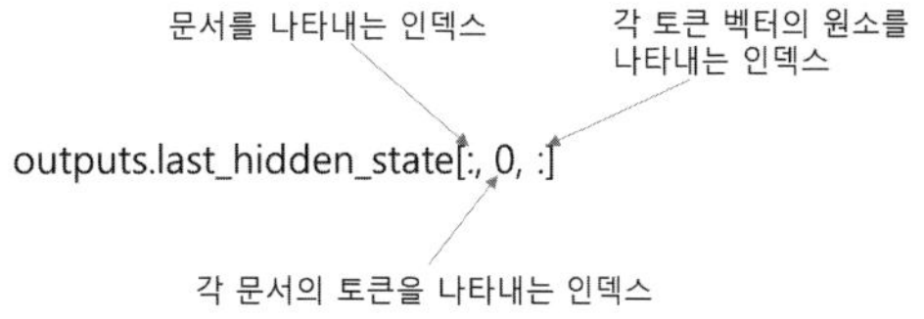

그림 18.8 outputs.last_hidden_state 인덱스의 의미

여기서는 각 문서에 대해 첫 번째 토큰인 [CLS] 토큰의 은닉 상태 벡터만 추출하기 위해 위와 같이 입력했습니다. 따라서 features1은 2000×768 형태의 행렬이 됩니다. 2,000개의 각 문서가 768차원의 벡터로 표현된 것입니다. 즉, 각 문서에 대해 768개의 특성 정보가 존재한다고 생각할 수 있습니다.

---

[104] 풀러층은 문서의 특성을 나타내는 임베딩 벡터를 추출하는 역할을 하는 층으로 [CLS] 토큰의 임베딩 벡터에 적용된 하나의 완전연결층을 의미합니다.

```
features1.shape
```

```
(2000, 768)
```

정답이 있는 전체 데이터의 특성 정보가 **features1**에, 레이블 정보가 **labels**에 저장되어 있습니다. 학습과 평가를 위해 이 전체 데이를 학습 데이터와 평가 데이터로 구분합니다. 여기서는 전체의 80%를 학습 데이터로, 나머지를 평가 데이터로 사용하겠습니다. 이를 위해 다음과 같이 해줍니다.

```
from sklearn.model_selection import train_test_split

train_features, test_features, train_labels, test_labels = train_test_split(
    features, labels, test_size=0.2, random_state=0
)
```

이제 다음과 같이 sklearn에서 제공하는 **LogisticRegression** 클래스를 이용해 학습과 평가를 합니다 (로지스틱 회귀모형을 이용한 문서 분류에 대해서는 11장을 참고하세요). 여기서는 L2 규제화 방법을 적용하겠습니다. 규제 강도(penalty strength, 즉 C)의 값은 하이퍼파라미터로, 각자 변경해 가면서 학습의 결과를 파악할 수 있습니다.

```
from sklearn.linear_model import LogisticRegression

lr2 = LogisticRegression(C=1, penalty='l2', solver='saga', max_iter=10000)
lr2.fit(train_features, train_labels)
```

학습을 마친 후, 다음과 같이 평가 데이터에 대한 모형의 성능을 확인해 볼 수 있습니다. 0.82의 정확도가 나오는 것을 확인할 수 있습니다.

```
pred_labels = lr2.predict(test_features)

from sklearn.metrics import classification_report

print(classification_report(test_labels, pred_labels))
```

```
              precision    recall  f1-score   support

           0       0.81      0.83      0.82       190
           1       0.84      0.82      0.83       210

    accuracy                           0.82       400
```

macro avg	0.82	0.83	0.82	400
weighted avg	0.83	0.82	0.83	400

■ 풀러층(pooler layer)의 결과물 사용해 보기

이번에는 마지막 인코더 블록이 반환하는 은닉 상태 벡터가 아니라, 사전학습 BERT 모형이 갖는 풀러층의 결과물을 특성 정보로 사용해 보겠습니다. 다음과 같이 사전학습 BERT 모형의 풀러층이 반환하는 결과를 추출합니다. 풀러층의 경우, 입력된 각 문서에 대해서 [CLS] 토큰에 대한 768차원 벡터만을 반환합니다. 이는 12번째 인코더 블록이 반환하는 은닉 상태 벡터에 완전연결층을 하나 더 적용해서 얻은 것입니다. 역시나 마찬가지로 넘파이의 어레이 형태로 결과를 추출하기 위해 numpy() 함수를 적용합니다.

```
features2 = outputs.pooler_output.numpy()
features2.shape
```

```
(2000, 768)
```

나머지 과정은 앞에서 수행한 것과 동일합니다. 다음과 같이 학습 데이터와 평가 데이터로 구분한 후, 로지스틱 회귀모형을 적용하여 학습을 진행합니다.

```
train_features2, test_features2, train_labels2, test_labels2 = train_test_split(
    features2, labels, test_size=0.2, random_state=0
)
lr2 = LogisticRegression(C=1, penalty='l2', solver='saga', max_iter=10000)
lr2.fit(train_features2, train_labels2)
pred_labels2 = lr2.predict(test_features2)
```

평가 데이터에 대해 모형의 성능을 확인해 보겠습니다. 정확도가 0.81이 나오는 것을 확인할 수 있습니다. 마지막 인코더 블록의 결과물을 사용했을 때보다 모형의 성능이 약간 좋지 않게 나온 것을 확인할 수 있습니다.

```
from sklearn.metrics import classification_report

print(classification_report(test_labels2, pred_labels2))
```

	precision	recall	f1-score	support
0	0.79	0.82	0.80	190

1	0.83	0.80	0.81	210
accuracy			0.81	400
macro avg	0.81	0.81	0.81	400
weighted avg	0.81	0.81	0.81	400

18.2.2.2 미세 조정 방법

이번에는 미세 조정 방법을 사용해 보겠습니다. 관련 코드는 BERT_En_movie_reviews_sentiment_fine_tuning.ipynb 파일을 참고하세요. 미세 조정 방법 기반으로 BERT를 사용하는 방법에는 두 가지가 있을 수 있습니다. 앞에서 살펴본 BERT 모형을 기본 모형으로 사용하고 그 위에 분류를 위한 새로운 신경망 층 (예: Dense 층과 소프트맥스 기반 출력층)을 추가하는 방법이 그 첫 번째 방법이며, 두 번째 방법은 허깅 페이스에서 제공하는 분류를 위한 BertForSequenceClassification 클래스를 사용하는 방법입니다. BertForSequenceClassification 클래스는 기본적인 BERT 모형에 분류를 위한 출력층이 포함된 모형이라고 생각하면 됩니다. 여기서는 BertForSequenceClassification 클래스를 사용해 미세 조정 기반 감성분석을 수행해 보겠습니다.

전반적인 순서는 앞에서 살펴본 특성 정보 기반의 방법과 많은 부분이 유사합니다. 가장 큰 차이는 미세조정 기반 방법의 경우, 학습과 평가를 위해 정답이 있는 데이터를 일단 학습 데이터와 평가 데이터로 구분해야 한다는 것입니다. 추가로 BertForSequenceClassification를 사용해 모형의 객체를 만들고, 모형의 파라미터 값을 직접 학습한다는 것이 차이가 있습니다. 학습할 때 사용되는 모형이 갖는 파라미터의 초깃값은 사전학습을 통해 도출된 파라미터의 값을 사용한다는 것을 기억하세요!

코드를 살펴보겠습니다. 앞부분과 중복되는 부분은 제외하고 새로운 부분에 대해서만 설명하겠습니다. 다음과 같이 필요한 모듈과 클래스를 임포트합니다. 여기서는 BertForSequenceClassification의 텐서플로 버전인 TFBertForSequenceClassification을 사용합니다.

```
import numpy as np
import pandas as pd
import tensorflow as tf
from transformers import BertTokenizer, TFBertForSequenceClassification
```

앞에서 사용한 동일한 데이터를 사용합니다.

```
df = pd.read_csv(
    'https://github.com/clairett/pytorch-sentiment-classification/raw/master/data/SST2/train.tsv',
    delimiter='\t',
    header=None
)
```

영화평과 레이블 정보를 별도의 변수에 저장합니다. 앞에서와 마찬가지로 영화평 데이터는 리스트 데이터 형태로 저장합니다.

```
texts = df[0].values.tolist()
labels = df[1].values
```

그리고 종속변수의 값의 형태를 원-핫 벡터의 형태로 변환합니다.

```
from tensorflow.keras.utils import to_categorical
y_one_hot = to_categorical(labels)
```

토크나이저를 불러옵니다. 여기서도 **bert-base-uncased** 버전을 사용합니다.

```
tokenizer = BertTokenizer.from_pretrained('bert-base-uncased')
```

전체 데이터를 학습 데이터와 평가 데이터로 구분합니다.

```
from sklearn.model_selection import train_test_split

X_train, X_test, y_train, y_test = train_test_split(
    texts, y_one_hot, test_size=0.2, random_state=0
)
```

학습 데이터와 평가 데이터의 영화평에 대해 별도로 토큰화 작업을 수행합니다(다음 코드 참고). 여기서도 문서의 길이를 30으로 맞추겠습니다.

```
X_train_tokenized = tokenizer(
    X_train, return_tensors="np", max_length=30, padding='max_length', truncation=True
)
X_test_tokenized = tokenizer(
    X_test, return_tensors="np", max_length=30, padding='max_length', truncation=True
)
```

그다음 사전학습 모형을 다음과 같이 다운로드합니다. 사전학습 모형은 앞에서와 동일하게 대소문자 구분 없는 기본 버전의 BERT(즉, 'bert-base-uncased')를 사용합니다. 이 예시의 경우, 종속변수가 갖는 값의 수(즉, 클래스의 수)가 2이기 때문에 from_pretrained() 함수가 갖는 num_labels 파라미터의 값을 2로 설정합니다.

```
model = TFBertForSequenceClassification.from_pretrained(
    "bert-base-uncased", num_labels=2
)
```

그다음 compile() 함수를 이용해서 사용하고자 하는 옵티마이저와 비용함수, 성능 평가 지표를 다음과 같이 지정합니다. 여기서는 옵티마이저로 Adam을 선택했습니다. 학습률의 초깃값을 2e-5으로 설정합니다(2e-5는 2×10^{-5}을 의미합니다). 사전학습 BertForSequenceClassification의 경우, 소프트맥스 함수의 출력값을 이용해 비용함수를 계산하는 것이 아니라, 소프트맥스 함수에 입력되는 값(이를 로짓, logit이라고 합니다)을 사용하기 때문에 다음과 같이 사용하고자 하는 비용함수에 대한 클래스인 BinaryCrossentropy의 생성자 함수가 갖는 from_logits 파라미터의 값을 True로 설정합니다. 모형 성능 평가 지표로는 정확도(accuracy)를 사용하겠습니다.

```
optimizer = tf.keras.optimizers.Adam(2e-5)
loss = tf.keras.losses.BinaryCrossentropy(from_logits=True)
model.compile(optimizer=optimizer, loss=loss, metrics=['accuracy'])
```

이제 학습할 준비가 됐습니다. 다음과 같이 fit() 함수를 사용해 학습합니다. 하나의 에포크당 학습 시간이 오래 걸리기 때문에 여기서는 에포크의 크기를 5로 설정했습니다. 그리고 학습 데이터의 10%를 검증 데이터로 사용하겠습니다. X_train_tokenized의 경우, 허깅 페이스의 transformers가 제공하는 BatchEncoding 형태인데, 텐서플로의 fit() 함수는 이러한 데이터 형태를 인자로 입력받지 않고 사전 형태의 데이터를 입력받기 때문에 dict() 함수를 이용해 명시적으로 데이터의 형태를 사전 형태로 변환하여 첫 번째 인자로 입력합니다.

```
history = model.fit(
    dict(X_train_tokenized), y_train, epochs=5, batch_size=128, validation_split=0.1
)
```

```
Epoch 1/5
39/39 [==============================] - 797s 20s/step - loss: 0.5637 - accuracy: 0.7565 -
val_loss: 0.4354 - val_accuracy: 0.8213
```

```
Epoch 2/5
39/39 [==============================] - 758s 19s/step - loss: 0.3155 - accuracy: 0.8866 -
val_loss: 0.3109 - val_accuracy: 0.8755
Epoch 3/5
39/39 [==============================] - 812s 21s/step - loss: 0.1841 - accuracy: 0.9426 -
val_loss: 0.3146 - val_accuracy: 0.8809
Epoch 4/5
39/39 [==============================] - 827s 21s/step - loss: 0.1147 - accuracy: 0.9663 -
val_loss: 0.3521 - val_accuracy: 0.8718
Epoch 5/5
39/39 [==============================] - 856s 22s/step - loss: 0.0776 - accuracy: 0.9799 -
val_loss: 0.3600 - val_accuracy: 0.8917
```

과적합이 발생하는지를 확인하기 위해 학습 데이터와 검증 데이터에 대한 비용함수의 값을 다음과 같이 시각화해 봅니다.

```
import matplotlib.pyplot as plt

plt.plot(history.history['loss'])
plt.plot(history.history['val_loss'])
plt.xlabel('epoch')
plt.ylabel('loss')
plt.legend(['train','val'])
plt.show()
```

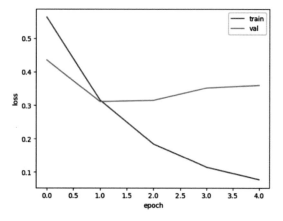

두 번째 에포크 이후부터 검증 데이터에 대한 비용함수의 값이 증가하기 시작하는 것을 확인할 수 있습니다. 이번에는 다음과 같이 조기 종료 방법을 적용하고, 검증 데이터의 비용함수 값이 최소가 되는 지점에서의 결과를 저장하겠습니다.

```
from tensorflow.keras.callbacks import EarlyStopping
from tensorflow.keras.callbacks import ModelCheckpoint


es = EarlyStopping(monitor='val_loss', mode='min', verbose=1, patience=3)
checkpoint_filepath = "./checkpoints/checkpoint_bert_en"
mc = ModelCheckpoint(checkpoint_filepath, monitor='val_loss', mode='min',
                     save_best_only=True, save_weights_only=True)
history = model.fit(
    dict(X_train_tokenized), y_train, epochs=5, batch_size=128, validation_split=0.1,
    callbacks=[es, mc]
)
```

다음과 같이 저장된 결과를 불러옵니다.

```
model.load_weights(checkpoint_filepath)
```

그리고 evaluate() 함수를 사용해 평가 데이터에 대해서 모형의 성능을 평가합니다. evaluate() 함수를 사용하는 경우에도 X_test_tokenized는 dict() 함수를 적용하여 사전 데이터의 형태로 입력해야합니다.

```
model.evaluate(dict(X_test_tokenized), y_test)
```
```
[0.2747797667980194, 0.9053468108177185]
```

비용함수의 값이 0.275 정도, 그리고 정확도가 0.905 정도 나오는 것을 확인할 수 있습니다.

이번에는 재현율, 정밀도, F1 값도 확인해 보겠습니다. 이를 위해 먼저 predict() 함수를 이용해 종속변수의 값을 예측합니다.

```
y_preds = model.predict(dict(X_test_tokenized))
```

그런데 y_preds 변수에 저장된 값은 0과 1의 값이 아니라, 소프트맥스 함수에 입력되는 로짓값입니다.

```
y_preds
```
```
TFSequenceClassifierOutput(loss=None, logits=array([[ 4.4503436, -4.532356 ],
       [ 4.5232706, -4.5642757],
       [-4.8387737,  4.8230014],
       ...,
```

```
      [-4.5704966,  4.632791 ],
      [ 0.8563282, -0.840932 ]], dtype=float32), hidden_states=None, attentions=None)
```

이는 사전학습 모형이 로짓값을 반환하기 때문에 그렇습니다. 이 로짓값을 소프트맥스에 입력하여 종속변수가 0과 1을 취할 확률을 구하고, 그 값을 이용해서 최종적인 종속변수의 값을 예측해야 합니다. 먼저 다음과 같이 텐서플로에서 제공하는 소프트맥스 함수에 로짓값을 입력합니다.

```
prediction_probs = tf.nn.softmax(y_preds.logits, axis=1).numpy()
```

prediction_probs 변수에는 확률값이 저장되어 있는 것을 확인할 수 있습니다.

```
prediction_probs
```
```
array([[9.99874473e-01, 1.25547682e-04],
       [9.99886990e-01, 1.13052374e-04],
       [6.36673140e-05, 9.99936342e-01],
       ...,
       [1.00697682e-04, 9.99899268e-01],
       [8.45176578e-01, 1.54823452e-01]], dtype=float32)
```

argmax() 함수를 사용해 최종적인 종속변수의 값을 계산합니다.

```
y_predictions = np.argmax(prediction_probs, axis=1)
y_predictions
```
```
array([0, 0, 1, ..., 1, 1, 0], dtype=int64)
```

원-핫 벡터 형태로 저장된 정답 정보도 0과 1로 표현합니다.

```
y_test = np.argmax(y_test, axis=1)
```

그리고 sklearn에서 제공하는 classification_report() 함수를 이용해 재현율, 정밀도, F1의 값을 구합니다.

```
from sklearn.metrics import classification_report

print(classification_report(y_predictions, y_test))
```

	precision	recall	f1-score	support
0	0.90	0.90	0.90	651
1	0.91	0.91	0.91	733
accuracy			0.91	1384
macro avg	0.91	0.90	0.90	1384
weighted avg	0.91	0.91	0.91	1384

18.2.3 한글 텍스트 감성분석

이번 섹션에서는 한글 텍스트에 사전학습 BERT를 적용하여 감석분석을 수행해 보겠습니다. BERT를 한글 텍스트에 적용하는 방법은 크게 두 가지 정도로 구분할 수 있습니다. 허깅 페이스에서 제공하는 BERT의 다국어(multilingual) 버전을 이용하는 것과 한글 학습 데이터를 이용해 학습한 모형을 사용하는 것입니다. 후자의 방법에도 여러 가지가 있습니다. 대표적인 예가 SKT Brain에서 공개한 KoBERT[105]와 이준범 개발자가 공개한 KcBERT[106], KLUE(Korean Language Understanding Evaluation) 데이터를 사용한 KLUE-BERT, 투블럭 AI에서 제안한 HanBERT 등입니다. 이 책에서는 이 여러 가지 모형 중에서 BERT 다국어 버전과 성능이 상대적으로 더 좋다고 알려진 KLUE-BERT와 KcBERT를 이용해 한글 영화평 데이터에 대한 감성분석을 수행해 보겠습니다.

18.2.3.1 BERT의 다국어 버전 이용해 보기

먼저 BERT 다국어 버전을 이용해 한글 영화평에 대한 감성분석을 수행해 보겠습니다. BERT 다국어 버전은 위키피디아의 문서 수를 기준으로 문서의 수가 많은 상위 104개의 언어에 대한 데이터를 학습 데이터로 사용했습니다.[107]

■ 특성 기반 방법

BERT 다국어 버전 모형을 이용해 각 문서의 특성 정보를 얻고 이를 로지스틱 회귀 모형에 적용하는 방식, 즉 특성 기반 방법을 살펴보겠습니다. 한글의 경우도 영어와 마찬가지로 각 영화평의 [CLS] 토큰에 대한 은닉 상태 벡터를 활용하겠습니다. 관련 코드는 BERT_multi_Kor_movie_reviews_sentiment_feature_based.ipynb 파일을 참고하세요.

---

105 https://github.com/SKTBrain/KoBERT를 참고하세요.
106 https://github.com/Beomi/KcBERT를 참고하세요.
107 관련 논문은 Pires, T., Schlinger, E., & Garrette, D.(2019). How multilingual is multilingual bert?, arXiv preprint arXiv:1906.01502.을 참고하세요.

다음과 같이 필요한 모듈과 클래스를 임포트합니다. 다음 코드에서 볼 수 있듯이, 한글의 경우도 기본적으로 TFBertModel을 사용합니다.

```
import tensorflow as tf
from transformers import BertTokenizer, TFBertModel
```

다음과 같이 다국어에 해당하는 토크나이저를 사용합니다. 여기서는 from_pretrained() 함수의 인자로 다국어 버전에 해당하는 'bert-base-multilingual-uncased'를 사용했습니다.

```
tokenizer = BertTokenizer.from_pretrained('bert-base-multilingual-uncased')
```

그리고 다음과 같이 다국어 버전의 BERT 모형을 불러옵니다. 위와 마찬가지로 'bert-base-multilingual-uncased'를 사용합니다. 여기서도 모든 인코더 블록이 반환하는 결과를 추출하기 위해 output_hidden_states 파라미터의 값을 True로 설정합니다.

```
model = TFBertModel.from_pretrained(
    "bert-base-multilingual-uncased",
    output_hidden_states=True
)
```

다음과 같이 분석하고자 하는 영화평 데이터를 읽어옵니다.

```
with open('Korean_movie_reviews_2016.txt', encoding='utf-8') as f:
    docs = [doc.strip().split('\t') for doc in f ]
    docs = [(doc[0], int(doc[1])) for doc in docs if len(doc) == 2]
    texts, labels = zip(*docs)
```

여기서도 설명을 위해 전체 영화평 중 2,000개의 영화평에 대한 분석만 수행해 보겠습니다.

```
texts=texts[:2000]
labels=labels[:2000]
```

BertTokenizer를 이용해 토큰화를 수행합니다. tokenizer()가 갖는 파라미터의 역할은 앞에서 살펴본 영어의 경우와 동일합니다. 여기서는 각 문서의 길이를 20으로 맞추겠습니다.

```
tokenized_data = tokenizer(
    texts, return_tensors="np", max_length=20, padding='max_length', truncation=True
)
```

이제 다음 코드를 이용해 사전학습 모형이 반환하는 결과를 추출합니다.

```
outputs = model(tokenized_data)
```

영어에서 살펴본 것처럼 outputs 변수에는 last_hidden_state, pooler_output, hidden_states 의 세 가지 정보가 저장되어 있습니다. 영어와 마찬가지로 여기서도 마지막 인코더 블록이 반환하는 각 문서의 [CLS] 토큰에 대한 은닉 상태 벡터와 풀러층이 반환하는 은닉 상태 벡터를 특성 정보로 사용해서 감성분석을 수행해 보겠습니다. 먼저 다음과 같이 각 문서에 대해 마지막 인코더 블록이 반환하는 [CLS] 토큰에 대한 은닉 상태 벡터를 추출합니다.

```
features1 = outputs.last_hidden_state[:,0,:].numpy()
```

각 문서에 대해 768차원의 벡터가 추출된 것을 확인할 수 있습니다.

```
features1.shape
```
```
(2000, 768)
```

그다음 학습 데이터와 평가 데이터로 구분하고, 로지스틱 회귀 모형을 이용해 학습 데이터에 대해 학습을 진행합니다.

```
from sklearn.model_selection import train_test_split

train_features, test_features, train_labels, test_labels = train_test_split(
    features1, labels, test_size=0.2, random_state=0
)

from sklearn.linear_model import LogisticRegression

lr2 = LogisticRegression(C=1, penalty='l2', solver='saga', max_iter=10000)
lr2.fit(train_features, train_labels)
```

평가 데이터에 대한 모형의 성능을 다음과 같이 확인해 보겠습니다.

```
pred_labels = lr2.predict(test_features)

from sklearn.metrics import classification_report
```

```
print(classification_report(test_labels, pred_labels))

              precision    recall  f1-score   support

           0       0.61      0.66      0.64       192
           1       0.66      0.62      0.64       208

    accuracy                           0.64       400
   macro avg       0.64      0.64      0.64       400
weighted avg       0.64      0.64      0.64       400
```

정확도가 0.64로 성능이 별로 좋지 못한 것을 확인할 수 있습니다. 이는 다국어 버전의 경우, 충분한 한글 데이터를 사용해 학습되지 못했고, 다른 언어에 대한 데이터도 포함되어 있기 때문입니다.

이번에는 풀러층의 결과물을 확인해 보겠습니다. 전반적인 순서는 영어와 동일합니다.

```
features2 = outputs.pooler_output.numpy()  # 풀러층의 결과 사용
train_features2, test_features2, train_labels2, test_labels2 = train_test_split(
    features2, labels, test_size=0.2, random_state=0
)
lr2 = LogisticRegression(C=1, penalty='l2', solver='saga', max_iter=10000)
lr2.fit(train_features2, train_labels2)
pred_labels2 = lr2.predict(test_features2)

from sklearn.metrics import classification_report

print(classification_report(test_labels2, pred_labels2))

              precision    recall  f1-score   support

           0       0.59      0.68      0.63       192
           1       0.65      0.56      0.60       208

    accuracy                           0.62       400
   macro avg       0.62      0.62      0.62       400
weighted avg       0.62      0.62      0.62       400
```

영어와 마찬가지로 한글의 경우도 풀러층에서 출력하는 결과를 이용했을 때의 성능이 마지막 인코더 블록에서 출력하는 결과를 사용한 경우보다 약간 좋지 않게 나왔습니다.

■ 미세조정 방법

이번에는 BERT 다국어 버전을 기반으로 한 미세조정 방법을 사용해 보겠습니다. 즉, 사전학습 모형이 갖고 있는 파라미터의 값을 준비해 새로운 학습 데이터를 이용해서 업데이트하고, 그 결과를 이용해 평가 데이터에 대한 성능을 측정해 보는 것입니다. 한국어 텍스트에 대한 미세조정 방법도 영어 텍스트에 대한 미세조정 방법과 많은 부분에서 유사하므로 여기서는 전체적인 과정을 간단하게 살펴보겠습니다. 관련 코드는 BERT_multi_Kor_movie_reviews_sentiment_fine_tuning.ipynb 파일을 참고하세요.

먼저 정답이 있는 데이터를 준비합니다. 여기서는 학습 시간을 줄이기 위해 앞에서 사용한 Korean_movie_reviews_2016.txt 파일의 일부 데이터만 저장하고 있는 Korean_movie_reviews_2016_small.txt 파일의 데이터를 사용하겠습니다(여러분은 Korean_movie_reviews_2016.txt 파일을 사용해 보세요).

```
with open('Korean_movie_reviews_2016_small.txt', encoding='utf-8') as f:
    docs = [doc.strip().split('\t') for doc in f ]
    docs = [(doc[0], int(doc[1])) for doc in docs if len(doc) == 2]
    texts, labels = zip(*docs)
```

BERT 사전학습 모형을 사용하는 데 필요한 클래스들을 임포트합니다. 영어 텍스트에서와 마찬가지로 여기서도 TFBertForSequenceClassification 클래스를 사용합니다.

```
import tensorflow as tf
from transformers import BertTokenizer, TFBertForSequenceClassification
```

토큰화를 수행하기 위해 사전학습된 토크나이저를 다음과 같이 다운로드합니다. 여기서는 bert-base-multilingual-uncased 버전을 다운로드합니다.

```
tokenizer = BertTokenizer.from_pretrained('bert-base-multilingual-uncased')
```

그다음 토큰화를 수행하기 위해 준비된 데이터를 학습 데이터와 평가 데이터로 구분합니다. 일단 먼저 종속변수를 원-핫 벡터로 표현합니다.

```
from tensorflow.keras.utils import to_categorical

y_one_hot = to_categorical(labels)
```

```
from sklearn.model_selection import train_test_split

X_train, X_test, y_train, y_test = train_test_split(
    texts, y_one_hot, test_size=0.2, random_state=0
)
```

그러고 나서 학습 데이터와 평가 데이터에 대해 토큰화를 수행합니다. 여기서도 문서의 길이를 30으로 맞추겠습니다.

```
X_train_tokenized = tokenizer(
    X_train, return_tensors="np", max_length=30, padding='max_length', truncation=True
)
X_test_tokenized = tokenizer(
    X_test, return_tensors="np", max_length=30, padding='max_length', truncation=True
)
```

BERT 사전학습 모형을 다운로드합니다. 마찬가지로 **bert-base-multilingual-uncased** 버전을 다운로드합니다. 그리고 종속변수가 취할 수 있는 값의 수(즉, 레이블의 수)가 두 개이기 때문에 **num_labels** 파라미터의 값을 2로 설정합니다.

```
model = TFBertForSequenceClassification.from_pretrained(
    "bert-base-multilingual-uncased",
    num_labels = 2
)
```

다음에는 **compile()** 함수를 사용해 옵티마이저, 비용함수, 성능 평가 지표를 설정합니다. 여기서는 옵티마이저로 Adam, 비용함수로 이진 교차 엔트로피, 성능 평가 지표로 정확도를 사용하겠습니다. 비용함수의 경우, 소프트맥스 함수가 출력하는 확률값을 이용하는 것이 아니라 소프트맥스 함수에 입력되는 로짓 값을 사용하기 때문에 다음과 같이 **from_logits** 파라미터의 값을 True로 설정합니다.

```
optimizer = tf.keras.optimizers.Adam(2e-5)
loss = tf.keras.losses.BinaryCrossentropy(from_logits=True)
model.compile(optimizer=optimizer, loss=loss, metrics=['accuracy'])
```

그다음, 조기 종료를 위해 **EarlyStopping** 클래스와 **ModelCheckpoint** 클래스를 다음과 같이 설정한 후 **fit()** 함수를 이용해 학습합니다. 여기서도 입력되는 텍스트 데이터의 형태를 명시적으로 사전 형태로 변경하기 위해 **dict()** 함수를 적용했습니다.

```
from tensorflow.keras.callbacks import EarlyStopping
from tensorflow.keras.callbacks import ModelCheckpoint

es = EarlyStopping(monitor='val_loss', mode='min', verbose=1, patience=3)
checkpoint_filepath = "./checkpoints/checkpoint_kr_multi"
mc = ModelCheckpoint(checkpoint_filepath, monitor='val_loss', mode='min',
                     save_best_only=True, save_weights_only=True)
history = model.fit(
    dict(X_train_tokenized), y_train, epochs=5, batch_size=128,
    validation_split=0.1
)
```

평가 데이터에 대해 모형의 성능을 파악해 보겠습니다. 일단 먼저 evaluate() 함수를 사용해 비용함수의 값과 정확도를 파악합니다.

```
model.load_weights(checkpoint_filepath)
model.evaluate(dict(X_test_tokenized), y_test)
```
```
[0.3552478551864624, 0.8466945886611938]
```

이제 재현율, 정밀도, F1 값을 확인해 보겠습니다. 영어에서와 마찬가지로 predict() 함수는 종속변수의 값을 반환하는 것이 아니라 로짓값을 반환하기 때문에 이를 최종 종속변수 값으로 변경하는 것이 필요합니다.

```
y_preds = model.predict(dict(X_test_tokenized))
prediction_probs = tf.nn.softmax(y_preds.logits, axis=1).numpy()

import numpy as np

y_predictions = np.argmax(prediction_probs, axis=1)
```

그리고 원-핫 벡터로 된 종속변수의 값도 0과 1로 다시 표현합니다.

```
y_test = np.argmax(y_test, axis=1)
```

마지막으로 classification_report() 함수를 사용해 모형의 성능을 파악합니다.

```
from sklearn.metrics import classification_report

print(classification_report(y_predictions, y_test))
```

	precision	recall	f1-score	support
0	0.91	0.80	0.85	3275
1	0.79	0.91	0.84	2700
accuracy			0.85	5975
macro avg	0.85	0.85	0.85	5975
weighted avg	0.86	0.85	0.85	5975

F1 값이 0.85가 나온 것을 확인할 수 있습니다.

지금까지 허깅 페이스에서 제공하는 BERT의 다국어 버전 사전학습 모형을 이용해 한국어 텍스트에 대한 감성분석을 수행해 봤습니다. 이러한 다국어 버전의 경우, 한국어만으로 구성된 학습 데이터를 사용하지 않기 때문에 한국어로만 구성된 학습 데이터를 사용하는 경우보다 모형의 성능이 좋지 않을 수 있습니다.

이제부터는 한국어 학습 데이터를 사용한 사전학습 모형에 대해 살펴보겠습니다. 이 책에서는 KLUE-BERT와 이준범 개발자가 공개한 KcBERT 사전학습 모형을 살펴보겠습니다. 두 버전 모두 BERT 모형을 특정 한글 데이터를 이용해 학습한 것입니다. KLUE(Korean Language Understanding Evaluation)-BERT는 모두의 말뭉치, CC-100-Kor, 나무위키, 뉴스, 청원 등 문서에서 추출한 63GB의 데이터로 학습됐고, KcBERT는 인터넷 댓글 데이터를 포함한 45GB의 학습 데이터를 사용했습니다.

18.2.3.2 BERT KLUE 버전 사용해 보기

여기서도 특성 정보 기반 방법과 미세 조정 방법을 사용해 보겠습니다.

■ 특성 정보 기반 방법 사용해 보기

관련된 코드는 BERT_Kor_movie_reviews_sentiment_feature_based_KLUE.ipynb 파일을 참고하세요.

일단 필요한 모듈과 클래스를 임포트합니다.

```
import tensorflow as tf
from transformers import BertTokenizer, TFBertModel
```

앞에서 수행한 것과 마찬가지로 사전학습 토크나이저와 BERT 모형을 다운로드합니다. KLUE-BERT 버전을 다운로드하기 위해 from_pretrained() 함수의 인자로 "klue/bert-base" 값을 입력합니다.

```
tokenizer = BertTokenizer.from_pretrained("klue/bert-base") # 토크나이저 다운로드하기
model = TFBertModel.from_pretrained(
    "klue/bert-base", output_hidden_states=True, from_pt=True
)
```

사전학습 모형을 다운로드할 때는 KLUE-BERT가 파이토치로 학습되어 있기 때문에 파이토치 기반 학습 결과를 텐서플로 형태로 불러오기 위해 **from_pt** 파라미터의 값을 **True**로 설정합니다.

그리고 나서 분석하고자 하는 데이터를 읽어옵니다. 여기서는 'Korean_movie_review_2016.txt' 파일의 데이터를 사용하겠습니다.

```
with open('Korean_movie_reviews_2016.txt', encoding='utf-8') as f:
    docs = [doc.strip().split('\t') for doc in f ]
    docs = [(doc[0], int(doc[1])) for doc in docs if len(doc) == 2]
    texts, labels = zip(*docs)
```

설명을 위해 해당 데이터에 저장된 영화평 중 앞의 2,000개만 사용하겠습니다.

```
texts=texts[:2000]
labels=labels[:2000]
```

준비된 영화평 데이터에 대해 토큰화를 수행합니다. 여기서도 영화평의 최대 길이를 30으로 맞추겠습니다.

```
tokenized_data = tokenizer(
    texts, return_tensors="np", max_length=30, padding='max_length', truncation=True
)
```

준비된 영화평 데이터에 대한 사전학습 모형의 결과를 추출합니다.

```
outputs = model(tokenized_data)
```

앞에서 살펴본 것과 마찬가지로 **outputs** 변수에는 세 가지 정보가 저장되어 있습니다. 여기서는 마지막 인코더 블록이 출력하는 각 영화평의 [CLS] 토큰에 대한 은닉 상태 벡터를 특성 정보로 사용하겠습니다.

```
features1 = outputs.last_hidden_state[:,0,:].numpy()
```

준비된 특성 정보와 종속변수를 학습 데이터와 평가 데이터로 구분합니다.

```
from sklearn.model_selection import train_test_split

train_features, test_features, train_labels, test_labels = train_test_split(
    features1, labels, test_size=0.2, random_state=0
)
```

학습 데이터에 로지스틱 회귀 모형을 적용해 학습하게 합니다.

```
from sklearn.linear_model import LogisticRegression

lr2 = LogisticRegression(C=1, penalty='l2', solver='saga', max_iter=10000)
lr2.fit(train_features, train_labels)
```

학습 결과를 평가 데이터에 적용하여 모형의 성능을 평가합니다.

```
pred_labels = lr2.predict(test_features)

from sklearn.metrics import classification_report

print(classification_report(test_labels, pred_labels))
```

	precision	recall	f1-score	support
0	0.77	0.80	0.79	192
1	0.81	0.78	0.80	208
accuracy			0.79	400
macro avg	0.79	0.79	0.79	400
weighted avg	0.79	0.79	0.79	400

0.79의 정확도가 나오는 것을 확인할 수 있습니다.[108]

---

108 BERT_Kor_movie_reviews_sentiment_feature_based_KLUE.ipynb 파일에는 다른 방법(풀러층의 결과물 이용 등)을 이용해 모형의 성능을
평가하는 코드도 포함되어 있으니 참고하세요.

■ 미세 조정 방법 사용해 보기

이번에는 미세 조정 방법을 사용해 보겠습니다. 관련 코드는 BERT_Kor_movie_reviews_sentiment_fine_tuning_KLUE.ipynb 파일을 참고하세요. 여기서도 Korean_movie_reviews_2016_small.txt 파일의 영화평 데이터를 사용하겠습니다. 다음과 같이 파일에 저장된 데이터를 읽어옵니다.

```python
with open('Korean_movie_reviews_2016_small.txt', encoding='utf-8') as f:
    docs = [doc.strip().split('\t') for doc in f ]
    docs = [(doc[0], int(doc[1])) for doc in docs if len(doc) == 2]
    texts, labels = zip(*docs)
```

토크나이저와 사전학습 BERT 모형을 다운로드하기 위해 다음의 클래스들을 임포트합니다.

```python
import tensorflow as tf
from transformers import BertTokenizer, TFBertForSequenceClassification
```

먼저 사전학습 토크나이저를 다운로드합니다. 여기서도 **"klue/bert-base"** 버전을 사용합니다.

```python
tokenizer = BertTokenizer.from_pretrained("klue/bert-base")
```

그다음 사전학습 KLUE-BERT 모형을 다운로드합니다. 앞에서 한 것처럼 파이토치로 학습된 결과를 텐서플로 형태로 추출하기 위해 from_pt 파라미터의 값을 True로 설정합니다.

```python
model = TFBertForSequenceClassification.from_pretrained(
    "klue/bert-base", num_labels=2, from_pt=True
)
```

종속변수의 값을 원-핫 벡터의 형태로 변환한 후, 학습 데이터와 평가 데이터로 구분합니다.

```python
from tensorflow.keras.utils import to_categorical

y_one_hot = to_categorical(labels)

from sklearn.model_selection import train_test_split

X_train, X_test, y_train, y_test = train_test_split(
    texts, y_one_hot, test_size=0.2, random_state=0
)
```

그다음, 영화평 데이터에 대해 토큰화 작업을 수행합니다. 여기서도 문서의 길이를 30으로 맞추겠습니다.

```
X_train_tokenized = tokenizer(
    X_train, return_tensors="np", max_length=30, padding='max_length', truncation=True
)
X_test_tokenized = tokenizer(
    X_test, return_tensors="np", max_length=30, padding='max_length', truncation=True
)
```

compile() 함수를 이용해 옵티마이저, 비용함수, 모형 성능 평가 지표를 설정하고 학습을 수행합니다.

```
optimizer = tf.keras.optimizers.Adam(2e-5)
loss = tf.keras.losses.BinaryCrossentropy(from_logits=True)
model.compile(optimizer=optimizer, loss=loss, metrics=['accuracy'])
```

조기 종료와 검증 데이터의 비용함수가 최소가 되는 지점에서의 학습 결과를 저장하기 위해 다음과 같이 EarlyStopping 클래스와 ModelCheckpoint 클래스를 임포트하고 생성자 함수를 이용해 객체를 만듭니다.

```
from tensorflow.keras.callbacks import EarlyStopping
from tensorflow.keras.callbacks import ModelCheckpoint

es = EarlyStopping(monitor='val_loss', mode='min', verbose=1, patience=1)
checkpoint_filepath = "./checkpoints/checkpoint_bert_klue"
mc = ModelCheckpoint(checkpoint_filepath, monitor='val_loss', mode='min',
                     save_best_only=True, save_weights_only=True)
다음과 같이 fit() 함수를 이용해 학습을 수행합니다.
history = model.fit(
    dict(X_train_tokenized), y_train, epochs=5, batch_size=128, validation_split=0.1,
    callbacks=[es, mc]
)
```

ModelCheckpoint를 이용해 저장된 결과를 다음과 같이 불러옵니다.

```
model.load_weights(checkpoint_filepath)
```

그 결과를 이용해 평가 데이터에 대해 모형의 성능을 평가해 보겠습니다. 전반적인 과정은 앞에서 수행했던 것과 동일합니다.

```
y_preds = model.predict(dict(X_test_tokenized)) # 로짓값 예측하기
prediction_probs = tf.nn.softmax(y_preds.logits, axis=1).numpy() # 로짓값을 확률값으로 변경하기

import numpy as np

y_predictions = np.argmax(prediction_probs, axis=1) # 종속변수의 값을 0과 1로 표현하기
y_test = np.argmax(y_test, axis=1) # 정답 정보를 원-핫 벡터 형태에서 0과 1의 형태로 변환하기

from sklearn.metrics import classification_report

print(classification_report(y_predictions, y_test)) # 모형의 성능 파악하기
```

	precision	recall	f1-score	support
0	0.91	0.89	0.90	2931
1	0.89	0.91	0.90	3044
accuracy			0.90	5975
macro avg	0.90	0.90	0.90	5975
weighted avg	0.90	0.90	0.90	5975

0.90의 정확도가 나오는 것을 확인할 수 있습니다.

■ KcBERT 사용하기

이번에는 이준범 개발자가 공개한 KcBERT를 사용해 감성분석을 수행해 보겠습니다. 특성 정보 기반 방법은 앞에서 설명한 것과 동일하기 때문에 여기서는 미세 조정 기반 방법에 대해서만 살펴보겠습니다. 관련 코드는 BERT_Kor_movie_reviews_sentiment_fine_tuning_KcBERT.ipynb 파일을 참고하세요.

여기서도 Korean_movie_reviews_2016_small.txt 파일의 영화평 데이터를 사용하겠습니다.

```
with open('Korean_movie_reviews_2016_small.txt', encoding='utf-8') as f:
    docs = [doc.strip().split('\t') for doc in f ]
    docs = [(doc[0], int(doc[1])) for doc in docs if len(doc) == 2]
    texts, labels = zip(*docs)
```

다음과 같이 토크나이저와 사전학습 모형을 위한 클래스들을 임포트합니다.

```
import tensorflow as tf
from transformers import BertTokenizer, TFBertForSequenceClassification
```

먼저 KcBERT 버전의 토크나이저를 다음과 같이 다운로드합니다. KcBERT 버전을 다운로드하기 위해 from_pretrained() 함수의 인자로 **"beomi/kcbert-base"** 문자열을 입력합니다.

```
tokenizer = BertTokenizer.from_pretrained("beomi/kcbert-base")
```

그다음 분류를 위한 사전학습 BERT 모형을 임포트합니다. 여기서도 KcBERT 버전을 다운로드하기 위해 **"beomi/kcbert-base"**를 첫 번째 인자 값으로 입력합니다. KcBERT도 기본적으로 파이토치를 이용해 학습돼 있으므로 그 결과를 텐서플로 형태로 추출하기 위해 from_pt 파라미터의 값을 True로 설정합니다.

```
model = TFBertForSequenceClassification.from_pretrained(
    "beomi/kcbert-base", num_labels=2, from_pt=True
)
```

종속변수의 형태를 원-핫 벡터의 형태로 변환한 후, 학습 데이터와 평가 데이터로 구분합니다.

```
from tensorflow.keras.utils import to_categorical

y_one_hot = to_categorical(labels)

from sklearn.model_selection import train_test_split

X_train, X_test, y_train, y_test = train_test_split(
    texts, labels, test_size=0.2, random_state=0
)
```

학습 데이터와 평가 데이터의 영화평에 대해 다음과 같이 토큰화를 수행합니다.

```
X_train_tokenized = tokenizer(
    X_train, return_tensors="np", max_length=30, padding='max_length', truncation=True
)
X_test_tokenized = tokenizer(
    X_test, return_tensors="np", max_length=30, padding='max_length', truncation=True
)
```

그다음 compile() 함수를 사용해 옵티마이저, 비용함수, 모형 성능 평가 지표를 설정하고 학습합니다.

```python
optimizer = tf.keras.optimizers.Adam(2e-5)
loss = tf.keras.losses.BinaryCrossentropy(from_logits=True)
model.compile(optimizer=optimizer, loss=loss, metrics=['accuracy'])

from tensorflow.keras.callbacks import EarlyStopping
from tensorflow.keras.callbacks import ModelCheckpoint

es = EarlyStopping(monitor='val_loss', mode='min', verbose=1, patience=3)
checkpoint_filepath = "./checkpoints/checkpoint_kcbert"
mc = ModelCheckpoint(
    checkpoint_filepath, monitor='val_loss', mode='min', save_best_only=True,
    save_weights_only=True
)
history = model.fit(
    dict(X_train_tokenized), y_train, epochs=5, batch_size=128, validation_split=0.1,
    callbacks=[es, mc]
)
```

학습을 마친 후, 앞에서와 마찬가지로 평가 데이터에 대해 모형의 성능을 평가합니다.

```python
model.load_weights(checkpoint_filepath)
y_preds = model.predict(dict(X_test_tokenized)) # 로짓값 예측하기
prediction_probs = tf.nn.softmax(y_preds.logits, axis=1).numpy() # 로짓값을 확률값으로 변경하기

import numpy as np

y_predictions = np.argmax(prediction_probs, axis=1) # 종속변수의 값을 0과 1로 표현하기
y_test = np.argmax(y_test, axis=1) # 정답 정보를 원-핫 벡터 형태에서 0과 1의 형태로 변환하기

from sklearn.metrics import classification_report

print(classification_report(y_predictions, y_test)) # 모형의 성능 파악하기
```

	precision	recall	f1-score	support
0	0.88	0.91	0.89	2749
1	0.92	0.89	0.90	3226

```
       accuracy                          0.90      5975
      macro avg       0.90      0.90      0.90      5975
   weighted avg       0.90      0.90      0.90      5975
```

0.90의 정확도가 나옵니다.

참고 **BERT 기반의 다른 모형들**

 여기서는 한글 텍스트 분석을 위해 사전학습 BERT 기반의 모형들을 살펴봤습니다. 하지만 그 외에도 한글 텍스트에 적용할 수 있는 BERT 기반의 다른 방법이 존재합니다(예: KcELECTRA 등). 이러한 모형을 이용한 한글 텍스트 분석은 각 모형에 대해 먼저 설명한 후에 살펴보겠습니다.

19

BERT 기반 방법들

BERT가 소개된 이후 많은 논문에서 BERT를 변형한 방법을 제안했습니다. 모형의 구조를 변경하거나 파라미터의 수를 줄이거나 더 많은 학습 데이터를 사용하거나 학습하는 방법 등을 변경했습니다. 이러한 방법들은 그 목적에 따라 크게 두 가지로 구분할 수 있을 듯합니다. 하나는 BERT가 갖는 파라미터의 수가 너무 많아서 컴퓨팅 파워가 많이 소요되는 문제가 있어 이를 해결하기 위해 제안된 방법이고, 또 다른 하나는 BERT의 성능을 향상시키기 위한 방법입니다. 여기서는 주요 모형 몇 가지를 살펴보겠습니다.

19.1 ALBERT

먼저 ALBERT에 대해 살펴보겠습니다.

19.1.1 ALBERT 소개

ALBERT는 A Lite version of BERT를 의미합니다.[109] ALBERT는 기존 BERT를 경량화한 버전이라고 생각할 수 있습니다. BERT의 단점 중 하나는 파라미터의 수가 많다는 것입니다. $BERT_{BASE}$는 110M 개의 파라미터, $BERT_{LARGE}$는 340M 개의 많은 파라미터를 가집니다. 이는 학습뿐만 아니라, 학습한 결과를 이용해 새로운 값을 예측하는 데도 많은 시간이 걸린다는 것을 의미합니다. 많은 컴퓨팅 파워를 필요

---

109 Lan, Z., Chen, M., Goodman, S., Gimpel, K., Sharma, P., & Soricut, R.(2019). Albert: A lite bert for self-supervised learning of language representations. arXiv preprint arXiv:1909.11942.

로 하기 때문에 모바일 기기 등에서 사용하기 어렵다는 문제도 존재합니다. 이러한 단점을 보완하기 위해 ALBERT는 다음 두 가지 방법을 사용해 모형이 갖는 파라미터 수를 줄였습니다.

- Factorized embedding layer parameterization
- Cross-layer parameter sharing

각 방법에 대해 살펴보겠습니다.

■ Factorized Embedding layer Parameterization(FEP)

$\text{BERT}_{\text{BASE}}$는 첫 번째 인코더 블록에 입력되는 단어 임베딩 벡터의 크기(E)와 인코더 블록이 출력하는 은닉 상태 벡터의 크기(H)가 모두 768로 동일합니다. 은닉 상태 벡터의 크기를 크게 하는 것은 텍스트 데이터가 가지고 있는 정보를 추출하는 데 있어 중요합니다. 왜냐하면 은닉 상태 벡터는 문맥적인 정보를 담고 있기 때문입니다(하지만 임베딩 벡터는 그러한 정보를 담고 있지 않습니다). 즉, 은닉 상태 벡터의 크기를 크게 할수록 문서의 특성을 더 잘 표현할 수 있습니다. 하지만 E=H이면 은닉 상태 벡터의 크기를 크게 하기 위해 임베딩 벡터의 크기도 증가시켜야 하는데, 그렇게 하면 임베딩 벡터 관련 파라미터의 수가 크게 증가하는 문제가 발생합니다. 예를 들어, E=H=768인 경우, 워드피스 토크나이저의 경우 30,000개의 토큰이 존재하기 때문에 임베딩 벡터를 위해 학습해야 하는 파라미터의 수는 30,000×768(=23,040,000)이 됩니다.

그렇게 하면 학습해야 하는 파라미터의 수가 너무 많기 때문에, FEP는 이렇게 하지 않고 일단 임베딩 벡터의 차원을 저차원(D)으로 생성하고 이를 다시 선형 변환을 통해 H 차원으로 변경해 주는 방법을 사용했습니다. 예를 들어 D=64, H=768로 하는 경우, 30,000개의 토큰에 대한 임베딩 벡터가 갖는 전체 파라미터의 수는 30,000×64+64×768(=1,969,152)이 됩니다. 이러한 두 단계의 과정은 다음과 같이 표현할 수 있습니다. 여기서는 설명을 위해 전체 토큰의 수=4, D=3, H=5인 경우를 보여줍니다. 각 토큰은 다음과 같이 원-핫 벡터로 표현됩니다. 첫 번째 행이 첫 번째 토큰에 대한 원-핫 벡터입니다.

$$\begin{bmatrix} 1 & 0 & 0 & 0 \\ 0 & 1 & 0 & 0 \\ 0 & 0 & 1 & 0 \\ 0 & 0 & 0 & 1 \end{bmatrix}$$

먼저, 각 토큰을 3차원의 벡터로 표현하기 위해 다음과 같은 4×3 형태의 $\begin{bmatrix} w_{0,0} & w_{0,1} & w_{0,2} \\ w_{1,0} & w_{1,1} & w_{1,2} \\ w_{2,0} & w_{2,1} & w_{2,2} \\ w_{3,0} & w_{3,1} & w_{3,2} \end{bmatrix}$ 가중치 행렬을 사용합니다.

$$\begin{bmatrix} 1 & 0 & 0 & 0 \\ 0 & 1 & 0 & 0 \\ 0 & 0 & 1 & 0 \\ 0 & 0 & 0 & 1 \end{bmatrix} \times \begin{bmatrix} w_{0,0} & w_{0,1} & w_{0,2} \\ w_{1,0} & w_{1,1} & w_{1,2} \\ w_{2,0} & w_{2,1} & w_{2,2} \\ w_{3,0} & w_{3,1} & w_{3,2} \end{bmatrix} = \begin{bmatrix} w_{0,0} & w_{0,1} & w_{0,2} \\ w_{1,0} & w_{1,1} & w_{1,2} \\ w_{2,0} & w_{2,1} & w_{2,2} \\ w_{3,0} & w_{3,1} & w_{3,2} \end{bmatrix}$$

그다음, 도출된 3차원 벡터를 최종 벡터 형태인 5차원으로 변환하기 위해 다음과 같이 3×5 형태의 가중

치 행렬 $\begin{bmatrix} w'_{0,0} & w'_{0,1} & w'_{0,2} & w'_{0,3} & w'_{0,4} \\ w'_{1,0} & w'_{1,1} & w'_{1,2} & w'_{1,3} & w'_{1,4} \\ w'_{1,0} & w'_{2,1} & w'_{2,2} & w'_{2,3} & w'_{2,4} \end{bmatrix}$ 을 사용합니다.

$$\begin{bmatrix} w_{0,0} & w_{0,1} & w_{0,2} \\ w_{1,0} & w_{1,1} & w_{1,2} \\ w_{2,0} & w_{2,1} & w_{2,2} \\ w_{3,0} & w_{3,1} & w_{3,2} \end{bmatrix} \times \begin{bmatrix} w'_{0,0} & w'_{0,1} & w'_{0,2} & w'_{0,3} & w'_{0,4} \\ w'_{1,0} & w'_{1,1} & w'_{1,2} & w'_{1,3} & w'_{1,4} \\ w'_{1,0} & w'_{2,1} & w'_{2,2} & w'_{2,3} & w'_{2,4} \end{bmatrix} = E$$

이렇게 해서 도출된 E 행렬은 각 토큰의 임베딩 벡터를 담고 있는 행렬로, 그 크기는 4×5가 됩니다. 따라서 각 단어에 대한 5차원 임베딩 벡터를 생성하는 데 사용된 전체 파라미터의 수는 4×3+3×5가 됩니다. 이러한 두 단계 방법을 사용했을 때 파라미터 수가 줄어드는 정도는 H와 D의 차이가 클수록 커집니다. 이 방법을 사용하면 임베딩 벡터의 파라미터 수를 크게 증가시키지 않고도 은닉 상태 벡터의 크기를 크게 할 수 있다는 장점이 있습니다.

▪ Cross-layer parameter sharing(CPS)

Cross-layer parameter sharing은 BERT가 가진 모든 인코더 블록의 파라미터들을 학습하는 것이 아니라, 첫 번째 인코더 블록의 파라미터만 학습하고 해당 파라미터의 값을 나머지 인코더 블록의 파라미터가 공유하는 것을 의미합니다. 이렇게 하면 인코더 블록의 수가 늘어나도 새롭게 학습해야 하는 파라미터의 수가 증가하지 않는다는 것을 뜻합니다. 그리고 ALBERT 논문의 저자들에 따르면 파라미터 공유를 하면 파라미터의 값이 보다 안정적으로 학습된다고 합니다.

파라미터를 공유하는 방법은 첫 번째 인코더 블록의 어떤 층의 파라미터를 공유하느냐에 따라 세 가지 방법으로 구분됩니다. 이해를 돕기 위해 다시 한번 인코더 블록을 살펴보겠습니다. 앞에서 살펴본 것처럼, 하나의 인코더 블록은 그림 19.1과 같이 여러 개의 또 다른 층으로 구성됩니다.

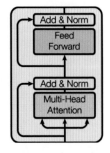

그림 19.1 인코더 블록의 구성

인코더 블록의 어떤 층의 파라미터를 공유하는지에 따른 세 가지 방법은 다음과 같습니다.

- **All-shared**: 인코더 블록의 모든 하위 층이 갖는 파라미터를 공유합니다. 이 방법이 ALBERT의 기본 방법으로 사용됐습니다.
- **Shared feedforward network**: 인코더 블록의 Feed-Forward 층이 갖는 파라미터만 공유합니다.
- **Shared attention**: 인코더 블록의 Multi-head Self Attention 층이 갖는 파라미터만 공유합니다.

ALBERT는 이 방법을 사용해서 파라미터의 수를 1/18배로 줄였고, 학습의 속도도 1.7배 빨라지는 효과를 얻었습니다. 그리고 파라미터의 수가 줄어들면 모형의 복잡한 정도가 줄어들어 모형이 갖는 일반화의 정도가 증가하는 효과도 있습니다.

■ ALBERT의 학습 방법

ALBERT는 마스크 언어 모형과 문장 순서 예측(Sentence Order Prediction, SOP) 작업을 통해 학습됐습니다. 즉, 원래의 BERT에서 사전학습에 사용했던 다음 문장 예측(Next Sentence Prediction, NSP) 작업은 사용하지 않았습니다. ALBERT 논문의 저자들은 NSP 작업이 여러 가지 다운스트림 작업에 대해 모형의 성능을 개선하는 데 있어 중요한 역할을 하지 못한다고 했습니다. 그 저자들은 아마도 그 이유가 NSP가 MLM보다 훨씬 더 쉬운 작업이기 때문일 것이라고 추측합니다. NSP와 마찬가지로 SOP도 이진 분류 문제입니다. 연속된 두 개의 문장 중에서 두 번째 문장이 실제로 첫 번째 문장과 연속된 문장인지 그렇지 않은지를 예측하는 것이 아니라, 입력된 두 개의 문장에 대해 두 문장의 순서가 제대로 되었는지 아니면 바뀌었는지를 예측하는 작업입니다. 예를 들어, 다음과 같은 두 개의 문장이 문장 1과 문장 2의 순서로 입력된다고 가정합니다.

문장 1: I watched an action movie yesterday.

문장 2: It was fun.

이 경우 문장 1과 문장 2의 순서가 제대로 됐기 때문에 종속변수의 값이 긍정이 됩니다. 하지만 위 두 개의 문장이 다음과 같이 입력됐다면 문장의 순서가 바뀌었기 때문에 종속변수의 값이 부정이 됩니다.

문장 1: It was fun.

문장 2: I watched an action movie yesterday.

■ BERT와의 비교

이러한 방법을 사용해 ALBERT는 인코더 블록이 출력하는 은닉 상태 벡터의 크기를 원래의 BERT에 비해 훨씬 크게 할 수 있었고, 그럼에 불구하고 파라미터의 수는 BERT보다 적었으며, 모형의 성능은 더 좋게 할 수 있었습니다. 예를 들어, ALBERT xlarge 버전의 경우, 은닉 상태 벡터의 크기는 2048인데, 파라미터의 수는 60M 개만 존재합니다. 이와 비교해 원래 BERTBASE 모형은 은닉 상태 벡터의 크기가 768이고, 파라미터의 수는 110M이었습니다. ALBERT xlarge 버전의 경우, 파라미터의 수는 $BERT_{BASE}$에 비해 55% 정도였지만, 모형의 성능은 SQuAD, MNLI, SST-2, RACE[110] 등의 작업에서 비슷한 수준으로 나왔습니다. BERT와 ALBERT의 자세한 성능 비교는 그림 19.2를 참고하세요.

Model		Parameters	SQuAD1.1	SQuAD2.0	MNLI	SST-2	RACE	Avg
BERT	base	108M	90.4/83.2	80.4/77.6	84.5	92.8	68.2	82.3
	large	334M	92.2/85.5	85.0/82.2	86.6	93.0	73.9	85.2
ALBERT	base	12M	89.3/82.3	80.0/77.1	81.6	90.3	64.0	80.1
	large	18M	90.6/83.9	82.3/79.4	83.5	91.7	68.5	82.4
	xlarge	60M	92.5/86.1	86.1/83.1	86.4	92.4	74.8	85.5
	xxlarge	235M	**94.1/88.3**	**88.1/85.1**	**88.0**	**95.2**	**82.3**	**88.7**

그림 19.2 BERT와 ALBERT의 성능 비교

19.1.2 파이썬 코딩하기

이번에는 ALBERT를 이용해 영어와 한글 텍스트에 대한 감성분석을 수행해 보겠습니다. 여기서는 허깅페이스에서 제공하는 사전 학습된 ALBERT를 사용하겠습니다.

19.1.2.1 ALBERT를 이용한 영어 영화평 감성분석

사전 학습 BERT를 이용한 감성분석과 마찬가지로 사전 학습 ALBERT 모형을 이용한 감성분석 방법은 크게 두 가지로 구분될 수 있습니다. 하나는 사전 학습 모형이 출력하는 문서에 대한 저차원 벡터를 특성 정보로 사용하는 특성 정보 기반 방법이고, 다른 하나는 사전 학습 모형을 사용한 미세 조정 방법입니다.

먼저 특성 정보 기반 방법을 살펴보겠습니다.

---

110 RACE(ReAding Comprehension from Examinations) 작업은 영어 시험 문제지로부터 추출된 27,933개의 지문과 97,867개의 문제로 구성된 데이터셋에 대해 지문을 읽고 문제를 맞히는 작업입니다.

■ 특성 정보 기반 방법

관련 파일은 ALBERT_En_movie_review_sentiment_feature_based.ipynb을 참고하세요. ALBERT 를 사용한 특성 정보 기반의 방법은 BERT를 이용해 특성 정보를 추출해서 감성분석을 한 것과 거의 동일 합니다. 가장 중요하게 해야 하는 작업은 두 가지입니다. 하나는 사전학습된 토크나이저를 이용해 입력 텍스트를 토큰화하는 것이고, 다른 하나는 그렇게 준비된 입력 데이터에 대해 사전학습된 ALBERT 모형을 적용해 각 문서의 특성 정보를 추출하는 것입니다. 그다음 그렇게 추출된 특성 정보에 기계학습 분류 모형을 적용하여 문서 분류, 즉 감성분석을 수행합니다. 전반적인 과정은 사전학습 BERT 모형을 이용하는 것과 비슷하기 때문에 여기서는 차이가 나는 부분 중심으로 간략하게 살펴보겠습니다.

다음과 같이 필요한 모듈과 클래스를 임포트합니다. ALBERT의 경우, 토큰화를 위해 `BertTokenizer` 가 아닌 `AlbertTokenizer` 클래스를 사용하고, 사전학습 모형을 위해 `TFBertModel`이 아닌 `TFAlbertModel` 클래스를 사용합니다.

```
import numpy as np
import pandas as pd
import tensorflow as tf
from transformers import AlbertTokenizer, TFAlbertModel
```

여기서도 BERT에서 사용했던 영화평 데이터를 사용합니다. 이를 위해 다음과 같이 다운로드합니다.

```
df = pd.read_csv(
    'https://github.com/clairett/pytorch-sentiment-classification/raw/master/data/SST2/train.tsv',
    delimiter='\t',
    header=None
)
```

여기서도 전체 영화평 중 2,000개의 영화평만 사용하겠습니다.

```
df1=df[:2000]
```

그리고 영화평 데이터와 레이블 정보를 별도의 변수에 저장합니다.

```
labels = df1[1].values
texts = df1[0].values.tolist()
```

다음과 같이 **AlbertTokenizer** 클래스의 **from_pretrained()** 함수를 이용해 토크나이저를 다운로드합니다. 여기서는 ALBERT 기본형 V2 버전(**'albert-base-v2'**)을 다운로드합니다.

```
tokenizer = AlbertTokenizer.from_pretrained("albert-base-v2")
```

참고 ALBERT의 경우는 sentencepiece 토크나이저를 사용하기 때문에 이를 사용하기 위해서는 다음 명령어를 터미널이나 명령 프롬프트 창에서 실행해서 해당 모듈을 설치해야 합니다.

```
pip install sentencepiece
```

sentencepiece 토크나이저는 wordpiece 토크나이저와 비슷한 하위단어(subword) 토크나이저의 한 종류입니다. 하지만 wordpiece 토크나이저가 1차적으로 텍스트를 공백문자 기준으로 분할하는 과정을 거치는 것과 달리, sentencepiece 토크나이저는 공백문자도 하나의 문자(character)로 간주합니다. 즉, 공백문자를 기준으로 단어를 분할하는 과정을 거치지 않고 하위 단어를 출현 빈도에 따라 정해진 어휘 사전의 크기만큼 어휘 사전에 저장하는 방식을 사용합니다. 따라서 영어뿐만 아니라 띄어쓰기를 기준으로 단어를 구분하지 않는 다른 언어(예: 중국어 등)에도 적용할 수 있다는 장점이 있습니다. 더 자세한 내용은 해당 논문[111]을 참고하기 바랍니다.

이제 **tokenizer**를 이용해 다음과 같이 영화평 데이터에 대한 토큰화를 수행합니다. 각 파라미터의 의미는 앞에서 살펴본 것과 동일합니다.

```
tokenized_data = tokenizer(
    texts, return_tensors="np", max_length=30, padding='max_length', truncation=True
)
```

이번에는 사용하고자 하는 사전학습 ALBERT 모형을 다음과 같이 다운로드합니다. 토크나이저와 동일한 버전, 즉 **'albert-base-v2'**를 사용합니다. 그리고 모든 인코더 블록의 출력 결과물을 얻기 위해 **output_hidden_states** 파라미터의 값을 **True**로 설정합니다.

```
model = TFAlbertModel.from_pretrained('albert-base-v2', output_hidden_states=True)
```

그리고 다음과 같이 토크나이즈된 영화평 데이터에 대해 사전학습 모형의 결과를 추출합니다.

```
outputs = model(tokenized_data)
```

---

111 Kudo, T., & Richardson, J.(2018). Sentencepiece: A simple and language independent subword tokenizer and detokenizer for neural text processing. arXiv preprint arXiv:1808.06226.

사전학습 BERT 모형을 사용하는 경우와 마찬가지로 outputs 변수에는 last_hidden_state, pooler_output, hidden_states 정보가 저장되어 있습니다. 다음과 같이 확인할 수 있습니다.

```
outputs.keys()
```

```
odict_keys(['last_hidden_state', 'pooler_output', 'hidden_states'])
```

BERT와 마찬가지로 ALBERT 기본 모형도 hidden_states 변수에는 12개의 인코더 블록과 임베딩 층의 결과물이 저장되어 있는 것을 확인할 수 있습니다.

```
len(outputs.hidden_states)
```

```
13
```

여기서도 BERT 모형에서 했던 것과 마찬가지로 12번째 인코더 블록에서 각 영화평에 대해 출력하는 [CLS] 토큰에 대한 결과를 특성 정보로 사용하겠습니다. 이를 위해 다음과 같은 코드를 입력합니다.

```
features = outputs.last_hidden_state[:,0,:].numpy()
```

features 변수에는 각 영화평에 대한 768차원의 특성 정보 벡터가 저장되어 있습니다.

```
features.shape
```

```
(2000, 768)
```

여기서도 로지스틱 회귀모형을 사용해 분류 작업을 수행하겠습니다. 로지스틱 회귀모형의 성능을 평가하기 위해 다음과 같이 8:2의 비율로 학습 데이터와 평가 데이터를 분할합니다.

```
from sklearn.model_selection import train_test_split

train_features, test_features, train_labels, test_labels = train_test_split(
    features, labels, test_size=0.2, random_state=0
)
```

여기서도 L2 규제화 기반의 로지스틱 회귀 모형을 다음과 같이 사용합니다.

```
from sklearn.linear_model import LogisticRegression

lr2 = LogisticRegression(C=1, penalty='l2', solver='saga', max_iter=10000)
lr2.fit(train_features, train_labels)
```

학습을 통해 도출된 모형의 성능을 평가 데이터를 이용해서 평가합니다.

```
pred_labels = lr2.predict(test_features)

from sklearn.metrics import accuracy_score

accuracy_score(test_labels, pred_labels)
```
```
0.785
```

ALBERT 기본 버전의 경우, 정확도 0.785가 나왔습니다. 사전학습 BERT 기본 모형을 이용한 경우(정확도=0.82)보다 모형의 성능이 안 좋게 나온 것을 확인할 수 있습니다. 그림 19.2에서 확인할 수 있듯이, ALBERT 기본 버전은 파라미터의 수가 18M밖에 되지 않아 성능이 BERT의 성능보다 상대적으로 좋지 않습니다. 각자 ALBERT xlarge 또는 xxlarge 버전을 사용해 보기를 권장합니다. 이를 위해 `from_pretrained()` 함수의 인자로 `"albert-xlarge-v2"` 또는 `"albert-xxlarge-v2"`를 입력하면 됩니다.

■ 미세 조정 기반 방법

이번에는 사전 학습된 ALBERT 모형을 준비된 학습 데이터를 사용하여 미세조정하여 감성분석을 수행해 보겠습니다. 관련 코드는 ALBERT_En_movie_reviews_sentiment_fine_tuning.ipynb 파일을 참고하세요. 전반적인 과정은 사전학습 BERT 모형 기반의 미세 조정 방법과 거의 유사합니다.

필요한 모듈을 다음과 같이 임포트합니다.

```
import numpy as np
import pandas as pd
import tensorflow as tf
```

여기서도 앞에서 사용했던 영화평 데이터를 사용하겠습니다.

```
df = pd.read_csv(
    'https://github.com/clairett/pytorch-sentiment-classification/raw/master/data/SST2/train.tsv',
    delimiter='\t',
    header=None
)
texts = df[0].values.tolist()
labels = df[1].values
```

ALBERT 토크나이저와 사전학습 ALBERT 모형을 위한 클래스를 다음과 같이 임포트합니다. BERT 미세 조정과 마찬가지로 여기서도 허깅 페이스에서 제공하는 ALBERT 기반의 사전 학습 분류 모형을 위한 **TFA lbertForSequenceClassification** 클래스를 사용합니다. 해당 클래스를 통해 다운로드할 수 있는 분류 모형은 기본적인 ALBERT에 추가로 분류를 위한 출력층이 포함된 모형입니다.

```
from transformers import AlbertTokenizer, TFAlbertForSequenceClassification
```

여기서도 **"albert-base-v2"** 버전의 토크나이저를 이용해 토큰화를 수행하겠습니다. 원한다면 **"albert-xlarge-v2"**나 **"albert-xxlarge-v2"** 버전을 사용해도 됩니다.

```
tokenizer = AlbertTokenizer.from_pretrained("albert-base-v2")
```

토큰화는 학습 데이터와 평가 데이터에 대해 별도로 수행하겠습니다. 다음과 같이 전체 데이터를 학습 데이터와 평가 데이터로 분할합니다. 분할 전에 종속변수의 값을 원-핫 벡터의 형태로 변환합니다.

```
from tensorflow.keras.utils import to_categorical

y_one_hot = to_categorical(labels)

from sklearn.model_selection import train_test_split

X_train, X_test, y_train, y_test = train_test_split(
    texts, y_one_hot, test_size=0.2, random_state=0
)
```

학습 데이터와 평가 데이터의 영화평에 대해 토큰화를 수행합니다. 여기서도 영화평의 길이를 30으로 맞추겠습니다.

```
X_train_tokenized = tokenizer(
    X_train, return_tensors="np", max_length=30, padding='max_length', truncation=True
)
X_test_tokenized = tokenizer(
    X_test, return_tensors="np", max_length=30, padding='max_length', truncation=True
)
```

문서 분류를 위한 사전 학습 ALBERT 모형을 다음과 같이 다운로드합니다. 여기서도 "albert-base-v2" 버전을 다운로드합니다.

```
model = TFAlbertForSequenceClassification.from_pretrained("albert-base-v2", num_labels=2)
```

그러고 나서 다음과 같이 compile() 함수를 사용해 옵티마이저, 비용함수, 모형 성능 평가 지표를 설정합니다. 이는 BERT 미세 조정 부분에서 수행한 것과 동일합니다.

```
optimizer = tf.keras.optimizers.Adam(2e-5)
loss = tf.keras.losses.BinaryCrossentropy(from_logits=True)
model.compile(optimizer=optimizer, loss=loss, metrics=['accuracy'])
```

조기 종료 방법을 사용하기 위해 EarlyStopping 클래스와 ModelCheckpoint 클래스를 다음과 같이 설정한 후, fit() 함수를 이용해 학습합니다. 여기서도 영화평 데이터는 사전 형태로 입력하기 위해 dict() 함수를 명시적으로 적용합니다.

```
from tensorflow.keras.callbacks import EarlyStopping
from tensorflow.keras.callbacks import ModelCheckpoint

es = EarlyStopping(monitor='val_loss', mode='min', verbose=1, patience=3)
checkpoint_filepath = "./checkpoints/checkpoint_albert_en"
mc = ModelCheckpoint(checkpoint_filepath, monitor='val_loss', mode='min',
                     save_best_only=True, save_weights_only=True)
model.fit(
    dict(X_train_tokenized), y_train, epochs=10, batch_size=128, validation_split=0.1,
    callbacks=[es, mc]
)
```

학습이 종료된 이후에는 evaluate() 함수를 사용해 모형의 성능을 평가합니다.

```
model.load_weights(checkpoint_filepath)
model.evaluate(dict(X_test_tokenized), np.array(y_test))
```
```
[0.3438771069049835, 0.8641618490219116]
```

비용함수의 값이 0.34 정도, 그리고 정확도가 0.86 정도 나온 것을 확인할 수 있습니다. 이번에는 재현율, 정밀도, F1 값을 계산해 보겠습니다. BERT 미세 조정 부분에서 사용한 코드와 동일한 코드를 사용합니다.

```
y_preds = model.predict(dict(X_test_tokenized)) # 로짓값 예측하기
prediction_probs = tf.nn.softmax(y_preds.logits, axis=1).numpy() # 로짓값을 확률값으로 변경하기
y_predictions = np.argmax(prediction_probs, axis=1) # 종속변수의 값을 0과 1로 표현하기
y_test = np.argmax(y_test, axis=1) # 정답 정보를 원-핫 벡터 형태에서 0과 1의 형태로 변환하기

from sklearn.metrics import classification_report

print(classification_report(y_predictions, y_test)) # 모형의 성능 파악하기
```

	precision	recall	f1-score	support
0	0.89	0.83	0.86	688
1	0.84	0.90	0.87	696
accuracy			0.86	1384
macro avg	0.87	0.86	0.86	1384
weighted avg	0.87	0.86	0.86	1384

F1 값이 0.86이 나왔습니다. BERT의 경우(F1=0.91)보다 낮게 나온 것을 확인할 수 있습니다.

19.1.2.2 ALBERT를 이용한 한글 영화평 감성분석

이번에는 ALBERT를 이용해 한글 영화평 감성분석을 수행해 보겠습니다. 여기서는 허깅 페이스에 등록된 ALBERT의 한글 버전인 "albert-kor-base"를 사용해 미세 조정 기반으로 감성분석을 수행하겠습니다. 관련 코드는 ALBERT_Kor_movie_reviews_sentiment_fine_tuning.ipynb 파일을 참고하세요. 전반적인 순서는 영어와 비슷합니다.

필요한 모듈을 다음과 같이 임포트합니다.

```
import tensorflow as tf
import numpy as np
import pandas as pd
```

그다음, 분석에 사용하고자 하는 영화평 데이터를 다음과 같이 읽어옵니다. 여기서도 앞에서 사용했던 동일한 영화평 데이터를 사용하겠습니다.

```
with open('Korean_movie_reviews_2016_small.txt', encoding='utf-8') as f:
    docs = [doc.strip().split('\t') for doc in f ]
    docs = [(doc[0], int(doc[1])) for doc in docs if len(doc) == 2]
    texts, labels = zip(*docs)
```

토크나이저와 사전학습 ALBERT 모형을 다운로드하기 위해 다음의 클래스들을 임포트합니다.

```
from transformers import BertTokenizer, TFAlbertForSequenceClassification
```

다음과 같이 ALBERT 사전학습 토크나이저를 다운로드합니다. from_pretrained() 함수의 인자로 우리가 사용하고자 하는 모형인 "kykim/albert-kor-base"을 입력합니다. "kykim/albert-kor-base" 버전의 경우, AlbertTokenizer 클래스가 아니라 BertTokenizer 클래스를 이용해야 합니다.

```
tokenizer= BertTokenizer.from_pretrained("kykim/albert-kor-base")
```

종속변수의 값을 원-핫 벡터로 표현한 후, 학습 데이터와 평가 데이터로 구분합니다.

```
from tensorflow.keras.utils import to_categorical

y_one_hot = to_categorical(labels)

from sklearn.model_selection import train_test_split

X_train, X_test, y_train, y_test = train_test_split(
    texts, y_one_hot, test_size=0.2, random_state=0
)
```

그다음 학습 데이터와 평가 데이터에 대해 토큰화를 수행합니다.

```
X_train_tokenized = tokenizer(
    X_train, return_tensors="np", max_length=30, padding='max_length', truncation=True
)
X_test_tokenized = tokenizer(
    X_test, return_tensors="np", max_length=30, padding='max_length', truncation=True
)
```

한국어 버전 ALBERT 사전학습 모형을 다운로드합니다. 앞에서와 마찬가지로 모형의 버전으로 "kykim/albert-kor-base" 값을 입력합니다. 해당 모형도 파이토치를 이용해 학습됐기 때문에 그 결과를 텐서플로 형태로 추출하기 위해 from_pt 파라미터의 값을 True로 설정합니다.

```
model = TFAlbertForSequenceClassification.from_pretrained(
    "kykim/albert-kor-base", num_labels=2, from_pt=True
)
```

이후의 과정은 앞부분과 동일합니다.

```python
optimizer = tf.keras.optimizers.Adam(2e-5)
loss = tf.keras.losses.BinaryCrossentropy(from_logits=True)
model.compile(optimizer=optimizer, loss=loss, metrics=['accuracy'])

from tensorflow.keras.callbacks import EarlyStopping
from tensorflow.keras.callbacks import ModelCheckpoint

es = EarlyStopping(monitor='val_loss', mode='min', verbose=1, patience=3)
checkpoint_filepath = "./checkpoints/checkpoint_albert_kr"
mc = ModelCheckpoint(
    checkpoint_filepath, monitor='val_loss', mode='min', save_best_only=True,
    save_weights_only=True
)
history = model.fit(
    dict(X_train_tokenized), y_train, epochs=5, batch_size=128, validation_split=0.1,
    callbacks=[es, mc]
)
```

평가 데이터에 대해 모형의 성능을 평가해 보겠습니다.

```python
model.load_weights(checkpoint_filepath)
y_preds = model.predict(dict(X_test_tokenized))
prediction_probs = tf.nn.softmax(y_preds.logits, axis=1).numpy()
y_predictions = np.argmax(prediction_probs, axis=1)
y_test = np.argmax(y_test, axis=1)

from sklearn.metrics import classification_report

print(classification_report(y_predictions, y_test))
```

	precision	recall	f1-score	support
0	0.88	0.89	0.88	2820
1	0.90	0.89	0.89	3155
accuracy			0.89	5975
macro avg	0.89	0.89	0.89	5975
weighted avg	0.89	0.89	0.89	5975

F1 값이 0.89가 나오는 것을 확인할 수 있습니다.

19.2 RoBERTa

이번에는 RoBERTa에 대해 살펴보겠습니다.

19.2.1 RoBERTa 소개

RoBERTa는 Robustly Optimized BERT-Pretraining Approach를 의미합니다.[112] 해당 논문의 저자들은 BERT가 심각하게 덜 학습됐다고 하면서, 모형의 성능을 향상시키기 위해 여러 가지 대안적인 학습 방법을 제안합니다. RoBERTa 논문에서 새롭게 적용한 내용은 다음과 같습니다.

1. 정적 마스킹(static masking)이 아닌 동적 마스킹(dynamic masking) 방법 사용
2. 학습을 위해 NSP(next sentence prediction) 작업을 사용하지 않음
3. 더 많은 데이터를 사용하고, 학습 시 더 큰 크기의 미니 배치를 사용
4. WordPiece 토크나이저가 아닌 바이트 단위 바이트 페어 인코딩(BBPE) 방법 사용

각 내용에 대해 조금 더 자세하게 살펴보겠습니다.

■ 동적 마스킹 방법 사용

BERT의 경우는 전처리 과정을 통해 15%의 토큰을 랜덤하게 마스킹 대상 토큰으로 선택한 후 그중 80%는 [MASK] 토큰으로 대체, 10%는 유지, 10%는 다른 토큰으로 대체했습니다. 전처리 과정에서 이러한 작업을 한 번만 수행한 후, 그러한 데이터셋을 학습 과정에서 반복적으로 여러 번 사용했습니다. 즉, 학습 과정에서 동일한 마스킹 토큰에 대해 여러 번 반복적으로 예측한다는 의미입니다. 이러한 방법을 정적 마스킹이라고 합니다. RoBERTa의 경우는 입력 시퀀스의 동일한 마스킹 토큰이 에포크마다 사용되는 것을 피하기 위해 다른 방식으로 정적 마스킹을 진행했습니다. 동일한 문장을 10개 복사해서 사용하고 각 문장에 대해 랜덤하게 15%를 [MASK] 토큰으로 대체합니다. RoBERTa의 경우 전체적으로 40에포크를 학습하는데, 각 에포크에 대해 복사된 10개의 문장 중 하나씩만 사용합니다. 이렇게 하면 동일한 하나의 문장이 매 에포크에서 사용되는 것이 아니라 전체 에포크 중 네 번의 에포크에서만 사용됩니다. 그리고 이러한 정적 마스킹 방법의 결과와 동적 마스킹(dynamic masking) 방법을 사용한 결과를 비교했습니다.

---

112 Liu, Y., Ott, M., Goyal, N., Du, J., Joshi, M., Chen, D., … & Stoyanov, V.(2019). Roberta: A robustly optimized bert pretraining approach. arXiv preprint arXiv:1907.11692.

동적 마스킹은 전처리 과정에서 미리 마스킹 토큰을 정하는 것이 아니라 입력 문장이 학습을 위해 모형에 입력될 때마다 랜덤하게 마스킹 토큰을 선택하는 방법입니다. 그림 19.3은 동적 마스킹을 적용한 결과를 원래의 BERT의 정적 마스킹 방법을 사용한 결과, 그리고 해당 논문에서 저자들이 사용한 정적 마스킹 방법의 결과와 비교하여 보여줍니다. 동적 마스킹 방법을 사용한 경우의 결과가 정적 마스킹의 결과와 유사하거나 조금 더 나은 것을 확인할 수 있습니다. MLNI의 경우는 조금 더 안 좋게 나왔습니다.

Masking	SQuAD 2.0	MNLI-m	SST-2
BERT$_{BASE}$	76.3	84.3	92.8
RoBERTa			
static	78.3	84.3	92.5
dynamic	78.7	84.0	92.9

그림 19.3 마스킹 방식에 따른 성능 비교

■ 학습을 위해 NSP 작업을 사용하지 않음

원 BERT 논문의 저자들은 학습 과정에서 NSP(next sentence prediction) 작업을 수행하는 것이 다운스트림 작업 관련 모형의 성능을 향상시키는 데 중요한 역할을 한다고 주장했으나, 그 이후 몇몇 논문에서 NSP가 오히려 모형의 성능을 저하한다는 내용이 제시됐습니다(예: Lample & Conneau, 2019[113]; Joshi et al., 2020[114] 등). RoBERTa 논문에서는 이를 검증하기 위해 NSP를 수행한 경우와 그렇지 않은 경우의 결과를 비교하는 작업을 수행했습니다. 이를 위해 네 가지 방식으로 입력 데이터의 포맷을 달리하면서 모형의 성능을 비교했습니다. 그 네 가지는 SEGMENT-PAIR+NSP, SENTENCE-PAIR+NSP, FULL-SENTENCES, DOC-SENTENCES입니다. SEGMENT-PAIR+NSP, SENTENCE-PAIR+NSP는 NSP 작업을 수행한 것이고, 나머지 둘은 NSP 작업은 수행하지 않고 입력되는 데이터의 형태만 달리한 것입니다. 각 경우의 입력 데이터의 형태를 살펴보겠습니다.

- SEGMENT-PAIR+NSP: 하나의 입력 시퀀스(즉, 하나의 관측치)가 두 개의 세그먼트로 구성되며, 하나의 세그먼트는 여러 개의 문장을 포함할 수 있습니다. 단, 전체 길이는 512보다 길 수 없습니다. 두 개의 세그먼트가 연속된 것인지 그렇지 않은 것인지를 예측합니다. 즉, NSP 작업을 수행합니다.

113 Lample, G., & Conneau, A.(2019). Cross-lingual language model pretraining. arXiv preprint arXiv:1901.07291.
114 Joshi, M., Chen, D., Liu, Y., Weld, D. S., Zettlemoyer, L., & Levy, O.(2020). Spanbert: Improving pre-training by representing and predicting spans. Transactions of the Association for Computational Linguistics, 8, 64-77.

- **SENTENCE-PAIR+NSP**: 하나의 관측치가 서로 다른 두 개의 문장으로 구성되어 있습니다(SEGMENT-PAIR의 경우는 하나의 세그먼트가 여러 개의 문장으로 구성됩니다). 그리고 두 문장이 연속된 문장인 아닌지를 학습합니다. 저자들에 따르면 두 개의 문장을 하나의 관측치로 사용하면 관측치의 길이가 512보다 많이 짧아지기 때문에 업데이트 시 사용되는 전체 토큰의 수가 SEGMENT-PAIR의 경우와 비슷하게 될 수 있도록 미니 배치의 크기를 크게 했다고 합니다.

- **FULL-SENTENCES**: 연속된 여러 개의 문장을 하나 이상의 서로 다른 문서에서 추출하고 이를 하나의 관측치로 사용합니다. 하나의 관측치의 길이는 512를 넘을 수 없습니다. 관측치를 구성하기 위해 문장을 여러 문서에서 추출하는 경우, 하나의 문서의 끝에 도달하는 경우는 그다음 문서에서 문장을 추출하고 서로 다른 문서에서 추출된 문장 사이에는 [SEP] 토큰을 추가했습니다. NSP 작업은 수행하지 않았습니다.

- **DOC-SENTENCES**: FULL-SENTENCES과 비슷하게 여러 개의 문장으로 하나의 관측치를 구성하지만, 하나의 관측치를 구성하는 문장들은 서로 다른 문서에서 추출될 수 없습니다. 동일한 문서에서만 추출돼야 합니다. 이 경우에도 관측치의 길이가 512보다 많이 짧을 수 있어 미니 배치의 크기를 상대적으로 크게 설정했다고 합니다.

그림 19.4는 각 경우에 따른 모형의 성능을 보여줍니다. 해당 그림에 따르면 일반적으로 NSP를 사용하지 않은 경우의 결과가 더 좋게 나왔습니다. 따라서 최종 모형에서는 NSP 작업을 포함하지 않았습니다.

Model	SQuAD 1.1/2.0	MNLI-m	SST-2	RACE
RoBERTa (NSP 사용의 경우)				
SEGMENT-PAIR	90.4/78.7	84.0	92.9	64.2
SENTENCE-PAIR	88.7/76.2	82.9	92.1	63.0
RoBERTa (NSP를 사용하지 않는 경우)				
FULL-SENTENCES	90.4/79.1	84.7	92.5	64.8
DOC-SENTENCES	90.6/79.7	84.7	92.7	65.6
BERT$_{BASE}$	88.5/76.3	84.3	92.8	64.3

그림 19.4 입력 데이터 형식과 NSP 사용 여부에 따른 모형 성능 비교

■ 더 많은 학습 데이터 사용

BERT에서는 16GB의 학습 데이터를 사용한 반면, RoBERTa에서는 160GB의 학습 데이터를 사용했습니다. BERT에서 사용한 Toronto BookCorpus와 English Wikipedia 데이터셋(16GB) 이외에 추가로 CC-News(Common Crawl-News, 76GB), Open WebText(38GB), Stories(31GB)라는 데이터셋을 사용했습니다.

■ 더 큰 미니 배치 크기를 이용

BERT의 경우는 미니 배치의 크기가 256이었는데, RoBERTa의 경우 미니 배치의 크기를 8000으로 했습니다. 이렇게 하면 학습이 보다 안정적으로 수행되고, 모형의 성능도 개선되는 효과가 있다고 합니다. 해

당 논문에서는 미니 배치의 크기를 8000으로 하고, 업데이트 횟수를 100K, 300K, 500K로 달리하면서 모형의 성능을 비교했습니다. 그림 19.5에서 볼 수 있는 것처럼, 업데이트 횟수를 500K으로 하는 경우의 성능이 가장 좋은 것으로 나타났습니다.

Data Size	Batch Size	Updates	SQuAD (v1.1/2.0)	MNLI-m	SST-2
16GB	8K	100K	93.6/87.3	89.0	95.3
160GB	8K	100K	94.0/87.7	89.3	95.6
160GB	8K	300K	94.4/88.7	90.0	96.1
160GB	8K	500K	**94.6/89.4**	**90.2**	**96.4**

그림 19.5 학습 데이터의 크기와 업데이트 횟수에 따른 모형의 성능 비교

■ 바이트 단위 바이트 페어 인코딩(BBPE) 방법 사용

바이트 단위 바이트 페어 인코딩(Byte-Level Byte-Pair Encoding, BBPE)은 바이트 페어 인코딩(BPE)의 약간 변형된 형태입니다.[115] BPE는 WordPiece 방법과 비슷한 식으로 작동합니다. 즉, 입력된 시퀀스 데이터를 구성하는 각 단어에 대해 하위 단어(subword) 토큰화 작업을 수행합니다. 하나의 단어가 토크나이저가 사용하는 어휘 사전에 존재하지 않는 경우, 하위 단어로 분할한 후 분할된 하위 단어가 어휘 사전에 존재하는지를 확인하고, 존재하면 하나의 토큰으로 사용하고 그렇지 않으면 더 작은 단위로 분할하여 동일한 과정을 반복합니다. BPE와 WordPiece가 갖는 주요한 차이는 입력된 시퀀스 데이터를 토큰 단위로 분할하는 과정에 있는 것이 아니라, 토크나이저가 갖는 어휘 사전을 구축하는 과정에 있습니다. 어휘 사전을 구성하는 토큰을 정할 때 WordPiece는 토큰의 우도(likelihood, 즉 해당 토큰이 데이터에 존재할 확률을 의미합니다)를 이용해 우도가 큰 순서대로 어휘 사전에 추가합니다. 토큰의 우도는 데이터를 이용해 학습된 언어 모형을 이용해 계산됩니다. 하지만 BPE는 특정 토큰을 어휘 사전에 추가할지를 결정하기 위해 토큰의 우도를 사용하는 것이 아니라 토큰의 사용 빈도(frequency) 정보를 사용합니다. 즉, 사용 빈도가 큰 토큰을 우선적으로 어휘 사전에 추가하는 방법입니다. BBPE는 BPE와 거의 비슷한 방식으로 작동합니다. 하지만 BPE가 문자(character) 단위로 작동하는 반면, BBPE는 (이름을 통해 알 수 있듯이) 바이트 단위(byte level)로 작동합니다. 예를 들어 'best'라는 데이터가 있는 경우, BPE는 'best'를 구성하는 문자들, 즉 'b', 'e', 's', 't' 정보를 사용하는 반면 BBPE는 각 문자에 대한 바이트 정보(즉, 62, 65, 73, 74)를 사용합니다. 이러한 바이트 단위 BPE의 장점은 여러 나라의 언어로 구성된 텍스트를 분석할 때 잘 작동한다는 것입니다.

---

[115] 바이트 페어 인코딩에 대한 보다 자세한 설명은 20.1절을 참고하세요.

19.2.2 파이썬 코딩하기

이번에는 사전학습 RoBERTa 모형을 이용해 감성분석을 수행해 보겠습니다. 특성 정보 기반의 방법은 BERT나 ALBERT의 경우와 동일한 과정을 통해 쉽게 수행할 수 있기 때문에 여기서는 미세 조정 방법만 살펴보겠습니다.

19.2.2.1 영어 텍스트 감성분석

먼저 영어 텍스트에 대한 감성분석을 수행해 보겠습니다. 관련 코드는 RoBERTa_En_movie_reviews_sentiment_fine_tuning.ipynb 파일을 참고하세요. 전반적인 과정은 앞에서 살펴본 사전학습 BERT 또는 ALBERT 모형 기반의 미세 조정 방법과 동일합니다. 다만, 사용하는 토크나이저와 사전학습 모형이 다를 뿐입니다.

일단 다음과 같이 필요한 모듈을 임포트하고, 영화평 데이터를 다운로드합니다.

```
import numpy as np
import pandas as pd
import tensorflow as tf

df = pd.read_csv(
    'https://github.com/clairett/pytorch-sentiment-classification/raw/master/data/SST2/train.tsv',
    delimiter='\t',
    header=None
)
```

영화평과 레이블 정보를 별도의 변수에 저장합니다. 앞에서와 마찬가지로 영화평 데이터는 리스트 데이터 형태로 저장합니다.

```
texts = df[0].values.tolist()
labels = df[1].values
```

RoBERTa 토크나이저와 사전학습 RoBERTa 모형을 위한 클래스를 다음과 같이 임포트합니다. BERT나 ALBERT 모형 기반의 미세 조정의 경우와 마찬가지로 여기서도 허깅 페이스에서 제공하는 RoBERTa 기반의 사전 학습 분류 모형을 위한 **TFRobertaForSequenceClassification** 클래스를 사용합니다.

```
from transformers import RobertaTokenizer, TFRobertaForSequenceClassification
```

다음과 같이 "roberta-base"를 RobertaTokinizer 클래스의 from_pretrained() 함수의 인자로 입력하여 토크나이저를 다운로드합니다.

```
tokenizer = RobertaTokenizer.from_pretrained("roberta-base")
```

종속변수의 값을 원-핫 벡터의 형태로 변환한 후, 학습 데이터와 평가 데이터로 분할합니다.

```
from tensorflow.keras.utils import to_categorical

y_one_hot = to_categorical(labels)

from sklearn.model_selection import train_test_split

X_train, X_test, y_train, y_test = train_test_split(
    texts, y_one_hot, test_size=0.2, random_state=0
)
```

학습 데이터와 평가 데이터의 영화평에 대해 토큰화를 수행합니다. 여기서도 영화평의 길이를 30으로 맞추겠습니다.

```
X_train_tokenized = tokenizer(
    X_train, return_tensors="np", max_length=30, padding='max_length', truncation=True
)
X_test_tokenized = tokenizer(
    X_test, return_tensors="np", max_length=30, padding='max_length', truncation=True
)
```

문서 분류를 위한 사전 학습 RoBERTa 모형을 다음과 같이 다운로드합니다. 여기서도 "roberta-base" 버전을 다운로드합니다.

```
model = TFRobertaForSequenceClassification.from_pretrained("roberta-base", num_labels=2)
```

compile() 함수를 사용해서 옵티마이저, 비용함수, 모형 성능 평가 지표를 설정한 후, fit() 함수를 이용해 학습을 진행합니다.

```
optimizer = tf.keras.optimizers.Adam(2e-5)
loss = tf.keras.losses.BinaryCrossentropy(from_logits=True)
```

```
model.compile(optimizer=optimizer, loss=loss, metrics=['accuracy'])

from tensorflow.keras.callbacks import EarlyStopping
from tensorflow.keras.callbacks import ModelCheckpoint

es = EarlyStopping(monitor='val_loss', mode='min', verbose=1, patience=3)
checkpoint_filepath = "./checkpoints/checkpoint_roberta_en"
mc = ModelCheckpoint(checkpoint_filepath, monitor='val_loss', mode='min',
                     save_best_only=True, save_weights_only=True)
model.fit(
    dict(X_train_tokenized), y_train, epochs=10, batch_size=128, validation_split=0.1,
    callbacks=[es, mc]
)
```

학습이 종료된 후, 다음 코드를 이용해 모형의 성능을 평가합니다.

```
model.load_weights(checkpoint_filepath)
y_preds = model.predict(dict(X_test_tokenized))
prediction_probs = tf.nn.softmax(y_preds.logits, axis=1).numpy()
y_predictions = np.argmax(prediction_probs, axis=1)
y_test = np.argmax(y_test, axis=1)

from sklearn.metrics import classification_report

print(classification_report(y_predictions, y_test))
```

	precision	recall	f1-score	support
0	0.91	0.91	0.91	643
1	0.92	0.92	0.92	741
accuracy			0.92	1384
macro avg	0.92	0.92	0.92	1384
weighted avg	0.92	0.92	0.92	1384

0.92의 F1 값이 나오는 것을 확인할 수 있습니다.

참고 허깅 페이스에서 제공하는 영어 텍스트의 감성분석을 위한 RoBERTa 모형의 경우, 감성분석 데이터를 이용해 사전학습된 버전이 제공됩니다. 해당 버전의 이름은 "siebert/sentiment-roberta-large-english"입니다. 해당 버전의 사전학습 RoBERTa 모형을 이용한 감성분석 관련 코드는 RoBERTa_En_movie_reviews_sentiment_fine_tuning_ver2.ipynb 파일에서 확인할 수 있습니다. 모형의 성능은 정확도가 0.93 정도 나옵니다.

19.2.2.2 한글 텍스트 감성분석

이번에는 RoBERTa를 이용해 한글 영화평에 대한 감성분석을 수행해 보겠습니다. 관련 코드는 RoBERTa_Kor_movie_reviews_sentiment_fine_tuning_KLUE.ipynb 파일을 참고하세요. 여기서는 허깅 페이스에서 제공하는 한글 데이터를 이용하여 사전학습된 RoBERTa 모형인 "klue/roberta-small"을 사용하겠습니다. 해당 모형은 한글 데이터셋인 KLUE(Korean Language Understanding Evaluation) 데이터셋을 이용해 사전학습된 것입니다. small 버전과 large 버전이 존재하는데 large 버전의 경우, 미세 조정하는 데 시간이 오래 걸려 여기서는 small 버전을 살펴보겠습니다. 전반적인 과정은 앞에서 살펴본 허깅 페이스에 제공하는 사전학습 모형을 이용해 한글 감성분석을 수행하는 것과 동일합니다.

일단 다음과 같이 필요한 모듈과 데이터를 준비합니다.

```python
import tensorflow as tf
import numpy as np
import pandas as pd

with open('Korean_movie_reviews_2016_small.txt', encoding='utf-8') as f:
    docs = [doc.strip().split('\t') for doc in f ]
    docs = [(doc[0], int(doc[1])) for doc in docs if len(doc) == 2]
    texts, labels = zip(*docs)
```

그다음 한글 텍스트를 토큰 단위로 분할하기 위한 토크나이저와 문서 분류를 위한 사전 학습 모형을 위한 클래스들을 임포트합니다. KLUE RoBERTa 사전 모형의 경우, 토큰화를 위해서는 BertTokenizer 클래스를, 한글 문서 분류를 위해서는 TFRobertaForSequenceClassification 클래스를 사용합니다.

```python
from transformers import BertTokenizer, TFRobertaForSequenceClassification
```

토크나이저를 다음과 같이 다운로드합니다.

```python
tokenizer = BertTokenizer.from_pretrained("klue/roberta-small")
```

그다음 종속변수 값의 형태를 원-핫 벡터로 변환한 후 학습 데이터와 평가 데이터로 분할합니다.

```
from tensorflow.keras.utils import to_categorical

y_one_hot = to_categorical(labels)

from sklearn.model_selection import train_test_split

X_train, X_test, y_train, y_test = train_test_split(
    texts, y_one_hot, test_size=0.2, random_state=0
)
```

다운로드한 토크나이저를 이용해 학습 데이터와 평가 데이터에 대해 토큰화를 수행합니다.

```
X_train_tokenized = tokenizer(
    X_train, return_tensors="np", max_length=30, padding='max_length', truncation=True
)
X_test_tokenized = tokenizer(
    X_test, return_tensors="np", max_length=30, padding='max_length', truncation=True
)
```

다음과 같이 한글 문서 분류를 위한 사전학습 RoBERTa 모형을 다운로드합니다. 여기서도
"klue/roberta-small" 버전을 사용합니다. 해당 버전은 파이토치로 작성됐기 때문에 from_pt 파라미
터의 값을 True로 설정합니다.

```
model = TFRobertaForSequenceClassification.from_pretrained(
    "klue/roberta-small", num_labels=2, from_pt=True
)
```

그 후, compile() 함수를 사용해 옵티마이저와 비용함수, 모형 성능 평가 지표를 설정하고 fit() 함수를
이용해 학습을 진행합니다.

```
optimizer = tf.keras.optimizers.Adam(2e-5)
loss = tf.keras.losses.BinaryCrossentropy(from_logits=True)
model.compile(optimizer=optimizer, loss=loss, metrics=['accuracy'])

from tensorflow.keras.callbacks import EarlyStopping
from tensorflow.keras.callbacks import ModelCheckpoint
```

```
es = EarlyStopping(monitor='val_loss', mode='min', verbose=1, patience=3)
checkpoint_filepath = "./checkpoints/checkpoint_roberta_kr"
mc = ModelCheckpoint(checkpoint_filepath, monitor='val_loss', mode='min',
                     save_best_only=True, save_weights_only=True)
history = model.fit(
    dict(X_train_tokenized), y_train, epochs=10, batch_size=128, validation_split=0.1,
    callbacks=[es, mc]
)
```

그다음, 다음 코드를 이용해 모형의 성능을 평가합니다.

```
model.load_weights(checkpoint_filepath)
y_preds = model.predict(dict(X_test_tokenized))
prediction_probs = tf.nn.softmax(y_preds.logits, axis=1).numpy()
y_predictions = np.argmax(prediction_probs, axis=1)
y_test = np.argmax(y_test, axis=1)


from sklearn.metrics import classification_report

print(classification_report(y_predictions, y_test))
```

```
              precision    recall  f1-score   support

           0       0.86      0.91      0.88      2694
           1       0.92      0.88      0.90      3281


    accuracy                           0.89      5975
   macro avg       0.89      0.89      0.89      5975
weighted avg       0.89      0.89      0.89      5975
```

F1 값이 0.89가 나오는 것을 확인할 수 있습니다.

19.3 ELECTRA

이번에는 ELECTRA에 대해서 살펴보겠습니다.

19.3.1 ELECTRA 소개

ELECTRA는 Efficiently Learning an Encoder that Classifies Token Replacements Accurately를 의미합니다.[116] 앞에서 살펴본 것처럼 BERT는 MLM과 NSP 작업을 통해 학습을 진행합니다. ELECTRA는 모형의 성능을 개선하고 보다 효율적인 학습을 위해 MLM 대신 Replaced Token Detection(RTD)이라는 작업을 통해 학습이 진행됩니다. ELECTRA의 경우도 RoBERTa와 마찬가지로 NSP 작업은 학습에서 사용하지 않았습니다. RTD도 MLM과 유사합니다. 하지만 기존의 토큰을 [MASK] 토큰으로 대체한 후 해당 단어가 무엇인지를 예측하는 것이 아니라 기존의 토큰을 학습 데이터에 존재하는 실제 토큰으로 대체하고 해당 토큰이 원래 있었던 토큰인지, 아니면 대체된 토큰인지를 예측합니다. ELECTRA에서 RTD를 수행한 이유는 MLM의 단점을 보완하기 위해서입니다. MLM의 주요한 단점으로는 다음 두 가지가 존재합니다.

- [MASK] 토큰이 미세 조정에서는 출현하지 않아 미스매치가 발생합니다.
- 전체 학습 데이터에서 마스킹된 15% 토큰에 대해서만 학습을 진행합니다. 즉, 입력되는 데이터의 15%에 대해서만 학습이 진행되는 것입니다. 이렇게 되면 컴퓨팅 리소스의 낭비가 발생합니다. 많은 양의 데이터를 학습해도 모형의 성능을 개선하는 데 사용되는 데이터의 양은 전체의 15%밖에 되지 않는 것입니다.

■ RTD 작동 방식

RTD 작업이 어떻게 수행되는지 살펴보기 위해 다음과 같은 구체적인 예를 들어 보겠습니다. 다음과 같이 다섯 개의 토큰으로 구성된 입력 데이터가 있다고 가정합니다.

```
tokens = [the, chef, cooked, the, meal]
```

이 중에 첫 번째 토큰인 the와 세 번째 토큰인 cooked가 각각 a와 ate로 대체됐다고 가정하겠습니다. 그러면 토큰이 대체된 이후 얻어지는 토큰들은 다음과 같습니다.

```
tokens = [a, chef, ate, the, meal]
```

---

116 Clark, K., Luong, M. T., Le, Q. V., & Manning, C. D.(2020). Electra: Pre-training text encoders as discriminators rather than generators. arXiv preprint arXiv:2003.10555.

그다음에 이렇게 얻어진 각 토큰에 대해 해당 토큰이 원래의 토큰인지 아니면 대체된 토큰인지를 예측하는 작업을 수행합니다. 이러한 예측 작업을 수행하는 모형을 판별기(discriminator)라고 하고, 이는 그림 19.6과 같이 표현됩니다. 입력된 토큰의 15%만 학습하는 MLM에 비해서 RTD의 경우는 입력된 모든 토큰에 대해 학습이 이뤄진다는 장점이 있습니다. 즉, 각 토큰에 대해 해당 토큰이 원래의 토큰인지 아니면 대체된 토큰인지 예측하는 작업이 수행되기 때문에 데이터셋에 존재하는 모든 토큰에 대해 학습이 이뤄집니다. 이렇게 하면 상대적으로 적은 양의 데이터를 학습하고도 MLM을 수행하는 BERT와 유사한 성능을 낼 수 있습니다.

그림 19.6 판별기(Discriminator)의 예

그렇다면 어떠한 토큰을 어떻게 대체하는 것일까요? (앞의 예에서는 the와 cooked가 대체됐다고 가정했습니다.) ELECTRA 논문에서는 토큰들을 대체하기 위해 MLM 방법을 사용했습니다. 즉, 원래의 BERT 논문과 유사하게 전체 토큰 중에서 15%를 [MASK] 토큰으로 대체한 후, [MASK] 토큰에 대한 예측 작업을 수행하여 [MASK] 토큰에 대한 새로운 토큰을 예측하고, 그 결과를 이용해 RTD 작업을 추가로 수행합니다. 설명을 위해 앞에서 살펴본 예를 계속해서 사용하겠습니다. 입력 시퀀스에 있었던 원래 토큰들은 다음과 같습니다.

```
tokens = [the, chef, cooked, the, meal]
```

입력된 토큰들에 대해서 RTD 작업을 수행하기 위해서는 일단 먼저 입력된 토큰 중 일부 토큰을 새로운 토큰으로 대체하는 작업을 수행해야 합니다. ELECTRA에서는 이를 위해 먼저 MLM 작업을 수행합니다. 즉, 랜덤하게 15%의 토큰을 [MASK] 토큰으로 대체합니다. 다음과 같이 첫 번째 the와 cooked가 [MASK] 토큰으로 대체됐다고 가정하겠습니다.

```
tokens = [[MASK], chef, [MASK], the, meal]
```

이를 MLM 작업을 수행하는 BERT 모형에 입력하여 [MASK] 토큰에 대한 실제 단어를 예측합니다. 해당 논문에서는 이러한 작업을 수행하는 BERT 모형을 생성기(generator)라고 불렀습니다. [MASK] 토큰에 대해 새로운 토큰을 생성하는 작업을 수행하기 때문에 생성기라고 칭한 것입니다.

MLM 작업을 수행하는 BERT 모형은 각 [MASK] 토큰에 대해 데이터셋에 존재하는 전체 토큰에 대한 확률 분포를 반환합니다. 그리고 확률이 제일 높은 토큰으로 예측합니다. 예를 들어, the를 대체한 [MASK] 토큰이 the 토큰으로 예측되었고, cooked를 대체한 [MASK] 토큰이 ate라는 토큰으로 예측되었다고 가정하겠습니다. 이러한 역할을 하는 생성기는 그림 19.7과 같이 표현될 수 있습니다.

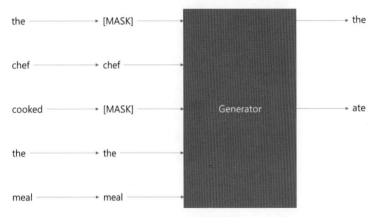

그림 19.7 생성기(Generator)의 예

그리고 이러한 결과를 판별기의 입력값으로 입력하여 각 토큰에 대해 원래 토큰이 대체됐는지 그렇지 않은지를 예측합니다. **판별기에 입력되는 토큰은 생성기에 의해 예측된 토큰뿐만 아니라, 생성기에 입력된 토큰 중 [MASK] 토큰으로 대체되지 않은 다른 토큰도 포함됩니다.** 이를 그림으로 표현하면 그림 19.8과 같습니다. 다음 그림에서 판별기(discriminator)의 역할을 하는 모형이 ELECTRA가 되는 것입니다. 즉, ELECTRA 모형이 각 토큰에 대해 각 토큰이 원래의 토큰인지 아니면 다른 토큰으로 대체된 토큰인지를 예측하는 작업을 수행합니다.

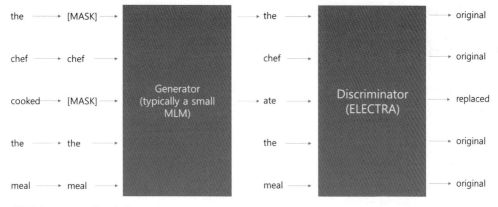

그림 19.8 ELECTRA 구조의 예

ELECTRA의 비용함수의 최종 비용함수는 다음과 같이 구성됩니다.

$$전체 비용함수 = MLM 비용함수 + \lambda \times RTD 비용함수$$

여기서 λ(람다)는 RTD 비용함수 반영 비율을 나타내는 하이퍼파라미터입니다.

■ 모형 확장(Model extensions)

ELECTRA는 RTD를 수행한 것 말고도, 추가로 다음과 같은 방법을 사용하여 모형을 확장했습니다.

- 생성기와 판별기 간 가중치 공유(weight sharing)
- 생성기의 크기를 판별기의 크기보다 작게 설정

■ 생성기와 판별기 간 가중치 공유

ELECTRA 논문에서는 학습의 효율성을 증가시키기 위해 생성기와 판별기의 파라미터를 공유하여 학습을 진행했습니다. 해당 논문의 저자들에 따르면 모든 층의 파라미터를 공유하는 것도 가능하지만, 그렇게 하려면 생성기에서 사용되는 은닉 상태 벡터의 크기와 판별기에서의 은닉 상태 벡터의 크기가 동일해야 하는데, 이렇게 하는 것보다 생성기에서의 은닉 상태 벡터의 크기를 더 작게 하는 것이 모형의 성능을 향상시키는 데 더 긍정적인 역할을 하고, 학습의 효율성도 더 증가되기 때문에 모든 파라미터를 공유하지 않고, 임베딩 층의 파라미터만 공유했습니다. 저자들에 따르면 임베딩 층의 파라미터를 공유하는 것의 효과가 좋은 이유는 아마도 MLM을 수행하는 생성기는 토큰들의 임베딩 벡터를 정확하게 학습하는 데 있어 판별기보다 상대적으로 뛰어난 성능을 가지고 있기 때문이라고 합니다(이는 판별기의 경우, 입력 데이터에 존재하거나 생성기에 의해 추출된 데이터에 존재하는 토큰의 임베딩 정보만 업데이트하는 반면, 생성기는 임베딩 정보를 업데이트할 때 어휘 사전에 있는 모든 토큰의 임베딩 벡터를 업데이트하기 때문이라고 합니다).

해당 논문에서는 임베딩 층의 파라미터를 공유할 때 임베딩 벡터의 크기로 판별기의 은닉 상태 벡터의 크기를 사용했습니다. 이렇게 하면 생성기의 임베딩 벡터의 크기와 생성기의 은닉 상태 벡터 크기가 다르게 되는데, 이를 해결하기 위해 임베딩 벡터에 선형 변환을 위한 가중치 행렬을 곱해 임베딩 벡터의 크기를 은닉 상태 벡터의 크기와 동일하게 맞춰주는 작업을 추가로 수행합니다.

■ 생성기의 크기를 판별기의 크기보다 작게 설정하기

생성기와 판별기의 크기가 동일한 경우에는 하나의 MLM BERT를 학습하는 것보다 더 많은 컴퓨팅 파워가 소요된다는 것을 의미하기 때문에, 이를 해소하기 위해 ELECTRA 논문의 저자들은 생성기의 크기를 작게 하는 방법을 사용합니다. 해당 논문에서는 층의 수는 다르게 하지 않고, 각 층에 존재하는 노드의 수, 즉 각 인코더 블록이 출력하는 은닉 상태 벡터의 크기만 작게 했습니다. 생성기와 판별기의 은닉 상태 벡터 크기에 따른 모형의 성능

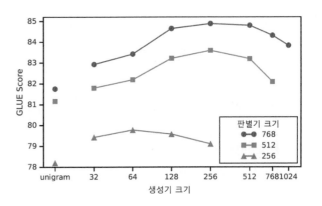

그림 19.9 생성기와 판별기의 크기에 따른 모형의 성능 비교

은 그림 19.9와 같습니다(모형은 성능은 GLUE 데이터셋을 이용해 평가했습니다). 그림 19.9를 통해 확인할 수 있는 것처럼, 일반적으로 생성기의 크기가 판별기의 크기보다 1/2–1/4 작을 때 모형의 성능이 제일 좋은 것으로 나타났습니다.

19.3.2 파이썬 코딩하기

허깅 페이스에서 제공하는 사전학습 ELECTRA 모형을 이용해 영어 텍스트와 한글 텍스트에 대한 감성분석을 수행해 보겠습니다. 그중 미세 조정 기반의 방법만 살펴보겠습니다.

19.3.2.1 영어 텍스트 감성분석

여기서는 허깅 페이스에서 제공하는 사전학습 ELECTRA 모형을 미세 조정하여 영문 텍스트에 대한 감성분석을 수행해 보겠습니다. 파이썬 코드는 ELECTRA_En_movie_reviews_sentiment_fine_tuning. ipynb 파일을 참고하세요. 전반적인 순서는 앞에서 살펴본 사전학습 모형을 이용한 미세 조정 방법과 동일합니다. 입력 데이터를 토큰 단위로 분할하기 위한 클래스와 허깅 페이스에서 제공하는 사전학습 ELECTRA를 이용하기 위한 클래스의 종류가 다르고, 각 생성자 함수에 입력되는 사전학습 ELECTRA 모형의 버전이 다르다는 차이만 존재합니다. 여기서도 앞에서 사용한 영화평 데이터를 사용하겠습니다.

필요한 모듈과 영화평 데이터를 다음과 같이 준비합니다.

```python
import numpy as np
import pandas as pd
import tensorflow as tf

df = pd.read_csv(
    'https://github.com/clairett/pytorch-sentiment-classification/raw/master/data/SST2/train.tsv',
    delimiter='\t',
    header=None
)
texts = df[0].values.tolist()
labels = df[1].values
```

허깅 페이스에서 제공하는 사전학습 ELECTRA 모형을 위한 클래스들을 다음과 같이 임포트합니다. ELECTRA 모형의 경우 토큰화는 ElectraTokenizer 클래스를 이용해 수행하고, 문서 분류를 위한 클래스는 TFElectraForSequenceClassification를 사용합니다.

```python
from transformers import ElectraTokenizer, TFElectraForSequenceClassification
```

ElectraTokenizer 클래스의 from_pretrained() 함수를 사용해 다음과 같이 토크나이저를 다운로드합니다. 여기서는 허깅 페이스에서 제공하는 사전학습 ELECTRA 모형 중에서 "google/electra-base-discriminator" 버전을 사용하겠습니다.[117] 해당 문자열값을 from_pretrained() 함수의 인자로 입력합니다.

---

[117] 'bhadresh-savani/electra-base-emotion' 버전도 사용 가능합니다.

```
tokenizer = ElectraTokenizer.from_pretrained("google/electra-base-discriminator")
```

그다음 데이터를 학습 데이터와 평가 데이터로 구분합니다.

```
from tensorflow.keras.utils import to_categorical

y_one_hot = to_categorical(labels)

from sklearn.model_selection import train_test_split

X_train, X_test, y_train, y_test = train_test_split(
    texts, y_one_hot, test_size=0.2, random_state=0
)
```

다운로드한 토크나이저를 사용해 학습 데이터와 평가 데이터에 대한 토큰화를 수행합니다.

```
X_train_tokenized = tokenizer(
    X_train, return_tensors="np", max_length=30, padding='max_length', truncation=True
)
X_test_tokenized = tokenizer(
    X_test, return_tensors="np", max_length=30, padding='max_length', truncation=True
)
```

다음과 같이 사용하고자 하는 사전학습 모형을 다운로드합니다. 여기서도 "google/electra-base-discriminator" 값을 from_pretrained() 함수의 첫 번째 인자로 입력합니다.

```
model = TFElectraForSequenceClassification.from_pretrained(
    "google/electra-base-discriminator", num_labels=2
)
```

그다음 다음과 같이 학습을 진행합니다.

```
optimizer = tf.keras.optimizers.Adam(2e-5)
loss = tf.keras.losses.BinaryCrossentropy(from_logits=True)
model.compile(optimizer=optimizer, loss=loss, metrics=['accuracy'])

from tensorflow.keras.callbacks import EarlyStopping
from tensorflow.keras.callbacks import ModelCheckpoint

es = EarlyStopping(monitor='val_loss', mode='min', verbose=1, patience=3)
```

```
checkpoint_filepath = "./checkpoints/checkpoint_electra_en"
mc = ModelCheckpoint(checkpoint_filepath, monitor='val_loss', mode='min',
                     save_best_only=True, save_weights_only=True)
model.fit(
    dict(X_train_tokenized), y_train, epochs=5, batch_size=128, validation_split=0.1,
    callbacks=[es, mc]
)
```

평가 데이터에 대해 모형의 성능을 평가해 보면 정확도와 F1 값이 0.93이 나오는 것을 확인할 수 있습니다.

19.3.2.2 한글 텍스트 감성분석

이번에는 사전학습 ELECTRA 모형을 이용해 한글 텍스트에 대한 감성분석을 수행해 보겠습니다. 관련 코드는 `ELECTRA_Kor_movie_reviews_sentiment_fine_tuning.ipynb` 파일을 참고하세요. 여기서는 허깅 페이스에서 제공하는 `"beomi/KcELECTRA-base-v2022"` 버전의 ELECTRA를 사용하겠습니다.[118]

다음과 같이 필요한 기본 모듈과 한글 영화평 데이터를 준비합니다.

```
import tensorflow as tf
import numpy as np
import pandas as pd

with open('Korean_movie_reviews_2016_small.txt', encoding='utf-8') as f:
    docs = [doc.strip().split('\t') for doc in f ]
    docs = [(doc[0], int(doc[1])) for doc in docs if len(doc) == 2]
    texts, labels = zip(*docs)
```

허깅 페이스에서 제공하는 토큰화 클래스와 사전학습 ELECTRA 모형을 위한 클래스를 임포트합니다.

```
from transformers import AutoTokenizer, TFElectraForSequenceClassification
```

다음과 같이 `AutoTokenizer` 클래스의 `from_pretrained()` 함수를 이용해 토크나이저를 다운로드합니다. `from_pretrained()` 함수의 인자로 사용하고자 하는 사전학습 ELECTRA 모형인 `"beomi/KcELECTRA-base-v2022"`를 입력합니다.

---

118 해당 모형에 대한 더 자세한 내용은 https://github.com/Beomi/KcELECTRA를 참고하세요. "kykim/electra-kor-base" 버전도 사용 가능합니다.

```
tokenizer = AutoTokenizer.from_pretrained("beomi/KcELECTRA-base-v2022")
```

그다음 학습 데이터와 평가 데이터로 분할합니다.

```
from tensorflow.keras.utils import to_categorical

y_one_hot = to_categorical(labels)

from sklearn.model_selection import train_test_split

X_train, X_test, y_train, y_test = train_test_split(
    texts, y_one_hot, test_size=0.2, random_state=0
)
```

다운로드한 토크나이저를 이용해 학습 데이터와 평가 데이터를 토큰 단위로 분할합니다.

```
X_train_tokenized = tokenizer(
    X_train, return_tensors="np", max_length=30, padding='max_length', truncation=True
)
X_test_tokenized = tokenizer(
    X_test, return_tensors="np", max_length=30, padding='max_length', truncation=True
)
```

사용하고자 하는 사전학습 ELECTRA 모형을 다음과 같이 다운로드합니다. "beomi/KcELECTRA-base-v2022" 버전의 모형은 파이토치를 이용해 구축됐기 때문에 from_pretrained()의 from_pt 파라미터의 값을 True로 설정합니다.

```
model = TFElectraForSequenceClassification.from_pretrained(
    " beomi/KcELECTRA-base-v2022", num_labels=2, from_pt=True
)
```

다음과 같이 학습을 진행합니다.

```
optimizer = tf.keras.optimizers.Adam(2e-5)
loss = tf.keras.losses.BinaryCrossentropy(from_logits=True)
model.compile(optimizer=optimizer, loss=loss, metrics=['accuracy'])

from tensorflow.keras.callbacks import EarlyStopping
```

```
from tensorflow.keras.callbacks import ModelCheckpoint

es = EarlyStopping(monitor='val_loss', mode='min', verbose=1, patience=3)
checkpoint_filepath = "./checkpoints/checkpoint_electra_kr"
mc = ModelCheckpoint(checkpoint_filepath, monitor='val_loss', mode='min',
                     save_best_only=True, save_weights_only=True)
history = model.fit(
    dict(X_train_tokenized), y_train, epochs=5, batch_size=128, validation_split=0.1,
    callbacks=[es, mc]
)
```

학습을 마친 후, 평가 데이터에 대해 모형의 성능을 평가하면 F1 값이 0.91이 나오는 것을 확인할 수 있습니다.

19.4 지식 증류 기반 방법들

앞에서 사전 학습된 BERT 모형을 미세 조정 방법을 통해 다운스트림 작업에 적용할 수 있다고 했습니다. 그럼에도 불구하고 BERT 모형은 많은 파라미터를 가지고 있어 많은 컴퓨팅 파워를 필요로 하기 때문에 모바일 기기와 같이 상대적으로 사양이 낮은 기기에서 사용하기가 어렵습니다. 따라서 파라미터의 수가 적은 모형을 구현하는 것이 필요합니다. 앞에서 살펴본 ALBERT가 그러한 시도를 한 모형의 예입니다. ALBERT에서는 파라미터의 수를 줄이기 위해 파라미터 공유와 같은 방법을 사용했습니다. 모형의 성능은 크게 저하시키지 않으면서 파라미터의 수를 줄일 수 있는 또 다른 방법으로 지식 증류(knowledge distillation) 방법이 있습니다.[119] 이는 사전학습된 많은 파라미터를 가지고 있는 BERT의 지식을 상대적으로 파라미터의 수가 적은 작은 버전의 BERT로 전이하는 것을 의미합니다. 지식 증류 기반의 모형으로 DistillBERT, TinyBERT 등이 있습니다. 각 모형의 작동 원리에 대해 살펴보기 전에 먼저 지식 증류 방법에 대해 알아보겠습니다.

19.4.1 지식 증류

지식 증류 방법은 작은 모형이 사전학습된 큰 모형의 행동을 비슷하게 수행할 수 있게 큰 모형이 학습을 통해 습득한 정보(이러한 정보를 지식, knowledge라고 표현합니다)를 작은 버전의 모형으로 전이하는

---

119 관련 논문은 Hinton, G., Vinyals, O., & Dean, J.(2015). Distilling the knowledge in a neural network. arXiv preprint arXiv:1503.02531, 2(7)을 참고하세요.

것을 의미합니다. 교사-학생 학습(teacher-student learning) 방법이라고도 합니다. 사전학습된 큰 모형이 교사가 되고, 작은 버전의 모형이 학생이 되는 것입니다.

일련의 단어가 주어졌을 때 그다음 단어가 무엇인지를 예측하는 작업을 위해 큰 모형을 사전학습했다고 가정해 보겠습니다. 해당 모형에 일련의 단어를 입력하면 그다음에 나올 단어가 무엇인지에 대한 확률 분포를 해당 사전학습 모형이 반환합니다. 그림 19.10은 그러한 예를 보여줍니다. 여기서는 설명을 위해 정답 후보 단어가 다섯 개만 있다고 가정합니다. 사전학습 모형은 다섯 개의 단어에 대한 확률 분포(즉, [0.04, 0.73, 0.12, 0.06, 0.05])를 출력합니다.

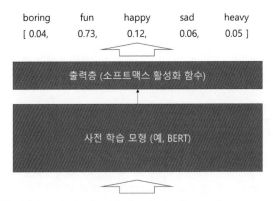

그림 19.10 사전학습 모형을 사용한 정답 예측의 예

그리고 일반적으로 확률이 제일 높은 단어를 정답 단어로 선택합니다. 위의 예에서는 'fun' 단어의 확률이 0.73으로 가장 높기 때문에 해당 단어가 정답 단어로 예측됩니다. 하지만 확률이 제일 높은 단어를 선택하는 것 이외에 해당 분포를 통해 얻을 수 있는 추가적인 정보는 없을까요? 모형이 예측하는 정답 단어가 아닌 다른 단어가 정답일 확률에 대한 정보를 얻을 수 있습니다. 특히, 정답으로 예측된 단어 이외의 단어 중에서 어떠한 다른 단어가 상대적으로 큰 확률을 갖는지 등을 알 수 있습니다. 이러한 다른 단어에 대한 확률값은 모형의 일반화 정도를 반영합니다. 즉, 모형이 학습 데이터가 아닌 새로운 데이터에 대해 얼마나 잘 작동할지를 반영한다고 볼 수 있습니다. 교사 모형이 출력하는 단어의 확률 분포에 포함된 이러한 정보를 dark knowledge[120]라고 합니다. 지식 증류는 교사 모형이 갖고 있는 이러한 dark knowledge를 학생 모형에 전달하는 것을 의미합니다. 이러한 지식의 전이는 교사 모형이 출력하는 확률 분포를 학생 모형

---

120 한글로 표현하자면 주요한 데이터 분석을 통해 발견되지 않은 '숨겨진 지식' 정도일 것 같습니다. 정답 단어를 예측하기 위해 모형이 출력한 확률 분포 정보에서 정답 단어 정보만 추출한다면 다른 단어에 대한 확률 정보는 사용되지 않게 됩니다(혹은 발견되지 않게 됩니다). 이런 의미에서 해당 정보를 dark knolwedge라고 표현합니다. 여기서는 영어 표현 그대로 사용하겠습니다.

이 사용하는 비용함수의 정답 정보로 사용함으로써 이뤄집니다. 즉, 학생 모형이 교사 모형이 예측한 확률 분포를 정답으로 학습함으로써 학생 모형이 교사 모형이 갖고 있는 지식을 얻을 수 있는 것입니다. 학생 모형의 관점에서 교사 모형이 예측하는 이러한 확률 분포를 소프트 타깃(soft target)이라고 하고, 소프트 타깃에 대한 학생 모형의 예측을 소프트 예측(soft prediction)이라고 합니다. 소프트 타깃에 대한 학생 모형의 비용함수는 다음과 같이 표현될 수 있습니다.

$$Loss(\text{soft target, soft prediction})$$

하지만 많은 경우 성능이 좋은 교사 모형은 정답 단어에 대한 확률이 1에 가깝게, 그리고 나머지 단어의 확률은 0에 가깝게 출력합니다. 이는 학생 모형이 얻을 수 있는 dark knowledge가 많지 않다는 것을 의미합니다. 이러한 경우, dark knowledge를 보다 잘 추출하기 위해 확률값을 계산할 때 사용되는 소프트맥스 함수를 temperature라는 하이퍼파라미터와 함께 사용합니다. 이러한 방법을 소프트맥스 temperature라고 합니다. 소프트맥스 temperature는 소프트맥스 함수가 반환하는 확률 분포의 형태를 보다 완만하게 만들기 위해 사용됩니다. 다음과 같이 표시됩니다.

$$S(z_i) = \frac{\exp\left(\dfrac{z_i}{T}\right)}{\sum_j \exp\left(\dfrac{z_j}{T}\right)}$$

여기서 T는 temperature를 의미합니다. T=1인 경우는 일반 소프트맥스 함수가 됩니다. T의 값이 커질수록 완만한 형태의 확률 분포가 됩니다. 그림 19.11은 T의 값이 1, 2, 4인 경우를 보여줍니다. T의 값이 커질수록 확률값의 분포가 더 완만하는 것을 확인할 수 있습니다.

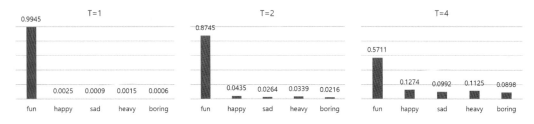

그림 19.11 T(temperature) 값에 따른 분포의 형태

교사 모형은 일반 소프트맥스 함수가 아니라 temperature가 포함된 소프트맥스 함수를 이용해 정답을 예측합니다. 즉, 소프트 타깃이 temperature가 포함된 소프트맥수 함수를 사용해 도출되는 것입니다. 그리

고 학생 모형은 그러한 소프트 타깃을 정답으로 해서 학습을 진행합니다. 이러한 과정을 통해 교사 모형이 갖고 있는 dark knowledge가 학생 모형으로 전이됩니다.

학생 모형이 학습을 어떻게 수행하는지 조금 더 구체적으로 살펴보겠습니다. 입력된 일련의 단어 다음에 출현하는 단어가 무엇인지를 예측하는 문제가 있다고 가정하겠습니다(MLM 작업을 수행할 수도 있습니다). 다음과 같은 문자열 값에 대해 _____ 부분에 들어가는 단어를 예측하고자 한다고 합시다.

'I liked the movie that I watched yesterday. The movie was _____'

이 경우, 'I liked the movie that I watched yesterday. The movie was'가 동일하게 교사 모형과 학생 모형의 입력값으로 입력됩니다. 그러면 사전학습된 교사 모형은 사전학습 결과를 이용해 입력된 데이터에 대한 예측값을 출력합니다. 즉, 특정 단어에 대한 temperature가 적용된 확률 분포를 반환하는 것입니다. 이렇게 교사 모형이 반환하는 확률 분포를 학생 모형의 정답으로 사용합니다. 학생 모형은 입력된 데이터에 대해 교사 모형이 예측한 값을 정답으로 학습을 수행합니다. 교사 모형이 출력하는 소프트 타깃과 학생 모형이 예측하는 소프트 예측의 차이에 대한 비용함수는 일반적으로 교차 엔트로피 비용함수를 사용합니다. 이러한 비용함수를 증류 비용함수(distillation loss)라고도 합니다. Temperature는 교사와 학생 모형을 동일하게 설정합니다.

지식 증류에서는 증류 비용함수 이외에 추가적 비용함수가 사용되는데, 이러한 추가적인 비용함수를 학생 비용함수(student loss)라고 합니다. 학생 모형은 소프트 타깃을 정답으로 해서 학습하는 것 이외에도 실제의 정답 정보를 이용해 추가적인 학습을 수행합니다. 즉, 앞의 예에서 'I liked the movie that I watched yesterday. The movie was' 다음에 출현할 단어를 직접 예측하는 작업도 수행하는 것입니다. 실제 정답 정보는 원-핫 벡터의 형태로 학생 모형에 입력됩니다. 이 실제 정답에 대한 비용함수가 학생 모형 자체의 비용함수가 되고 이를 학생 비용(student loss)이라고 표현합니다. 원-핫 벡터에 대한 학생 모형의 예측을 하드 예측(hard prediction)이라고 합니다. 하드 예측의 경우 사용되는 소프트맥스 함수가 갖는 T(temperature)의 값은 1이 됩니다.

즉, 학생 모형이 출력하는 예측은 소프트 예측(soft prediction)(T>=1)과 하드 예측(hard prediction)(T=1) 두 개가 됩니다. 이러한 과정은 그림 19.12와 같이 표현할 수 있습니다.

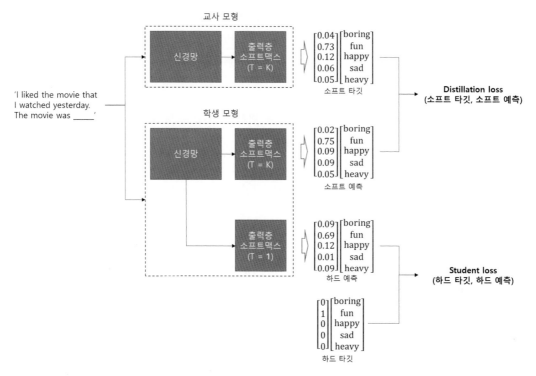

그림 19.12 지식 증류 과정의 예

학생 모형의 최종 비용함수는 다음과 같이 구성됩니다.

$$최종\ \mathrm{loss} = \alpha \times \mathrm{student\ loss} + \beta \times \mathrm{distillation\ loss}$$

여기서 α와 β는 각 비용함수의 비중을 결정하는 하이퍼파라미터입니다.

19.4.2 DistilBERT

이번에는 지식 증류 기반의 DistilBERT에 알아보겠습니다.[121]

19.4.2.1 DistilBERT 소개

DistilBERT는 지식 증류 방법을 이용해 파라미터의 수를 줄인 BERT라고 생각할 수 있습니다. 즉, 기본 사전 학습 BERT의 지식을 작은 버전의 BERT으로 이전해서 성능은 크게 떨어지지 않으면서 더 효율적인

---

121 Sanh, V., Debut, L., Chaumond, J., & Wolf, T.(2019). DistilBERT, a distilled version of BERT: smaller, faster, cheaper and lighter. arXiv preprint arXiv:1910.01108.

모형을 제안한 방법입니다. DistilBERT에서는 BERT$_{BASE}$ 버전을 교사 모형으로 사용했습니다. 이러한 지식 증류 방법을 이용해 도출된 DistilBERT는 교사 BERT에 비해 속도가 60% 정도 빠르고, 파라미터의 수도 40% 정도 적습니다. 모형의 성능은 교사 모형보다 조금 떨어져 97% 정도의 정확도를 갖는 것으로 나타났습니다.

DistilBERT는 원래의 BERT 모형이 갖는 층의 수를 반으로 줄임으로써 모형이 갖는 파라미터의 수를 110M에서 66M으로 줄일 수 있었습니다. 학생 BERT의 은닉 상태 벡터의 크기는 768로 교사 BERT와 동일하게 설정했는데, 해당 논문의 저자들에 따르면 그 이유는 은닉 상태 벡터의 크기를 줄이는 것은 속도 개선에 별 도움이 안 되기 때문이라고 합니다. 그리고 사전학습된 교사 BERT 모형의 파라미터 값을 이용해 학생 BERT 파라미터의 값을 초기화했습니다.

학습에 사용된 데이터셋은 원래의 BERT가 사용한 데이터셋과 동일합니다(즉, English Wikipedia, Toronto Book Corpus 데이터셋 사용). 하지만 교사 BERT 모형의 성능을 최신 수준으로 높이기 위해 원래의 방법(즉, MLM과 NSP 작업)을 통해 학습을 수행하지 않고 RoBERTa 논문에서 제안한 방법을 사용했습니다. 즉, NSP 작업은 포함하지 않고, MLM만 이용해 학습을 진행했고, 정적 마스킹이 아니라 동적 마스킹 방법을 사용했습니다. 그리고 미니 배치의 크기도 원래 모형에서 사용된 크기(256)보다 훨씬 크게 설정(4000까지 설정)해서 학습을 진행했습니다.

MLM 작업을 통해 학습이 진행됐기 때문에 동일한 방식으로 마스킹 처리가 된 입력 데이터가 교사 모형과 학생 모형에 입력됩니다. 교사 BERT는 입력된 데이터에 존재하는 [MASK] 토큰에 대해 확률 분포를 출력하고, 그렇게 출력된 확률 분포는 학생 BERT(즉, DistilBERT)의 정답으로 사용됩니다(즉, 소프트 타깃이 됩니다). 확률 분포를 출력할 때 사용된 소프트맥스 함수는 Temperature=2를 사용했습니다. 소프트 타깃과 소프트 예측으로 구성된 증류 비용함수(distillation loss) 이외에 학생 모형은 자체적인 비용함수를 갖습니다(즉, student loss). 학생 비용함수는 정답 단어의 원-핫 벡터를 이용해 생성된 교차 엔트로피 비용함수가 됩니다.

DistilBERT에서는 증류 비용함수(distillation loss)와 학생 비용함수(student loss) 이외에 추가적인 비용함수를 하나 더 사용했습니다. 바로 코사인 임베딩 비용함수(cosine embedding loss)입니다. 이는 교사 모형의 인코더 블록에서 출력되는 은닉 상태 벡터와 학생 모형의 인코더 블록에서 출력되는 은닉 상태 벡터 간의 코사인 거리(즉, 1 - 코사인 유사도)를 의미합니다. 논문의 저자들에 따르면, 은닉 상태 벡터의 방향을 맞추는 효과가 있어 모형 성능을 향상시키는 데 도움이 된다고 합니다. DistilBERT의 전체 비용함수는 다음과 같습니다.

$$\mathcal{L} = a_d T^2 \times \mathcal{L}_{distil} + a_s \times \mathcal{L}_{student} + a_{cos} \times \mathcal{L}_{cos}$$

여기서 $\mathcal{L}_{distil}$는 증류 비용함수, $\mathcal{L}_{student}$는 학생 비용함수, $\mathcal{L}_{cos}$는 코사인 임베딩 비용함수를 의미하며, 각 하이퍼파라미터의 값은 다음과 같습니다: $T=2, a_d=5, a_s=2, a_{cos}=1$.

19.4.2.2 파이썬 코딩하기

여기서는 허깅 페이스에서 제공하는 사전학습 DistilBERT 모형을 사용해 미세 조정 기반 방법을 통해서 영어 텍스트와 한글 텍스트에 대한 감성분석을 수행해 보겠습니다. 전반적인 과정은 앞에서 살펴본 허깅 페이스에서 제공하는 다른 종류의 사전학습 모형을 이용하는 것과 동일합니다.

■ 영어 텍스트 감성분석

먼저 영어 텍스트에 대한 감성분석을 수행해 보겠습니다. 관련 코드는 DistilBERT_En_movie_reviews_sentiment_fine_tuning.ipynb를 참고하세요.

다음과 같이 필요한 기본 모듈과 데이터를 준비합니다.

```
import numpy as np
import pandas as pd
import tensorflow as tf

df = pd.read_csv(
    'https://github.com/clairett/pytorch-sentiment-classification/raw/master/data/SST2/
train.tsv',
    delimiter='\t',
    header=None
)

texts = df[0].values.tolist()
labels = df[1].values
```

토큰화와 사전학습 DistilBERT 사용을 위한 클래스들을 임포트합니다.

```
from transformers import DistilBertTokenizer, TFDistilBertForSequenceClassification
```

DistilBertTokenizer 클래스의 from_pretrained() 함수를 이용해 토크나이저를 다운로드합니다. 여기서는 "distilbert-base-uncased" 버전을 사용합니다.

```
tokenizer = DistilBertTokenizer.from_pretrained("distilbert-base-uncased")
```

학습 데이터와 평가 데이터로 분할한 후, 토큰화를 진행합니다.

```
from tensorflow.keras.utils import to_categorical

y_one_hot = to_categorical(labels)

from sklearn.model_selection import train_test_split

X_train, X_test, y_train, y_test = train_test_split(
    texts, y_one_hot, test_size=0.2, random_state=0
)
X_train_tokenized = tokenizer(
    X_train, return_tensors="np", max_length=30, padding='max_length', truncation=True
)
X_test_tokenized = tokenizer(
    X_test, return_tensors="np", max_length=30, padding='max_length', truncation=True
)
```

다음과 같이 사전학습 DistilBERT 모형을 다운로드합니다.

```
model = TFDistilBertForSequenceClassification.from_pretrained("distilbert-base-uncased",
num_labels=2)
```

compile() 함수를 호출하고, fit() 함수를 이용해 학습을 진행합니다.

```
optimizer = tf.keras.optimizers.Adam(2e-5)
loss = tf.keras.losses.BinaryCrossentropy(from_logits=True)
model.compile(optimizer=optimizer, loss=loss, metrics=['accuracy'])

from tensorflow.keras.callbacks import EarlyStopping
from tensorflow.keras.callbacks import ModelCheckpoint

es = EarlyStopping(monitor='val_loss', mode='min', verbose=1, patience=3)
checkpoint_filepath = "./checkpoints/checkpoint_distil_en"
mc = ModelCheckpoint(checkpoint_filepath, monitor='val_loss', mode='min',
                     save_best_only=True, save_weights_only=True)
model.fit(
    dict(X_train_tokenized), y_train, epochs=5, batch_size=128, validation_split=0.1,
```

```
    callbacks=[es, mc]
)
```

학습된 모형의 성능을 평가 데이터를 이용해서 평가합니다.

```
y_preds = model.predict(dict(X_test_tokenized))

prediction_probs = tf.nn.softmax(y_preds.logits, axis=1).numpy()

y_predictions = np.argmax(prediction_probs, axis=1)

y_test = np.argmax(y_test, axis=1)


from sklearn.metrics import classification_report


print(classification_report(y_predictions, y_test))
```

	precision	recall	f1-score	support
0	0.87	0.87	0.87	648
1	0.89	0.89	0.89	736
accuracy			0.88	1384
macro avg	0.88	0.88	0.88	1384
weighted avg	0.88	0.88	0.88	1384

■ 한글 텍스트 감성분석

이번에는 사전학습 DistilBERT 모형을 이용해 한글 텍스트 감성분석을 수행해 보겠습니다. 관련 코드는 DistilBERT_Kor_movie_reviews_sentiment_fine_tuning.ipynb 파일을 참고하세요. 여기서는 허깅 페이스에 등록되어 있는 "monologg/distilkobert" 버전을 사용해 보겠습니다.

앞에서와 동일하게 다음과 같이 기본 모듈을 임포트하고, 데이터를 읽어옵니다.

```
import tensorflow as tf
import numpy as np
import pandas as pd

with open('Korean_movie_reviews_2016_small.txt', encoding='utf-8') as f:
    docs = [doc.strip().split('\t') for doc in f ]
    docs = [(doc[0], int(doc[1])) for doc in docs if len(doc) == 2]
    texts, labels = zip(*docs)
```

그다음 토크나이저를 위한 클래스와 문서 분류를 위한 클래스를 임포트합니다.

```
from transformers import DistilBertTokenizer, TFDistilBertForSequenceClassification
```

다음과 같이 DistilBertTokenizer 클래스의 from_pretrained() 함수를 이용해 토크나이저를 다운로드합니다. "monologg/distilkobert" 버전을 사용하기 위해 해당 문자열값을 인자로 입력합니다.

```
tokenizer = DistilBertTokenizer.from_pretrained("monologg/distilkobert")
```

학습 데이터와 평가 데이터로 분할한 후, 토큰화를 수행합니다.

```
from tensorflow.keras.utils import to_categorical

y_one_hot = to_categorical(labels)

from sklearn.model_selection import train_test_split

X_train, X_test, y_train, y_test = train_test_split(
    texts, y_one_hot, test_size=0.2, random_state=0
)
X_train_tokenized = tokenizer(
    X_train, return_tensors="np", max_length=30, padding='max_length', truncation=True
)
X_test_tokenized = tokenizer(
    X_test, return_tensors="np", max_length=30, padding='max_length', truncation=True
)
```

다음과 같이 "monologg/distilkobert" 버전의 사전학습 DistilBERT 모형을 다운로드합니다. 여기서도 from_pt 파라미터의 값을 True로 설정합니다.

```
model = TFDistilBertForSequenceClassification.from_pretrained(
    "monologg/distilkobert", num_labels=2, from_pt=True
)
```

compile() 함수를 사용해 옵티마이저, 비용함수, 모형 성능 평가 지표를 설정하고, fit() 함수를 이용해 학습을 수행합니다.

```
optimizer = tf.keras.optimizers.Adam(2e-5)
loss = tf.keras.losses.BinaryCrossentropy(from_logits=True)
model.compile(optimizer=optimizer, loss=loss, metrics=['accuracy'])

from tensorflow.keras.callbacks import EarlyStopping
from tensorflow.keras.callbacks import ModelCheckpoint

es = EarlyStopping(monitor='val_loss', mode='min', verbose=1, patience=3)
checkpoint_filepath = "./checkpoints/checkpoint_distil_kr"
mc = ModelCheckpoint(
    checkpoint_filepath, monitor='val_loss', mode='min', save_best_only=True,
    save_weights_only=True
)
history = model.fit(
    dict(X_train_tokenized), y_train, epochs=10, batch_size=128, validation_split=0.1,
    callbacks=[es, mc]
)
```

평가 데이터에 대해 다음과 같이 평가합니다.

```
model.load_weights(checkpoint_filepath)
y_preds = model.predict(dict(X_test_tokenized))
prediction_probs = tf.nn.softmax(y_preds.logits, axis=1).numpy()
y_predictions = np.argmax(prediction_probs, axis=1)
y_test = np.argmax(y_test, axis=1)

from sklearn.metrics import classification_report

print(classification_report(y_predictions, y_test))
```

	precision	recall	f1-score	support
0	0.67	0.74	0.71	2583
1	0.79	0.72	0.75	3392
accuracy			0.73	5975
macro avg	0.73	0.73	0.73	5975
weighted avg	0.74	0.73	0.73	5975

허깅 페이스에서 제공하는 한글 DistilBERT 버전인 "monologg/distilkobert"의 성능은 별로 좋지 않게 나오는 것을 확인할 수 있습니다.

19.4.3 TinyBERT

이번에는 지식 증류 방법을 사용한 또 다른 모형인 TinyBERT를 살펴보겠습니다.[122] 지식 증류 방법을 사용한다는 측면에서는 DistillBERT와 비슷하지만, DistillBERT와 지식 증류를 하는 구체적인 방법이 다릅니다. 여기서는 그러한 차이점을 중심으로 TinyBERT에 대해 설명하겠습니다. 가장 주된 차이는 다음 두 가지입니다. 하나는 DistillBERT는 주로 교사 BERT의 출력층에서 출력하는 값을 이용해 지식 전이를 수행한 것과 다르게 TinyBERT에서는 마지막 출력층뿐만 아니라 임베딩 층과 각 인코더 블록에서 출력하는 결과를 이용해 추가적인 지식 전이를 수행한다는 것입니다. 그리고 두 번째 주요한 차이는 DistillBERT의 경우, 지식 증류 작업을 사전 학습에서만 수행한 반면 TinyBERT는 사전 학습뿐만 아니라 미세 조정 단계, 즉 다운스트림 작업을 수행하는 과정에서도 수행한다는 것입니다. 이 책을 집필하는 시점 기준으로 사전학습 TinyBERT 모형은 허깅 페이스에서 제공되지 않기 때문에 여기서는 TinyBERT의 작동 원리 중심으로 설명하겠습니다.

먼저 TinyBERT의 경우, 교사 BERT 각 층의 지식을 어떻게 학생 모형으로 전이하는지에 대해 살펴보겠습니다. 앞에서 언급한 것처럼, TinyBERT의 경우는 교사 BERT(TinyBERT에서는 BERT$_{BASE}$를 교사 BERT로 사용했습니다)의 출력층 결과뿐만 아니라, 임베딩 층과 인코더 블록의 결과물도 학생 모형으로 전이합니다. 인코더 블록의 경우 여러 개의 하위 층으로 구성되는데, TinyBERT에서는 멀티 헤드 어텐션 층의 결과와 각 인코더 블록이 최종적으로 출력하는 은닉 상태 벡터 결과물을 이용해 지식 전이를 수행합니다

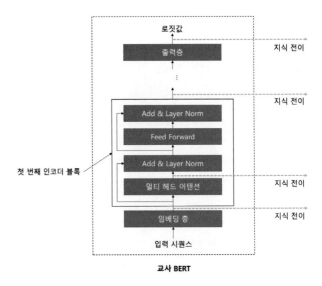

그림 19.13 TinyBERT: 교사 BERT 모형의 지식 전이

다. 이를 그림으로 표현하면 그림 19.13과 같습니다. 그림 19.13은 교사 BERT의 구조를 보여줍니다. 지식 증류가 어떤 층에서 발생하는지를 설명하기 위해 인코더 블록은 하나만 표현했습니다(원래 교사 BERT는 이러한 인코더 블록이 12개 존재합니다).

---

122 Jiao, X., Yin, Y., Shang, L., Jiang, X., Chen, X., Li, L., ... & Liu, Q.(2019). Tinybert: Distilling bert for natural language understanding. arXiv preprint arXiv:1909.10351.

교사 BERT 모형의 각 층에서 출력되는 결과물에 대한 지식 증류는 해당 결과물을 정답으로 한 비용함수를 이용해 수행됩니다.

각 인코더 블록의 멀티 헤드 어텐션 층의 결과물에 대해서는 MSE 비용함수를 사용했는데, 해당 비용함수는 다음과 같습니다.

$$L_{attention} = \frac{1}{h}\sum_{i=1}^{h} MSE(A_i^T, A_i^S)$$

여기에서 h는 멀티 헤드 어텐션층에서 사용된 어텐션의 수입니다(BERTBASE 모형에서는 12개를 사용했습니다). 그리고, A_i^T는 교사 모형의 i번째 어텐션 결과물로 이는 하나의 행렬이 됩니다. A_i^S는 학생 모형의 i번째 어텐션 결과물로 A_i^T와 같은 형태의 행렬이 됩니다. 해당 논문에 따르면 A_i^T는 $l \times l$ 형태가 됩니다. 여기서 첫 번째 l은 입력 시퀀스의 길이(즉, 토큰의 수)를, 두 번째 l은 각 토큰을 나타내는 벡터의 차원을 의미합니다. 즉, 각 행렬은 각 토큰이 l 차원의 벡터로 표현되어 있다고 생각할 수 있습니다. A_i^T는 다음과 같이 계산됩니다. 즉, 어텐션 스코어 값을 의미합니다.

$$A = \frac{QK^T}{\sqrt{d_k}}$$

여기에서 d_k는 키 벡터의 크기를 나타냅니다. TinyBERT에서는 쿼리 벡터와 키 벡터의 내적 결과로 나온 어텐션 스코어에 소프트맥스 함수를 적용한 결과를 사용하지 않고, 어텐션 스코어를 그대로 사용했습니다. 저자들에 따르면 이렇게 했을 때의 성능이 더 좋다고 합니다.

어텐션 층의 지식을 전이하는 경우, 저자들에 따르면 해당 층의 결과물이 토큰에 대한 언어적인 특성 정보를 많이 포함하고 있기 때문에 학생 모형이 그러한 정보를 추출할 수 있다고 합니다. 그리고 이러한 언어적 정보의 추출은 입력된 텍스트에 대한 이해를 높여 전반적으로 모형의 성능을 좋게 한다고 합니다.

각 인코더 블록에서 출력하는 은닉 상태 벡터에 대한 비용함수는 다음과 같습니다. 여기에서도 다음과 같이 MSE 비용함수를 사용했습니다.

$$L_{hidden} = MSE(H^S W_h, H^T)$$

H^T는 교사 모형의 인코더 블록에서 출력되는 은닉 상태 벡터를 담고 있는 행렬을 의미합니다. 이 행렬의 형태는 $l \times d$로, l은 입력된 시퀀스 데이터의 길이를 의미하고, d는 교사 모형의 인코더 블록에서 출력되는 은닉 상태 벡터의 크기를 나타냅니다. 이 정보가 정답 정보로 사용된 것입니다. H^S는 학생 모형의 인코더 블록에서 출력되는 은닉 상태 벡터를 담고 있는 행렬을 나타냅니다. 그 형태는 $l \times d'$으로, d'은 학생 BERT

모형의 인코더 블록에서 출력되는 은닉 상태 벡터의 크기를 나타냅니다. TinyBERT의 경우, 학생 모형의 은닉 상태 벡터의 크기가 교사 모형의 은닉 상태 벡터 크기보다 작습니다(즉, $d' < d$). 따라서 두 은닉 상태 벡터의 크기를 맞춰주는 것이 필요한데, 이를 위해 선형 변환(linear projection)을 수행하기 위해 W_h의 행렬을 H^s에 곱해 주었습니다. W_h의 형태는 $d' \times d$가 됩니다.

하나의 인코더 블럭에 대한 비용함수는

$$L_{attention} + L_{hidden}$$

으로 구성됩니다.

교사 BERT 모형에 포함된 인코더 블록의 수는 N이고, 학생 BERT 모형에서 사용된 인코더 블록의 수는 M이라면, N>M이 됩니다. 따라서 교사 BERT 모형이 갖는 모든 인코더 블록의 결과가 전이되는 것이 아니라 M 개의 인코더 블록이 출력하는 결과만 학생 모형으로 전이됩니다. 교사 모형인 $BERT_{BASE}$ 버전의 인코더 블록의 수는 12(즉, N=12)이고, 학생 모형인 TinyBERT의 인코더 블록의 수는 4 또는 6(즉, M = 4 또는 6)을 사용했습니다. M=4인 경우, 3×M번째에 해당하는 교사 BERT 인코더 블록의 결과를 정답으로 사용했고(즉, 3, 6, 9, 12번째 인코더 블록) M=6인 경우에는 2×M번째에 해당하는 교사 BERT 인코더 블록의 결과를 정답으로 사용했습니다.

인코더 블록에서의 지식 증류는 그림 19.14와 같이 도식화할 수 있습니다.

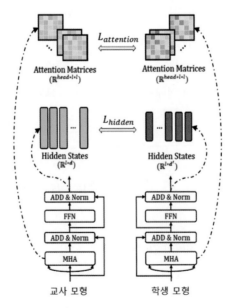

그림 19.14 인코더 블록에서의 지식 전이

임베딩 층에서 출력되는 결과에 대한 지식 증류를 수행하기 위해 다음과 같은 MSE 비용함수를 사용했습니다.

$$L_{embedding} = MSE(E^S W_e, \ E^T)$$

E^T는 교사 모형의 임베딩 층이 출력하는 각 토큰의 임베딩 벡터를 나타내는 행렬로, 그 형태는 $l \times e$입니다. e는 각 임베딩 벡터의 차원을 의미합니다. E^S는 학생 모형의 임베딩 층이 출력하는 각 토큰의 임베딩 벡터를 나타내는 행렬로, 그 형태는 $l \times e'$입니다. 여기서도 $e' < e$이기 때문에, 두 임베딩 벡터의 크기를 맞춰주기 위해 선형 변환을 위한 행렬 W_e을 사용했습니다. 해당 행렬의 형태는 $e' \times e$입니다.

출력층에서 출력되는 결과에 대한 지식 증류를 위해서는 다음과 같은 교차 엔트로피 비용함수를 사용했습니다.

$$L_{prediction} = CE(z^T/T, \ z^S/T)$$

여기서 CE는 교차 엔트로피(Cross Entropy) 비용함수를 의미하고, z^T는 교사 모형의 출력층에서 출력되는 로짓 결괏값을, z^S는 학생 모형의 출력층에서 출력되는 로짓 결괏값을 나타냅니다. T는 temperature 값으로 해당 논문에서는 1의 값을 사용했습니다.

TinyBERT에서는 앞에서 설명된 이러한 비용함수들의 합으로 전체의 비용함수를 사용했습니다.

■ 지식 증류를 2단계에 걸쳐 진행

TinyBERT에서는 지식 증류가 두 단계를 거쳐 진행됩니다. 사전학습 단계와 다운스트림 작업 단계(또는 미세 조정 단계)입니다.

- 단계 1: 사전 학습 단계(원 논문에서는 general distillation 단계라고 표현했습니다.)
- 단계 2: 다운스트림 작업 단계(원 논문에서는 task specific distillation 단계라고 표현했습니다.)

처음에는 MLM과 NSP를 통해 사전학습된 BERT 모형을 교사 모형으로 사용하여 학생 모형을 도출하는데, 이렇게 도출된 학생 모형을 해당 논문에서는 General TinyBERT라고 표현했습니다. 사전학습 단계에서의 지식 증류(즉, general distillation)를 위해 사용된 학습 데이터는 원 BERT 모형이 사용한 English Wikipedia와 Toront BookCorpus 데이터셋입니다. 동일한 입력 데이터가 교사 BERT와 학생 BERT 모형(즉, General TinyBERT)의 값으로 입력되는 것입니다.

하지만 General TinyBERT의 경우는 교사 모형에 비해 인코더 블록의 수가 많이 줄어들었기 때문에 교사 BERT보다 모형의 성능이 좋지 못합니다. 따라서 해당 논문에서는 특정 다운스트림 작업에 대한 학생 모형의 성능을 개선하기 위해서 특정 다운스트림 작업을 위한 미세 조정 단계에서 지식 증류를 한 번 더 수행합니다. 이 단계에서 사용되는 교사 모형은 특정 다운스트림 태스크에 대해 미세 조정된 BERT가 됩니다. 그리고 사전 학습 단계에서 얻어진 General TinyBERT를 두 번째 증류 과정에서 사용되는 학생 모형의 시작점으로 사용합니다.

다운스트림 작업을 위한 데이터셋의 경우 일반적으로 학습 데이터의 양이 많지 않기 때문에 해당 논문에서는 다운스트림 작업 관련 학습 데이터의 양을 증가시키기 위해 데이터 증강(data augmentation)을 먼저 수행하고, 그러한 과정을 거쳐 증가된 데이터에 대해 학습을 진행했습니다. TinyBERT 논문에서 사용된 전체적인 지식 증류 과정은 그림 19.15와 같이 표현할 수 있습니다.

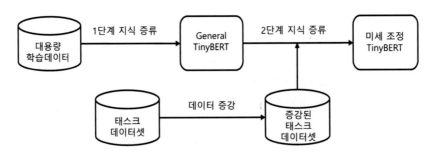

그림 19.15 2단계 지식 증류 과정

이렇게 두 단계에 걸쳐 지식 증류 작업을 수행하면 교사 모형이 갖는 일반화된 지식뿐만 아니라 특정 다운스트림 작업에 대한 지식까지 전이되는 효과가 있습니다. 즉, 사전 학습 단계에서의 학생 모형인 General TinyBERT는 사전학습된 교사 BERT 모형의 일반화된 지식을 획득할 수 있습니다. 이는 TinyBERT의 일반화 능력을 향상시키는 데 있어 중요한 역할을 합니다. 그리고 미세 조정 단계에서의 지식 증류는 특정 다운스트림 작업을 위해 미세 조정된 교사 BERT 모형의 지식이 학생 BERT 모형으로 전이되는 효과가 있습니다. 따라서 학생 모형을 이용해 특정 다운스트림 태스크를 보다 잘 수행할 수 있는 것입니다.

■ TinyBERT 성능

인코더 블록을 4개를 사용하고 은닉 상태 벡터의 크기를 312로 설정한 TinyBERT의 경우, 전체 파라미터의 수는 14.5M로 원래 $BERT_{BASE}$의 파라미터 수(110M)의 13.3%의 파라미터를 갖는 반면, GLUE에 대해 $BERT_{BASE}$ 버전 성능의 96.8%에 이르는 성능을 보였습니다. 그리고 인퍼런스 시간도 10.6%까지 줄이는 효과가 있었습니다. 한편, 인코더 블록의 수가 6개인 TinyBERT의 경우 파라미터의 수는 67M로 BERT$_{BASE}$ 모형의 60% 정도 되며, BERT$_{BASE}$와 거의 유사한 성능을 갖는다고 합니다.

19.5 BERTopic

지금까지는 BERT 모형을 개선·보완한 방법들에 대해 살펴봤습니다. 이 섹션에서는 BERT 모형을 토픽 모델링에 적용한 BERTopic 모형에 대해서 알아보겠습니다.[123] 토픽 모델링은 문서의 주제를 찾는 것을 의미합니다. 2부에서 LSI와 LDA에 대해서 살펴보았습니다. 하지만 이러한 방법들은 문서를 단어 가방 모형을 이용해서 표현합니다. 즉, 문서에서 어떠한 단어들이 얼마나 사용되었는지에 대한 정보만을 이용합니다. 단어들의 연결 관계나 의미 관계 등에 대한 정보를 반영하지 못한다는 한계가 있습니다. 문서를 구성하는 단어들의 순서 정보나 연결 관계 정보를 반영한 신경망 기반의 임베딩 벡터를 추출할 수 있는 방법들이 발전하면서, 관련된 토픽 모델링 방법들이 발표되기 시작했습니다. 시아 등(Sia et al., 2020)이 2020년도에 발표한 모형[124]이나 Doc2Vec 기반의 Top2Vec[125] 등이 그러한 모형의 대표적인 예입니다. 하지만 이러한 방법들은 경우에 따라 결과로 도출된 단어들이 문서의 토픽을 잘 표현하지 못한다는 단점이 존재합니다. 여기서는 이러한 단점을 보완하기 위해 제안된 BERTopic에 대해서 알아보겠습니다.

BERTopic의 작동 과정은 크게 세 단계로 구분될 수 있습니다.

1. **문서의 특성을 반영하는 임베딩 벡터 생성**

   BERTopic에서는 이를 위해 사전학습된 BERT 모형을 사용합니다.

2. **임베딩 벡터를 이용해서 군집화 수행**

   BERTopic에서는 군집화를 하기에 앞서 임베딩 벡터에 대해 UMAP 알고리즘을 이용해 차원 축소를 시행하고, 그 결과에 대해 HDBSCAN(Hierarchical DBSCAN)을 적용하여 군집화합니다. BERTopic에서는 하나의 군집을 하나의 주제라고 간주합니다.

3. **각 군집(즉, 토픽)을 대표하는 단어 추출**

   BERTopic에서는 클래스 기반의 TF-IDF(c-TF-IDF) 방법을 사용해서 각 군집의 특성을 반영하는 단어들을 추출합니다.

123 Grootendorst, M. (2022). BERTopic: Neural topic modeling with a class-based TF-IDF procedure. arXiv preprint arXiv:2203.05794.

124 Sia, S., Dalmia, A., & Mielke, S. J. (2020). Tired of topic models? clusters of pretrained word embeddings make for fast and good topics too!. arXiv preprint arXiv:2004.14914.

125 Angelov, D. (2020). Top2vec: Distributed representations of topics. arXiv preprint arXiv:2008.09470.

각 단계를 조금 더 자세히 살펴보도록 하겠습니다.

19.5.1 문서 임베딩

BERTopic에서는 BERT 모형 중에서 Sentence-BERT(SBERT)를 사용해서 텍스트 데이터를 구성하는 각 문서의 임베딩 벡터를 생성합니다.[126] SBERT 논문은 유사한 임베딩 벡터를 갖는 문서들이 유사한 주제를 다룰 것이라고 가정합니다. 저자들에 따르면, SBERT는 문서의 길이와 상관없이 문서가 갖는 의미적 특성을 나타내는 임베딩 벡터를 추출하는데 효과적이기 때문에 SBERT를 사용했다고 합니다.

하지만 여기서 기억해야 하는 것은 SBERT를 적용해 도출된 임베딩 벡터를 이용해서 문서의 토픽을 직접적으로 찾는 것이 아니라, 군집화를 위해 사용한다는 것입니다. 해당 논문에서는 임베딩 벡터 생성을 위해 SBERT를 사용했지만, 다른 종류의 사전학습 BERT 모형을 사용해도 되고, 아니면 다른 사전모형(예: GPT 등)을 이용해서 임베딩 벡터를 생성하는 것이 가능합니다. 중요한 것은 토픽 모델링과 관련된 문서가 가지고 있는 특성을 어떠한 방법을 사용했을 때 잘 추출할 수 있느냐입니다. BERT에서 학습의 목적으로 사용했던 MLM과 NSP의 태스크가 토픽 모델링과 관련된 단어나 문서의 특성을 잘 추출할 수 있다면, 그러한 임베딩 벡터를 이용하는 경우 토픽 모델링의 결과가 상대적으로 정확할 것입니다. 다른 방법들(예: BART 혹은 GPT 등)이 토픽과 관련된 문서의 특성을 반영하는 임베딩 벡터를 더 잘 생성할 수 있다면 그러한 방법을 이용해서 임베딩 벡터를 생성하는 것이 토픽 모델링의 결과를 더 좋게 할 수 있을 것입니다.

19.5.2 문서 군집화

BERTopic 논문에서는 SBERT를 이용해서 도출된 각 문서의 임베딩 벡터를 그대로 사용하여 군집화를 수행하지 않습니다. 일차적으로 임베딩 벡터를 저차원의 벡터로 차원 축소하는 과정을 거칩니다. 저자들은 원본의 임베딩 벡터를 그대로 사용하지 않고 차원 축소된 결과를 사용하는 것이 군집화의 결과를 더 좋게 할 수 있다고 얘기합니다. 해당 논문에서는 차원 축소를 위해서 UMAP 알고리즘을 사용합니다.[127] 이러한 이유는 UMAP이 다른 차원 축소 방법들 (예: PCA, t-SNE 등)에 비해서 고차원 벡터가 갖는 지역적인 정보와 전역적인 정보 모두를 추출하는 데 있어 더 효과적이기 때문입니다.

---

126 Sentence-BERT는 문서 간의 유사도 작업을 위해 문서의 의미적 특성을 보다 잘 추출하기 위해 제안된 BERT 기반의 모형입니다. 자세한 내용은 Reimers, N., & Gurevych, I. (2019). Sentence-bert: Sentence embeddings using siamese bert-networks. arXiv preprint arXiv:1908.10084. 을 참고하세요.

127 UMAP은 Uniform Manifold Approximation and Projection을 의미합니다. 관련 논문은 McInnes, L., Healy, J., & Melville, J. (2018). Umap: Uniform manifold approximation and projection for dimension reduction. arXiv preprint arXiv:1802.03426을 참고하세요.

차원 축소 결과에 HDBSCAN[128]을 적용하여 군집화 분석을 수행합니다. HDBSCAN은 2부에서 다룬 DBSCAN에 위계적 군집 분석 방법을 적용한 것이라고 생각할 수 있습니다. 그렇기 때문에 DBSCAN의 기본적인 특성을 그대로 공유합니다. DBSCAN의 경우는 다른 군집화 분석 알고리즘(예: K-평균 등)과 다르게 군집의 수를 사용자가 정하지 않고, 모든 관측치가 반드시 어떠한 군집에 속하지 않아도 됩니다. 즉, 관측치들의 밀집한 정도에 따라 군집의 수가 달라지고, 다른 관측치들로부터 상대적으로 멀리 떨어져 있는 관측치는 어느 군집에도 속하지 않게 됩니다. 이러한 관측치를 노이즈 혹은 이상치라고 합니다. 따라서 DBSCAN을 사용하면 서로 유사도가 낮은 문서들이 같은 군집에 속하게 되는 것을 방지할 수 있습니다. HDBSCAN은 이러한 면에서 DBSCAN과 유사하지만, 군집화를 하는 데 있어 DBSCAN에서 사용되는 입실론 값을 별도로 지정하지 않음으로써 보다 다양한 밀도의 군집들을 찾는 데 효과적이라는 장점이 있습니다(참고로, HDBSCAN의 경우는 입실론을 정하지 않는 대신 찾고자 하는 최소 군집의 수를 지정하게 됩니다).

19.5.3 각 군집(토픽)을 나타내는 단어 찾기

각 군집, 즉 토픽을 대표하는 단어들을 찾기 위해서 BERTopic 논문에서는 변형된 TF-IDF 지표를 사용합니다. 9.3절에서 설명한 것처럼 TF-IDF는 각 단어가 각 문서에 있어서 얼마나 중요한 역할을 하는지를 나타내는 값이 됩니다. 해당 문서에서는 많이 사용되고(즉, TF 값이 크고), 전체 데이터에 존재하는 문서들 중에서 해당 단어가 포함된 문서의 수가 적은 경우(즉, IDF 값이 큰 경우), 해당 문서에 대한 해당 단어의 TF-IDF 값은 커집니다. TF-IDF 값이 큰 단어일수록 해당 문서의 고유한 특성을 잘 반영한다고 생각할 수 있습니다. BERTopic 논문에서는 이러한 TF-IDF를 변형한 클래스 기반의 TF-IDF를 사용합니다. 해당 지표의 식은 다음과 같습니다.

$$W_{t,c} = tf_{t,c} \cdot \log\left(1 + \frac{A}{tf_t}\right)$$

해당 논문에서는 위의 값을 계산하기 위해서 각 군집에 속한 여러 문서를 연결된 하나의 문서로 표현하며, 이렇게 연결된 문서를 하나의 클래스로 간주합니다. 위 식에서 $tf_{t,c}$는 단어 t가 클래스 c에서 사용된 빈도를 의미합니다. $\frac{A}{tf_t}$에서 A는 클래스당 평균 단어의 수를 나타내며, tf_t는 단어 t가 모든 클래스에서 사용된 횟수를 나타냅니다. tf_t 값이 크다는 것은 단어 t가 다른 클래스에서도 많이 사용된다는 것을 의미합니다.

---

128 Campello, R. J., Moulavi, D., & Sander, J. (2013). Density-based clustering based on hierarchical density estimates. In Advances in Knowledge Discovery and Data Mining: 17th Pacific-Asia Conference, PAKDD 2013, Gold Coast, Australia, April 14–17, 2013, Proceedings, Part II 17 (pp. 160–172). Springer Berlin Heidelberg.

즉, 클래스 c의 고유한 특성을 잘 반영하지 못하는 것입니다. 클래스 $W_{t,c}$에서만 상대적으로 많이 사용된 단어일수록 값이 커지게 됩니다.

BERTopic의 경우도 찾고자 하는 주제의 수를 사용자가 정할 수 있는데, 해당 논문에서는 토픽의 수를 사용자가 지정한 값으로 맞추기 위해서 가장 적은 수의 문서들로 구성된 군집을 유사도가 가장 큰 다른 군집과 같은 군집으로 합치는 방법을 사용합니다.

19.5.4 파이썬 코딩하기

여기서는 BERTopic을 이용해서 영어와 한글 텍스트에 대해서 토픽 모델링을 수행해 보겠습니다. BERTopic을 이용하기 위해 아래와 같이 **bertopic** 모듈을 설치합니다.

```
pip install bertopic
```

 참고 bertopic 모듈 설치 에러

bertopic 모듈을 설치하는 과정에 있어 추가적으로 설치되는 모듈이 hdbscan입니다. hdbscan 모듈이 설치되는 과정에서 아래와 같은 에러가 발생하는 것으로 알려져 있습니다.

```
ERROR: Could not build wheels for hdbscan, which is required to install pyproject.
toml-based projects
```

이러한 경우에는 아나콘다 프롬프트를 사용하여 conda 명령어를 아래와 같이 입력하여 hdbscan을 설치하고 그 이후에 다시 bertopic 모듈을 설치해야 합니다.

```
conda install -c conda-forge hdbscan
```

하지만 이러한 방법을 사용해도 에러가 발생하는 경우에는 다음과 같은 방법을 추가적으로 시도해 볼 수 있습니다.

1. Microsoft Visual C++ 설치

아래 주소에서 Community 버전의 Visual Studio 2022를 다운로드해 설치합니다.

2. https://visualstudio.microsoft.com/downloads/ cython을 설치

cython이라는 모듈을 설치합니다. 이를 위해서 명령 프롬프트를 관리자 모드로 실행하고 `pip install cython`을 입력해서 설치합니다. 그런 후, 아나콘다 프롬프트에 `conda install -c conda-forge hdbscan`을 입력해 hdbscan 모듈을 설치하고, 그다음 `pip install bertopic` 명령어를 사용해 bertopic 모듈을 설치합니다.

19.5.4.1 영어 텍스트에 대한 토픽 모델링

먼저 영어 텍스트에 대해 BERTopic을 적용해서 토픽 모델링을 수행하겠습니다. 관련된 코드는
`BERTopic_En_example1.ipynb` 파일을 참고하세요. 일단 아래와 같이 `bertopic` 모듈로부터 `BERTopic`
클래스를 임포트합니다.

```
from bertopic import BERTopic
```

여기서는 2020 도쿄 올림픽 관련 트위터 데이터를 사용하겠습니다. 관련 데이터는
`tokyo_2020_tweets.csv` 파일에 저장되어 있습니다. 해당 데이터에는 160,548개의 트위트 정보가 있
습니다. 아래와 같이 데이터를 읽어옵니다.

```
import pandas as pd

df = pd.read_csv('tokyo_2020_tweets.csv', engine='python')
len(df)
```

```
160548
```

여기서는 모델링에 소요되는 시간을 줄이기 위해서 전체 트위트 중에서 6,000개만 사용하겠습니다.

```
df=df[:6000]
```

해당 데이터에는 트위트 정보뿐만 아니라, 해당 트위트를 게시한 사용자와 관련된 여러 가지 정보들(예:
ID, user_name, user_location 등)이 포함돼 있습니다. 여기서는 트위트 텍스트 데이터만을 이용해서
토픽 모델링을 수행합니다. 그리고 BERTopic의 입력값으로 사용하기 위해서는 텍스트 데이터를 리스트
형태로 준비해야 합니다. 이를 위해 다음과 같이 코딩합니다.

```
docs = df['text'].to_list()  # 'text' 칼럼의 데이터를 리스트 형태로 변환
```

`docs` 변수에 저장된 데이터의 일부를 확인해 보겠습니다.

```
docs[:3]
```

```
['Let the party begin\n#Tokyo2020',
 'Congratulations #Tokyo2020 https://t.co/80FKMs9ukq',
 "Big Breaking Now \n\nTokyo Olympic Update \n\nJapan won his first Gold 🥇 Takato Naohisa won
Gold in men's 60 kg Judo, C… https://t.co/tRcfDd7clY"]
```

docs에는 하나의 문서에 대한 문자열 데이터가 하나의 원소로 저장되어 있는 것을 확인할 수 있습니다.[129] 그다음 아래와 같이 BERTopic 클래스의 생성자 함수를 이용해서 객체를 생성합니다.[130] 영어 텍스트에 적용하는 경우는 language 파라미터의 값을 'english'로 설정합니다. 영어가 아닌 다른 언어의 텍스트에 적용하는 경우에는 'multilingual'을 입력합니다. 그리고 BERTopic을 적용해서 결과로 도출되는 주제의 수를 설정하기 위해서 nr_topics 파라미터를 사용합니다. 해당 파라미터는 주제 수에 해당하는 구체적인 숫자를 입력받을 수도 있고, 다음과 같이 'auto' 문자열을 입력받을 수도 있습니다. 'auto'를 입력하는 경우에는 BERTopic이 자동으로 최적의 주제의 수를 결정합니다. 그다음 calculate_probabilities 파라미터의 값을 True로 설정합니다. 이 파라미터의 값을 True로 설정하지 않으면, 각 문서에 대한 각 주제별 확률 정보를 시각화할 수 없습니다.

```
model = BERTopic(language='english', nr_topics='auto', calculate_probabilities=True)
```

아래와 같이 BERTopic 클래스의 fit_transform() 함수를 이용해서 토픽 모델링을 진행합니다.

```
topics, probabilities = model.fit_transform(docs)
```

topics에는 각 문서에 대해서 확률이 제일 높은 주제의 아이디 정보가 저장되어 있습니다. 예를 들어, topics[0]은 2의 값을 갖고 있습니다. 이는 첫 번째 문서에 대해서 확률이 제일 높은 토픽의 아이디가 2라는 것입니다.[131]

```
topics[0]
```

```
2
```

probabilities에는 각 문서에 대해 추출된 토픽들의 확률값이 저장되어 있습니다. 예를 들어, 첫 번째 문서에 대한 토픽 확률을 확인해 보겠습니다. 아래 결과는 첫 문서의 경우 첫 번째 주제의 확률이 0.02581394, 두 번째 주제의 확률이 0.01198199입니다.

```
probabilities[0]
```

```
array([0.02581394, 0.01198199, 0.20637482, 0.0548892 , 0.00369907, … 이하 생략])
```

---

[129] 위의 데이터는 불필요한 기호 등을 포함하고 있기 때문에 전처리를 작업을 수행하는 것이 바람직할 수 있습니다. 여러분은 6장에서 다룬 영어 텍스트에 대한 전처리 방법을 사용할 수 있습니다. 여기서는 전처리 과정없이 BERTopic을 적용해 보겠습니다.

[130] 본 책에서 다루는 파라미터 이외 다른 파라미터 관련해서는 https://maartengr.github.io/BERTopic/api/bertopic.html#bertopic._bertopic.BERTopic.__init__를 참고하세요.

[131] 여러분의 결과는 다를 수 있습니다.

이번에는 각 주제에 속하는 문서의 수를 알아 보겠습니다. 이를 위해서 `get_topic_info()` 함수를 사용합니다. 다음 결과에서 Topic 칼럼의 −1은 어떠한 주제도 할당되지 않은 문서의 수를 나타냅니다. 따라서 Topic 칼럼의 값이 −1인 경우는 무시합니다. Name 칼럼은 각 주제와 관련이 제일 높은 네 개의 단어들을 보여주고 있습니다. 예를 들어, 주제 3과 가장 관련이 높은 단어 네 개는 hockey, olympics, south, africa입니다.

```
model.get_topic_info()
```

	Topic	Count	Name
0	−1	1603	−1_the_and_olympics_to
1	0	371	0_chanu_silver_mirabai_medal
2	1	294	1_proud_you_congratulations_mirabaichanu
3	2	287	2_tokyo2020_you_lets_this
4	3	279	3_hockey_olympics_south_africa
...	...	...	...
85	84	10	84_tonaki_funa_japans_judo
86	85	10	85_djokovic_tennis_dellien_novak
87	86	10	86_irish_ireland_hockey_cheering
88	87	10	87_silver_wrestling_martinbelam_hurryeeeeee
89	88	10	88_netherlands_brazil_aniek_group

```
90 rows × 3 columns
```

각 주제와 관련된 다섯 개 이상의 단어를 확인하고자 하는 경우에는 `get_topic()` 함수를 사용합니다. 이 함수는 주제 아이디를 인자로 입력받습니다. 예를 들어서, 주제 3과 관련된 단어들의 목록을 확인하고자 하는 경우에는 다음과 같이 입력합니다.

```
model.get_topic(3)
[('hockey', 0.026382748868852834),
 ('olympics', 0.021056397643965323),
 ('south', 0.017742164884568985),
 ('africa', 0.016381412766864337),
 ('football', 0.016175483216424737),
```

```
('team', 0.015837715532129433),
('teamgb', 0.01529317862314472),
('tokyo2020', 0.013811511953455318),
('spain', 0.013341885491947744),
('waterpolo', 0.013207815930386878)]
```

이번에는 각 주제와 관련이 높은 단어들의 정보를 막대 그래프로 시각화해 보겠습니다. 여기서는 관련된 문서가 많은 순으로 여덟 개의 주제에 대해서 각 주제와 관련이 높은 단어들을 확인해 보겠습니다. 아래와 같이 입력합니다.

```
model.visualize_barchart(top_n_topics=8)
```

결과는 그림 19.16과 같습니다.

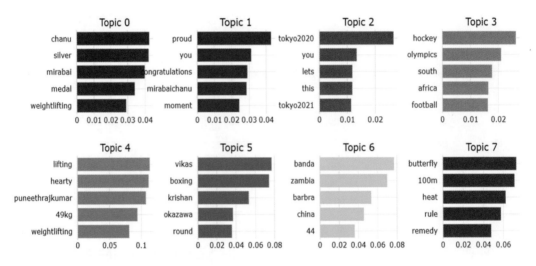

그림 19.16 visualize_barchart( ) 함수를 이용한 시각화의 예

이번에는 각 주제 간의 유사도가 어떻게 되는지 확인해 보겠습니다. 이러한 목적으로 사용될 수 있는 방법은 여러 가지가 존재합니다. 첫 번째로 사용할 수 있는 방법은 주제 간 거리 지도(intertopic distance map)입니다. 주제 간 거리 지도는 주제들 간의 거리를 시각화한 지도가 됩니다. 유사한 토픽일수록 거리가 짧게 됩니다. 주제 간 거리 지도 시각화를 위해 visualize_topics() 함수를 사용합니다.

그림 19.17에서 볼 수 있는 것처럼 시각화 결과 아랫부분에 있는 슬라이드 바를 이용해서 하이라이트하고자 하는 주제를 선택할 수 있습니다. 선택된 주제에 해당하는 원은 빨간색으로 표기됩니다. 그리고 특정

주제와 관련된 원에 마우스 커서를 위치시키면 그림 19.17과 같이 주제의 아이디와 주제 관련 단어들의
목록, 관련된 문서의 수가 표기됩니다.

```
model.visualize_topics()
```

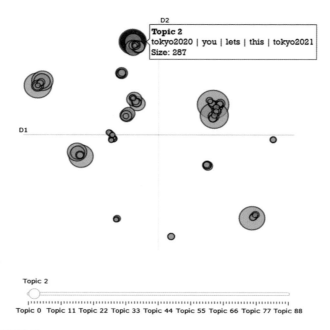

그림 19.17 주제 간 거리 지도의 예

주제 간의 유사도를 확인할 수 있는 또 다른 방법은 `visualize_hierarchy()` 함수를 이용하는 것입니
다. 해당 함수는 시각화를 하고자 하는 상위 N 개의 주제에 대한 값을 인자로 입력받습니다. 다음 예에서
는 상위 10개의 주제에 대한 결과를 시각화합니다.

```
topic_model.visualize_hierarchy(top_n_topics=10)
```

결과는 그림 19.18과 같습니다. 가로축의 숫자는 주제들 간의 거리를 의미합니다. 숫자가 작을수록 상대
적으로 유사한 주제라는 것을 나타냅니다. 세로축은 주제의 아이디와 각 주제와 관련이 높은 세 개의 단어
를 보여주고 있습니다.

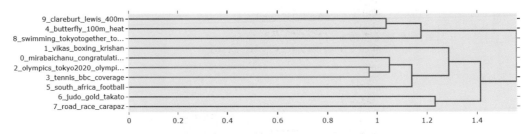

그림 19.18 visualize_hierarchy() 함수를 이용한 시각화의 예

주제 간의 유사도를 파악하기 위해 사용할 수 있는 또 다른 방법은 히트맵을 사용하는 것입니다. 이를 위해 다음과 같이 `visualize_heatmap()` 함수를 사용합니다. 해당 함수도 시각화를 하기 위한 주제의 수에 대한 `top_n_topics` 파라미터를 갖습니다.

```
model.visualize_heatmap(top_n_topics=10)
```

결과는 그림 19.19와 같습니다. 색이 진할수록 유사도가 큰 것을 나타냅니다.

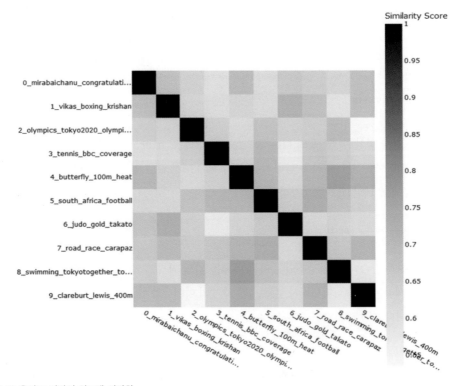

그림 19.19 유사도 기반의 히트맵 시각화

이번에는 각 문서에 대해서 관련이 높은 주제의 확률을 시각화해 보겠습니다. 이를 위해서 `visualize_distribution()` 함수를 사용합니다.[132] 이 함수의 첫 번째 인자로 시각화하고자 하는 문서에 대한 주제 확률 분포를 입력합니다. 문서들에 대한 주제 확률 분포 정보는 `probabilities_` 변수에 저장되어 있습니다. 다음 예에서는 첫 번째 문서의 주제 확률 분포를 인자로 입력합니다. 시각화를 하고자 하는 확률의 최소값을 `min_probability` 파라미터의 값으로 설정합니다. 여기서는 최솟값을 0.015로 설정합니다. 즉, 확률이 0.015 이상인 주제의 확률만 시각화를 하겠다는 것입니다.

```
model.visualize_distribution(model.probabilities_[0], min_probability=0.015)
```

결과는 그림 19.20과 같습니다. 첫 번째 문서의 경우는 주제 2의 확률이 제일 높은 것을 확인할 수 있습니다.

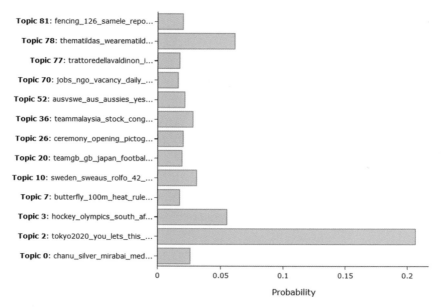

그림 19.20 문서 1의 주제 확률 분포 시각화

---

132 참고로 이 함수를 사용하기 위해서는 BERTopic 클래스의 객체를 생성할 때 생성자 함수가 갖는 calculate_probabilities 파라미터의 값을 True로 설정해야 합니다.

다른 사전학습 모형을 이용해서 임베딩 벡터 추출하기

앞의 예에서는 BERTopic 클래스에서 기본적으로 사용되는 BERT 기반의 사전학습 모형(즉, SBERT)을 이용해서 문서의 임베딩 정보를 추출했습니다. BERTopic의 경우, 다른 사전학습 모형을 이용해서 문서의 임베딩 정보를 추출할 수 있습니다. 관련 코드는 BERTopic_En_example2.ipynb 파일을 참고하세요. 다른 종류의 사전학습 모형을 사용하기 위해 허깅 페이스의 transformers 모듈을 사용합니다.

여기서는 RoBERTa 사전학습 모형을 사용하겠습니다. 이를 위해서 아래와 같이 transformers에서 제공되는 pipeline() 함수를 사용하여 임베딩 벡터 추출의 목적으로 RoBERTa 사전학습 모형을 로딩합니다. 사용하고자 하는 사전학습 모형의 이름을 pipeline() 함수가 갖는 model 파라미터의 값으로 입력합니다.

```
from transformers.pipelines import pipeline

pretrained_model = pipeline("feature-extraction", model="roberta-base")
```

그리고 BERTopic 클래스의 생성자 함수가 갖는 embedding_model 파라미터의 값을 위에서 생성된 pretrained_model로 설정합니다. 특정 사전학습 모형을 사용하는 경우에는 해당 생성자 함수의 language 파라미터의 값을 설정하지 않습니다. 다른 파라미터의 값은 앞에서와 동일하게 설정하겠습니다(즉, nr_topics='auto', calculate_probabilities=True).

```
from bertopic import BERTopic

topic_model = BERTopic(
    embedding_model=pretrained_model, nr_topics='auto', calculate_probabilities=True
)
```

나머지의 과정은 앞에서 살펴본 것과 동일하므로 생략하겠습니다.

19.5.4.2 한글 텍스트에 대한 토픽 모델링

이번에는 한글 텍스트에 BERTopic을 적용해 토픽 모델링을 수행해 보겠습니다. 전반적인 과정은 영어 텍스트에 대한 과정과 유사합니다. 관련 코드는 BERTopic_Kor_example.ipynb 파일을 참고하세요. 여기서도 12장에서 사용한 total_sections_morphs.p 파일에 저장된 신문기사 데이터를 사용하겠습니다. 기본적인 데이터 준비 과정은 12장에서 설명한 것과 동일하기 때문에 여기서는 생략합니다.

먼저 해야 하는 작업은 한글 문서의 임베딩 벡터 추출에 사용하고자 하는 사전학습 모형을 로딩하는 것입니다. 여기서는 허깅 페이스에 등록된 'beomi/kcbert-base' 모형을 사용하겠습니다. 이를 위해 transformers 모듈에서 제공되는 pipeline() 함수를 다음과 같이 사용합니다.

```
from transformers.pipelines import pipeline

pretrained_model = pipeline("feature-extraction", model="beomi/kcbert-base")
```

영어 텍스트의 경우와 마찬가지로, 로딩한 사전학습 모형을 이용해서 문서의 임베딩 정보를 추출하기 위해 BERTopic 생성자 함수의 embedding_model 파라미터의 값을 pretrained_model로 설정합니다. 나머지 파라미터의 값들도 영어 텍스트의 경우와 동일하게 설정합니다.

```
from bertopic import BERTopic

topic_model = BERTopic(
    embedding_model=pretrained_model, nr_topics='auto', calculate_probabilities=True
)
```

여기서는 전체 기사 중에서 2,000개만 사용하겠습니다. 준비된 데이터는 docs_part 변수에 저장돼 있습니다. 해당 변수의 문서의 예는 다음과 같습니다.

```
docs_part[0]
```

'매출 개사 억대 연봉 옥철 매출 조원 넘는 대기업 다니는 직원 매출 천억원 미만 중소기업 직원 500 나타났 가르 대기업 평균 연봉 700 중소기업 200 중소기업 연봉 대기업 62 그쳤 천대 직원 억대 연봉 여준 집계 장기 불황 전년 대비 크게 늘었 26 연구소 소장 오일 매출 천대 직원 평균 보수 분석한 천대 평균 연봉 730 월급 으로는 394 평균 연봉 전년 증가했 보고서 제출하는 상장 비상 장사 매출 분류 이뤄졌 천대 매출 순위 상위 다니는 직원 평균 연봉 630 하위 직원 평균 연봉 830 800 많았 중소기업 대기업 70 인재 쏠림 현상 완화 매출 조원 넘는 대기업 다니는 직원 매출 천억원 미만 중소기업 직원 평균 연봉 … [이하 생략]'

docs_part 변수의 데이터를 fit_transform() 함수의 인자로 입력하여 토픽 모델링을 수행합니다.

```
topics, probabilities = topic_model.fit_transform(docs_part)
```

영어의 경우와 마찬가지로 topics에는 각 문서에 대해서 확률이 제일 높은 주제의 아이디 정보가 저장되어 있고, probabilities에는 각 문서에 대해 추출된 토픽들의 확률값이 저장되어 있습니다.

특정 문서의 주제 확률 분포를 아래와 같이 시각화해 보겠습니다.

```
# 문서 3의 주제 확률 분포 시각화
topic_model.visualize_distribution(topic_model.probabilities_[3], min_probability=0.015)
```

결과는 그림 19.21과 같습니다. 문서 3의 경우, 주제 9의 확률이 제일 높은 것을 알 수 있습니다. 그리고 주제 9와 관련이 높은 단어들은 '아이', '불안감', '직장', '카톡', '엄마' 등입니다. 육아와 관련된 직장맘의 고충에 대한 주제라고 생각할 수 있습니다.

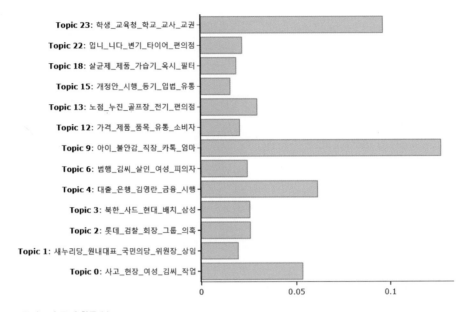

그림 19.21 문서 3의 주제 확률 분포

기사의 제목 정보는 text_titles 변수에 저장되어 있습니다. 이 변수를 이용해서 문서 3의 제목을 확인해 보겠습니다(다음 코드 참고). 제목을 통해서도 해당 기사의 내용이 직장맘의 육아 고충 관련된 것이라는 것을 파악할 수 있습니다.

```
text_titles[3]
```

```
'[단독]5시 넘으면 '눈치'… 말뿐인 종일보육'
```

토픽 모델링 결과와 관련된 다른 코드는 영어 텍스트의 경우와 동일하기 때문에 생략하겠습니다.

20

GPT 모형들

본 장에서는 OpenAI에서 공개한 GPT 모형들에 대해서 살펴보겠습니다. 2018년 GPT-1을 시작으로, 2023년 3월 GPT-4까지 공개됐습니다. 주요한 GPT 모형이 공개된 타임라인은 그림 20.1과 같습니다.[133]

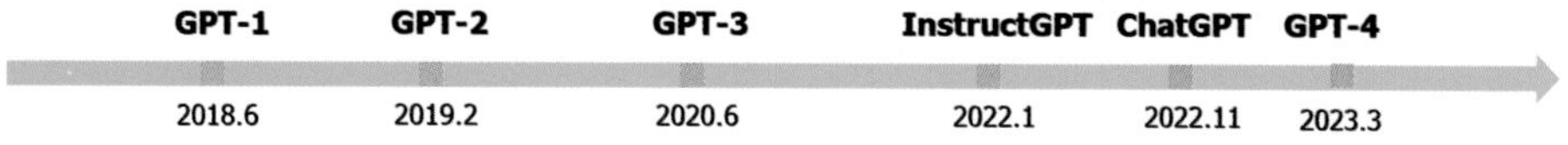

GPT-1	GPT-2	GPT-3	InstructGPT	ChatGPT	GPT-4
2018.6	2019.2	2020.6	2022.1	2022.11	2023.3

그림 20.1 GPT 모형들의 타임라인

각 GPT 모형에 대해 살펴보겠습니다.

20.1 GPT-1

GPT-1은 GPT 시리즈의 첫 번째 모형으로 OpenAI에서 2018년 6월에 발표한 모형입니다.[134] GPT는 논문 제목(Improving language understanding by generative pre-training)에 포함되어 있는 '생성적 사전 학습(Generative Pre-Training)'을 나타냅니다.

---

[133] GPT-4는 이미지와 텍스트를 입력받아 텍스트를 생성하는 방식으로 작동하는 멀티모달(Multimodal) 모형으로 본 책의 범위를 벗어나므로 여기서는 ChatGPT까지만 설명합니다. GPT-4에 관심이 있는 독자는 다음 링크를 참고하세요. https://openai.com/research/gpt-4

[134] Radford, A., Narasimhan, K., Salimans, T., & Sutskever, I. (2018). Improving language understanding by generative pre-training.

참고로 GPT-1은 앞에서 설명한 BERT보다 더 이른 시기에 나왔습니다. BERT는 2018년 10월에 공개됐습니다. GPT-1은 BERT와 마찬가지로 자연처 처리 분야에서 전이 학습 방식을 제안한 모형이라고 생각할 수 있습니다. BERT와 마찬가지로 트랜스포머를 사용하기는 하지만, 트랜스포머의 인코더 부분을 사용한 BERT와 달리 GPT는 트랜스포머의 디코더 부분을 사용합니다.

GPT-1 논문에서는 비지도 학습을 이용한 사전학습 방법과 지도 학습을 이용한 미세 조정 방법을 결합한 방법을 제안합니다. 즉, 대용량의 텍스트 데이터를 비지도 학습 방법으로 사전 학습한 후, 특정한 다운스트림 작업에 대한 정답 데이터를 이용해서 사전학습 모형을 미세 조정하는 방법을 제안한 것입니다. 해당 논문에서는 이러한 방법을 준지도학습(semi-supervised) 방법이라고 일컫습니다. 이러한 방법의 주된 목적은 비지도 사전학습을 통해서 단어가 갖는 언어적인 특성을 배우고, 그렇게 습득된 결과를 미세 조정 통해 새로운 작업에 적용할 수 있는 모형을 만드는 것입니다.

해당 논문에서는 제안된 모형을 자연어 추론, 질의·응답, 의미적 유사도, 문서 분류 등의 문제에 대해서 평가를 합니다. 그리고 대부분의 작업에 대해서 기존의 SOTA 모형들보다 좋은 성능을 보여줍니다. 예를 들어, 'Stories Cloze Test'에 대해서는 8.9%의 성능 개선을, RACE 데이터를 이용한 질의·응답 작업에 대해서는 5.7%, MultiNLI 데이터셋을 이용한 자연어 추론에서는 1.5%, GLUE 데이터셋에 대해서는 5.5%의 성능 개선을 보여줍니다.

20.1.1 GPT-1에서의 학습

GPT-1에서 사용된 학습 방법에 대해서 살펴보겠습니다. GPT-1은 학습이 두 단계로 이뤄집니다. 첫 번째는 대용량의 학습 데이터를 이용한 비지도 사전학습(unsupervised pre-training)이고, 두 번째는 다운스트림 작업을 위한 지도학습 기반의 미세조정(supervised fine-tuning) 단계입니다. 다운스트림 작업의 경우는 각 작업별로 별도의 정답 데이터를 사용합니다.

20.1.1.1 비지도 사전학습

비지도 사전학습 단계에서는 입력된 텍스트 데이터에 존재하는 이전 단어들의 정보를 이용해서 다음에 나올 단어가 무엇인지를 예측하는 방식으로 학습이 진행됩니다. 즉, 언어 모형을 비지도 학습 방식을 이용해서 대용량의 데이터를 적용하여 사전 학습을 수행하게 됩니다.

■ 모형의 구조

앞에서 언급한 것처럼, GPT-1은 트랜스포머의 디코더 부분을 사용합니다. 트랜스포머의 디코더 블록과 GPT-1에서 사용된 디코더 블록의 구조를 살펴보겠습니다. 그림 20.2의 왼쪽은 트랜스포머의 디코더 블록을, 오른쪽은 GPT-1에서 사용된 디코더 블록을 보여주고 있습니다. 트랜스포머는 인코더-디코더 모형으로 사용되었기 때문에 디코더 블록에 인코더에서 전달되는 은닉 상태 벡터를 처리하는 멀티-헤드 어텐션이 존재합니다. 그림 20.2의 왼쪽 그림에서 점선 안의 부분입니다. 하지만, GPT-1은 언어 모형으로 트랜스포머의 디코더 부분만을 사용했기 때문에 그림 20.2의 오른쪽에서 볼 수 있는 것처럼 인코더에서 전달되는 은닉 상태 벡터를 처리하는 멀티-헤드 어텐션이 사용되지 않았습니다. GPT-1에서는 이러한 디코더 블록을 12개 사용했습니다. 임베딩 벡터의 차원은 768이며, 멀티-헤드 어텐션에서 사용된 헤드의 수는 12개이고, 위치 기반 완전연결층이 갖는 노드의 수는 3,072입니다.

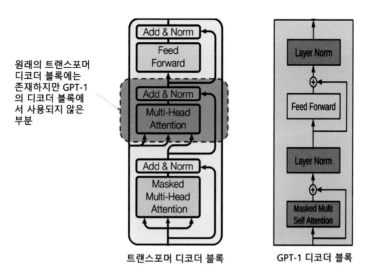

그림 20.2 트랜스포머 디코더 블록과 GPT-1의 디코더 블록

트랜스포머와 마찬가지로 GPT-1에서도 입력된 시퀀스를 구성하는 각 토큰을 기본적인 임베딩 정보와 위치 임베딩 정보를 사용하여 표현하고, 그렇게 표현된 임베딩 벡터가 디코더 블록의 입력값으로 입력됩니다. 디코더 부분이기 때문에 마스크드(masked) 멀티-헤드 셀프 어텐션이 사용되었습니다. 언어 모형으로 작동하기 위해서 제일 마지막에 소프트맥스 활성화 함수 기반의 출력층을 사용했습니다. 이는 그림 20.3과 같이 표현될 수 있습니다.

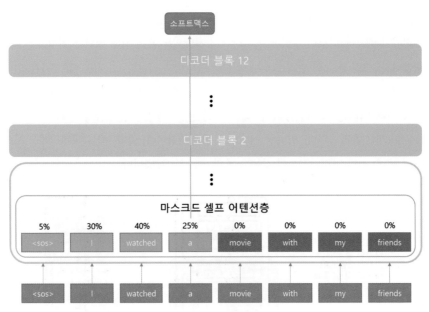

그림 20.3 GPT-1의 언어 모형이 작동하는 방식의 예

그림 20.3의 내용을 살펴보겠습니다. 예를 들어, 'I watched a movie with my friends'라고 하는 입력된 시퀀스 데이터에 대해서 'I watched a' 정보를 이용해서 다음에 나올 토큰을 예측한다고 가정합니다. 트랜스포머의 디코더 부분에서 출력되는 토큰 'a'의 은닉 상태 벡터 정보에 소프트맥스 활성화 함수를 적용하여 다음 토큰(즉, movie)을 예측하게 됩니다. 소프트맥스 활성화 함수를 갖는 출력층의 출력값을 이용해서 교차 엔트로피 비용함수가 계산되는 것입니다. 각 디코더 블록에서는 마스크드 셀프 어텐션이 사용되었기 때문에 'a' 다음에 나오는 단어들의 정보는 마스킹 처리되어 'a'의 은닉 상태 벡터를 계산할 때 사용되지 않습니다(그림 20.3에서 진한 회색으로 표현되었습니다).

■ 사전학습에 사용된 학습 데이터

GPT-1의 경우, 사전학습에서는 BookCorpus 데이터셋을 사용했습니다. 해당 데이터셋은 BERT 부분에서 살펴본 것처럼 출간되지 않은 7천 권이 넘는 책에 대한 내용을 포함하고 있습니다. 저자들에 따르면 GPT-1 논문에서는 대안적으로 사용될 수 있는 Word Benchmark 데이터셋 대신 BookCorpus를 사용했는데, 주된 이유는 BookCorpus 데이터셋이 더 긴 시퀀스 데이터로 구성되어 있어 멀리 떨어져 있는 단어 간의 연결 관계를 파악하는 데 더 적합하기 때문이라고 합니다.

■ 학습 과정

학습 과정에서는 옵티마이저로는 아담(Adam)을 사용했고, 최대 학습률은 2.5e-4(즉, 0.00025), 입력 시퀀스 길이는 512로 했습니다. 미니 배치 크기는 64이며, 학습에서 사용된 전체 에포크의 수는 100으로 했습니다. 가중치 파라미터는 N(0, 0.02)의 분산 크기가 고정된 정규 분포를 사용하여 초기화했습니다. 저자들에 따르면 이는 GPT-1 모형에서 사용되는 계층 정규화층이 많기 때문에, 분산의 크기를 고정한 초기화 방법을 사용해도 성능에는 별 영향이 없다고 합니다(참고로, 13.4절에서 살펴본 He 또는 Xavier 가중치 초기화 방법의 경우에는 초기화에 사용되는 분포가 갖는 분산의 크기가 노드의 수에 따라 달라집니다). 10%의 드롭아웃을 적용했고, L2 규제화와 유사한 방법의 규제화를 진행했으며, 활성화 함수로는 GELU를 사용했습니다.

위치 임베딩의 경우 삼각함수를 사용한 원래의 트랜스포머 방법과 달리, 위치 임베딩 벡터가 갖는 원소의 값들도 학습을 통해 결정되는 방법을 사용했습니다. 워드피스 토큰화 방법을 사용한 BERT와 달리 GPT-1에서는 바이트 페어 인코딩 토큰화 방법을 사용하였습니다.

참고 **바이트 페어 인코딩(Byte Pair Encoding, BPE) 토큰화**

BPE 토큰화 방법이 어떻게 작동하는지 구체적인 예를 통해서 살펴보겠습니다. 먼저 토큰화에 사용되는 사전을 구성하는 토큰들이 어떻게 선택되는지 알아보겠습니다. 사전을 구성하기 위해 사용되는 텍스트 데이터가 'first', 'best', 'song', 'soft', 'son'의 다섯 개의 단어들로 구성되어 있고, 각 단어들의 출현 빈도가 표 20.1과 같다고 가정합니다(여기서는, 설명을 위해서 각 단어를 문자(character) 단위로 구분하여 표현하도록 합니다).

표 20.1 말뭉치 데이터에 존재하는 단어들과 단어들의 출현 빈도

단어	빈도
f, i, r, s, t	2
b, e, s, t	2
s, o, n, g	1
s, o, f, t	1
s, o, n	1

그다음, 생성하고자 하는 사전의 크기, 즉 사전에 포함하고자 하는 토큰의 수를 정합니다. 여기서는 사전의 크기를 13으로 정한다고 가정합니다. 13개의 토큰이 어떻게 선택되는지 살펴보겠습니다.

먼저 말뭉치 데이터에 존재하는 모든 고유한 문자들을 사전에 추가합니다. 텍스트 데이터에 존재하는 고유한 문자는 [b, e, f, g, i, n, o, r, s, t]이기 때문에 이러한 문자들을 포함하는 사전은 다음과 같이 표현됩니다.

사전 = { b, e, f, g, i, n, o, r, s, t }

전체 문자의 수는 10개이므로, 아직 세 개의 토큰을 더 추가해야 합니다.

가장 자주 출현하는 두 개 이상의 문자들로 구성된 문자열을 찾고 해당 문자열을 새로운 토큰으로 추가합니다. 이러한 과정을 정해진 사전의 크기에 도달할 때까지 반복합니다. 표 20.1을 보면 st가 제일 많이 사용된 것을 알 수 있습니다. 'first' 단어에서 두 번 'best'에서 두 번 사용되어 총 네 번 사용됐습니다. 따라서, st를 사전에 추가합니다. 사전은 다음과 같이 업데이트되고, 사전에 포함된 토큰 수는 10에서 11로 증가합니다.

　　사전 = { b, e, f, g, i, n, o, r, s, t, st}

그다음으로 많이 사용된 문자열은 so인 것을 확인할 수 있습니다. 'song', 'soft', 'son'에서 한 번씩 사용되어 총 세 번 사용됐습니다. 따라서 사전이 다음과 같이 업데이트됩니다.

　　사전 = { b, e, f, g, i, n, o, r, s, t, st, so}

그다음에는 son이 제일 많이 사용된 것을 확인할 수 있습니다. 'song'과 'son'에서 한 번씩 사용되었습니다. son이 추가되면 사전은 아래와 같이 되고, 사전을 구성한 토큰의 수가 13이 됩니다. 따라서 더 이상의 토큰을 추가하지 않습니다.

　　최종 사전 = { b, e, f, g, i, n, o, r, s, t, st, so, son}

■ BPE를 이용한 토큰화

이번에는 구축된 사전을 이용해서 토큰화가 어떻게 수행되는지 알아보겠습니다. 설명을 위해, 토큰화하고자 하는 텍스트 데이터가 soft라는 단어 하나로 구성돼 있다고 가정합니다. 일단 soft 단어가 구축된 사전에 존재하는지를 확인합니다. 사전에 soft가 존재하지 않습니다. 그러한 경우에는 soft 단어를 다음과 같이 하위 단어들로 분할합니다 {so, ft}. 그다음, 각 하위 단어가 사전에 존재하는지를 확인합니다. so는 존재하지만 ft는 존재하지 않는 것을 확인할 수 있습니다. 따라서 ft를 한 번 더 분할합니다. {f, t}. 분할의 결과로 도출된 f와 t가 사전에 존재하는지 확인합니다. f와 t 모두 사전에 존재하는 것을 확인할 수 있습니다. 따라서 soft는 [so, f, t]로 토큰화됩니다.

또 다른 예를 살펴보겠습니다. 이번에는 텍스트 데이터가 sole이라는 단어 하나로 구성되어 있다고 가정합니다. 전반적인 과정은 앞에서 살펴본 것과 유사합니다. sole이라는 단어가 사전에 존재하지 않기 때문에 so, le로 구분됩니다. so는 사전에 존재하지만, le는 사전에 존재하지 않아, l, e로 한 번 더 분할됩니다. e는 사전에 있지만, l은 사전에 없습니다. 이러한 경우, l 대신 <UNK> 토큰을 사용합니다(UNK는 unknown을 의미합니다). 따라서 최종적인 토큰화의 결과는 [so, <UNK>, e]가 됩니다.

20.1.1.2 지도 학습 기반의 미세 조정

이번에는 앞의 단계에서 사전 학습된 언어 모형이 특정한 다운스트림 작업을 위해 어떻게 미세 조정되는지 살펴보겠습니다. 이를 위해서는 사전 학습 모형을 적용하고자 하는 다운스트림 태스크를 위한 정답 데이터(labeled data)가 필요합니다. 이러한 데이터를 C라고 표현하겠습니다. 각 입력 샘플은 여러 개의 토큰($x^1, \cdots, x^m$)과 레이블 정보(즉, 정답 정보 y)로 이루어져 있습니다.

이 입력 샘플은 사전 학습된 언어 모형인 트랜스포머 디코더 모형에 입력되고 마지막 토큰에 대한 은닉 상태 벡터(h_l^m)가 출력됩니다(아래 첨자 l은 마지막 디코더 블록을 나타냅니다). 이러한 은닉 상태 벡터는 소프트맥스 활성화 함수를 갖는 완전 연결층의 입력값으로 입력되고, 정답(즉, y)에 대한 예측치가 출력됩니다. 해당 완전연결층은 W_y 파라미터를 갖습니다. 이를 식으로 나타내면 다음과 같습니다.

$$\mathrm{P}(y|x^1, \cdots, x^m) = softmax\left(h_l^m W_y\right)$$

이에 대한 비용함수를 $\mathrm{L}_2(C)$라고 하겠습니다. (위에서 언급한 것처럼, C는 미세조정에 사용되는 정답 데이터를 의미합니다.)

GPT-1 논문에서는 미세 조정을 위한 학습 시 $\mathrm{L}_2(C)$ 이외에 보조적인 비용함수를 하나 더 사용했습니다. 사전 학습에서와 마찬가지로 데이터 C에 대해서도 다음 토큰을 예측하는 언어 모형을 적용하고 그에 대한 비용함수를 추가 비용함수로 사용한 것입니다. 데이터 C에 대한 언어 모형의 비용함수는 $\mathrm{L}_1(C)$으로 표현합니다. 미세 조정에서 사용된 최종 비용함수는 아래와 같습니다.

$$\mathrm{L}_3(C) = \mathrm{L}_2(C) + \lambda \cdot \mathrm{L}_1(C)$$

위 식에서 λ는 $\mathrm{L}_1(C)$을 얼마만큼 반영할 것인지에 대한 가중치가 됩니다. 논문에서는 $\lambda = 0.5$로 설정했습니다. 논문의 저자들에 따르면, 보조 비용함수(즉, $\mathrm{L}_1(C)$)를 사용하게 되면 학습이 보다 안정적으로 수행되고 모형이 갖는 일반화 정도가 커지는 효과가 있다고 합니다.

참고로, 미세 조정 과정에서 추가적으로 사용되는 파라미터는 W_y와 미세 조정에서 새롭게 사용되는 구분자 토큰들에 대한 임베딩 벡터를 위한 것들뿐입니다(구분자는 그림 20.4의 〈Delim〉를 의미합니다).

■ 입력 데이터 형태 변환

사전 학습된 모형이 적용되는 다운스트림 작업들의 경우, 작업의 종류에 따른 특정한 형태로 데이터를 입력받아야 합니다. 예를 들어, 질의 · 응답 작업의 경우 질의와 응답의 구조로 입력돼야 하고, 자연어 추론의 경우는 서로 다른 시퀀스 데이터가 순서를 가지고 입력되어야 합니다.

하지만 GPT-1 논문에서는 사전 학습 모형이 적용되는 다운스트림 작업의 종류에 따라 일일이 입력되는 데이터의 구조를 변환하지 않았습니다. 이렇게 하면 너무 많은 작업이 추가적으로 필요하기 때문입니다. GPT-1에서는 사전 학습 모형이 적용되는 다운스트림 작업의 종류와 상관없이 입력 데이터를 (사전 학습 모형에 입력될 수 있는) 순서를 갖는 여러 개의 시퀀스 데이터의 형태로 입력했습니다(그림 20.4 참고).

그림 20.4에서 오른쪽 부분은 다운스트림 작업에 따라 입력된 데이터의 형태를 보여줍니다. 해당 그림에서 〈Start〉는 입력 시퀀스 데이터의 시작을 의미하는 토큰이고, 〈Extract〉는 종료(end) 토큰을 나타냅니다. 그리고 서로 다른 종류의 시퀀스를 구분하기 위해서 구분자(delimiter)에 해당하는 〈Delim〉 토큰을 사용했습니다.

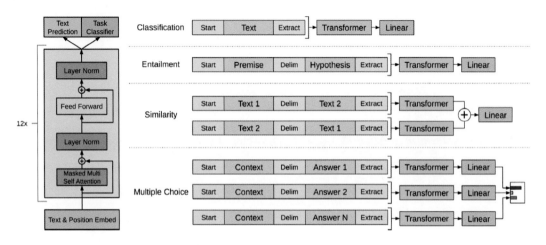

그림 20.4 미세 조정 시 다운스트림 작업의 종류에 따라 입력되는 시퀀스 데이터의 형태

예를 들어, 문서 분류(Classification)의 경우는 별도의 변환없이 문서에 해당하는 Text를 시작 토큰과 종료 토큰을 추가한 후 입력하여 사전 학습 모형(위 그림에서는 Transformer로 표현)이 출력하는 은닉 상태 벡터를 소프트맥스 활성화 함수를 갖는 완전연결층(위 그림에서는 Linear로 표현)의 입력값으로 입력하여 교차 엔트로피 비용함수를 계산합니다.

텍스트 함의(Textual entailment) 작업의 경우는 전제(premise)에 해당하는 텍스트와 가설(hypothesis)에 해당하는 텍스트를 구분자를 이용해 연결하여 입력했습니다(역시나 마찬가지로 시작, 종료 토큰이 추가됩니다). 이러한 입력 데이터에 대해서 사전 학습 모형이 출력하는 은닉 상태 벡터에 소프트맥스 활성화 함수를 갖는 완전연결층을 적용하여 정답을 예측하게 됩니다. 일반적인 텍스트 함의 문제의 정답은 참, 거짓, 모름 등이 됩니다.

두 텍스트에 대한 의미 유사(Similarity) 여부 작업[135]의 경우, 두 텍스트(예: Text1, Text2)가 어떠한 순서 관계도 갖지 않는다는 것을 반영하기 위해서 순서를 달리한 두 개의 입력 데이터를 입력합니다. 하나는 Text1이 먼저 입력되는 형태이고, 다른 하나는 Text2가 먼저 입력되는 형태입니다. 각 입력 데이터를 사전 학습 모형에 입력해 출력되는 은닉 상태 벡터를 원소별로 더한 결과를 최종 출력층의 입력값으로 사용합니다. 정답은 유사, 비유사가 됩니다.

선다형(multiple choice) 형태의 질의·응답 작업의 경우, 문맥 문서와 질문을 하나의 텍스트로 구성한 후 각 보기의 텍스트를 구분자로 연결한 여러 개의 텍스트를 입력 데이터로 사용했습니다. 각 입력 텍스트에 대해 완전연결층이 출력하는 값을 로짓값으로 사용하여 최종적으로 소프트맥스 활성화 함수를 사용하여 각 보기가 정답일 확률을 계산했습니다. 예를 들어, 문제 1에 대한 문맥 텍스트(Context 1이라고 하겠습니다)가 있고 보기가 네 개가 존재하는 경우에는 그림 20.5와 같이 입력되는 것입니다. 원 논문에서 사용된 그림(그림 20.4)에서는 Context와 Question을 합쳐서 Context로 표현했고, 각 보기(Option)를 Answer로 표현했습니다.

그림 20.5 선다형 문제의 작동 과정

■ 미세 조정에서의 하이퍼파라미터

사전학습에서의 하이퍼파라미터 값을 대부분 그대로 사용했습니다. 값을 다르게 한 것은 학습률, 미니배치와 에포크의 크기 정도입니다. 미세 조정에서는 학습률을 6.25e-5로 했고, 미니배치의 크기는 32로 설정했으며, 에포크의 값을 대부분 다운스트림 작업에서 3 정도로 설정했습니다. 이는 미세 조정을 많이 하지 않더라도 주어진 문제를 푸는 데 최적의 파라미터 값을 찾을 수 있었다는 것을 의미합니다.

■ 모형의 성능

미세 조정 기반의 GPT-1 모형은 모형이 적용된 12개의 다운스트림 작업들 중에서 9개의 작업에 대해 당시 SOTA 모형의 성능보다 우수한 성능을 보였습니다. 자연어 추론이나 질의응답 관련 작업들에서

---

[135] 의미 유사 (Semantic similarity) 작업은 두 개의 서로 다른 문장이 의미적으로 동일한지 그렇지 않은지를 구분하는 것입니다.

는 모두 SOTA 모형들보다 우수한 결과를 나타냈습니다. 다만, 문서 분류나 의미 유사 여부 작업의 경우는 사용된 데이터셋에 따라 기존 모형의 성능이 더 우수한 경우도 있었습니다. 표 20.2는 SST2(Stanford Sentiment Treebank v2) 데이터셋의 경우에는 GPT−1보다 기존의 모형인 Sparse byte mLSTM의 성능이 더 좋다는 것을, 그리고 MRPC(Microsoft Paraphrase Corpus) 데이터셋에 대해서는 기존 모형인 TF−KLD의 성능이 더 좋다는 것을 보여주고 있습니다.

표 20.2 분류와 의미 유사 작업 관련 GPT−1과 기존 모형들의 성능 비교

모형	분류		의미 유사		
	CoLA (mc)	SST2 (acc)	MRPC (F1)	STSB (pc)	QQP (F1)
Sparse byte mLSTM[a]	-	93.2	-	-	-
TF-KLD[b]	-	-	86.0	-	-
ECNU[c]	-	-	-	81.0	-
Single-task BiLSTM + ELMo + Attn[d]	35.0	90.2	80.2	55.5	66.1
Multi-task BiLSTM + ELMo + Attn[d]	18.9	91.6	83.5	72.8	63.3
Finetuned Transformer LM (ours)	45.4	91.3	82.3	82.0	70.3

[a] Gray, S., Radford, A., & Kingma, D. P. (2017). Gpu kernels for block−sparse weights.

[b] Ji, Y., & Eisenstein, J. (2013, October). Discriminative improvements to distributional sentence similarity.

[c] Tian et al. (2017, August). Ecnu at SemEval−2017 task 1: Leverage kernel−based traditional nlp features and neural networks to build a universal model for multilingual and cross−lingual semantic textual similarity.

[d] Wang et al. (2018). GLUE: A multi−task benchmark and analysis platform for natural language understanding.

참고: mc = Matthews correlation, acc=Accuracy, pc=Pearson correlation을 나타냅니다. CoLA는 Corpus of Linguistic Acceptability 데이터셋을, MRPC는 Microsoft Paraphrase corpus 데이터셋을, STSB는 Semantic Textual Similarity benchmark 데이터셋을, QQP는 Quora Question Pairs 데이터셋을 의미합니다.

■ **제로샷 행동(Zero−shot behavior)**

GPT−1 논문에서는 미세 조정 모형의 성능을 파악하는 것 이외에도 제로샷 모형의 성능도 파악했습니다. 제로샷이라고 하는 것은 추가적인 미세 조정 없이 주어진 다운스트림 작업을 사전 학습 모형을 그대로 이용해서 수행하는 것을 의미합니다.

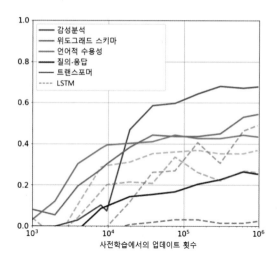

그림 20.6 제로샷 모형의 성능 비교

그림 20.6은 여러 가지 작업 관련한 제로샷 모형의 성능을 보여줍니다. 그림에 따르면, 제로샷 모형의 경우도 사전 학습을 많이 할수록 여러 종류의 다운스트림 작업에 대해서 모형의 성능이 지속적으로 향상합니다. 즉, 추가적인 미세 조정을 위한 학습이 없어도 비지도 학습 기반의 사전 학습 언어 모형만으로도 사전 학습이 충분히 된다면 다운스트림 작업에 대해 어느 정도 성능을 보여준다는 것을 의미합니다. 그리고 이러한 인사이트는 이후의 GPT 모형들(예: GPT-2, 3 등)에서 핵심적인 역할을 합니다. 그림 20.6에 따르면, GPT-1의 제로샷 성능에 반해 LSTM의 경우는 사전 학습이 증가하더라도 제로샷 성능이 지속적으로 증가하지 않고 불안정한 모습을 보이는 것을 확인할 수 있습니다. 이는 트랜스포머 디코더 기반의 모형이 사전 학습을 통해 다양한 다운스트림 작업을 수행할 수 있는 능력을 학습하기 때문이라고 저자들은 생각합니다.

20.2 GPT-2

이번에는 GPT-2에 대해서 살펴보겠습니다. GPT-2 논문은 2019년에 〈Language Models are Unsupervised Multitask Learners〉라는 제목으로 발표됐습니다.[136] GPT-2도 GPT-1과 마찬가지로 트랜스포머의 디코더 부분을 사용했습니다. GPT-1과의 주요한 차이는 더 많은 양질의 데이터를 이용해서 학습했고, 더 많은 파라미터를 갖는 모형을 사용했으며, 미세 조정 작업을 수행하지 않았다는 것입니다.

---

[136] Radford, A., Wu, J., Child, R., Luan, D., Amodei, D., & Sutskever, I. (2019). Language models are unsupervised multitask learners. OpenAI blog, 1(8), 9.

GPT-2 논문의 가장 큰 목적은 대용량의 질이 좋은 학습 데이터로 사전 학습된 언어 모형을 추가적인 미세 조정없이 다양한 다운스트림 작업에 적용해 보고, 모형의 성능을 파악해 보는 것입니다. 저자들은 다양한 작업에 대한 내용을 담고 있는 학습 데이터를 이용해서 사전 학습된 언어 모형의 경우에는 추가적인 미세 조정 과정이 없이도 특정한 다운스트림 작업에 대해 좋은 성능을 낼 수 있을 것이라는 가설을 세우고, 그러한 가설이 맞는지를 해당 논문에서 검증합니다.

GPT-2 논문에서는 사전 학습 모형에 대한 추가적인 학습, 즉 미세 조정 과정이 없는 것을 제로샷(zero-shot)이라고 표현했습니다.[137] 이러한 시도의 주된 이유는 GPT-2 논문이 출간되었던 시점에서 가장 성능이 좋은 방법이었던 사전학습과 지도학습 기반의 미세 조정을 같이 사용하는 방법이 갖는 한계 때문입니다. 이러한 방법은 미세 조정 지도학습을 위한 정답 데이터가 있어야 한다는 것을 의미합니다. 하지만, 이러한 정답 데이터를 생성하는 것이 많은 비용이 들고, 특정한 작업을 위한 정답 데이터를 이용해 미세 조정된 모형의 경우에는 일반화 정도가 낮아 다른 작업에 적용하는 것이 어렵다는 단점이 있습니다. 해당 논문에서는 이러한 단점을 보완하는 방법으로 추가적인 미세 조정 없이도 다양한 자연어 처리 문제에 적용되어 좋은 성능을 낼 수 있는 사전 학습된 언어 모형을 제안한 것입니다.

GPT-2 논문의 저자들은 풀고자 하는 문제에 대한 별도의 정답 데이터를 이용해서 미세 조정 학습을 수행하지 않더라도 그러한 문제와 관련된 내용을 포함하고 있는 학습 데이터를 기반으로 사전 학습된 언어 모형을 이용해서 주어진 문제를 풀 수 있다고 생각합니다. 그리고 이러한 방식으로 문제를 풀기 위해서는 풀고자 하는 문제와 관련된 예시나 혹은 프롬프트[138]를 사전학습 모형에 입력하는 방식을 사용합니다. 저자들에 따르면, 사전학습 모형은 이러한 예시나 프롬프트를 기반으로 모형이 풀어야 하는 문제가 무엇인지 혹은 출력해야 하는 결과가 무엇인지 파악할 수 있다고 합니다. 이러한 방식이 가능하기 위해서는 많은 양의 양질의 학습 데이터가 필요합니다.

20.2.1 학습 데이터

저자들은 성능이 좋은 사전학습 언어 모형을 생성하기 위해서 되도록 다양한 도메인과 문맥에서의 작업을 나타낼 수 있는 자연어를 포함하는 거대하고 다양성이 높은 데이터셋을 구축하고자 노력합니다.

인터넷에 존재하는 텍스트 데이터를 이용하는 것이 그러한 방법이 될 수 있습니다. 기존에 사용되던 Common Crawl 데이터셋이 존재하지만, 해당 데이터셋에는 질이 좋지 않은 텍스트가 다량 포함돼 있습니다. 질 높은 학습 데이터를 구축하기 위해서 저자들은 직접 인터넷으로부터 데이터를 수집합니다. 레딧

---

137 참고로, GPT-3에서는 추론 시 풀고자 하는 문제 혹은 해결하고자 하는 작업과 관련된 어떠한 예제도 입력받지 않는 것을 제로샷이라고 표현했습니다.
138 사용자가 GPT 모형을 이용하여 어떠한 종류의 작업을 수행하고자 하는지에 대한 내용을 담고 있는 텍스트를 프롬프트라고 합니다.

(Reddit)이라고 하는 소셜 미디어 플랫폼에서 적어도 세 개의 카르마(karma)를 받은 게시글에 입력된 링크만을 수집합니다. 레딧에서의 카르마는 '좋아요' 수에서 '싫어요' 수를 뺀 값이라고 생각할 수 있습니다. 즉, 카르마의 수를 3으로 제한함으로써 어느 정도 다른 사람들에게 긍정적으로 평가된 게시글에서 소스로 사용된 링크만을 수집하겠다는 의미입니다. 그리고 수집된 링크에 대한 텍스트 데이터를 수집합니다.

저자들은 이렇게 수집된 데이터를 WebText라고 표현했습니다. WebText 데이터에는 대략적으로 800만 개가 조금 넘는 문서들이 포함되어 있으며, 전체 사이즈는 40GB 정도가 됩니다. 저자들에 따르면 위키피디아 페이지에 해당하는 문서는 중복될 가능성이 높아 WebText에 포함하지 않았다고 합니다.

20.2.2 모형의 구조

GPT-2도 GPT-1과 같이 기본적으로 트랜스포머의 디코더 부분을 사용합니다. 하지만 GPT-1에서의 디코더 블록을 그대로 사용하지 않고, 디코더 블록의 형태를 약간 변형하여 사용합니다. 그림 20.7과 같이 GPT-1과 비교하여 계층 정규화 층의 순서가 바뀐 것을 확인할 수 있습니다.

그 외 부분은 GPT-1의 구조와 대부분 유사합니다. 다만, 입력되는 시퀀스의 길이를 512에서 1024로 증가시켰고, 미니 배치의 크기도 64를 사용한 GPT-1과 달리 512를 사용했다는 차이가 있습니다. GPT-2에서도 GPT-1에서와 마찬가지로 BPE 토큰화 방법을 사용했습니다.

GPT-2 논문에서는 크기가 다른 네 가지 버전의 모형을

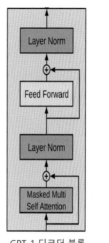 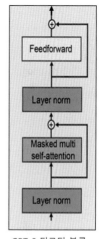

GPT-1 디코더 블록   GPT-2 디코더 블록

그림 20.7 GPT-1과 GPT-2 디코더 블록의 비교

사용합니다. 이는 표 20.3과 같습니다. 해당 논문에서는 가장 큰 버전을 GPT-2라고 표현했습니다.

표 20.3 GPT-2 논문에 사용된 모형의 크기

파라미터 수	블록 수	임베딩 벡터 차원
117M	12	768
345M	24	1024
762M	36	1280
1542M	48	1600

20.2.3 모형의 성능

WebText 데이터를 이용해서 사전 학습된 언어 모형의 제로샷 성능을 여덟 개의 다운스트림 작업에 대해 평가합니다. 가장 큰 버전의 경우 8개 중 7개의 작업에 대해서 추가적인 미세 조정 없이 SOTA 모형과 비슷한 성능을 내거나 더 좋은 성능을 내는 것으로 나타났습니다.

구체적인 예로, 언어 모형으로서의 성능에 대해서 살펴보겠습니다.

WebText 데이터를 이용해서 사전 학습된 언어 모형, 즉 GPT-2가 추가적인 미세 조정 없이(즉, 제로샷) 여러 가지 데이터셋에 대해서 언어 모형으로서의 성능이 어떻게 되는지를 파악했습니다. 모형의 성능을 파악하기 위해 사용된 데이터셋으로는 LAMBADA, Children's Book Text(CBT), Penn Treebank (PTB), One Billion Word Benchmark(1BW) 등이 있습니다.

Children's Book Text는 품사가 다른 단어(예: 명사, 동사, 전치사 등)에 대한 언어 모형의 성능을 검사하기 위해서 생성된 데이터셋입니다. 그리고 LAMBADA는 단어들 간의 장기의존 관계를 파악하기 위해서 구축된 데이터셋입니다. LAMBADA에서의 태스크는 사람의 관점에서 마지막 단어를 제대로 예측하기 위해 최소 50개의 토큰이 필요한 문장들의 마지막 단어를 예측하는 것입니다. 각 데이터셋에 대한 모형의 버전별 성능은 표 20.4에서 확인할 수 있습니다. 표 20.4를 보면 대부분의 데이터셋에 대해서 GPT-2 모형의 성능이 좋지만, 1BW에 대해서는 GPT-2의 성능이 좋지 않은 것을 확인할 수 있습니다. 저자들은 아마도 그러한 이유가 1BW의 경우 데이터를 생성할 때 원래의 텍스트를 그대로 사용하지 않고 문장 단위로 데이터를 섞어주게 되는데 이렇게 되면 긴 범위의 텍스트 구조가 파괴되기 때문이라고 추측합니다.

표 20.4 데이터셋에 따른 모형 버전별 성능 비교

	LAMBADA (PPL)	LAMBADA (ACC)	CBT-CN (ACC)	CBT-NE (ACC)	WikiText2 (PPL)	PTB (PPL)	1BW (PPL)
SOTA	99.8	59.23	85.7	82.3	39.14	46.54	21.8
117M	35.13	45.99	87.65	83.4	29.41	65.85	75.20
345M	15.60	55.48	92.35	87.1	22.76	47.33	55.72
762M	10.87	60.12	93.45	88.0	19.93	40.31	44.575
1542M	8.63	63.24	93.30	89.05	18.34	35.76	42.16

참고: PPL = Perplexity

■ **추론 시 입력되는 데이터의 형태**

해당 논문에서는 작업 조건(task conditioning)의 목적으로 추론 시 모형이 적용되는 작업에 따른 특정 문자열을 입력 데이터의 일부로 추가했습니다. 예를 들어, 요약의 경우에는 요약을 해야 하는 텍스트 다음에 요약할 것을 의미하는 'TL;DR;'을 입력 데이터의 일부로 추가했으며, 번역의 경우에는 번역 작업을 나타내기 위해서 '한글 문장 = english sentence' 형태로 예제 데이터를 입력한 후, 번역해야 하는 텍스트를 '한글 문장 ='과 같은 형태로 입력했습니다. 예를 들어, 한글 문장 "오늘은 금요일입니다"를 영어로 번역한 결과를 얻고자 하는 경우, 아래와 같이 입력합니다.

'나는 영화를 봅니다 = I watch a movie \<delimiter> 오늘은 금요일입니다 ='

20.2.4 파이썬 코딩하기

여기서는 허깅 페이스에서 제공되는 GPT-2 사전학습 모형을 이용해 미세 조정을 하고, 미세 조정된 모형을 사용하여 영어 텍스트에 대해 감성 분석을 수행해 보겠습니다.[139] 전반적인 방법은 허깅 페이스에서 제공되는 BERT 관련 사전 학습 모형을 사용하는 것과 유사합니다. 관련 코드는 `GPT2_En_example.ipynb` 파일을 참고하세요.

다음과 같이 필요한 모듈을 임포트합니다.

```
import numpy as np
import pandas as pd
import tensorflow as tf
```

여기서도 18장에서 사용한 감성분석 데이터를 사용합니다. 다음과 같이 데이터를 다운로드합니다.

```
df = pd.read_csv(
    'https://github.com/clairett/pytorch-sentiment-classification/raw/master/data/SST2/
train.tsv',
    delimiter='\t',
    header=None
)
```

---

139 참고로 GPT-2까지는 사전학습 모형이 허깅 페이스에 등록되어 있지만, GPT-3부터는 등록되어 있지 않습니다. OpenAI에 따르면, 사전학습 모형을 공개하지 않는 주된 이유는 GPT 모형들이 부정적인 목적으로 사용되는 것을 방지하기 위해서라고 합니다. GPT-3의 경우는 OpenAI 사이트(https://platform.openai.com/overview)를 통해 유료로 미세 조정을 위한 사전 학습 모형을 사용할 수 있습니다.

df에 저장된 데이터는 다음과 같습니다.

```
df.head()
```

	0	1
0	a stirring , funny and finally transporting re...	1
1	apparently reassembled from the cutting r...	0
2	they presume their audience wo n't sit still f...	0
3	this is a visually stunning rumination on love...	1
4	jonathan parker 's bartleby should have been t...	1

아래와 같이 레이블 정보를 별도 변수에 저장합니다.

```
labels = df[1].values
```

영화평 정보도 리스트 데이터의 형태로 별도 변수에 저장합니다.

```
texts = df[0].values.tolist()
```

transformers 모듈에서 제공되는 토크나이저 클래스(**AutoTokenizer**)와 문서 분류를 위한 사전학습 GPT-2 모형에 대한 클래스인 **TFGPT2ForSequenceClassification**을 임포트합니다. **TFGPT2ForSequenceClassification**은 입력된 시퀀스 데이터에 존재하는 마지막 토큰에 대해 GPT-2가 반환하는 은닉 상태 벡터 정보를 이용하여 분류 작업을 수행합니다.

```
from transformers import AutoTokenizer, TFGPT2ForSequenceClassification
```

다음과 같이 토크나이저와 사전학습 모형을 다운로드합니다.

```
tokenizer = AutoTokenizer.from_pretrained("microsoft/DialogRPT-updown")
model = TFGPT2ForSequenceClassification.from_pretrained(
    "microsoft/DialogRPT-updown", from_pt=True
)
```

데이터를 학습 데이터와 평가 데이터로 구분합니다.

```
from sklearn.model_selection import train_test_split

X_train, X_test, y_train, y_test = train_test_split(
    texts, labels, test_size=0.2, random_state=0
)
```

영화평의 학습 데이터와 평가 데이터에 대해서 토큰화를 수행합니다. 여기서도 문서의 길이를 30으로 맞추겠습니다.

```
X_train_tokenized = tokenizer(
    X_train, return_tensors="np", max_length=30, padding='max_length', truncation=True
)
X_test_tokenized = tokenizer(
    X_test, return_tensors="np", max_length=30, padding='max_length', truncation=True
)
```

옵티마이저와 비용함수를 정하고, 학습을 수행합니다.

```
optimizer = tf.keras.optimizers.Adam(2e-5)
loss = tf.keras.losses.BinaryCrossentropy(from_logits=True)
model.compile(optimizer=optimizer, loss=loss, metrics=['accuracy'])
model.fit(
    dict(X_train_tokenized), y_train, epochs=10, batch_size=128, validation_split=0.1
)
```

평가 데이터에 대해서 모형의 성능을 파악해 보겠습니다. 이를 위해 다음과 같은 코드를 사용합니다.

```
y_preds = model.predict(dict(X_test_tokenized))
prediction_probs=tf.nn.sigmoid(y_preds.logits).numpy()  # 정답이 1일 확률을 계산

# 1일 확률>0.5이면 1, 그렇지 않으면 0
y_predictions = [1 if x > 0.5 else 0 for x in prediction_probs ]

from sklearn.metrics import classification_report

print(classification_report(y_predictions, y_test))
```

	precision	recall	f1-score	support
0	0.87	0.88	0.88	635
1	0.90	0.89	0.89	749
accuracy			0.89	1384
macro avg	0.88	0.88	0.88	1384
weighted avg	0.89	0.89	0.89	1384

F1이 0.88 정도 나오는 것을 확인할 수 있습니다.

20.3 GPT-3

GPT-3는 OpenAI에서 2020년 5월에 발표한 모형입니다.[140] GPT-3에서 가장 크게 주목한 점은 사전 학습이 충분히 된 언어 모형을 사용하는 경우, 미세 조정 과정 없이도 풀고자 하는 문제 관련한 소수의 예를 이용해서도 좋은 성능을 낼 수 있다는 것입니다. 이러한 점은 GPT-2와 비슷합니다. 하지만 GPT-3에서는 더 다양하고 큰 학습 데이터를 이용해서 언어 모형을 사전학습합니다(즉, GPT-2에서와 마찬가지로 다음 단어 예측 작업을 통해 사전학습을 수행합니다). 추가적으로 GPT-2에 비해서 훨씬 더 거대한 크기의 모형을 사용합니다. GPT-3 논문에서도 여러 가지 크기의 모형을 사용했는데, 가장 큰 모형은 1,750억 개의 파라미터를 갖습니다(해당 논문에서는 이 버전의 모형을 GPT-3라고 합니다).

20.3.1 제로샷, 원샷, 퓨샷

GPT-2에서는 사전 학습된 언어 모형이 미세 조정 과정 없이 여러 종류의 다운스트림 작업에 대해 갖는 모형의 성능을 파악하는 것에 주요한 목적이 있었다면, GPT-3 논문에서는 추론 시 입력되는 예시(example)의 수에 따라서 모형의 성능이 어떻게 달라지는지를 파악합니다. 구체적으로, GPT-3 논문에서는 추론 시 입력되는 예의 수에 따라서 퓨샷(few-shot), 원샷(one-shot), 제로샷(zero-shot)으로 구분하고 각 경우의 성능이 어떻게 되는지를 파악합니다.[141] 퓨샷은 풀고자 하는 작업 관련된 여러 개의 예시를 사용된 경우를, 원샷은 예가 하나만 사용된 경우를, 제로샷은 풀고자 하는 작업 관련된 예가 하나도 입력되지 않는 경우를 의미합니다. 각 경우의 구체적인 예를 살펴보겠습니다.

---

140 Brown, T., Mann, B., Ryder, N., Subbiah, M., Kaplan, J. D., Dhariwal, P., ... & Amodei, D. (2020). Language models are few-shot learners. Advances in neural information processing systems, 33, 1877–1901.
141 해당 논문에서는 미세 조정 방식은 사용하지 않았습니다.

■ 퓨샷

퓨샷의 경우, 추론 시 사전 학습 모형에 입력되는 샘플의 형태는 그림 20.8과 같습니다. 그림 20.8을 보면, 작업에 대한 설명(Translate English to French)과 작업 관련된 몇 가지 예시(그림의 경우는 영어를 불어로 번역하는 작업 관련된 세 가지 예시)가 입력 데이터의 일부로 사용된 것을 확인할 수 있습니다. 그리고 마지막으로 작업에 대한 프롬

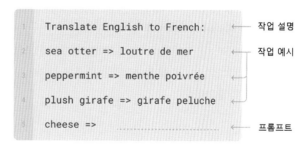

그림 20.8 퓨샷의 경우, 입력되는 데이터의 형태

프트(cheese =>)도 입력됩니다. 이렇게 입력 데이터에 포함된 작업 관련된 예의 수가 두 개 이상인 경우를 퓨샷이라고 합니다. GPT-3 논문에서는 10-100개 사이의 예를 사용했습니다. 입력된 예의 구체적인 숫자는 모형이 갖는 문맥 윈도(크기=2048)에 몇 개의 예시가 포함될 수 있는지에 따라 달라집니다.

■ 원샷

원샷은 그림 20.9와 같이 작업에 대한 설명과 함께 하나의 예가 입력 데이터의 일부로 입력되는 경우를 의미합니다. 그림 20.9를 보면, 번역의 예로 'see otter => loutre de mer'라고 하는 하나의 예가 입력된 것을 확인할 수 있습니다. 프롬프트도 입력됩니다.

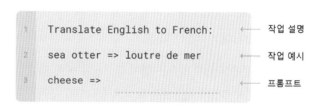

그림 20.9 원샷의 경우, 입력되는 데이터의 예

■ 제로샷

제로샷은 그림 20.10과 같이 작업에 대한 설명과 프롬프트만 입력되고, 작업과 관련된 예시는 입력되지 않는 경우를 의미합니다.

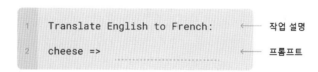

그림 20.10 제로샷의 경우, 입력되는 데이터의 예

참고 ✓ 20.2절에서 살펴본 것처럼, GPT-2에서도 추론 작업을 할 때 풀고자 하는 문제와 관련된 예제를 입력 데이터의 일부로 입력하기도 했습니다. 예를 들면 번역의 경우, 번역의 예를 입력 데이터의 일부로 사용했습니다. 하지만 GPT-2에서는 이러한 방법을 제로샷 방법이라고 표현했는데, GPT-2 논문에서의 제로샷의 의미는 몇 개의 예제를 사용했느냐와 관련 있는 것이 아니라, 사전 학습 모형에 대한 추가적인 학습, 즉 미세 조정 과정이 있느냐 없느냐와 관련이 있는 것으로 추가적인 파라미터 학습이 없는 경우를 제로샷이라고 표현했습니다. 하지만 GPT-3 논문에서의 제로샷은 추론 시 입력된 예가 하나도 없는 경우를 의미합니다.

GPT-2 논문에서와 마찬가지로 GPT-3 논문에서는 기존의 방식인 사전 학습 후 미세 조정 과정을 적용하는 방식의 문제점을 지적합니다. 즉, 특정한 다운스트림 작업에 대한 미세 조정 학습을 하기 위해서는 해당 작업에 대한 여전히 많은 양의 정답 데이터가 존재해야 하는데, 이러한 데이터를 준비하는 것이 쉽지 않다는 것을 언급합니다. 그리고 이러한 한계를 해결하는 것이 여러 가지 이유에서 중요하다고 합니다. 첫 번째로 자연어 처리 관련된 문제 혹은 작업들 중에는 정답 데이터를 준비하는 것이 어려운 경우가 다수 있다고 하면서, 이러한 경우에 추가적인 미세 조정 없이 사전 학습 모형을 적용할 수 있는 것이 필요하다고 합니다. 두 번째로, 모형의 일반화 가능성이 크게 떨어진다는 문제가 있습니다. 즉, 미세 조정을 특정한 데이터셋을 통해서 수행하게 되면 많은 경우 다른 데이터에 대해서는 모형의 성능이 좋지 않다는 문제가 발생할 수 있습니다.

GPT-3 논문은 사람의 경우는 언어 관련된 문제에 대한 간단한 설명 또는 지시 사항(예: 다음 문장이 긍정의 문장인지 부정의 문장인지 맞혀보세요)이나 문제와 관련된 몇 개의 예시를 통해서도 주어진 문제를 쉽게 파악하고 해결할 수 있다는 점에 착안해 그와 비슷한 방식으로 작동하는 언어 모형을 제안하고자 합니다.

GPT-3 논문에서는 대용량의 데이터를 이용해서 사전 학습된 언어 모형의 성능이 모형이 갖는 파라미터 수가 많을수록 좋아지는 점에 착안해서 기존에 제시되었던 모형들보다 훨씬 많은 수(즉, 1,750억 개)의 파라미터를 갖는 초거대 언어 모형을 제안합니다.

20.3.2 학습 데이터

GPT-3에서는 기본적으로 CommonCrawl 데이터셋[142]을 학습 데이터로 사용합니다. GPT-3 모형을 학습할 당시 해당 데이터셋에는 1조 개의 단어들이 포함되어 있으며, 이는 같은 입력 시퀀스 데이터를 두 번 이상 사용하지 않고도 가장 큰 GPT-3 모형을 학습시킬 수 있는 정도의 데이터양이라고 합니다. 하지만

---

142 https://commoncrawl.org/the-data/

원본 CommonCrawl 데이터셋의 경우, 질적인 문제가 있어 해당 데이터셋을 그대로 사용하지 않고 질을 높이기 위해 아래와 같은 추가적인 작업을 수행한 데이터셋을 최종 학습 데이터로 이용합니다.

1. 양질의 참조 데이터와의 유사도를 기반으로 원본 데이터를 필터링합니다.

2. 중복되는 데이터를 제거합니다.

3. 양질의 다른 데이터셋을 추가적으로 사용합니다. 즉, 확장된 버전의 WebText 데이터와 두 개의 인터넷 기반의 책 관련 데이터셋(즉, Books1과 Books2), 그리고 영어 위키피디아 데이터셋을 사용했습니다.

GPT-3 논문에서는 사전학습을 위한 미니 배치를 구성하기 위해서 각 데이터셋에 존재하는 문서들을 표집하여 사용하는데 표집되는 정도가 각 데이터셋의 크기에 비례한 것이 아니라, 저자들이 판단한 데이터셋의 질에 비례합니다. 저자들이 판단하기에 상대적으로 질이 좋지 않은 CommonCrawl과 Books2 데이터셋의 경우는 미니 배치를 구성할 때 상대적으로 조금만 표집하여 사용했습니다. 이는 표 20.5에 나와 있습니다. 예를 들어, 300B 개의 토큰을 학습하는 과정에서 Wikipedia 데이터셋은 3.4번 사용된 반면, CommonCrawl 데이터셋은 0.44번밖에 사용되지 않았습니다.

표 20.5 학습 시 사용된 데이터셋의 비중

데이터셋	데이터 크기 (토큰 수)	300B 개의 토큰을 학습하는 과정에서 사용된 정도
Common Crawl (filtered)	410 billion	0.44
WebText2	19 billion	2.9
Books1	12 billion	1.9
Books2	55 billion	0.43
Wikipedia	3 billion	3.4

20.3.3 모형의 구조

GPT-3의 모형의 구조는 기본적으로 GPT-2와 유사합니다. 즉, 트랜스포미의 디코더 부분을 사용합니다. 다만, 더 많은 파라미터와 더 많은 층을 사용했다는 것이 주요한 차이입니다. 모형이 거대해진 것뿐만 아니라, 학습에서도 더 크고 다양한 데이터를 사용했고, 학습을 더 많이 했다는 차이도 존재합니다. GPT-3 논문에서는 여러 버전의 모형을 사용했고 이는 표 20.6과 같습니다. 논문에서는 제일 큰 모형, 즉 GPT-3 175B를 GPT-3라고 표현했습니다.

표 20.6 GPT-3 논문에 사용된 모형의 크기와 구조

모형 이름	n_{params}	n_{layers}	d_{model}	n_{heads}	d_{head}	배치 크기	학습률
GPT-3 Small	125M	12	768	12	64	0.5M	6.0×10^{-4}
GPT-3 Medium	350M	24	1024	16	64	0.5M	3.0×10^{-4}
GPT-3 Large	760M	24	1536	16	96	0.5M	2.5×10^{-4}
GPT-3 XL	1.3B	24	2048	24	128	1M	2.0×10^{-4}
GPT-3 2.7B	2.7B	32	2560	32	80	1M	$1.6x \, 10^{-4}$
GPT-3 6.7B	6.7B	32	4096	32	128	2M	1.2×10^{-4}
GPT-3 13B	13.0B	40	5140	40	128	2M	1.0×10^{-4}
GPT-3 175B or "GPT-3"	175.0B	96	12288	96	128	3.2M	0.6×10^{-4}

참고: d_{head}는 각 어텐션 헤드가 출력하는 벡터의 크기를 의미합니다. 모든 버전의 모형은 공통적으로 2,048 크기의 문맥 윈도우를 사용했습니다.

GPT-3가 GPT-2와 다른 또 한 가지는 원래의 어텐션 방법(이를 덴스 어텐션(dense attention)이라고 표현합니다)만을 사용하지 않고, 원래 어텐션 방법과 스파스 어텐션(sparse attention) 방법을 번갈아 가면서 사용했다는 것입니다. 스파스 어텐션은 어텐션 작업을 수행할 때 모든 다른 토큰을 사용하는 것이 아니라 일부 토큰만 사용하는 것을 의미합니다.

 참고 스파스 어텐션

스파스 어텐션은 스파스 트랜스포머(Sparse Transformer)[143]에서 사용된 방법입니다. 스파스 어텐션은 두 가지 방법으로 구분됩니다. 하나는 스트라이드 어텐션(strided attention)이고, 다른 하나는 고정된 어텐션(fixed attention)입니다. 각 방법에 대해서 살펴보겠습니다.

1) 스트라이드 어텐션

스트라이드 어텐션은 특정 토큰에 대해서 두 가지 방법으로 어텐션 작업을 수행하고자 하는 다른 토큰들을 선택합니다. 첫 번째 방법은 아래 식을 이용하는 것입니다. 아래 식에서 i는 어텐션 작업의 대상이 되는 토큰의 인덱스를 의미합니다. 그림 20.11에서 진한 파란색(■)의 토큰을 나타냅니다. $\{t, t+1, \cdots, i\}$는 어텐션에 사용되는 다른 토큰들을 의미합니다.

$$\{t, t+1, \cdots, i\} \ \text{ for } t = \max(0, \, i-l)$$

---

143 Child, R., Gray, S., Radford, A., & Sutskever, I. (2019). Generating long sequences with sparse transformers. arXiv preprint arXiv:1904.10509.

이 식에서 l은 스트라이드의 크기를 의미하며, 일반적으로 $\sqrt{n}$의 값으로 지정됩니다. n은 입력된 토큰의 수를 나타냅니다. 그림 20.11의 경우, $n=16$입니다. 따라서 $l=4$가 됩니다. 구체적 예를 들어 보겠습니다. 여섯 번째 토큰에 대한 어텐션을 수행한다고 가정하는 경우, $i=5$가 됩니다. 따라서 $t=\max(0, 5-4)=1$이 됩니다. 결과적으로, 어텐션 작업에 사용되는 토큰의 인덱스는 $\{t, t+1, \cdots, i\}=\{1, 2, 3, 4, 5\}$가 됩니다.

두 번째 방법의 경우는, 아래 식을 이용해서 어텐션을 수행하고자 하는 다른 토큰들의 인덱스가 결정됩니다. 아래 식에서 mod는 나머지 연산을 나타냅니다. 예를 들어 5 mod 3＝2가 됩니다(즉, 5를 3으로 나누었을 때의 자연수에 해당하는 나머지는 2가 되는 것입니다).

$$j{:}(i-j) \mod l=0 \ (\text{where } j \le i)$$

위 식은 $i-j$를 l로 나눈 나머지의 값이 0인 j의 인덱스를 갖는 토큰들을 어텐션에 사용한다는 것을 의미합니다. 예를 들어, $i=9$인 경우에, 위 식을 만족하는 j는 1과 5가 됩니다. 그림 20.11의 b)에서 하늘색(　)으로 표현됐습니다.

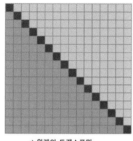 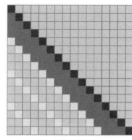 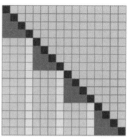

a) 원래의 트랜스포머   b) 스파스 트랜스포머 (Strided)   c) 스파스 트랜스포머 (Fixed)

그림 20.11 원 트랜스포머와 스파스 트랜스포머의 비교

2) 고정 어텐션

고정 어텐션 방법에서도 어텐션에 사용하고자 하는 토큰을 선택하기 위해 두 가지의 방법을 사용합니다. 첫 번째는 아래 식을 이용하는 방법입니다. 즉, 인덱스 j에 해당하는 토큰들을 인덱스 i 토큰의 어텐션 작업을 위해서 사용하게 됩니다.

$$\{j{:}(\lfloor j/l \rfloor = \lfloor i/l \rfloor)\}$$

위 식에서 $\lfloor j/l \rfloor$는 버림 나눗셈(floor division)을 의미합니다. 버림 나눗셈은 나누기 결과에서 소수점 이하는 버리고 정수 부분만을 결과로 하는 나눗셈입니다. 예를 들어, $\lfloor 5/4 \rfloor=1$이 됩니다.

구체적인 예를 들어 보겠습니다. 어텐션 작업을 수행하고자 하는 토큰의 인덱스가 3(즉, $i=3$)이라고 가정합니다. 그러한 경우, $\lfloor j/l \rfloor=\lfloor 3/4 \rfloor=0$이 되기 때문에 위 식을 만족하는 j는 0, 1, 2, 3이 됩니다. 즉, 인덱스가 0, 1, 2, 3인 토큰들을 이용해서 어텐션 작업을 수행한다는 것을 의미합니다.

두 번째 방법은 다음 식을 이용합니다.

$$\{j:j \bmod l \in \{t,\ t+1,\ \cdots,\ l\},\ \text{where}\ t=l-c$$

위 식에서 c는 하이퍼파라미터입니다. 예를 들어, $c=1$이라고 가정합니다. 그러한 경우, $t=4-1=3$이 됩니다. 따라서, j를 4로 나눈 나머지가 $\{3,\ 4\}$에 속하는 j가 됩니다. $i=10$인 경우, $j \leq i$이면서 위 식을 만족하는 j는 3과 7이 됩니다. 이는 $i \geq 7$인 토큰에 대해 공통적으로 적용됩니다. 그림 20.11의 c)에서 하늘색(　)에 해당하는 토큰들이 됩니다.

20.3.4 모형의 성능

제로샷, 원샷, 퓨샷 경우의 모형을 성능을 살펴보겠습니다. 그림 20.12는 각 경우에 대한 모형의 성능을 보여주고 있습니다. 그림을 보면, 퓨샷 경우의 모형이 성능이 제일 좋고, 모형의 성능은 파라미터 수가 많을수록 향상되는 것을 알 수 있습니다.

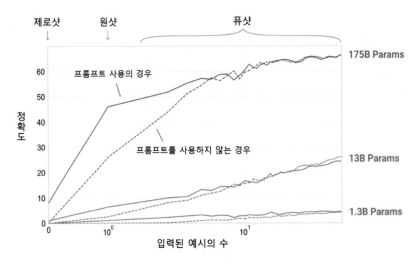

그림 20.12 제로샷, 원샷, 퓨샷 상황에 따른 모형 크기별 성능 비교

여러 가지 종류의 자연어 문제 데이터를 이용해서 GPT-3의 성능을 파악해 본 결과, 대부분의 데이터셋에 대해서 기존 SOTA 모형들과 유사한 성능을 보였고, 경우에 따라서는 더 좋은 성능을 보이는 경우도 있었습니다. 예를 들어, 대화 데이터셋인 CoQA(Conversational Question Answering)에 대해서는 퓨샷의 경우, 85.0의 F1 값을 달성했으며, 질의·응답 데이터셋인 TriviaQA의 경우에는 71.2%의 정확도를 나타냈습니다. GPT-3는 특히 빠른 적응이 필요하거나 빠른 추론이 필요한 작업이나 문제(예: 뒤섞인 철자들을 이용해서 원래 단어 맞히기(unscrambling words), 숫자 연산 등)에서도 좋은 성능을 내는 것으로

나타났습니다. 그리고 기사 작성에도 좋은 성능을 보이는 것으로 나타났습니다. 하지만 성능이 좋지 못한 경우도 있었습니다. 예를 들어, 자연어 추론(ANLI 데이터셋)이나 일부 독해 데이터셋(RACE, QuAC 등)에서는 좋지 않은 성능을 보였습니다.

20.3.5 GPT-3 미세조정하기

특정 다운스트림 작업에 대해 여러분이 갖고 있는 정답 데이터를 이용해서 사전학습된 GPT-3를 미세조정하는 방법에 대해 알아보겠습니다. 여기서는 텍스트 생성을 위한 정답 데이터에 적용하여 미세조정을 해보겠습니다. 기업의 경우는 해당 기업이 보유한 데이터에 대해 사전학습 GPT-3 모형을 미세조정하여 자체적인 질의응답 모형이나 고객에게 보내는 메시지를 생성하는 모형을 만들 수 있습니다.

GPT-1과 2는 사전학습 모형이 오픈 소스의 형태로 허깅 페이스에 등록돼 있지만, GPT-3은 OpenAI에서 제공하는 API를 이용해서 사전학습 모형을 다운로드해 미세조정할 수 있습니다.[144] API를 사용하기 위해서는 키 정보(API keys)를 생성해야 합니다. 이를 위해서 먼저 https://platform.openai.com/account/를 이용해서 계정을 만듭니다.[145]

API 키 정보는 https://platform.openai.com/account/api-keys에서 확인하거나 새롭게 생성할 수 있습니다. 처음 계정을 생성했거나 API 키를 생성한 적이 없는 경우에는 새롭게 생성해야 합니다. 해당 페이지에서 [Create new secret key] 버튼을 클릭해 키 정보를 생성합니다.

+ Create new secret key

위의 버튼을 누르면 이름을 입력하라고 나오는데 여러분이 원하는 이름을 입력하면 됩니다. 키가 만들어진 다음에는 반드시 키 정보를 복사해서 별도의 파일에 저장해 놓는 것이 필요합니다. 이 키 정보는 향후에 다시 복사할 수 없습니다.

이렇게 준비된 키 정보를 값으로 하는 OPENAI_API_KEY 시스템 환경 변수를 생성합니다. 시스템 환경 변수를 설정하기 위해서는 그림 20.13의 왼쪽과 같이 시스템 환경 변수 설정 창을 실행한 후 [환경 변수 (N)] 버튼을 클릭합니다.

---

144 해당 API는 처음 다섯 번까지만 무료로 사용할 수 있고 그 이후부터는 비용을 내야 합니다.
145 GPT-3 모형의 미세조정 과정에 대해서는 https://platform.openai.com/docs/guides/fine-tuning를 참고하세요.

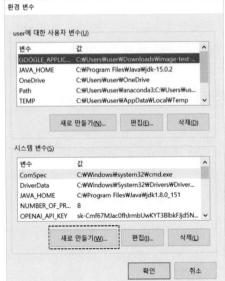

그림 20.13 시스템 환경 변수 설정 창

[환경 변수(N)] 버튼을 클릭하면 나오
는 창(그림 20.13의 오른쪽)에서 시스
템 변수에 대한 [새로 만들기(W)] 버튼
을 클릭합니다. 그러면 그림 20.14의
창이 나오는데 여기에 그림과 같이 변
수 이름으로 **OPENAI_API_KEY**를, 변

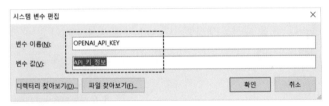

그림 20.14 OPENAI_API_KEY 변수 생성의 예

수 값으로 여러분이 생성한 API 키 값을 입력합니다.

그다음 OpenAI의 API를 사용하기 위해서 명령 프롬프트창에서 아래 명령문을 실행해 openai를 설치합
니다.

```
pip install --upgrade openai
```

이후의 미세조정 과정은 다음과 같습니다.

- 정답 데이터 준비하기
- 준비된 데이터를 이용해서 미세조정 수행하기
- 미세조정 모형 사용하기

여기서는 GPT-3 모형을 이용해 우리가 하고자 하는 것이 가상의 초능력자의 나이, 성별, 초능력 정보를 이용해서 해당 초능력자에 대한 짧은 글을 생성하는 것이라고 가정합니다. 이를 위해 입력해야 하는 프롬프트는 다음과 같이 '나이, 성별, 초능력의 종류'로 구성됩니다.[146]

프롬프트의 예: '20, man, teleport ->'

위의 프롬프트에 대해서 미세조정된 모형으로부터 아래와 같은 글을 얻을 수 있습니다.

> He is a 20-year-old man with short black hair and an athletic build. His eyes are a deep grey, like a stormy sky. He stands 6'2" and wears a black leather jacket and dark jeans to accent his toned physique. He has the superpower of teleportation, which he has been able to use since a young age. With a thought, he is able to transport himself from one place to another, instantly covering great distances. He is able to carry objects or people who are in contact with him, which opens up an infinite range of possibilities for his adventures.

이러한 작업을 GPT-3를 이용해서 수행하기 위해서는 미세조정에 필요한 정답 데이터를 준비하는 것이 필요합니다.[147] 정답 데이터는 프롬프트(prompt)와 정답으로 구성돼야 합니다. 정답을 OpenAI API에서는 completion이라고 표현합니다. 여기서는 우리가 준비한 정답 데이터가 prepared_data.csv 파일에 저장되어 있다고 가정합니다. 해당 파일은 그림 20.15와 같이 두 개의 열로 구성되어 있습니다. **completion 열의 데이터는 앞부분에 두 개의 줄바꿈('\n\n')이 포함**되어 있어야 합니다.

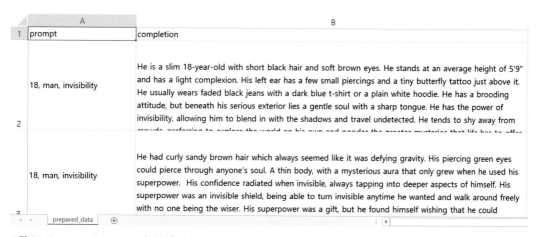

그림 20.15 prepared_data.csv 파일 내용의 예시

---

146 본 예시는 https://towardsdatascience.com/unleashing-the-power-of-gpt-how-to-fine-tune-your-model-da35c90766c4를 참고하여 작성되었습니다.
147 정답 데이터 준비에 대한 설명은 https://platform.openai.com/docs/guides/fine-tuning/preparing-your-dataset를 참고하세요.

위의 데이터를 직접적으로 이용해서 사전학습 GPT-3 모형을 미세조정할 수 없습니다. 미세조정을 수행하기 전에 위의 데이터를 OpenAI API에 입력할 수 있는 jsonl 형태로 변환해야 합니다.[148] 이러한 작업은 openai를 이용해서 수행할 수 있습니다. 이를 위해서 명령 프롬프트 창을 prepared_data.csv 파일이 저장되어 있는 폴더에서 실행한 후, 명령 프롬프트 창에 다음 명령어를 입력합니다.

```
openai tools fine_tunes.prepare_data -f prepared_data.csv
```

위 명령어를 실행하면, 다음과 같이 옵션 설정과 관련된 몇 가지 질문이 뜹니다. 각 질문에 모두 Y로 답변합니다.

```
Based on the analysis we will perform the following actions:

- [Necessary] Your format `CSV` will be converted to `JSONL`

- [Recommended] Add a suffix separator ` ->` to all prompts [Y/n]:

- [Recommended] Add a suffix ending ` END` to all completions [Y/n]:

- [Recommended] Add a whitespace character to the beginning of the completion [Y/n]:

Your data will be written to a new JSONL file. Proceed [Y/n]:
```

그러면 해당 폴더에 prepared_data_prepared.jsonl 파일이 생성됩니다. 우리는 이 파일을 이용해서 미세조정 작업을 수행합니다. 이 파일의 각 줄에는 다음과 같은 형태의 데이터가 저장돼 있습니다.

```
{"prompt":"18, man, invisibility ->","completion":" \n\nHe is a slim 18-year-old with short black hair and soft brown eyes. He stands at an average height of 5'9\" and has a light complexion. His left ear has a few small piercings and a tiny butterfly tattoo just above it. He usually wears faded black jeans with a dark blue t-shirt or a plain white hoodie. He has a brooding attitude, but beneath his serious exterior lies a gentle soul with a sharp tongue. He has the power of invisibility, allowing him to blend in with the shadows and travel undetected. He tends to shy away from crowds, preferring to explore the world on his own and ponder the greater mysteries that life has to offer. END"}
```

---

148 jsonl은 JSON Lines를 의미하며, 한 줄씩 데이터를 저장하는 JSON 형식입니다.

이제 준비된 데이터를 이용해서 미세조정을 해보겠습니다. 이를 위해서 명령 프롬프트 창에서 아래 형식의 명령어를 입력합니다.

```
openai api fine_tunes.create -t 정답데이터 -m 사용모형 --suffix "이름의추가부분"
```

'정답데이터' 부분에는 앞에서 준비한 파일의 이름(prepared_data_prepared.jsonl)을 입력합니다. '사용모형' 부분에는 여러분들이 사용하고자 하는 구체적인 사전학습 GPT-3 모형의 이름을 입력합니다. 사용 가능한 모형으로는 Ada, Babbage, Curie, Davinci의 네 가지가 존재합니다.[149] 이러한 모형들의 주요한 차이는 모형의 크기, 즉 파라미터의 수입니다. Ada가 제일 작은 모형이고 Davinci가 제일 큰 모형입니다. 작은 모형은 속도가 빠르지만 성능이 큰 모형들에 비해 좋지 않습니다. 반면에, 큰 모형은 속도는 느리지만 성능이 더 좋습니다. 모형의 크기에 따른 사용 요금도 차이가 납니다. 예를 들어, Ada는 1000개 토큰당 0.0004달러인 반면 Davinci는 0.02달러입니다.[150] 여기서는 Davinci를 사용하겠습니다. suffix 다음의 "이름의추가부분"에는 여러분들이 미세조정을 통해 도출되는 모형의 이름을 입력합니다.

다음과 같이 명령어를 입력하겠습니다.

```
openai api fine_tunes.create -t prepared_data_prepared.jsonl -m davinci --suffix "SuperHero"
```

위 명령어를 실행하면 경우에 따라 다음과 같은 메시지가 나올 수도 있습니다.

```
Found potentially duplicated files with name 'prepared_data_prepared.jsonl', purpose 'fine-tune'
and size 203370 bytes
… [중략] …
Enter file ID to reuse an already uploaded file, or an empty string to upload this file anyway:
```

이러한 메시지가 나오는 경우, 그냥 엔터를 입력하면 됩니다. 그 후, 데이터가 업로드되고 다음의 메시지가 출력됩니다.[151] 그러면 미세조정 학습이 시작되었다는 것을 의미합니다. ft-XXXXXXXXXXXXXXXXXXXX는 여러분의 미세조정 모형 ID를 의미합니다.

```
Uploaded file from prepared_data_prepared.jsonl: file-EphwsSnLXy9bMm3V3ZxLJz67

Created fine-tune: ft-XXXXXXXXXXXXXXXXXXXX
```

---

[149] 이러한 모형들은 엔진이라고도 표현합니다.

[150] 모형별 요금은 https://openai.com/pricing를 참고하세요.

[151] 여기서 ft-XXXXXXXXXXXXXXXXXXXX는 미세조정 모형의 ID입니다. 여러분은 ft-로 시작하는 고유한 값을 갖을 것입니다.

미세조정 학습에 시간이 다소 걸릴 수 있는데, 학습이 어떻게 진행되고 있는지 확인하려면 다음의 명령어를 사용합니다. ft-XXXXXXXXXXXXXXXXXXXX 부분에는 여러분의 미세조정 모형 ID를 입력해야 합니다.

```
openai api fine_tunes.get -i ft-XXXXXXXXXXXXXXXXXXXX
```

미세조정 학습이 진행 중일 때 위 명령문을 실행하면 출력 메시지에서 "status"의 값이 "running"으로, "fine_tuned_model"의 값이 null로 표기됩니다. 미세조정 학습이 종료된 경우에는 다음과 같이 "fine_tuned_model"의 값이 구체적인 모형명으로 표기됩니다.

```
"fine_tuned_model": "davinci:ft-yonsei-university:superhero-2023-06-08-08-19-56"
```

미세조정 학습이 종료되면 결과로 도출된 모형을 이용할 수 있습니다. 미세조정 모형을 이용하는 가장 간단한 방법은 OpenAI에서 제공하는 Playground를 이용하는 것입니다. Playground를 이용하기 위해 OpenAI 사이트에 로그인한 후 https://platform.openai.com/playground로 이동합니다.

해당 페이지의 오른쪽에 존재하는 Model 드롭다운 메뉴를 확인해 보면 그림 20.16과 같이 미세조정 모형 이름이 존재할 것입니다. 해당 모형을 선택합니다.

그림 20.16 Playground에서의 Model 드롭다운 메뉴

모형을 선택한 후, 입력 창에 특정 프롬프트를 입력하고 'Submit' 버튼을 클릭하면 새로운 텍스트가 생성됩니다. 그림 20.17은 '23, male, healing ->' 프롬프트를 입력한 경우의 예를 보여줍니다.

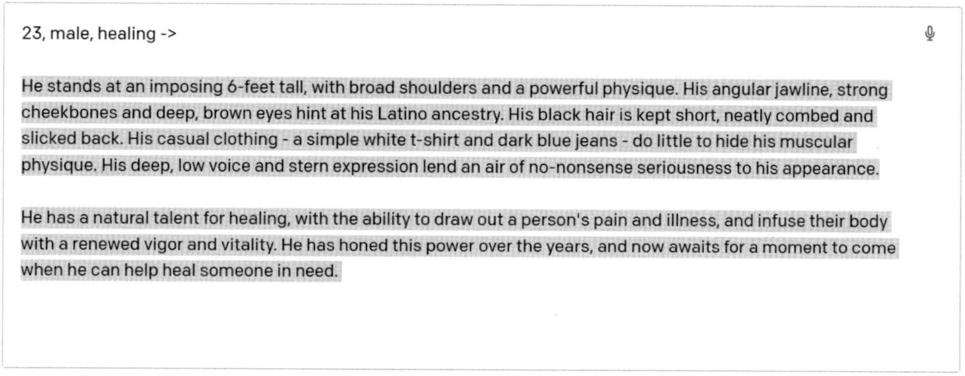

```
23, male, healing ->

He stands at an imposing 6-feet tall, with broad shoulders and a powerful physique. His angular jawline, strong
cheekbones and deep, brown eyes hint at his Latino ancestry. His black hair is kept short, neatly combed and
slicked back. His casual clothing - a simple white t-shirt and dark blue jeans - do little to hide his muscular
physique. His deep, low voice and stern expression lend an air of no-nonsense seriousness to his appearance.

He has a natural talent for healing, with the ability to draw out a person's pain and illness, and infuse their body
with a renewed vigor and vitality. He has honed this power over the years, and now awaits for a moment to come
when he can help heal someone in need.
```

그림 20.17 '23, male, healing –〉' 프롬프트에 대해 생성된 텍스트의 예

Playground 화면 오른쪽에는 사용자가 그 값을 조절할 수 있는 몇 개의 하이퍼파라미터가 존재합니다. 그중 중요한 것이 Temperature와 Top P입니다. Temperature는 생성되는 텍스트의 무작위성 (randomness)을 조절하는 역할을 하며, 0과 2 사이의 값을 갖습니다. 값을 작게 할수록 무작위성이 줄어듭니다. 이는 동일한 프롬프트에 대해서 매번 유사한 텍스트가 생성된다는 것을 의미합니다. Top P는 텍스트 생성시 사용되는 단어(혹은 토큰)를 선택하는 역할을 하며, 0과 1 사이의 값을 취합니다. 예를 들어, Top P의 값이 1(즉, 100%)인 경우에는 데이터에 존재하는 모든 단어를 사용하겠다는 것이고, 0.5인 경우에는 전체 단어들 중에서 상위 50%의 단어들만을 사용해서 텍스트를 생성하겠다는 것을 의미합니다. Temperature와 Top P의 값을 변경해 가면서 텍스트를 생성해 보고 가장 좋은 결과에 대한 값을 최종적인 값으로 선택하는 것이 필요합니다.

이러한 작업을 주피터 노트북에서 수행하고자 한다면 Playground 화면 오른쪽 상단에 있는 버튼 중에서 [View code] 버튼을 클릭하여 나오는 파이썬 코드를 복사해서 사용하면 됩니다. 참고로, 위 결과에 대한 파이썬 코드는 다음과 같습니다. 다른 프롬프트의 결과를 얻고자 하는 경우에는 다음 코드에서 prompt의 값을 변경하여 실행하면 됩니다.[152]

```
import os
import openai
openai.api_key = os.getenv("OPENAI_API_KEY")
response = openai.Completion.create(
    model="davinci:ft-yonsei-university:superhero-2023-06-08-08-19-56",
```

---

[152] 만약 openai.api_key = os.getenv("OPENAI_API_KEY") 부분에서 에러가 발생한다면, 다음와 같이 키 값을 직접 입력하면 됩니다.
openai.api_key = '사용자 키 정보'

```
    prompt="23, male, healing ->",
    temperature=1,
    max_tokens=256,
    top_p=1,
    frequency_penalty=0,
    presence_penalty=0,
    stop=["END"]
)
```

20.4 InstructGPT

InstructGPT는 OpenAI에서 2022년 1월에 공개한 모형입니다.[153] 미세 조정 방법을 사용하지 않고, 거대 언어 모형의 일반화 가능성에 초점을 둔 GPT-3와 달리 InstructGPT는 미세 조정 방법을 사용합니다.

GPT-3는 몇 개의 예제와 프롬프트만 있어도 사전학습 언어 모형은 다양한 자연어 처리 작업을 수행할 수 있다는 것을 보여줬습니다. 하지만 여전히 문제가 있습니다. 사실을 조작한다든지, 편향된 혹은 악의적인 텍스트를 생성한다는지, 또는 사용자의 지시를 따르지 않는 것 등이 그러한 문제의 예입니다. 이러한 이유 중 하나는 주어진 단어들을 이용해서 다음 단어를 예측하는 언어 모형의 목적이 '사용자의 지시를 안전하고 도움이 될 수 있게 수행하라'는 것과 차이가 있기 때문입니다. 즉, GPT-3와 같은 사전학습 언어 모형의 목적은 사용자의 지시 또는 의도와 일치되지 않습니다.

InstructGPT 논문에서는 사용자의 의도와 일치하는 방향으로 행동하는 언어 모형을 제안하고자 합니다. 여기서의 사용자의 의도는 사용자의 지시와 같은 명시적인 의도만을 의미하는 것이 아니라 믿을 수 있고 편향되거나 악의적이지 않으며 해롭지 않은 결과를 얻고자 하는 암묵적인 의도도 포함됩니다.

이를 위해서 해당 논문에서는 GPT-2, GPT-3와 달리 미세 조정 방법에 집중합니다. 특히, 사람들의 피드백을 이용한 강화학습 방법을 사용하여 미세 조정을 수행합니다. InstructGPT의 가장 큰 특징 혹은 이전 버전의 GPT 모형과의 가장 큰 차이는 미세 조정 학습 과정을 포함했고, 그러한 과정에서 사람의 피드백을 사용했다는 것입니다. 즉, InstructGPT 논문에서는 사람의 피드백 기반 미세 조정 방법을 사용해서 사용자의 의도에 맞는 결과를 반환하는 언어 모형을 제안합니다.

---

153 Ouyang, L., Wu, J., Jiang, X., Almeida, D., Wainwright, C., Mishkin, P., ⋯ & Lowe, R. (2022). Training language models to follow instructions with human feedback. Advances in Neural Information Processing Systems, 35, 27730–27744.

20.4.1 InstructGPT에서의 미세 조정

InstructGPT는 사전학습된 GPT-3 모형을 여러 가지 방법으로 미세 조정하여 도출된 결과물이라고 생각할 수 있습니다. InstructGPT에서의 미세 조정 과정은 아래와 같이 크게 세 단계로 구분될 수 있습니다.

단계 1: 지도학습 기반의 미세 조정(Supervised fine-tuning, SFT)

준비된 프롬프트에 대해 사람이 직접 응답 데이터를 생성하고, 이러한 정답 데이터를 이용해서 사전학습된 GPT-3 모형을 미세 조정하는 단계입니다(InstructGPT에서는 사전학습 모형으로 GPT-3를 사용했습니다).

단계 2: 보상 모형(Reward model)

동일한 프롬프트에 대해 단계 1에서 미세 조정된 모형(즉, SFT 모형)이 출력하는 여러 개의 서로 다른 응답에 대해 사람이 직접 평가하여 순위를 부여하고, 순위에 따라 보상 모형을 이용해서 점수를 계산한 후, 그러한 점수를 이용해서 모형을 학습하는 단계입니다.

단계 3: 보상 점수를 이용해서 강화학습 수행

하나의 프롬프트에 대해 SFT 모형을 이용해서 응답을 생성하고, 생성된 응답에 대해서 단계 2에서의 보상 모형을 이용해 보상 점수를 계산합니다. 그리고 강화학습 방법을 사용해서 이러한 보상 점수가 높은 응답이 출력될 수 있도록 학습합니다.

단계 2와 3은 여러 번 반복적으로 수행됩니다.

20.4.1.1 사용된 데이터

미세 조정에 사용된 데이터는 '프롬프트(prompt) – 응답(response)'으로 구성돼 있습니다. OpenAI는 이러한 데이터를 구축하기 위해서 40명의 휴먼 코더[154]를 채용했습니다.

■ 프롬프트 데이터 생성

미세 조정 과정에서 사용된 프롬프트 데이터의 많은 부분은 OpenAI에서 제공하는 GPT-3 기반의 API에 입력된 프롬프트를 사용했습니다. 그리고 일부의 프롬프트 데이터는 고용된 코더들이 직접 생성했습니다. API에 입력된 프롬프트를 사용하는 경우, 다양성을 높이기 위해서 사용자당 최대 200개의 프롬프트만을 사용했습니다. 사용자의 개인정보 보호를 위해 사용자를 식별할 수 있는 내용은 제거했습니다.

이러한 프롬프트를 이용해서 미세 조정의 각 단계에서 필요한 데이터셋을 구축했습니다. SFT 단계에서 사용된 학습 데이터셋은 13,000개 정도의 프롬프트로 구성돼 있습니다. 그리고 고용된 코더들이 각 프롬

---

154 학습에 필요한 프롬프트와 각 프롬프트에 대한 정답을 생성하는 역할을 하는 사람들은 본 책에서는 휴먼 코더(human coder)라고 표현하겠습니다. 원 논문에서는 레이블러(labeler)라는 표현을 사용했습니다.

프트에 대해 직접적으로 응답을 생성하고 이렇게 생성된 응답을 정답 정보로 사용했습니다. 단계 2에서의 보상 모형을 위한 데이터셋에는 33,000개 정도의 프롬프트가 포함돼 있습니다. 정답 정보로는 코더들이 하나의 프롬프트에 대해 SFT 모형이 생성하는 여러 응답(4~9개)에 순위를 매긴 정보를 사용했습니다. 단계 3에서의 강화학습을 위해 사용된 데이터셋은 API에서 추출된 31,000개의 프롬프트로만 구성됐습니다. 단계 3에서는 코더가 직접적으로 생성한 정답 정보는 사용되지 않았습니다.

각 데이터셋을 구성하는 프롬프트의 수와 구성은 표 20.7과 같습니다.

표 20.7 미세 조정 단계별 데이터의 구성

단계 1 데이터			단계 2 데이터			단계 3 데이터		
split	source	size	split	source	size	split	source	size
train	labeler	11,295	train	labeler	6,623	train	customer	31,144
train	customer	1,430	train	customer	26,584	valid	customer	16,185
valid	labeler	1,550	valid	labeler	3,488			
valid	customer	103	valid	customer	14,399			

참고: labeler는 휴먼 코더가 생성한 프롬프트를 의미하며, customer는 API 사용자가 입력한 프롬프트를 의미합니다.

데이터셋을 구성하는 프롬프트들 중에서 API를 통해 추출된 프롬프트의 각 카테고리와 그 비중은 표 20.8과 같습니다. 예를 들어, API를 통해 추출된 프롬프트들 중에서 텍스트 생성 목적으로 사용된 프롬프트가 45.6%라는 것을 의미합니다.

표 20.8 카테고리별 프롬프트의 비중

Use-case	(%)
Generation	45.6%
Open QA	12.4%
Brainstorming	11.2%
Chat	8.4%
Rewrite	6.6%
Summarization	4.2%
Classification	3.5%
Other	3.5%

Use-case	(%)
Closed QA	2.6%
Extract	1.9%

■ 휴먼 코더

InstructGPT 논문에서는 결과의 질을 높이기 위해 다양한 인구통계학적 그룹을 대표할 수 있는 사람들로, 그리고 InstructGPT가 출력하는 결과물 중에서 해로운 결과물을 잘 구분할 수 있는 사람들로 코더를 구성했습니다.

각 프롬프트에 대해 휴먼 코더들이 직접적으로 응답 데이터를 생성하게 되는데, 보다 질 좋은 혹은 정확한 응답 데이터를 생성하기 위해서 휴먼 코더들은 다음과 같은 훈련을 받습니다. 응답 데이터를 생성하는 데 있어서 프롬프트를 작성한 사용자의 의도를 추론하는 데 최대한의 노력을 하게끔 하고, 응답 데이터를 생성하거나 모형이 출력하는 응답의 순위를 부여하는 경우 응답의 진실성을 고려하게 했으며, 해로운 응답이나 편향되거나 악의적인 표현의 답변들을 구분하도록 훈련했습니다.

20.4.1.2 미세 조정의 단계

각 미세 조정 단계에 대해서 조금 더 구체적으로 살펴보겠습니다.

1) 지도학습 기반의 미세 조정(Supervised Fine-Tuning, SFT)

이 단계에서 사용된 데이터셋은 13,000개 정도의 프롬프트로 구성되어 있고, 앞에서 설명한 것처럼 각 프롬프트에 대해 휴먼 코더가 직접적으로 생성한 응답을 정답 정보로 사용했습니다. 이러한 데이터를 이용해서 사전학습된 GPT-3 모형을 미세 조정합니다.

단계 1에서 사용된 데이터의 양이 많지 않아, 이 과정을 거쳐 도출된 SFT 모형은 여전히 제대로 된 결과를 반환하지 못할 것으로 예상됩니다. 예를 들어, 사용자의 의도를 제대로 파악하지 못한다든지 아니면 질이 좋지 않은 응답을 생성할 수 있는 것입니다. 하지만 프롬프트와 그에 대한 정답 데이터를 생성하는 것은 시간도 많이 들고, 어려운 작업이기 때문에 해당 논문에서는 단계 1의 미세 조정 과정을 통해 도출된 모형의 성능을 개선하기 위해서 다른 방법을 사용합니다. 즉, 휴먼 코더가 프롬프트에 대한 응답을 생성하는 것이 아니라, 하나의 프롬프트에 대해서 SFT 모형이 출력하는 서로 다른 응답들에 대해서 휴먼 코더가 응답의 질에 따라 순위를 부여하고 그러한 순위 정보를 이용해서 보상 모형을 학습하는 방법을 사용합니다.

2) 보상 모형(Reward model)

단계 1에서 미세 조정 학습된 모형(즉, SFT 모형)을 보상 모형의 초기 모형으로 사용했습니다. 보상 모형의 경우는 최종적으로 입력된 프롬프트—응답 시퀀스에 대한 숫자 형태의 보상 점수를 출력하고, 이를 위해서 보상 점수 출력을 위한 추가적인 완전연결층을 SFT 모형에 추가합니다. 보상 모형으로는 175B의 파라미터를 갖는 GPT-3 모형이 아니라 6B개의 파라미터를 갖는 모형을 사용했습니다. 이는 학습을 보다 효율적이고 안정적으로 수행하기 위해서라고 합니다.

보상 모형 단계에서 사용된 데이터셋이 어떻게 구축되었는지 살펴보겠습니다.

보상 모형 데이터셋에 포함된 33,000개 정도의 프롬프트 각각에 대해서 SFT 모형이 4~9개의 응답을 출력합니다. 그리고 휴먼 코더가 정해진 기준에 따라 응답의 순위를 부여합니다. 이러한 순위 정보가 보상 모형이 학습할 때 사용하는 정답 정보가 됩니다.

보상 모형을 학습하기 위해 사용되는 데이터셋을 구성하는 하나의 샘플은 하나의 프롬프트와 두 개의 응답으로 구성됩니다. 이러한 샘플을 구성하기 위해서, 하나의 프롬프트에 대해 SFT 모형이 출력하는 여러 개의 응답들 중에서 임의로 두 개를 선택합니다. 하나의 프롬프트에 대해서 SFT 모형이 생성하는 응답이 K개라고 하면 두 개의 응답을 구성할 수 있는 경우의 수는 모두 $\binom{K}{2}$가 됩니다. 예를 들어 K=4인 경우에는 여섯 개의 경우의 수가 존재합니다. 구체적으로 A, B, C, D 네 개의 응답이 생성되었다고 가정하겠습니다. 그러한 경우, 두 개를 선택할 수 있는 경우는 (A, B), (A, C), (A, D), (B, C), (B, D), (C, D)가 됩니다. 해당 프롬프트와 이렇게 선택된 두 개의 응답을 하나의 샘플로 구성하여 보상 모형에 입력하고 각 응답에 대한 보상 점수를 출력해서 비용함수를 계산합니다.

구체적인 예를 들어 보겠습니다. 하나의 프롬프트 (프롬프트1)에 대해서 SFT 모형이 출력한 서로 다른 두 개의 응답(응답1과 응답2)이 있다고 가정하겠습니다. 그리고 휴먼 코더에 따르면 응답1이 응답2보다 더 우수한 응답으로 구분되었다고 가정합니다. 이러한 경우, 하나의 입력 샘플은 아래와 같이 두 개의 '프롬프트—응답'으로 구성됩니다.

샘플: (프롬프트1, 응답1), (프롬프트1, 응답2)

각 '프롬프트—응답'에 대해서 보상 모형을 이용해 각 응답에 대한 보상 점수 계산합니다. 응답1에 대한 보상 점수를 r_1이라고 하고, 응답2에 대한 보상 점수를 r_2라고 표현하겠습니다. 이러한 r_1과 r_2를 이용하여 아래와 같은 비용함수를 계산합니다.

$$Loss = -\log(\sigma(r_1 - r_2))$$

휴먼 코더에 따르면 응답1이 응답2보다 우수하기 때문에 보상 모형이 예측을 잘 한다면 r_1의 값이 r_2보다 크게 나와야 합니다. 위 식에서 $\sigma(\cdot)$는 시그모이드 함수를 나타냅니다. 시그모이드 함수는 0과 1 사이의 값을 반환합니다. 만약 모형이 예측을 잘못해서 $r_2 > r_1$가 된다면, $r_1 - r_2$는 음수가 될 것이고($r_i > 0$이라고 가정합니다), 이러한 경우 시그모이드 함수는 0에 가까운 값을 출력합니다. 그리고 그에 대한 로그값은 더 작아지게 됩니다. 따라서 비용의 값이 커지게 됩니다. 반대로 예측을 잘할수록 비용의 값이 작아지게 됩니다. 이러한 학습의 과정은 그림 20.18과 같이 표현될 수 있습니다.

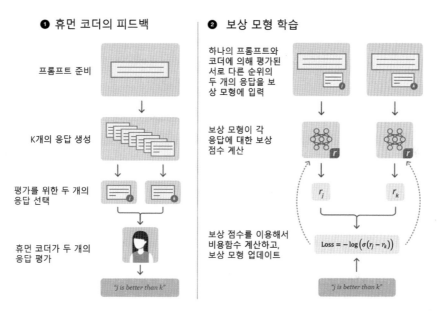

그림 20.18 보상 모형의 학습 과정

$\binom{K}{2}$의 각 페어를 하나의 관측치로 간주하게 되면 과적합이 발생할 가능성이 있기 때문에 해당 논문에서는 $\binom{K}{2}$에 해당하는 전체 페어를 하나의 관측치로 간주하고 한 번에 학습하는 방법을 사용했습니다.

3) 강화학습 모형 학습

InstructGPT 논문에서는 단계 2에서 학습된 보상 모형을 이용해 사람의 기준에서 질이 좋은 답변을 출력하는 모형(즉, InstructGPT)을 추가적으로 학습하고자 합니다. 이를 위해서 강화학습 방법을 사용합니다. 강화학습 알고리즘 중에서도 PPO(Proximal Policy Optimization) 알고리즘을 사용합니다. 단계 3에 대해서 설명하기 이전에 먼저 강화학습과 PPO 알고리즘에 대해 살펴보겠습니다. 강화학습과 PPO 알고리즘에 대한 자세한 내용은 본 책의 범위를 벗어나므로 여기서는 핵심적인 내용 중심으로 간략하게 살펴봅니다.

■ 강화학습 소개

강화학습(Reinforcement Learning)은 일반적으로 순차적인 의사결정 문제에 적용됩니다. 강화학습 문제는 에이전트(agent)와 환경(environment)으로 구성된 시스템으로 표현됩니다. 에이전트는 환경과의 상호작용을 통해서 주어진 문제를 풉니다. 환경은 시스템의 상태를 나타내는 정보를 생성하고 에이전트에 제공합니다. 이러한 정보를 상태(state)라고 표현합니다. 에이전트는 주어진 상태에 따라 목적을 최대화하는 행동을 수행합니다. 에이전트가 행동을 수행하게 되면 환경은 에이전트에 행동에 따라 보상을 부여하고 새로운 상태 정보 제공하게 됩니다(하나의 특정 상태에 따라 행동을 수행하고 보상을 받는 과정을 하나의 타임 스텝(time step)이라고 표현합니다). 이러한 과정은 그림 20.19와 같이 도식화될 수 있습니다.

그림 20.19 에이전트와 환경의 상호작용

강화 학습에서 사용되는 주요한 표현과 용어를 살펴보겠습니다.

타임 스텝 t에서의 상태, 행동, 보상을 s_t, a_t, r_t로 표현하며, (s_t, a_t, r_t)를 하나의 경험(experience)이라고 합니다. 이러한 경험은 여러 번 반복되는데 일반적으로 정해진 타입 스텝(예: time step=T)까지 반복됩니다. 타입 스텝 0에서부터 타입 스텝 T까지를 하나의 에피소드(episode)라고 합니다. 하나의 에피소드에서 발생하는 연속된 행동들을 궤적(trajectory, τ라고 표현)이라고 합니다(즉, $\tau = (s_0, a_0, r_0)$, (s_1, a_1, r_1), $\cdots$, (s_T, a_T, r_T)). 따라서 하나의 에피소드는 하나의 궤적과 상응하게 됩니다.

행동에 대한 보상은 보상 함수(reward function)를 이용해서 결정되며, 보상은 일반적으로 하나의 숫자로 표현됩니다. 예를 들어, 긍정의 보상(즉, 상)은 양수로, 부정의 보상(즉, 벌)은 음수로 표현될 수 있는 것입니다.

주어진 상태에 따라 특정 행동을 선택할 때 사용되는 함수를 정책(policy)이라고 합니다. 즉, 정책을 통해서 어떠한 행동을 수행할지를 결정하게 되는 것입니다. 강화학습에서는 좋은 보상을 반환하는 정책을 찾는 것이 중요한데, 이를 위해서는 일반적으로 많은 에피소드를 필요로 하게 됩니다.

---

155 본 내용은 Graesser, L., & Keng, W. L. (2019). Foundations of deep reinforcement learning. Addison-Wesley Professional.를 참고하여 작성되었습니다.

환경은 에이전트의 행동에 대해서 새로운 상태 정보를 제공하게 되는데, 이때 사용되는 함수를 상태 전환 함수라고 하며, $P(s_{t+1}|s_t, a_t)$와 같이 표현됩니다. 즉, 상태 전환 함수는 여러 가지 선택 가능한 상태들에 대한 확률 분포를 반환합니다. $P(s_{t+1}|s_t, a_t)$는 타임 스텝 t+1에서의 상태는 타임 스텝 t에서의 상태와 행동에 영향을 받아 결정된다는 것을 의미합니다. 그 이전 타임 스텝에서의 상태와 행동에도 영향을 받을 수 있지만, 강화학습에서는 마르코브 특성(Markov property)을 사용합니다. 즉, 현재 단계에서의 상태는 바로 이전 단계에서의 행동과 상태에만 영향을 받는다고 가정합니다.

각 타임 스텝에서 에이전트는 목적을 최대화하는 행동을 선택합니다. 그렇다면 목적은 어떻게 표현될까요? 이를 위해 먼저 이득(return)을 정의하는 것이 필요합니다. 이득은 아래와 같이 표현됩니다. 여기서 τ는 궤적을 의미합니다.

$$R(\tau) = r_0 + \gamma r_1 + \gamma^2 r_2 + \cdots + \gamma^T r_T = \sum_{t=0}^{T} \gamma^t r_t$$

위 식에서 r_t는 타입 스텝 t에서의 보상을, γ는 할인율(discount factor)을 나타내며 γ은 0과 1 사이의 값을 갖습니다. 할 인율은 먼 미래의 보상일수록 현재 가치를 낮추기 위해서 사용되는 것입니다. 따라서 이득은 하나의 궤적 안에서 발생한 보상의 할인값을 모두 더한 것으로 정의됩니다.

이제 목적(objective)을 정의해 보겠습니다. 목적은 $J(\tau)$로 표현되며, 아래와 같이 정의됩니다. 이는 많은 궤적으로부터 발생하는 이득(returns)에 대한 기댓값이 됩니다.

$$J(\tau) = E_\tau[R(\tau)] = E_\tau \left[\sum_{t=0}^{T} \gamma^t r_t \right]$$

에이전트는 이러한 목적을 최대화하는 행동 선택하는 것입니다.

강화학습에서 에이전트가 학습할 수 있는 것은 크게 세 가지로 구분됩니다. 정책, 가치함수, 환경 모형이 그것입니다.

1. 정책(policy)

정책은 주어진 상태에서 목적을 최대화하는 행동을 선택하는 데 사용되는 함수입니다. 주로 π로 표현됩니다. 정책은 여러 선택 가능한 행동들에 대한 확률 분포(즉, $\pi(a|s)$)를 반환합니다. 최종적으로 선택되는 행동이 그러한 확률 분포를 이용해서 추출되는 것입니다(이는 $a \sim \pi(s)$와 같이 표현될 수 있습니다).

2. 가치 함수(value function)

가치 함수는 목적에 대한 정보를 제공하며, 목적을 최대화하는 데 있어서 특정 행동이나 상태가 얼마나 좋은 것인지를 평가하는 데 도움을 줍니다. $V^\pi(s)$로 표현되는 가치 함수와 $Q^\pi(s, a)$로 표현되는 가치 함수가 존재합니다. 각 가치 함수는 아래와 같이 정의됩니다.

$$V^\pi(s) = E_{s_0=s, \tau \sim \pi} \left[\sum_{t=0}^{T} \gamma^t r_t \right], \quad Q^\pi(s, a) = E_{s_0=s, a_0=a, \tau \sim \pi} \left[\sum_{t=0}^{T} \gamma^t r_t \right]$$

$V^\pi(s)$는 목적과 관련해서 현재의 상태 s가 얼마나 좋은지를 파악하는 데 사용되는 반면, $Q^\pi(s, a)$는 목적과 관련해서 하나의 상태 s와 행동 a 쌍이 얼마나 좋은지를 평가하는 목적으로 사용됩니다. 일반적으로 $V^\pi(s)$보다 $Q^\pi(s, a)$가 더 많이 사용됩니다.

3. 환경 모형(environment model)

환경 모형은 상태 전환 함수를 의미하며, $P(s_{t+1}|s_t, a_t)$로 표현됩니다. 이러한 상태 전환 함수는 환경에 대한 정보를 제공합니다. 만약 에이전트가 이 함수를 알 수 있다면, 에이전트는 지금의 상태 s에 대해 행동 a를 수행하면 (해당 행동을 수행하지 않고도) 어떠한 상태로 전환될 수 있는지를 미리 예측할 수 있습니다. 즉, 행동을 직접적으로 수행하지 않고서도 특정한 여러 행동을 수행했을 때의 결과를 미리 예측할 수 있는 것입니다. 따라서 이러한 함수를 이용해서 목적을 최대로 하는 행동들을 미리 계획할 수 있습니다.

■ 강화학습 알고리즘의 종류

강화학습 알고리즘은 무엇을 학습하느냐에 따라 세 가지로 구분됩니다. 정책을 학습하는 알고리즘은 정책 기반 알고리즘, 가치 함수를 학습하는 경우에는 가치 기반 알고리즘, 그리고 환경 모형을 학습하는 경우에는 모형 기반 알고리즘이 됩니다.

1) 정책 기반 알고리즘

정책 기반 알고리즘들은 목적을 최대로 하는 정책을 학습합니다. 그리고 그러한 정책에 의해서 어떠한 행동이 결정됩니다. 대표적인 알고리즘으로 REINFORCE가 있으며, InstructGPT에서 사용된 PPO는 REINFORCE 알고리즘을 확장한 것으로 간주할 수 있습니다. 딥러닝 기반의 정책 알고리즘들은 신경망 모형을 이용해서 정책을 표현합니다 (즉, 신경망 모형이 정책이 되는 것입니다). 신경망 모형은 파라미터(θ)를 갖습니다. 이러한 신경망 모형을 파라미터 θ를 갖는 정책 신경망이라고 하며, π_θ라고 표현합니다. 학습을 통해서 목적을 최대화하는 방향으로 파라미터를 업데이트하여 더 좋은 정책을 도출하게 됩니다.

신경망 모형이 정책을 나타내는 경우, 파라미터가 구체적으로 어떠한 값을 갖느냐에 따라 정책이 달라집니다. 즉, 동일한 신경망 모형이라도 파라미터의 값에 따라 신경망 모형이 반환하는 행동 확률 분포가 달라지기 때문에 서로 다른 정책이 됩니다. θ_1와 θ_2가 파라미터의 구체적인 값을 나타내는 경우, $\theta_1 \neq \theta_2 \Rightarrow \pi_{\theta_1}(s) \neq \pi_{\theta_2}(s)$가 되는 것입니다.[156]

정책 기반 방법은 아래 식을 만족하는 파라미터의 값을 찾는다고 생각할 수 있습니다.

$$\max_\theta J(\pi_\theta) \text{ 즉, } \max_\theta E_{\tau \sim \pi_\theta}[R(\tau)]$$

최대화 문제이기 때문에 위 식을 만족하는 θ를 찾기 위해서 경사 상승법(gradient ascent)을 사용합니다. 이는 경사 하강법과 같은 원리로 작동하지만 방향만 반대라고 생각할 수 있습니다. 아래와 같은 식을 이용해서 파라미터의 값을 순차적으로 업데이트합니다.

$$\theta \leftarrow \theta + \alpha \nabla_\theta J(\pi_\theta)$$

위 식에서 α는 학습률을 의미하며, $\nabla_\theta J(\pi_\theta)$는 목적 함수를 파라미터인 θ에 대해서 미분한 값, 즉 경사를 의미합니다.

---

156 언어 모형의 경우, 행동은 전체 토큰들 중에서 하나의 토큰을 선택하는 것이고, 정책은 각 토큰을 취할 확률 정보를 담고 있는 확률 분포를 반환합니다.

2) 가치 기반 알고리즘

가치 기반 알고리즘은 가치 함수를 학습합니다. 학습된 가치 함수를 이용해서 특정 상태와 행동을 평가하고 더 좋은 결과를 낼 수 있는 정책을 반환합니다. 대표적인 알고리즘으로 SARSA, DQN(Deep Q-Networks) 등이 있습니다.

3) 모형 기반 알고리즘

모형 기반 알고리즘은 환경 모형, 즉 상태 전환 함수를 학습합니다. 앞에서 언급한 것처럼 상태 전환 함수를 알게 되면, 행동을 직접적으로 수행하지 않고서도 특정한 여러 행동들을 수행했을 때 혹은 여러 궤적에 대한 결과를 미리 예측할 수 있다는 것을 의미합니다. 그리고 이러한 예측을 기반으로 해서 목적을 최대로 하는 행동들을 미리 계획할 수 있습니다. 모형 기반의 알고리즘들은 일반적으로 컴퓨터 게임 등에서 자주 사용됩니다. 최근까지 몬테 카를로 트리 탐색(Monte Carlo Tree Search, MCTS) 방법이 주로 사용되고 있습니다.

4) 하이브리드 알고리즘

위 세 가지 방법을 결합한 방법들도 있습니다. 이러한 경우, 특정한 방법의 단점을 보완할 수 있어 일반적으로 더 좋은 성능을 냅니다. 많은 경우, 하이브리드 알고리즘은 정책과 가치 함수를 동시에 학습합니다. 이러한 종류의 알고리즘을 행위자-평가자(Actor-Critic) 알고리즘이라고 부릅니다. 왜냐하면 정책은 어떠한 행동을 결정하고 가치 함수는 그러한 행동을 평가하기 때문입니다.

■ PPO(Proximal Policy Optimization) 알고리즘 소개

초기의 정책 기반 알고리즘들(예: REINFORCE)이 갖는 주요한 문제 중 하나는 '성능 붕괴(performance collapse)'입니다. 성능 붕괴라는 것은 에이전트가 갑자기 결과가 좋지 못한 행동을 하는 것을 의미합니다. 다르게 표현하면, 정책에 따라 선택된 행동의 결과가 이전 단계에서의 결과보다 나빠지는 것을 말합니다. 한번 이렇게 성능이 갑자기 나빠지게 되면 강화학습 경우에는 이후의 단계에서 회복하는 것이 많이 어렵습니다.

이러한 문제의 주요한 이유는 파라미터 값의 차이(업데이트의 정도)가 정책을 통해 도출되는 성능의 차이와 정확하게 매칭이 되지 않기 때문입니다. 예를 들어, 파라미터 값의 차이가 작을지라도(파라미터가 조금만 업데이트될지라도) 파라미터 값의 업데이트로 달라진 정책에 의해 반환되는 결과에는 큰 차이가 있을 수 있습니다. 그리고 이러한 차이는 경우에 따라서 성능 저하로 이어지게 됩니다(목적이 최대가 되는 지점을 지나치는 오버슈팅의 경우 성능 저하가 발생합니다).

이를 해결하기 위해서 직접적으로 파라미터가 업데이트 되는 정도를 제한하는 것은 효과적이지 못합니다. 대신, 파라미터 업데이트로 인한 정책 변화에 따른 성능 변화를 목적함수에 반영해야 합니다. 그리고 이러한 목적함수를 이용해서 성능 변화가 너무 크지 않고, 성능이 좋아지는 방향으로 업데이트가 진행될 수 있도록 하는 것이 필요합니다.

이러한 목적함수를 도출하기 위해서는 일단 두 정책 간의 성능 차이를 측정할 수 있는 지표가 있어야 합니다. 즉, 서로 다른 두 정책이 반환하는 결과의 좋고 나쁨을 비교할 수 있는 지표가 필요한 것입니다. 이를 위해서 사용되는 것이 상대적 정책 성능 비교 지표(relative policy performance identity)입니다. 상대적 정책 성능 비교 지표는 다음과 같이 정의됩니다.

$$J(\pi') - J(\pi) = E_{\tau \sim \pi'}\left[\sum_{t=0}^{T} \gamma^t A^{\pi}(s_t, a_t)\right]$$

위 식에서 π는 현 정책을, π'는 업데이트된 정책을 나타냅니다. 그리고 $A^\pi(s_t,\ a_t)$는 어드밴티지(advantage)라고 표현되며, Q 가치함수와 V 가치함수의 차로 계산됩니다.

$$A^\pi(s_t,\ a_t)=Q^\pi(s_t,\ a_t)-V^\pi(s_t)$$

상대적 정책 성능 비교 지표인 $J(\pi')-J(\pi)$는 정책이 개선된 정도를 측정하는 역할을 합니다. 만약 이 값이 양수라면 새로운 정책(π')이 이전 정책(π)보다 더 좋다는 것을 의미합니다. $J(\pi')-J(\pi)$를 최대화하는 것은 $J(\pi')$를 최대화하는 것과 동일하기 때문에 $J(\pi')$ 대신 $J(\pi')-J(\pi)$를 목적함수로 사용할 수 있습니다.

하지만 $J(\pi')-J(\pi)$를 목적함수로 사용하는 것에는 한 가지 문제가 있습니다. $E_{\tau\sim\pi'}\left[\sum_{t=0}^{T}\gamma^t A^\pi(s_t,\ a_t)\right]$는 새로운 정책($\pi'$)으로부터의 궤적($\tau$)(즉, $\tau\sim\pi'$)에 대한 기댓값입니다. 하지만 업데이트를 하지 않은 상황에서는 업데이트된 정책(π')으로부터의 궤적을 사용할 수 없습니다. 이러한 문제를 해결하기 위해서는 $J(\pi')-J(\pi)$를 현재 정책(π)을 이용해서 표현해야 합니다.

이를 위해서 π와 π' 차이가 크지 않다고 가정합니다. 다르게 표현하면 π가 반환하는 확률 분포와 π'가 반환하는 확률 분포의 차이가 크지 않다는 것입니다. 두 확률 분포의 차이는 쿨백-라이블러 발산(Kullback-Leibler divergence, KL 발산)을 이용해서 계산할 수 있고, 이를 통해 두 분포의 차이를 제한할 수 있습니다.

π와 π' 차이가 크지 않다면, $E_{\tau\sim\pi'}\left[\sum_{t=0}^{T}\gamma^t A^\pi(s_t,\ a_t)\right]$을 π으로부터의 궤적을 이용해서 근사하는 것이 가능합니다. 이를 위해 중요도 표집 가중치(importance sampling weights)를 사용합니다.[157] 중요도 표집 가중치는 $\frac{\pi'(a_t|s_t)}{\pi(a_t|s_t)}$로 표현됩니다. 중요도 표집 가중치를 사용해서 $J(\pi')-J(\pi)$을 다시 표현하면 다음과 같이 됩니다(표현을 간단하게 하기 위해서 할인율은 생략하겠습니다).

$$J(\pi')-J(\pi)=E_{\tau\sim\pi'}\left[\sum_{t=0}^{T}A^\pi(s_t,\ a_t)\right]\approx E_{\tau\sim\pi}\left[\sum_{t=0}^{T}A^\pi(s_t,\ a_t)\frac{\pi'(a_t|s_t)}{\pi(a_t|s_t)}\right]=J_\pi^{SO}(\pi')$$

성능 붕괴의 문제를 해결하기 위해서 원래의 목적함수를 사용하지 않고, $J_\pi^{SO}(\pi')$를 대신 사용하게 됩니다. 이러한 의미에서 $J_\pi^{SO}(\pi')$를 대리 목적(surrogate objective) 함수라고 합니다.

하지만 $J_\pi^{SO}(\pi')$는 $J(\pi')-J(\pi)$의 근사치이기 때문에 둘 간에는 오차가 존재합니다. 오차가 너무 커지게 되면 학습이 제대로 되지 않기 때문에 오차를 제한하는 것이 필요합니다. 이를 위해서 KL 발산을 사용합니다. 아래와 같이 표현합니다.

$$\left|(J(\pi')-J(\pi))-J_\pi^{SO}(\pi')\right|\leq C\sqrt{E_t\left[KL(\pi'(a_t|s_t)\|\pi(a_t|s_t))\right]}$$

C는 상수입니다. 위 식은 π와 π'가 반환하는 확률 분포의 차이가 크지 않다면, 두 분포 간의 KL 발산이 작다는 것을 의미하고 이는 위 식의 오른쪽 항의 값이 작다는 것을 나타냅니다(즉, $J_\pi^{SO}(\pi')$가 $J(\pi')-J(\pi)$를 잘 근사한다는 것을 의미합니다).

---

[157] 중요도 표집(Importance sampling)은 알려진 확률 분포를 이용해서 표집된 데이터를 이용해서 알지 못하는 분포를 추정하는 방법입니다. 자세한 설명은 https://www.math.arizona.edu/~tgk/mc/book_chap6.pdf를 참고하세요.

위 식을 이용하면 $J(\pi')-J(\pi)\geq 0$을 보장하는 업데이트 방식이 가능합니다. 이를 위해, 위 식을 아래와 같이 다시 표현합니다.

$$J(\pi')-J(\pi)\geq J_{\pi}^{SO}(\pi')-C\sqrt{E_t[KL(\pi'(a_t|s_t)\|\pi(a_t|s_t))]}$$

이 식을 이용해서 업데이트를 특정 조건이 만족하는 경우에만 수행합니다. 업데이트를 했을 때 성능이 좋아지지 않는 경우에는 $\pi'=\pi$로 설정하고, 업데이트를 진행하지 않습니다. $\pi'=\pi$인 경우에는 새로운 정책의 어드밴티지가 없기 때문에 $J_{\pi}^{SO}(\pi')=E_{\tau \sim \pi}\left[\sum_{t=0}^{T} A^{\pi}(s_t,\ a_t)\frac{\pi'(a_t|s_t)}{\pi(a_t|s_t)}\right]$의 값이 0이 되고, 두 확률 분포의 차이가 없기 때문에 KL 발산의 값이 0이 됩니다. 즉, $J(\pi')-J(\pi)\geq 0$이 되는 것입니다.

그리고 위 식에 따르면 업데이트를 진행하기 위해서는 $J_{\pi}^{SO}(\pi')$의 값이 최대 오차를 나타내는 $C\sqrt{E_t[KL(\pi'(a_t|s_t)\|\pi(a_t|s_t))]}$보다 커야합니다. 즉, $J_{\pi}^{SO}(\pi')>C\sqrt{E_t[KL(\pi'(a_t|s_t)\|\pi(a_t|s_t))]}$인 경우에만 업데이트를 수행하게 되면 $J(\pi')-J(\pi)\geq 0$이 보장됩니다. 이를 위해 풀고자 하는 최적화 문제에 $C\sqrt{E_t[KL(\pi'(a_t|s_t)\|\pi(a_t|s_t))]}$를 페널티 항으로 포함합니다. 즉, 최적화 문제를 아래와 같이 표현합니다.

$$\operatorname*{argmax}_{\pi'}\left\{J_{\pi}^{SO}(\pi')-C\sqrt{E_t[KL(\pi'(a_t|s_t)\|\pi(a_t|s_t))]}\right\}$$

위의 최적화 문제는 $J(\pi')-J(\pi)\geq 0$을 보장하게 됩니다(따라서 성능 붕괴의 문제도 발생하지 않습니다). 관련된 증명은 생략하겠습니다. 참고로, $J(\pi')-J(\pi)\geq 0$을 단순 성능 향상(monotonic performance improvement)이라고 표현합니다.

하지만 위의 최적화 문제를 실제로 구현하기 위해서는 위 식의 페널티 항을 그대로 사용하지 않습니다. 실제로 구현하는 경우에는 일반적으로 KL 발산의 기댓값을 직접적으로 제한하는 방법을 사용합니다. 이는 아래와 같이 표현될 수 있습니다.

$$E_t[KL(\pi'(a_t|s_t)\|\pi(a_t|s_t))]\leq \delta$$

δ는 상수로 하이퍼파라미터가 됩니다. KL 발산은 π와 π'의 차이를 나타내기 때문에 δ 값이 작을수록 π와 π'의 차이가 작아진다는 것을 의미합니다. 일반적으로 δ의 값을 작게 설정해서 업데이트된 정책(π')이 현재 정책(π)과 큰 차이가 없도록 합니다. 즉, π'의 후보로 π의 근처에 존재하는 정책들만이 고려되는 것입니다. 새로운 정책의 고려 대상이 되는 현 정책 주변을 신뢰 영역(trust region)이라고 표현합니다. 그리고 $E_t[KL(\pi'(a_t|s_t)\|\pi(a_t|s_t))]\leq \delta$는 신뢰 영역을 한정하는 역할을 합니다.

$J_{\pi}^{SO}(\pi')$는 다음과 같이 표현될 수 있습니다.

$$J_{\pi}^{SO}(\pi')\Rightarrow J^{SO}(\theta)=E_t\left[\frac{\pi_{\theta}(a_t|s_t)}{\pi_{\theta_{old}}(a_t|s_t)}\cdot A_t^{\pi_{\theta_{old}}}\right]$$

따라서 최종적인 최적화 문제는 아래와 같이 표현됩니다. 이를 신뢰 영역 최적화 문제라고 합니다.

$$\max_{\theta} E_t\left[\frac{\pi_{\theta}(a_t|s_t)}{\pi_{\theta_{old}}(a_t|s_t)}\cdot A_t^{\pi_{\theta_{old}}}\right] \text{ subject to } E_t[KL(\pi_{\theta}(a_t|s_t)||\pi_{\theta_{old}}(a_t|s_t))]\leq \delta$$

이러한 최적화 문제의 장점을 다시 한번 정리하면 '성능 붕괴'가 발생하지 않고, '단순 성능 향상'이 보장된다는 것입니다. 이러한 신뢰 영역 최적화 문제를 풀기 위해 여러 알고리즘들이 제안되었습니다. 자연 정책 경사(Natural Policy Gradient, NPG), 신뢰 영역 정책 최적화(Trust Region Policy Optimization, TRPO) 등이 그러한 예입니다. 하지만 이러한 알고리즘들은 이론적으로 복잡하고 구현이 어렵다는 단점이 있습니다. 이러한 단점을 보완하기 위해 제안된 방법이 PPO 알고리즘입니다. PPO는 구현이 쉽고, 많은 컴퓨팅 파워를 필요로 하지 않고, δ의 값을 직접적으로 설정할 필요 없다는 장점이 있어 최근에 많이 사용되고 있습니다. InstructGPT에서도 PPO가 사용되었습니다.

PPO에는 두 가지 버전이 있습니다. 하나는 적응적 KL 페널티(adaptive KL penalty) 방법이고, 다른 하나는 한정된 목적(clipped objective) 방법입니다. 적응적 KL 페널티 방법은 목적함수에 적응적 KL 발산을 페널티항으로 추가한 방법이고, 한정된 목적 방법은 목적함수가 취할 수 있는 구간을 한정(clipping)하는 방법입니다. 여기서는 InstructGPT와 관련 있는 적응적 KL 규제 방법에 대해서만 조금 더 자세하게 살펴보겠습니다.[158]

적응적 KL 페널티 방법은 목적함수에 적응적 KL 발산을 페널티 항(아래 식에서 $\beta KL(\pi_\theta(a_t|s_t)||\pi_{\theta_{old}}(a_t|s_t))$)으로 추가한 방법을 의미합니다. 적응적 KL 페널티 방법에서의 최적화 문제는 아래와 같이 표현됩니다.

$$\max_\theta E_t\left[r_t(\theta)A_t - \beta KL(\pi_\theta(a_t|s_t)||\pi_{\theta_{old}}(a_t|s_t))\right]$$

여기에서 $r_t(\theta) = \frac{\pi_\theta(a_t|s_t)}{\pi_{\theta_{old}}(a_t|s_t)}$, $A_t = A_t^{\pi_{\theta_{old}}}$을 의미합니다. β는 적응 계수(adaptive coefficient)로 KL 페널티의 크기를 조절합니다. 이는 신뢰 영역을 조절하는 역할, 즉 새로운 정책이 기존의 정책과 얼마나 달라질 수 있는지를 조절하는 역할을 합니다.

위와 같이 β를 최적화 문제의 일부로 포함하는 방법의 주요한 문제는 적절한 β의 값을 설정하는 것이 어렵다는 것입니다. 이러한 문제를 해소하기 위해 PPO 논문에서는 정책 파라미터 업데이트 시 특정한 기준에 따라 β의 값을 조절하는 방법을 사용했습니다. $KL(\pi_\theta(a_t|s_t)||\pi_{\theta_{old}}(a_t|s_t))$의 목푯값($d_{target}$)을 설정하고 그 값과 업데이트 시에 계산된 $KL(\pi_\theta(a_t|s_t)||\pi_{\theta_{old}}(a_t|s_t))$ 값(d)을 비교하여 β의 업데이트 값을 결정합니다. $d < \frac{d_{target}}{1.5}$인 경우에는 $\beta \leftarrow \beta/2$로, $d > d_{target} \times 1.5$인 경우에는 $\beta \leftarrow 2\beta$로 업데이트합니다.

InstructGPT에서의 단계 3의 작동 과정은 다음과 같습니다.

SFT 모형을 초기 정책으로 사용합니다. 이러한 정책을 이용해서 입력된 프롬프트에 대해 응답을 출력합니다. 그리고 단계 2에서 학습된 보상 모형을 사용해 해당 응답에 대한 보상 점수를 계산합니다. 강화학습 방법을 이용해서 이러한 보상 점수를 최대화하는 방향으로 정책을 업데이트합니다. 즉, 정책에 해당하는 신경망 모형이 갖는 파라미터를 업데이트하는 것입니다. 앞에서 언급한 것처럼, 해당 논문에서는 강화학습 방법으로 PPO 방법을 사용합니다. 단계 3의 과정을 그림으로 표현하면 그림 20.20과 같습니다.

---

158 InstructGPT 논문에는 PPO의 두 가지 방법 중 어떠한 방법을 사용했는지에 대한 구체적인 언급이 없습니다. 다만, 해당 논문에서 사용된 목적함수, 즉 $R(x, y) = r_\theta(x, y) - \beta \log\left[\pi_\phi^{RL}(y|x)/\pi^{SFT}(y|x)\right]$를 보아, 적응적 KL 페널티 방법이 사용되었을 것이라고 생각됩니다.

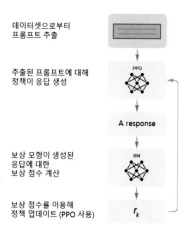

데이터셋으로부터
프롬프트 추출

추출된 프롬프트에 대해
정책이 응답 생성

A response

보상 모형이 생성된
응답에 대한
보상 점수 계산

보상 점수를 이용해
정책 업데이트 (PPO 사용)

그림 20.20 단계 3 작동 과정

앞에서 설명한 것처럼, PPO 방법은 KL 발산을 페널티항으로 목적함수에 포함합니다. InstructGPT 논문에서 사용된 목적함수는 다음과 같습니다.

$$R(x,\ y)=r_\theta(x,\ y)-\beta\log\big[\pi_\phi^{RL}(y|x)/\pi^{SFT}(y|x)\big]$$

이때 사용되는 쿨백–라이블러 발산(즉, $\log\big[\pi_\phi^{RL}(y|x)/\pi^{SFT}(y|x)\big]$)은 단계 1에서의 SFT 모형에 대한 정책 (즉, SFT 모형이 출력하는 확률 분포)과 학습된 강화학습 모형에 대한 정책(즉, 강화학습 모형이 출력하는 확률 분포) 간의 쿨백–라이블러 발산이 됩니다. 위 식에서 x는 입력 프롬프트를, y는 모형이 출력하는 응답을 나타내고, $r_\theta(x, y)$는 보상 모형이 반환하는 보상 점수를 나타냅니다. β는 쿨백–라이블러 페널티항에 대한 적응 계수가 됩니다. 여기서 주의해야 하는 것은 $r_\theta(x, y)$가 $\pi_\phi^{RL}(y|x)$에 의해서 영향을 받는다는 것입니다. 즉, 결국 $r_\theta(x, y)$도 정책 파라미터인 ϕ의 함수로 간주될 수 있습니다.

InstructGPT 논문에서는 위와 같은 기본적인 PPO 방법뿐만 아니라, 위의 목적함수에 사전 학습 모형에서 사용된 경삿값(gradient)을 추가한 형태의 목적함수를 이용한 방법도 사용합니다. 해당 논문에서는 이러한 방법을 PPO-ptx라고 표현했습니다. 여기서 ptx는 pre-training mix를 의미합니다.

20.4.2 모형의 성능

PPO 방법을 사용한 모형(PPO 모형과 PPO-ptx 모형)을 SFT 모형과 GPT-3 모형의 성능과 비교했습니다. GPT-3의 경우에는 아무런 예도 제공하지 않은 경우(제로샷)와 몇 개의 예를 입력값으로 사용한 퓨샷 방법을 구분했습니다.

20.4.2.1 API에 입력된 프롬프트를 이용한 평가 결과

API에 입력된 프롬프트를 각 모형의 입력값으로 사용하여 응답을 출력했습니다. 그리고 각 휴먼 코더가 SFT 175B 모형의 응답과 비교하여 각 모형의 응답을 얼마나 더 선호하는지를 파악했습니다. 결과는 그림 20.21과 같이, 휴먼 코더들은 PPO와 PPO-ptx 기반의 InstructGPT의 결과를 더 선호하는 것으로 나타났습니다. 학습에 참여한 코더와 참여하지 않은 코더의 평가 결과도 크게 다르지 않았습니다. 다만, 학습에 참여한 코더들이 가장 큰 모형의 성능을 작은 모형들의 성능에 비해서 상대적으로 더 긍정적으로 평가했습니다.

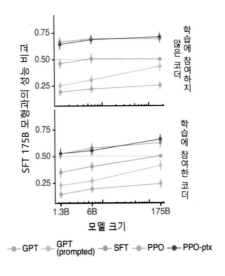

그림 20.21 모형별 성능 비교[159]

20.4.2.2 세부 평가 기준에 따른 모형의 성능

사용자의 의도를 얼마나 잘 파악하는지와 관련된 여러 가지 세부적인 평가 기준에 대해서도 휴먼 코더들은 InstructGPT의 결과를 더 긍정적으로 평가했습니다. InstructGPT는 GPT-3에 비해서 사용자의 보조자 역할에 더 적절한 결과를 출력하는 것으로 나타났으며, 지시사항에 포함되어 있는 명시적인 제한 사항에 더 잘 부합하는 결과를 출력하고, 사실과 다른 정보를 더 적게 생산하는 것으로 나타났습니다. 그리고 잘못된 정보가 섞인 지시 사항에 대해서도 사용자의 원래 의도를 더 잘 파악하는 것으로 나타났습니다(그림 20.22).

---

159 'GPT(prompted)'는 퓨샷 GPT를 나타냅니다.

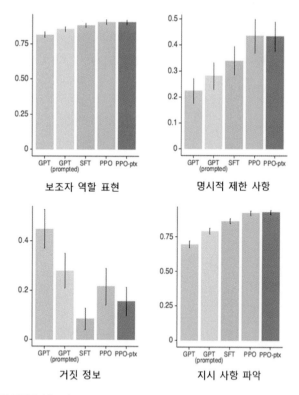

보조자 역할 표현   명시적 제한 사항

거짓 정보   지시 사항 파악

그림 20.22 세부 평가 기준별 모형의 성능 비교

InstructGPT의 성능이 많은 면에서 GPT-3보다 뛰어난 것으로 나타났지만, InstructGPT 논문에 따르면 여전히 간단한 실수를 한다고 합니다. 예를 들어, 사용자의 지시사항을 제대로 따르지 못하는 경우도 있으며, 사실을 왜곡하는 결과를 제시하기도 하고, 간단한 질문에도 정확하지 않은 장황한 답변을 반환하는 경우도 있다고 합니다.

20.5 ChatGPT

책을 집필하는 시점 기준으로 아직 ChatGPT에 대한 논문은 공개되지 않았습니다. OpenAI의 블로그 (https://openai.com/blog/chatgpt)를 통해 공개한 내용이 전부입니다.

해당 블로그에 따르면, ChatGPT는 InstructGPT와 거의 동일한 방법으로 학습되었습니다. 다만, 사람과의 대화를 주된 목적으로 했다는 것이 InstructGPT와 다른 주요한 차이입니다. 그리고 대화를 목적으로 했기 때문에 ChatGPT에서는 대화 데이터를 학습 데이터로 추가했습니다. 휴먼 코더들이 사용자와 AI 어시스턴트의 역할을 모두 수행하며 정답에 해당하는 대화 데이터를 생성했습니다. 이렇게 생성된 대화 데이터를 InstructGPT 데이터셋과 함께 사용했습니다. 그리고 InstructGPT 데이터셋도 대화의 형태도 변환해서 사용했다고 합니다. 이러한 데이터를 이용해서 SFT 모형을 미세 조정했습니다.

보상 모형과 강화학습(즉, PPO) 기반의 모형은 InstructGPT와 거의 동일한 방법으로 학습되었습니다. 즉, 보상 모형의 경우 휴먼 코더와 모델이 직접적으로 대화한 내용 중 일부를 응답으로 선택하고, 휴먼 코더들이 응답의 순위를 부여하고 그러한 순위에 대해 보상 모형이 점수를 부여하여 비용 함수를 계산하여 학습합니다. 강화학습 기반의 방법은 동일하게 PPO 알고리즘을 사용했습니다. 모형이 생성한 응답에 대해 보상 모형이 보상 점수를 계산하면, PPO 기반의 모형은 이러한 보상 점수를 최대화하는 방향으로 학습합니다.

InstructGPT가 GPT-3를 사전학습 모형으로 사용한 반면, ChatGPT는 GPT-3.5를 사전학습 모형으로 사용했습니다. GPT-3.5 시리즈에는 여러 가지 버전의 모형이 존재합니다. 가장 기본 모형이 code-davinci-002입니다. 그리고 text-davinci-002, text-davinci-003, gpt-3.5-turbo-0301 등이 존재합니다. ChatGPT가 정확하게 어떠한 버전의 GPT-3.5를 사전학습 모형으로 사용했는지는 해당 블로그에 명확하게 기술되어 있지 않습니다. 아마도 gpt-3.5-turbo-0301를 사전학습 모형으로 사용했을 것으로 생각됩니다.

21

비전 트랜스포머를 이용한 텍스트 분석

비전 트랜스포머(Vision Transformer, ViT)는 자연어처리에 적용되는 트랜스포머를 이미지 데이터에 적용한 것입니다.[160] 해당 논문에서는 트랜스포머를 이미지 데이터에 적용하여 이미지 분류 작업을 수행했습니다. 컴퓨터 비전 분야에서는 비전 트랜스포머가 나오기 전까지 대부분의 SOTA(State Of The Art) 모형이 합성곱 신경망 기반의 모형이었습니다. 어텐션이나 트랜스포머를 적용하고자 하는 시도가 몇 번 있었지만, 그렇게 성공적이지 못했습니다. 하지만 비전 트랜스포머의 경우는 트랜스포머를 사용하여 이미지 분류 작업에 대해 기존 SOTA 모형의 성능보다 더 좋은 성능을 도출했습니다. 그 이후에는 이미지 분석에 있어서도 트랜스포머 기반의 방법이 많이 적용되고 있습니다.

이 책의 15장에서는 텍스트 데이터에 CNN을 적용해 문서 분류를 진행해 봤습니다. 텍스트 데이터의 특성에 따라 순환신경망 기반의 모형(예: 기본 RNN, LSTM 등)보다 CNN 모형의 성능이 더 좋은 경우도 있습니다. 이와 관련해서 여기서는 비전 트랜스포머를 이용해 텍스트 분류 작업을 어떻게 할 수 있는지에 대해 살펴보겠습니다. ViT 기반의 텍스트 분류 작업은 일반적으로 사용되는 방법은 아닙니다. 그럼에도 불구하고 이러한 내용을 다루는 이유는 독자들에게 컴퓨터 비전 분야에서 주목받고 있는 트랜스포머 기반의 방법인 ViT를 소개하고, ViT를 이용해 텍스트 분류를 어떻게 할 수 있는지에 대해 설명하기 위해서입니다. 먼저 ViT의 구조와 작동 원리에 대해 살펴본 후, ViT를 이용해 텍스트 분류를 진행해 보겠습니다.

---

[160] Dosovitskiy, A., Beyer, L., Kolesnikov, A., Weissenborn, D., Zhai, X., Unterthiner, T., ... & Houlsby, N.(2020). An image is worth 16x16 words: Transformers for image recognition at scale. arXiv preprint arXiv:2010.11929.

21.1 ViT 소개

ViT 논문에서는 2017년에 제안된 원래의 트랜스포머를 가능한 한 변화를 주지 않고 이미지 데이터에 적용하여 이미지 분류 작업을 수행합니다. 트랜스포머를 이미지에 적용하기 위해서는 하나의 이미지를 여러 개의 토큰으로 구성하는 것이 필요합니다. 이를 위해 ViT 논문에서는 하나의 이미지를 여러 개의 패치(patch) 단위로 분할합니다. 이는 그림 21.1과 같이 표현할 수 있습니다.

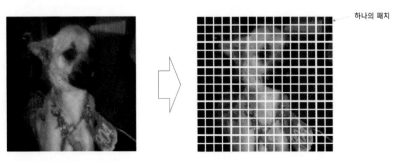

그림 21.1 이미지를 여러 개의 패치로 분할한 예

이렇게 분할된 각 패치는 원 트랜스포머가 적용된 시퀀스 데이터에서의 토큰으로 간주됩니다. 텍스트와 같은 시퀀스 데이터에 적용되는 트랜스포머와 마찬가지로 각 패치에 대한 임베딩 벡터를 생성하고, 그렇게 생성된 임베딩 벡터를 트랜스포머 인코더 블록의 입력값으로 입력합니다. 나머지 부분은 기존 트랜스포머 혹은 문서 분류에 적용된 BERT가 작동하는 방식과 거의 동일합니다. ViT는 이미지 분류에 적용됐기 때문에 BERT와 마찬가지로 ViT도 트랜스포머의 인코더 부분만을 사용합니다. ViT의 구조는 그림 21.2와 같습니다.

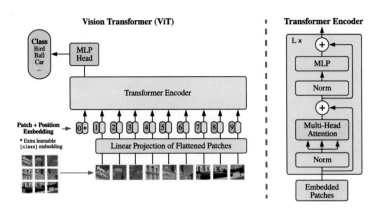

그림 21.2 비전 트랜스포머 구조(좌)와 인코드 블록의 구성(우)

그림 21.2의 오른쪽 그림은 ViT에서 사용된 트랜스포머의 인코더 블록을 보여줍니다. 원래의 트랜스포머에서는 멀티-헤드 어텐션 층(MHA)과 Feed Forward 층 이후에 Add & Norm 층을 적용해 스킵 커넥션과 계층 정규화를 같이 수행한 것과 달리 ViT에서는 MHA과 Feed Forward 이전에 계층 정규화를 먼저 적용한다는 차이가 있습니다. 그림에서 MLP(multi-layer perceptron)는 원래의 트랜스포머에서의 Feed Forward층을 의미합니다(즉, 두 개의 완전연결층이 사용되었습니다). 원래의 트랜스포머에서는 ReLU 활성화 함수가 사용된 것과 달리 ViT에서는 Feed Forward 층에서 GELU 활성화 함수를 사용했습니다.

그림 21.2의 왼쪽 그림은 하나의 이미지에 대해 ViT가 어떻게 작동하는지를 보여줍니다. 이미지를 여러 개의 패치로 분할한 후, 패치들을 일렬로 배열합니다. 그다음 3D 형태인 각 패치에 평탄화 작업을 수행하여 1D 형태, 즉 벡터의 형태로 변환한 후 선형 변환(linear projection)을 적용하여 특정 차원의 임베딩 벡터를 생성합니다. 생성된 임베딩 벡터에 위치 임베딩 정보를 더한 정보가 인코더 블록의 입력값으로 입력됩니다. 그리고 BERT와 마찬가지로 이미지 분류를 위해 [class] 토큰을 사용했습니다. 트랜스포머에서 출력하는 [class] 토큰에 대한 은닉 상태 벡터를 분류를 위한 추가적인 층의 입력값으로 입력하여 분류 작업을 수행합니다.

하나의 이미지가 트랜스포머의 인코더 블록에 입력되는 과정을 조금 더 자세하게 살펴보겠습니다. 원래의 트랜스포머 인코더 블록은 일렬의 토큰 임베딩 벡터(a 1D sequence of token embeddings)를 입력받습니다. 하지만 이미지의 경우 3D 형태(가로×세로×깊이 형태)이기 때문에 트랜트포머에 직접 입력할 수 없습니다. 일단, 이미지를 여러 개의 토큰 형태로 표현하는 것이 필요합니다. 이미지를 구성하는 각 픽셀을 하나의 토큰으로 간주할 수도 있지만, 그렇게 되면 토큰의 수가 너무 많아집니다. 예를 들어, 100×100 이미지의 경우, 픽셀의 수가 10,000개가 됩니다. 이렇게 되면 연산의 양이 너무 많아진다는 문제가 발생합니다. 따라서 ViT 논문에서는 앞에서 언급한 것처럼 하나의 이미지를 여러 개의 패치로 분할합니다. H×W(×C)의 이미지를 여러 개의 P×P(×C) 형태의 패치로 겹치는 부분 없이 분할합니다. 여기서 H는 원 이미지의 높이를, W는 너비를, C는 채널의 수(깊이)를 의미합니다. P는 패치 하나의 가로 또는 세로의 길이가 됩니다. 패치의 깊이는 원 이미지의 깊이와 동일합니다. 따라서 생성되는 전체 패치의 수는 HW/P^2이 됩니다. 예를 들어, 원본 이미지가 28×28이고, P=4라면 49개의 패치가 생성되는 것입니다. 그리고 각 패치가 하나의 토큰으로 간주되기 때문에 49개의 토큰으로 구성된 시퀀스 데이터로 하나의 이미지가 표현된다고 생각할 수 있습니다.

원 트랜스포머 논문에서는 각 토큰의 임베딩 벡터 차원의 크기와 은닉 상태 벡터의 차원의 크기가 동일합니다. 이를 H로 표현하겠습니다. ViT에서도 각 패치(즉, 토큰)에 대해 H 차원의 임베딩 벡터를 생성합니다. 이를 위해 ViT에서는 $P \times P \times C$ 형태(즉, 3D array 형태)의 패치를 평탄화하여 1D 형태(즉, $1 \times P^2 \cdot C$)로 변환한 다음 선형 변환을 통해 H 차원의 임베딩 벡터를 생성합니다. 그리고 이렇게 생성된 각 패치의 임베딩 벡터가 인코더 블록의 입력값으로 입력됩니다. 여기서 선형 변환이라는 것은 $(P^2 \cdot C) \times H$ 형태의 가중치 행렬을 곱한다는 것을 의미합니다(이러한 방법을 linear projection이라고도 합니다). 이러한 연산 과정은 하나의 패치에 대해 그림 21.3과 같이 표현될 수 있습니다. 이러한 과정의 결과물을 패치 임베딩 벡터라고 합니다. 예를 들어, P=4, C=3, H=128이라고 한다면 각 패치의 형태는 $4 \times 4 \times 3$ 형태가 됩니다. 일단, 이러한 3D 형태를 평탄화하여 1D 형태, 즉 48차원의 벡터로 표현합니다. 그다음 48차원 벡터를 128차원 벡터로 변환하기 위해 48×128 형태의 가중치 행렬을 사용합니다.

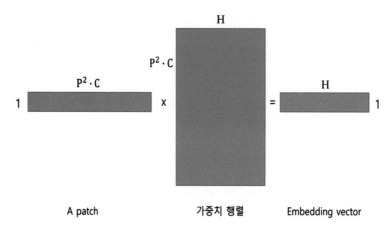

그림 21.3 각 패치에 대한 임베딩 벡터 표현

각 토큰의 임베딩 벡터에 위치 임베딩 벡터가 더해집니다. ViT에서는 학습 가능한 1D 위치 임베딩 벡터들을 사용했습니다.

ViT는 BERT와 마찬가지로 이미지의 특성을 반영하는 [class] 토큰을 가장 앞에 추가합니다. 이 토큰의 임베딩 벡터는 (앞에서 설명한) 가중치 행렬을 이용하여 생성하는 것이 아니라, H 차원의 벡터로 원소의 값이 학습을 통해 결정됩니다. 그리고 이 [class] 토큰에 대한 트랜스포머 인코더 부분이 출력하는 은닉 상태 벡터를 이용해 이미지 분류 작업을 수행합니다. ViT는 분류를 위해 사전학습 단계에서는 완전 연결층 하나와 출력층이, 그리고 미세 조정 단계에서는 출력층만 추가로 사용했습니다.

ViT 논문에 따르면, ViT는 충분하지 않은 양의 학습 데이터를 이용하여 학습하는 경우에는 모형의 성능이 별로 좋지 않다고 합니다. 저자들은 그 주요 이유가 트랜스포머는 ResNet 등의 CNN 기반의 모형에 비해서 귀납적 편향(inductive bias)이 덜하기 때문일 것이라고 추측합니다. 딥러닝에서의 귀납적 편향은 모형이 갖는 가정 혹은 제한 정도로 생각할 수 있습니다. 귀납적 편향이 크다는 것은 그만큼 모형이 갖는 가정 혹은 제한이 크다는 것을 의미합니다. CNN 기반 모형의 경우, 가중치의 공유(이를 translation equivariance라고도 표현합니다)[161], 지역성(locality)[162], 2차원 형태의 구조 등과 같은 귀납적 편향을 갖습니다. 저자들에 따르면 트랜스포머의 경우는 이러한 귀납적 편향(즉, 모형이 갖는 제한)이 덜하기 때문에 학습 데이터의 양이 충분하지 않은 경우 일반화 정도(generalization)가 낮아져 모형의 성능이 상대적으로 좋지 못하게 된다고 합니다. 따라서 저자들은 ViT를 대용량의 학습 데이터를 사용하여 학습을 진행합니다. 이를 통해, ViT의 성능이 당시 SOTA CNN 기반 모형의 성능보다 더 좋은 결과를 얻게 됩니다. 표 21.1은 서로 다른 데이터셋에 대해 비교 모형으로 사용된 ResNet 기반 모형과 성능을 비교한 결과를 보여줍니다. 각 숫자는 세 번의 평가에서의 평균 정확도와 표준 편차를 나타냅니다.

표 21.1 ResNet과 ViT의 성능 비교

Dataset	ViT-Huge	ViT-Large	ResNet baselines
ImageNet	88.55±0.04	87.76±0.03	87.54±0.02
ImageNet ReaL	90.72±0.05	90.54±0.03	90.54
CIFAR-10	99.50±0.06	99.42±0.03	99.37±0.06
CIFAR-100	94.55±0.04	93.90±0.05	93.51±0.08

표 21.1에서 ViT Large 버전과 ViT Huge 버전의 차이는 표 21.2와 같습니다.

표 21.2 ViT-Large와 Vit-Huge의 차이

Model	Layers	Hidden size D	MLP size	Heads	Params
ViT-Large	24	1024	4096	16	307M
ViT-Huge	32	1280	5120	16	632M

---

161 CNN의 경우, 각 합성곱 필터의 가중치는 공유됩니다.
162 CNN의 경우, 합성곱 필터가 한 번 적용될 때 이미지의 특정 부분에 인접해 있는 F×F 픽셀의 정보를 추출한다는 것을 의미합니다.

21.2 ViT를 이용한 이미지 분류

ViT를 이용서 텍스트 분석을 수행하기 전에, ViT의 작동 원리를 좀 더 잘 이해하기 위해 여기서는 먼저 ViT를 이용해 이미지 분류 작업을 수행해 보겠습니다. 숫자 MNIST 데이터를 이용하겠습니다. 관련 코드는 `ViT_image_classification_example.ipynb` 파일을 참고하세요.[163]

ViT를 이용하기 위해서는 텐서플로 이외에도 TensorFlow Addons가 필요합니다. 이를 사용하기 위해 명령 프롬프트 창이나 터미널에서 다음 명령어를 실행해 해당 모듈을 설치합니다.

```
pip install -U tensorflow-addons
```

해당 모듈을 설치한 후, 주피터 노트북에서 다음과 같이 분석에 필요한 모듈을 임포트합니다.

```
import numpy as np
import tensorflow as tf
from tensorflow import keras
from tensorflow.keras import layers
import tensorflow_addons as tfa
```

분석에 사용하고자 하는 MNIST 데이터셋을 다음과 같이 다운로드합니다.

```
(x_train, y_train), (x_test, y_test) = keras.datasets.mnist.load_data()
```

각 이미지는 28×28 형태로 되어 있는데, 이를 3D 형태, 즉 $28 \times 28 \times 1$의 형태로 변환해 줍니다. 이렇게 하는 이유는 ViT가 입력받는 데이터의 형태가 3D 형태이기 때문입니다.

```
x_train = x_train.reshape(x_train.shape[0], 28, 28, 1)
x_test = x_test.reshape(x_test.shape[0], 28, 28, 1)
```

그다음 일단 먼저 주요한 하이퍼파라미터의 값을 다음과 같이 설정합니다. 여기서는 이미지의 크기를 $32 \times 32 \times 1$의 형태로 변환한 다음, 패치로 분할하는 작업을 수행합니다. 그리고 패치의 크기는 4×4로 정합니다. 따라서 이미지 한 장당 패치의 수는 $64 (=8 \times 8)$가 됩니다.

```
num_classes = 10        # 종속변수가 취할 수 있는 값의 수는 10입니다.
input_shape = (28, 28, 1) # 입력되는 원 이미지의 형태
```

---

163 해당 코드는 https://keras.io/examples/vision/image_classification_with_vision_transformer/를 참고하여 작성되었습니다.

```
image_size = 32              # 최종 이미지의 크기
patch_size = 4               # 패치의 크기
num_patches = (image_size // patch_size) ** 2 # 이미지당 전체 패치의 수
projection_dim = 64          # 임베딩 벡터 또는 은닉 상태 벡터의 차원
num_heads = 4                # MSA에서 헤드의 수
transformer_units = [        # 이는 인코더 블록 내의 완전연결층을 위한 파라미터입니다.
    projection_dim * 2,      # 첫 번째 완전연결층에 존재하는 노드의 수
    projection_dim,          # 두 번째 완전연결층에 존재하는 노드의 수
]

# 트랜스포머 인코더 블록의 수, 여기서는 간단하게 두 개의 인코더 블록만을 사용합니다.
transformer_layers = 2

mlp_head_units = [512, 128]  # 인코더 블록 다음에 나오는 완전연결층의 노드수
```

여기서는 원본 데이터를 그대로 사용하지 않고 다음과 같이 전처리를 통해 각 셀이 갖는 값을 표준화하고, 이미지를 원하는 크기로 재조정하겠습니다.

```
preprocessing = keras.Sequential(
    [
        layers.Normalization(), # 입력 데이터를 표준화합니다.
        layers.Resizing(image_size, image_size), # 이미지의 크기를 32×32 형태로 조절합니다.
    ],
    name="preprocessing",
)
preprocessing.layers[0].adapt(x_train) # 학습 데이터를 이용해 평균과 표준편차를 구합니다.
```

그다음에는 트랜스포머의 인코더 블록 내에서 사용되는 Feed Forward 층(즉, MLP 층)을 위한 사용자 정의 함수를 다음과 같이 생성합니다.

```
def mlp(x, hidden_units, dropout_rate):
    for units in hidden_units:
        x = layers.Dense(units, activation=tf.nn.gelu)(x) # 활성화 함수는 GELU를 사용합니다.
        x = layers.Dropout(dropout_rate)(x) # 드롭아웃을 적용합니다.
    return x
```

이미지를 여러 개의 패치로 분할하기 위한 **Patches** 클래스를 다음과 같이 정의합니다. 해당 클래스의 **call()** 함수는 여러 개의 이미지[164]를 입력받아서 텐서플로에서 제공하는 **extract_patches()** 함수를 이용하여 각 이미지를 정해진 패치 크기로 분할합니다.

```python
class Patches(layers.Layer):
    def __init__(self, patch_size):
        super(Patches, self).__init__()
        self.patch_size = patch_size

    def call(self, images):
        batch_size = tf.shape(images)[0]  # 미니 배치의 크기
        patches = tf.image.extract_patches(
            images=images,
            sizes=[1, self.patch_size, self.patch_size, 1],
            strides=[1, self.patch_size, self.patch_size, 1], # 각 패치가 얼마나 떨어져 있는지를
```
결정하는 파라미터입니다. 이 값을 패치의 크기와 동일하게 설정하면, 누락되는 부분이나 중복되는 부분 없이 이미지가 여러 개의 패치로 분할됩니다.
```python
            rates=[1, 1, 1, 1], # 이는 모든 패치를 하나씩 뽑겠다는 것을 의미합니다. 모든 패치를 추출하지
```
않고, 일부의 패치만 추출할 수도 있습니다.
```python
            padding="VALID",
        )
        patch_dims = patches.shape[-1]
        patches = tf.reshape(patches, [batch_size, -1, patch_dims])
        return patches
```

Patches 클래스를 이용해 하나의 이미지를 패치 단위로 분할한 후 그 결과를 시각화해 보겠습니다.

```python
import matplotlib.pyplot as plt
plt.figure(figsize=(3, 3))

image = x_train[np.random.choice(range(x_train.shape[0]))] # 학습 데이터에서 하나의 이미지를 무작위로
```
선택합니다.
```python
plt.imshow(image.astype("uint8"), cmap='gray') # 해당 이미지를 화면에 출력합니다.
plt.axis("off")
```

---

164 해당 클래스는 미니 배치별로 적용되기 때문에 한 번에 미니 배치 크기에 해당하는 이미지를 입력받습니다.

```
resized_image = tf.image.resize(  # 이미지를 32x32 형태로 변환합니다.
    tf.convert_to_tensor([image]), size=(image_size, image_size)
)

patches = Patches(patch_size)(resized_image)
# 하나의 이미지에 대해서 patches의 형태는 (1, 64, 16)이 됩니다. 첫 번째 원소 1은
# 이미지가 한 개라는 것을 의미하고, 64는 하나의 이미지에 존재하는 패치의 수를, 그리고
# 16은 한 개의 패치에 대한 벡터의 크기를 나타냅니다.

print(f"Image size: {image_size} X {image_size}")
print(f"Patch size: {patch_size} X {patch_size}")
print(f"Patches per image: {patches.shape[1]}")
print(f"Elements per patch: {patches.shape[-1]}")
print("The shape of patches: ", patches.shape)

n = int(np.sqrt(patches.shape[1]))
plt.figure(figsize=(3, 3))
for i, patch in enumerate(patches[0]):
    ax = plt.subplot(n, n, i + 1)

    patch_img = tf.reshape(patch, (patch_size, patch_size, 1))  # 16차원 벡터로 표현되어 있는 하나의
패치를 4x4x1의 형태로 변환합니다.

    plt.imshow(patch_img.numpy().astype("uint8"), cmap='gray')  # 패치를 시각화합니다.
    plt.axis("off")
```

결과는 다음과 같습니다. **Patches** 클래스는 다음과 같이 하나의 이미지를 64개의 패치로 분할합니다(그림 21.4 참고).

```
Image size: 32 X 32
Patch size: 4 X 4
Patches per image: 64
Elements per patch: 16
The shape of patches:  (1, 64, 16)
```

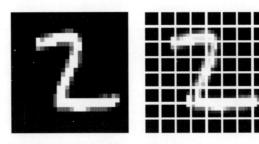

그림 21.4 Patches 클래스를 이용하여 하나의 이미지를 패치로 분할한 예

각 패치에 대한 임베딩 벡터와 위치 임베딩 벡터를 생성하기 위해 다음과 같은 PatchEncoder 클래스를 생성합니다. 다음 코드에서 call() 함수에서 사용된 self.projection(patch)은 16차원의 벡터를 64 차원의 임베딩 벡터로 변환하는 역할을 합니다(이를 linear projection이라고 표현합니다). 그리고 __init__() 함수의 내용에서 확인할 수 있듯이, 이를 위해 Dense 클래스를 사용했습니다. call() 함수의 self.position_embedding(positions)는 위치 임베딩 정보를 생성하기 위해 사용됐습니다. 여기서 는 원래의 트랜스포머에서 사용한 방식이 아니라 위치 임베딩 정보를 학습을 통해 계산하는 방식을 사용합니다. __init__() 함수의 내용에서 확인할 수 있듯이 이를 위해 Embedding 클래스를 사용했습니다. 64개의 각 패치에 대해 64차원의 임베딩 벡터를 생성하고 이를 위치 임베딩 벡터로 사용합니다.

```python
class PatchEncoder(layers.Layer):
    def __init__(self, num_patches, projection_dim):
        super(PatchEncoder, self).__init__()
        self.num_patches = num_patches
        self.projection = layers.Dense(units=projection_dim)
        self.position_embedding = layers.Embedding(
            input_dim=num_patches, output_dim=projection_dim
        )

    def call(self, patch):
        positions = tf.range(start=0, limit=self.num_patches, delta=1)
        encoded = self.projection(patch) + self.position_embedding(positions)
        return encoded
```

다음과 같이 create_vit_classifier() 사용자 정의 함수를 이용해 트랜스포머 모형을 생성합니다. 여기서는 원래의 ViT 논문과 다르게 [CLS] 토큰을 추가하지 않고, 마지막 인코더 블록이 출력하는 은닉 상태 벡터를 모두 사용했습니다. 이렇게 해도 결과에는 큰 차이가 없습니다.

```
def create_vit_classifier():

    inputs = layers.Input(shape=input_shape)  # input_shape은 입력되는 하나의 이미지의 형태를
의미합니다.

    preprocessed = preprocessing(inputs) # 앞에서 생성한 preprocessing을 사용해 전처리를 수행합니다.
즉, 표준화와 크기 조정을 수행합니다.


    # Patches 클래스를 이용해 이미지를 패치 단위로 분할합니다.
    patches = Patches(patch_size)(preprocessed)

    # 각 패치에 대해 임베딩 정보를 생성합니다.
    encoded_patches = PatchEncoder(num_patches, projection_dim)(patches)

    # for 문을 이용해 여러 개의 인코더 블록을 생성합니다. 하나의 인코더 블록은
    # 그림 21.2의 오른쪽과 같은 형태입니다.
    for _ in range(transformer_layers):
        x1 = layers.LayerNormalization(epsilon=1e-6)(encoded_patches) # 계층 정규화
        attention_output = layers.MultiHeadAttention( # 멀티헤드 어텐션층 추가
            num_heads=num_heads, key_dim=projection_dim, dropout=0.1
        )(x1, x1)
        x2 = layers.Add()([attention_output, encoded_patches]) # 더하기 연산 수행
        x3 = layers.LayerNormalization(epsilon=1e-6)(x2) # 계층 정규화
        x3 = mlp(x3, hidden_units=transformer_units, dropout_rate=0.1) # FFN 적용
        encoded_patches = layers.Add()([x3, x2])  # 더하기 연산 수행


    # 여기서는 트랜스포머의 인코더 블록들을 쌓은 다음, 최종 출력층 전에 계층 정규화
    # 평탄화, 드롭아웃 등을 적용하고 완전연결층 두 개를 추가한 모형을 사용합니다.
    representation = layers.LayerNormalization(epsilon=1e-6)(encoded_patches)  # 계층 정규화
    representation = layers.Flatten()(representation)  # 평탄화
    representation = laycrs.Dropout(0.5)(representation)  # 드롭아웃 적용

    # 두 개의 완전연결층 추가
    features = mlp(representation, hidden_units=mlp_head_units, dropout_rate=0.5)


    outputs = layers.Dense(num_classes, activation='softmax')(features)  # 출력층, 활성화 함수를
소프트맥스로 사용
```

```
    model = keras.Model(inputs=inputs, outputs=outputs)  # 모형 생성
    return model
```

다음과 같이 해당 **create_vit_classifier()** 함수를 호출해서 모형을 생성합니다.

```
model = create_vit_classifier()
```

종속변수의 값을 원-핫 벡터 형태로 변환합니다.

```
from tensorflow.keras.utils import to_categorical

y_train_one_hot = to_categorical(y_train)
y_test_one_hot = to_categorical(y_test)
```

그리고 **compile()** 함수를 이용해 옵티마이저, 비용함수, 모형 성능 평가 지표를 설정합니다.

```
model.compile(
    optimizer=tf.optimizers.Adam(0.0001), loss='categorical_crossentropy',
    metrics=['accuracy'],
)
```

조기 종료를 위해 **EarlyStopping** 클래스와 **ModelCheckpoint** 클래스를 적용하고, **fit()** 함수를 이용해 학습합니다. 여기서는 에포크의 값을 10으로 설정했습니다.

```
from tensorflow.keras.callbacks import EarlyStopping
from tensorflow.keras.callbacks import ModelCheckpoint

es = EarlyStopping(monitor='val_loss', mode='min', verbose=1, patience=3)
checkpoint_filepath = "./checkpoints/checkpoint_tr1"
mc = ModelCheckpoint(
    checkpoint_filepath, monitor='val_loss', mode='min',
    save_best_only=True, save_weights_only=True
)
history = model.fit(
    x_train, y_train_one_hot, batch_size=128, epochs=10, validation_split=0.1,
    callbacks=[es, mc]
)
```

학습을 마친 후, 평가 데이터에 대해 모형의 성능을 평가해 보겠습니다.

```
model.load_weights(checkpoint_filepath)
model.evaluate(x_test, y_test)
```

```
[0.07130373269319534, 0.9787999987602234]
```

정확도가 0.979 정도 나오는 것을 확인할 수 있습니다.

21.3 ViT를 이용한 텍스트 분류

이번에는 ViT를 이용해 문서 분류 작업을 수행해 보겠습니다. ViT를 문서에 적용하기 위해서는 각 문서를 하나의 이미지의 형태로 표현하는 것이 필요합니다. 이를 위해 하나의 문서를 토큰 단위로 분할하고 각 토큰을 특정 차원의 벡터로 표현합니다. 예를 들어 문서의 길이를 N으로 하는 경우, 즉 문서를 구성하는 토큰의 수= N으로 설정하고 각 토큰 벡터의 크기를 D라고 하면, 하나의 문서는 그림 21.5와 같이 N×D 형태로 표현됩니다(깊이가 1인 흑백 이미지라고 생각할 수 있습니다).

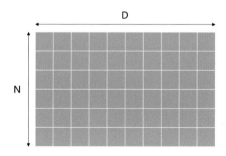

그림 21.5 문서를 이미지로 표현하기

여기서는 그림 21.5와 같이 이미지로 표현된 문서에서 패치를 어떻게 추출하는지에 따라서 서로 다른 세 가지 방법을 구현해 보고, 각 방법의 성능을 비교해 보겠습니다.

21.3.1 방법 1: N×D 문서에서 직접 패치를 추출

첫 번째 방법은 그림 21.5와 같이 N×D(×1)의 형태로 이미지로 표현된 문서에서 정사각형의 P×P(× 1)패치를 직접 추출하여 ViT를 적용하는 것입니다. 이를 그림으로 표현하면 그림 21.6과 같이 표현할 수 있습니다. 따라서 하나의 문서에서 추출되는 패치의 수는 $(N/P) \times (D/P)$가 됩니다. 예를 들어, N=24, D=64, P=4인 경우(즉, 하나의 문서를 24개의 토큰으로 표현하고, 각 토큰 벡터의 크기를 64차원으로, 그리고 패치의 가로 또는 세로 길이를 4로 하는 경우)에는 하나의 문서당 96개의 패치가 추출됩니다. ViT에서 마찬가지로 이렇게 추출된 각 패치에 대해 임베딩 벡터를 생성하여 트랜스포머 인코더 블록의 입력값으로 입력합니다.

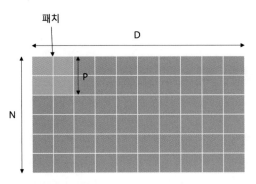

그림 21.6 N×D 문서를 여러 개의 P×P 패치로 분할하는 경우

직접 파이썬 코딩을 해보겠습니다. 관련 코드는 `ViT_text_classification_example_base.ipynb` 파일 참고하세요.

기본적으로 필요한 모듈을 다음과 같이 임포트합니다.

```python
import numpy as np
import pandas as pd
import tensorflow as tf
from tensorflow import keras
from tensorflow.keras import layers
import tensorflow_addons as tfa
```

분석에 사용할 영화평 데이터를 읽어 옵니다. 여기서는 `Korean_movie_reviews_2016.txt` 파일에 저장된 한글 영화평 데이터를 사용합니다.

```python
with open('Korean_movie_reviews_2016.txt', encoding='utf-8') as f:
    docs = [doc.strip().split('\t') for doc in f]
    docs = [(doc[0], int(doc[1])) for doc in docs if len(doc) == 2]
    texts, labels = zip(*docs)
```

이제 각 영화평을 구성하는 단어의 인덱스를 이용해서 표현하는 것이 필요합니다. 이를 위해 15장과 16장에서 했던 것과 마찬가지로 전체 단어 중 상위 몇 개의 단어를 선택한 후, 각 단어의 인덱스를 생성하고, 그렇게 생성된 인덱스를 이용해 각 문서를 표현합니다. 여기서는 상위 20,000개의 단어를 사용하겠습니다.

```
words_list = [doc.strip().split() for doc in texts]
total_words = []
for words in words_list:
    total_words.extend(words)

from collections import Counter
c = Counter(total_words)
max_features = 20000

# 빈도를 기준으로 상위 20000개의 단어만 선택
common_words = [ word for word, count in c.most_common(max_features)]

# 각 단어에 대해 index 생성하기
words_dic ={}
for index, word in enumerate(common_words):
    words_dic[word]=index+1  # 0은 제로 패딩을 위해 인덱스 번호로 사용하지 않습니다.

# 각 문서를 상위 20000개 단어에 대해 index 번호로 표현하기
filtered_indexed_words = []
for review in words_list:
    indexed_words=[]
    for word in review:
        try:
            indexed_words.append(words_dic[word])
        except:
            pass
    filtered_indexed_words.append(indexed_words)
```

그런 다음 패딩 방법을 사용해 문서의 길이를 동일하게 맞춰줍니다. 여기서는 문서의 길이를 24로 맞추겠습니다. 이를 위해 sequence 모듈의 **pad_sequences()** 함수를 사용합니다.

```
from tensorflow.keras.preprocessing import sequence

max_len = 24
X = sequence.pad_sequences(filtered_indexed_words, maxlen=max_len)
```

그다음, 학습 데이터와 평가 데이터로 분할합니다.

```
from sklearn.model_selection import train_test_split

X_train, X_test, y_train, y_test = train_test_split(
    X, labels, test_size=0.1, random_state=0
)
```

주요한 하이퍼파라미터의 값들을 다음과 같이 설정합니다. 각 하이퍼파라미터의 역할은 21.2절에서 살펴본 것과 동일합니다.

```
num_classes = 2 # 종속변수 값의 수 = 2
token_emb = 32  # 각 토큰을 32차원의 벡터로 표현
patch_size = 4  # 패치의 크기
num_patches = (max_len//patch_size)*(token_emb//patch_size)
projection_dim = 64
num_heads = 4
transformer_units = [
    projection_dim * 2,
    projection_dim,
]
transformer_layers = 2 # 트랜스포머 층의 수
mlp_head_units = [512, 64]  # 분류 모형의 완전연결층의 크기
```

인코더 블록 내의 완전연결층(즉, MLP 층) 생성을 위한 사용자 함수를 다음과 같이 정의합니다.

```
def mlp(x, hidden_units, dropout_rate):
    for units in hidden_units:
        x = layers.Dense(units, activation=tf.nn.gelu)(x)
        x = layers.Dropout(dropout_rate)(x)
    return x
```

문서에 해당하는 이미지를 여러 개의 패치로 분할하기 위한 **Patches** 클래스를 다음과 같이 정의합니다. 21.2절에서 사용한 것과 동일한 클래스입니다.

```
class Patches(layers.Layer):
    def __init__(self, patch_size):
        super(Patches, self).__init__()
```

```
            self.patch_size = patch_size

    def call(self, images):
        batch_size = tf.shape(images)[0]
        patches = tf.image.extract_patches(
            images=images,
            sizes=[1, self.patch_size, self.patch_size, 1],
            strides=[1, self.patch_size, self.patch_size, 1],
            rates=[1, 1, 1, 1],
            padding="VALID",
        )
        patch_dims = patches.shape[-1]
        patches = tf.reshape(patches, [batch_size, -1, patch_dims])
        return patches
```

그리고 각 패치의 임베딩 벡터 생성을 위한 **PatchEncoder** 클래스 또한 앞에서와 동일하게 생성합니다.

```
class PatchEncoder(layers.Layer):
    def __init__(self, num_patches, projection_dim):
        super(PatchEncoder, self).__init__()
        self.num_patches = num_patches
        self.projection = layers.Dense(units=projection_dim)
        self.position_embedding = layers.Embedding(
            input_dim=num_patches, output_dim=projection_dim
        )
    def call(self, patch):
        positions = tf.range(start=0, limit=self.num_patches, delta=1)
        encoded = self.projection(patch) + self.position_embedding(positions)
        return encoded
```

ViT 모형 구축을 위한 **create_vit_classifier()** 사용자 정의 함수를 다음과 같이 작성합니다. 이는 21.2절에서 사용한 **create_vit_classifier()** 함수와 거의 동일합니다.

```
def create_vit_classifier():
    inputs = layers.Input(shape=(max_len,))


    data = layers.Embedding(max_features+1, token_emb)(inputs) # 각 문서를 구성하는 토큰을 token_emb
차원(즉, 32차원)의 벡터로 표현합니다. 이렇게 하면, 각 문서가 24×32 형태로 표현됩니다.
```

```
    data = tf.expand_dims(data, -1) # 24×32 형태를 24×32×1의 형태로 변환합니다.

    patches = Patches(patch_size)(data) # 각 문서를 패치로 분할하기

    # 각 패치의 임베딩 벡터 생성
    encoded_patches = PatchEncoder(num_patches, projection_dim)(patches)

    for _ in range(transformer_layers): # 여러 개의 인코더 블록 생성
        x1 = layers.LayerNormalization(epsilon=1e-6)(encoded_patches)
        attention_output = layers.MultiHeadAttention(
            num_heads=num_heads, key_dim=projection_dim, dropout=0.1
        )(x1, x1)
        x2 = layers.Add()([attention_output, encoded_patches])
        x3 = layers.LayerNormalization(epsilon=1e-6)(x2)
        x3 = mlp(x3, hidden_units=transformer_units, dropout_rate=0.1)
        encoded_patches = layers.Add()([x3, x2])

    representation = layers.LayerNormalization(epsilon=1e-6)(encoded_patches)
    representation = layers.Flatten()(representation)
    representation = layers.Dropout(0.5)(representation)

    features = mlp(representation, hidden_units=mlp_head_units, dropout_rate=0.5)
    output = layers.Dense(num_classes, activation='softmax')(features) # 출력층
    model = keras.Model(inputs=inputs, outputs=output) # 모델 생성
    return mode
```

다음과 같이 해당 사용자 정의 함수를 호출하여 모형을 구축합니다.

```
vit_classifier = create_vit_classifier()
```

종속변수의 값을 원-핫 벡터로 표현합니다.

```
from tensorflow.keras.utils import to_categorical
y_train_one_hot = to_categorical(y_train)
y_test_one_hot = to_categorical(y_test)
```

compile() 함수를 사용해 옵티마이저, 비용함수, 모형 성능 평가 지표를 지정합니다. 여기서는 옵티마이저로 AdamW를 사용하겠습니다.[165]

```
optimizer = tfa.optimizers.AdamW(
    learning_rate=0.0001, weight_decay=0.0001
)
vit_classifier.compile(
    optimizer=optimizer, loss='binary_crossentropy', metrics=['accuracy']
)
```

그다음 fit() 함수를 이용해 학습합니다. 여기서도 조기 종료를 위해 EarlyStopping 클래스와 학습 과정에서의 최적의 모형을 저장하기 위한 ModelCheckpoint 클래스를 사용하겠습니다.

```
from tensorflow.keras.callbacks import EarlyStopping
from tensorflow.keras.callbacks import ModelCheckpoint
es = EarlyStopping(monitor='val_loss', mode='min', verbose=1, patience=3)
checkpoint_filepath = "./checkpoints/checkpoint_vit1"
mc = ModelCheckpoint(checkpoint_filepath, monitor='val_loss', mode='min',
                     save_best_only=True,
                     save_weights_only=True,)
history = vit_classifier.fit(
    x=X_train, y=y_train_one_hot, batch_size=256, epochs=5,
    validation_split=0.1, callbacks=[mc, es]
)
```

학습이 종료된 후, checkpoint_filepath에 저장된 결과를 이용하여 평가 데이터에 대한 모형의 성능을 평가합니다. 0.89 정도의 정확도가 나옵니다.

```
# ModelCheckpoint 클래스에 의해 저장된 학습 결과물 불러오기
vit_classifier.load_weights(checkpoint_filepath)

vit_classifier.evaluate(X_test, y_test_one_hot) # 평가 데이터에 대한 모형 성능 평가
```
```
[0.2704474925994873, 0.8898966312408447]
```

정밀도, 재현율, F1 값은 다음과 같습니다.

---

165 AdamW는 Adam에 가중치 감쇠(weight decay) 기능이 포함된 것이라고 생각할 수 있습니다.

```
y_preds = np.argmax(y_prediction_probs, axis=1)

from sklearn.metrics import classification_report

print(classification_report(y_preds, y_test))
```

	precision	recall	f1-score	support
0	0.90	0.87	0.88	8065
1	0.88	0.91	0.89	8474
accuracy			0.89	16539
macro avg	0.89	0.89	0.89	16539
weighted avg	0.89	0.89	0.89	16539

F1 값이 0.89 정도 나오는 것을 확인할 수 있습니다.

21.3.2 방법 2: 문서를 패치로 분할하기 전에 Conv1D 필터 적용하기

첫 번째 방법의 경우 N×D의 문서를 직접 P×P의 패치로 분할합니다. 그런데 여기서 P<D가 됩니다. 이렇게 되면, 하나의 토큰을 나타내는 D 차원의 벡터가 여러 개로 분할돼 트랜스포머 인코더 블록에 입력되어 하나의 토큰이 갖는 정보가 인코더 블록으로 제대로 전달되지 않을 가능성이 있습니다. 가령 N=4, D=10인 예제 문서가 있다고 가정합시다(Text = "I read a book"). 해당 4×10 문서에서 2×2 패치를 추출하는 경우는 그림 21.7과 같습니다.

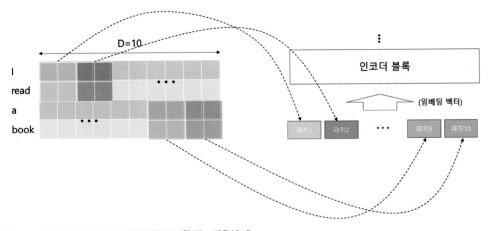

그림 21.7 4×10 문서를 직접 2×2 패치 단위로 분할하는 경우의 예

하나의 토큰을 나타내는 벡터가 여러 개의 패치로 분할되는 경우, 토큰의 정보가 잘 전달되지 않을 수 있다는 점을 고려하여 두 번째 방법에서는 첫 번째 방법과 달리 문서를 N×D 형태로 표현한 다음 패치를 바로 추출하는 것이 아니라, N×D 형태의 문서에 먼저 K×D Conv1D 필터를 여러 개(C개) 적용합니다. 그런 다음 결과물로 도출되는 N×C 형태의 결과물을 여러 개의 P×P 패치로 분할하여 ViT를 적용합니다. 이를 그림으로 표현하면 그림 21.8과 같습니다. 이렇게 하면, 각 토큰을 나타내는 벡터가 분할되지 않을 뿐만 아니라, Conv1D 필터를 적용하기 때문에 이웃한 단어들의 정보를 추출하는 효과를 얻을 수 있습니다. 예를 들어 3×D Conv1D 필터를 적용하는 경우, 연속된 세 개의 단어들의 정보를 추출할 수 있게 되는 것입니다. 그러한 결과물에서 패치를 추출하기 때문에 문서가 갖고 있는 로컬한 정보와 글로벌한 정보를 모두 추출할 수 있게 됩니다.

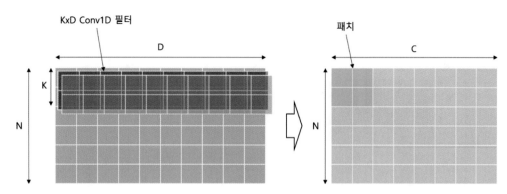

그림 21.8 방법 2에서의 패치 추출 과정

방법 2의 과정을 정리하면 다음과 같습니다.

1. 문서를 N×D의 형태로 표현합니다.

2. 여기에 K×D 형태의 Conv1D 필터를 C 개 적용합니다. 이때 strides=1, padding='same'으로 설정합니다. 그러한 경우, 도출되는 결과물의 형태는 N×C입니다.

3. N×C의 결과물을 하나의 이미지로 간주하고, 해당 결과물에서 P×P 패치를 추출합니다. 따라서 추출되는 패치의 수는 (N/P)*(C/P)가 됩니다. 예를 들어 N=24, C=32, P=4인 경우, 패치의 수=48이 됩니다.

4. 추출된 패치에 ViT를 적용하여 문서 분류를 수행합니다.

관련된 코드는 `ViT_text_classification_example_conv1d_1.ipynb` 파일을 참고하세요. 코드 대부분의 내용은 앞에서 살펴본 `ViT_text_classification_example_base.ipynb` 파일의 것과 동일합니다. 다만, `create_vit_classifier()` 사용자 정의 함수에서 Embedding 클래스를 적용한 이후에 바로

패치로 분할하는 것이 아니라 Conv1D 필터를 적용하기 위해 케라스에서 제공하는 **Conv1D** 클래스를 추가했다는 것이 주요한 차이입니다. 공간 절약을 위해 여기서는 결과만 간단하게 리포트하겠습니다. 정확도는 0.899 정도로 방법 1에 비해 약간 더 좋게 나옵니다.

21.3.3 방법 3: N×C 결과물에서 C×C 패치 추출하기

세 번째 방법은 두 번째 방법과 거의 유사합니다. 하지만 N×D 문서에 K×D Conv1D 필터를 C 개 적용한 결과물에서 패치를 추출하는 과정이 다릅니다. 두 번째 방법에서는 필터를 적용해 추출된 N×C 결과물에서 여러 개의 P×P 패치를 추출합니다. 하지만 이때 P<C입니다. 하지만 세 번째 방법에서는 P=C로 설정합니다. 이를 그림으로 도식화하면 그림 21.9와 같습니다.

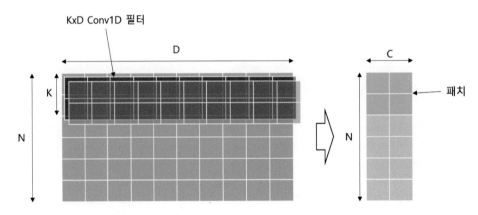

그림 21.9 방법 3에서의 패치 추출 과정

관련 코드는 ViT_text_classification_example_conv1d_2.ipynb 파일을 참고하세요. 해당 코드도 앞에서 살펴봤던 코드와 거의 유사하기 때문에 여기서도 결과만 확인해 보겠습니다. 방법 3의 정확도는 0.894 정도 나옵니다.

22

오토인코더를 이용한
텍스트 분석

이 장에서는 오토인코더(Autoencoder)의 작동 원리에 대해 설명합니다. 오토인코더를 이용해 문서의 저차원 임베딩 벡터를 생성하는 방법을 알아보고 그렇게 추출된 저차원 벡터를 특성 정보로 사용해 문서 분류 작업을 수행해 보겠습니다.

22.1 오토인코더 소개

오토인코더는 인코더 부분과 디코더 부분으로 구성된 비지도학습 알고리즘의 한 종류입니다. 오토인코더를 구성하는 인코더와 디코더의 구조는 그림 22.1과 같습니다.

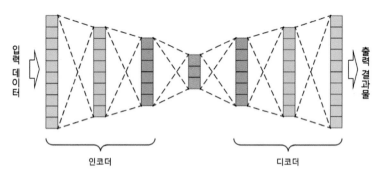

그림 22.1 오토인코더 구조

인코더는 입력 데이터를 입력받아서 저차원의 벡터로 변환하는 역할을 하고, 디코더는 인코더에서 넘어오는 저차원의 벡터를 받아서 원래 입력 데이터의 형태로 복원하는 역할을 합니다. 인코더에 입력되는 입력값을 x라고 하고 인코더를 함수 E()로 표현하면 인코더가 하는 역할은 다음과 같이 나타낼 수 있습니다. 여기서 z는 인코더를 통해 출력되는 저차원의 벡터가 되는 것입니다.

$$E(x) = z$$

디코더를 나타내는 함수를 D()라고 표현하면 디코더가 하는 역할은 다음과 같이 나타낼 수 있습니다. 인코더가 출력하는 저차원의 벡터인 z를 입력받아 y를 출력합니다. 디코더가 출력하는 y는 입력 데이터, 즉 x에 대한 예측치가 됩니다(이는 $\hat{x}$로 표현할 수 있습니다).

$$D(z) = y = \hat{x}$$

오토인코더는 x와 y(즉, $\hat{x}$)의 차가 되도록 작아지게 학습됩니다. 지도학습과 마찬가지로 정답(즉, x)과 모형을 통한 예측치(즉, y)와의 차이는 비용함수로 표현됩니다. 일반적으로 MSE 혹은 교차 엔트로피 비용함수가 사용됩니다. 비용함수는 다음과 같이 표현할 수 있습니다.

$$L(x, y) = L(x, \hat{x})$$

오토인코더는 일반적으로 비지도학습 알고리즘으로 구분되기는 하지만, 정답을 예측하는 방식으로 작동하면서도 사람이 직접 정답 정보를 제공해야 하는 것이 아니라 오토인코더에 입력되는 데이터를 정답 정보로 사용하기 때문에 자기지도학습(self-supervised learning)이라고도 표현합니다.

인코더는 차원 축소의 역할을 하고, 디코더는 저차원의 벡터를 이용해 원래 입력된 관측치를 생성하는 생성기(generator) 역할을 한다고도 생각할 수 있습니다. 오토인코더는 차원 축소나 노이즈 제거(denoising), 이상 탐지(anomaly detection) 등의 목적으로 사용됩니다. 오토인코더의 인코더가 출력하는 저차원 벡터는 입력 데이터의 주요한 특성 정보를 포함합니다(이러한 이유로 인코더를 특성 추출기(feature extractor)라고 부르기도 합니다). 따라서 이러한 저차원 벡터를 이용해 관측치 간의 유사도를 계산할 수도 있고, 이를 바탕으로 군집화 분석 등을 수행할 수도 있습니다. 그뿐만 아니라, 이러한 벡터는 관측치의 특성을 나타내는 특성 정보(즉 feature)로 사용될 수 있습니다. 따라서 분류 문제를 푸는 목적으로도 사용할 수 있습니다.

22.2 오토인코더를 MNIST 데이터에 적용해 보기

먼저 오토인코더의 전반적인 작동 원리를 이해하기 위해 MNIST 데이터에 오토인코더를 적용해 보겠습니다. 관련 코드는 Autoencoder_example_MNIST.ipynb 파일을 참고하세요. 여기서는 그림 22.2와 같이 일반적인 은닉층 두 개로 구성된 인코더와 디코더로 이루어진 오토인코더를 사용해 보겠습니다. 인코더는 입력된 관측치(하나의 이미지)를 64차원의 벡터로 차원 축소하는 역할을 하고, 디코더는 이러한 64차원의 벡터를 입력받아 다시 원래 이미지의 형태로 복원하는 역할을 수행합니다. 그리고 기본적인 은닉층을 사용하기 때문에 입력이 되는 28×28 형태의 흑백 이미지를 784차원 형태로 변환하는 것이 필요합니다.

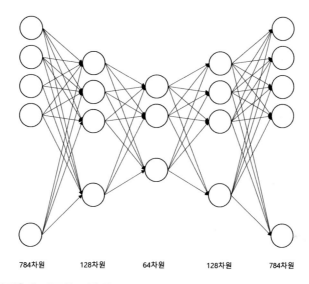

그림 22.2 MNIST 데이터에 적용되는 오토인코더의 구조

코드를 살펴보겠습니다. 일단 다음과 같이 필요한 모듈과 클래스를 임포트합니다.

```
from tensorflow.keras.models import Model
from tensorflow.keras.layers import Dense, Input
from tensorflow.keras.datasets import mnist
import matplotlib.pyplot as plt
import pandas as pd
import numpy as np
```

그다음, MNIST 데이터셋을 다운로드합니다.

```
(x_train, y_train), (x_test, y_test) = mnist.load_data()
```

각 셀의 값을 0과 1 사이의 값으로 표현하기 위해 다음과 같이 255로 나누어 줍니다.

```
x_train1 = x_train / 255
x_test1 = x_test / 255
```

각 이미지를 은닉층에 입력하기 위해 28×28 형태의 이미지를 784 형태로 변환합니다.

```
x_train = x_train1.reshape((x_train.shape[0], 28*28))
x_test = x_test1.reshape((x_test.shape[0], 28*28))
```

다음과 같이 함수적인(functional) 방법을 사용해 오토인코더를 구축합니다.

```
input_size = 784
hidden_size = 128
code_size = 64 # 인코더가 출력하는 저차원 벡터의 차원

# Encoder 부분 생성
input_img = Input(shape=(input_size,))
hidden_1 = Dense(hidden_size, activation='relu')(input_img)
code = Dense(code_size, activation='relu')(hidden_1)

# 디코더 부분 생성
hidden_2 = Dense(hidden_size, activation='relu')(code)
output_img = Dense(input_size, activation='sigmoid')(hidden_2) # 노드 수 = input_size = 784

# 최종 모형 생성
autoencoder = Model(input_img, output_img)
```

디코더 부분에서 사용된 마지막 은닉층의 경우는 은닉 노드의 수가 784(=input_size) 개인 것을 확인할
수 있습니다. 이는 입력된 데이터가 784차원의 벡터이기 때문에 그 형태를 동일하게 맞춰주기 위한 것입
니다. 그리고 각 셀의 값을 0과 1 사이의 값으로 예측하기 위해 활성화 함수는 시그모이드 함수를 사용했
습니다.

compile() 함수를 사용해 옵티마이저와 비용함수를 정합니다. 여기서는 Adam을 사용하겠습니다. 그리
고 비용함수는 이진 교차 엔트로피를 사용합니다.

```
from tensorflow.keras.optimizers import Adam
autoencoder.compile(optimizer=Adam(0.001), loss="binary_crossentropy")
```

그다음 fit() 함수를 이용해 학습합니다. 정답 데이터가 입력 데이터인 것을 확인할 수 있습니다.

```
autoencoder.fit(x_train, x_train, epochs=10, batch_size=128)
```

평가 데이터에 대해 학습된 오토인코더를 적용해 보고 원본 이미지가 어떻게 복원되었는지를 시각화해 보겠습니다. 다음과 같이 predict() 함수를 사용해 디코더에서 출력하는 값을 추출합니다.

```
decoded_imgs = autoencoder.predict(x_test)
```

디코더는 784차원의 벡터를 출력하기 때문에 decoded_imgs의 차원은 784차원입니다. 이를 다시 28×28 형태로 변환해야 오토인코더가 복원한 이미지를 시각화할 수 있습니다.

```
decoded_imgs = decoded_imgs.reshape((x_test.shape[0],28,28))
```

평가 데이터에 있는 이미지 중에서 앞의 10개의 이미지에 대해 원본 이미지와 오토인코더를 이용해서 복원된 이미지를 시각화해 보겠습니다. 다음 코드를 사용합니다.

```
n = 10
plt.figure(figsize=(20, 4))
for i in range(n):
    # 원래 이미지 출력
    ax = plt.subplot(2, n, i + 1)
    plt.imshow(x_test1[i])
    plt.title("original")
    plt.gray()
    ax.get_xaxis().set_visible(False)
    ax.get_yaxis().set_visible(False)

    # 복원된 이미지 출력
    ax = plt.subplot(2, n, i + 1 + n)
    plt.imshow(decoded_imgs[i])
    plt.title("reconstructed")
    plt.gray()
    ax.get_xaxis().set_visible(False)
    ax.get_yaxis().set_visible(False)
plt.show()
```

결과는 그림 22.3과 같습니다. 어느 정도 복원이 잘된 것을 확인할 수 있습니다.

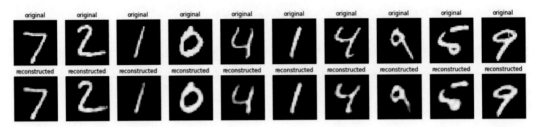

그림 22.3 오토인코더를 이용한 이미지 복원의 예

이번에는 인코더에서 출력하는 64차원의 저차원 벡터를 이용해 이미지 분류 작업을 수행해 보겠습니다. 전체 오토인코더에서 인코더 부분이 출력하는 값을 추출하기 위해 다음과 같이 모형을 생성합니다. 이는 입력층은 `input_img`이고 출력층은 `code`, 즉 `Dense(code_size, activation='relu')(hidden_1)` 인 모형이라는 것을 의미합니다.

```
encoder = Model(inputs=input_img, outputs=code)
```

학습 데이터와 평가 데이터에 대해 이렇게 생성된 encoder 모형을 적용해 각 이미지에 대해 64차원의 벡터를 추출합니다. 이를 위해 다음과 같이 `predict()` 함수를 적용합니다.

```
X_train_encode = encoder.predict(x_train) # 학습 데이터에 존재하는 각 이미지에 대한 64차원 벡터 생성
X_test_encode = encoder.predict(x_test) # 평가 데이터에 존재하는 각 이미지에 대한 64차원 벡터 생성
```

`predict()` 함수가 출력하는 결과물을 보면 각 이미지에 대해 64차원 벡터가 반환된 것을 확인할 수 있습니다.

```
X_train_encode.shape
```

```
(60000, 64)
```

여기서는 은닉 노드의 수가 128개인 은닉층이 하나 있는 기본 신경망을 사용해 이미지 분류를 하겠습니다.[166] 그리고 이번에는 순차적인(sequential) 방법으로 층을 쌓겠습니다.

---

[166] 로지스틱 회귀 모형과 같은 기계학습 분류 모형을 사용할 수도 있습니다.

```
from tensorflow.keras import models
from tensorflow.keras import layers

model = models.Sequential()
model.add(layers.Dense(128, activation='relu', input_shape=(X_train_encode.shape[1],)))
model.add(layers.Dense(10, activation='softmax'))
```

종속변수가 취할 수 있는 값의 수가 10이기 때문에 출력 노드의 수를 10개로 설정하고, 활성화 함수를 소프트맥스로 정합니다. 그리고 종속변수의 값을 원-핫 벡터로 표현합니다.

```
from tensorflow.keras.utils import to_categorical

y_train_one_hot = to_categorical(y_train)
y_test_one_hot = to_categorical(y_test)
```

compile() 함수를 사용해 옵티마이저, 비용함수, 모형 성능 평가 지표를 정합니다.

```
from tensorflow.keras import optimizers

model.compile(
    optimizer=optimizers.Adam(0.001), loss='categorical_crossentropy',
    metrics=['accuracy']
)
```

그다음 fit() 함수를 이용해 학습을 진행합니다.

```
history = model.fit(
    X_train_encode, y_train_one_hot, epochs=20, batch_size=128, validation_split=0.2
)
```

그다음 evaluate() 함수를 이용해 평가 데이터에 대해 모형의 성능을 평가합니다.

```
model.evaluate(X_test_encode, y_test_one_hot)
```
```
[0.11141929775476456, 0.9657999873161316]
```

정확도가 0.966 정도 나오는 것을 확인할 수 있습니다.

22.3 오토인코더를 이용해 문서를 저차원 벡터로 표현하기

이번에는 텍스트 데이터에 오토인코더를 적용해서 각 문서를 저차원 벡터로 표현하고, 그러한 저차원 벡터를 특성 정보로 이용해 문서 분류를 수행해 보겠습니다. 여기서는 LSTM과 CNN 기반의 오토인코더를 사용합니다.

22.3.1 LSTM 기반 오토인코더 사용해 보기

먼저 LSTM을 이용해 오토인코더를 구축하고 인코더 부분에서 출력하는 각 문서에 대한 저차원의 벡터를 이용해 문서 분류 작업을 수행해 보겠습니다. 관련 코드는 **LSTM_AE_example.ipynb** 파일을 참고하세요.

여기서도 **Korean_movie_reviews_2016.txt** 파일에 저장된 영화평 데이터를 사용합니다. 각 영화평 문서에 오토인코더를 적용하기 위해서는 각 문서를 토큰 단위로 구분하고, 각 토큰을 저차원 벡터로 표현하는 것이 필요합니다. 16.2절에서 LSTM을 이용해 문서 분류를 수행했을 때는 케라스에서 제공하는 **Embedding** 클래스를 사용해 학습을 통해 각 토큰의 임베딩 벡터를 계산했습니다. 하지만 오토인코더의 경우는 **Embedding** 클래스를 이용해 학습을 통해 토큰의 임베딩 벡터를 계산하고 그를 통해 문서를 표현하는 것이 어렵기 때문에 먼저 별도의 작업을 통해 각 토큰의 임베딩 벡터를 계산하고 그렇게 계산된 벡터를 이용해 각 문서를 표현합니다. 여기서는 각 토큰의 임베딩 벡터를 계산하기 위해 Word2vec 알고리즘을 사용하겠습니다.

일단 다음과 같이 영화평 데이터를 주피터 노트북으로 읽어옵니다.

```
with open('Korean_movie_reviews_2016.txt', encoding='utf-8') as f:
    docs = [doc.strip().split('\t') for doc in f]
    docs = [(doc[0], int(doc[1])) for doc in docs if len(doc) == 2]
    texts, labels = zip(*docs)
```

그다음, 영화평 데이터를 구성하는 단어의 저차원 벡터를 Word2vec을 이용해 계산하겠습니다. 이를 위해서 각 문서를 단어들의 리스트 형태로 저장합니다.

```
docs_words = [ doc.strip().split() for doc in texts]
```

다음과 같이 각 문서가 단어들의 리스트 형태로 저장된 것을 확인할 수 있습니다.

```
print(docs_words[:3])
```

```
[['부산', '행', '때문', '너무', '기대하고', '봤'], ['한국', '좀비', '영화', '어색하지', '않게',
'만들어졌', '놀랍'], ['조금', '전', '보고', '왔', '지루하다', '언제', '끝나', '이', '생각', '드']]
```

Word2vec을 수행하기 위해 gensim 모듈에서 제공하는 Word2Vec 클래스를 사용합니다.

```
from gensim.models import Word2Vec
```

Word2Vec 클래스 생성자 함수의 첫 번째 인자로 준비된 텍스트 데이터를 입력함으로써 Word2vec 작업을 수행할 수 있습니다. 여기서는 window 크기를 3으로 설정합니다. 즉, 타깃 단어를 중심으로 양쪽 세 개의 문맥 단어를 고려하겠다는 것입니다. 그리고 min_count 파라미터의 값을 3으로 설정해서 두 번 이하로 사용된 단어는 고려하지 않습니다. 마지막으로 vector_size 파라미터의 크기를 100으로 설정해서 각 단어의 임베딩 벡터의 크기를 100으로 설정합니다. 다음 코드를 실행하면 단어의 임베딩 벡터가 w2v_model 객체에 저장됩니다.

```
w2v_model = Word2Vec(docs_words, window=3, min_count=3, vector_size=100)
```

다음과 같이 특정한 단어의 임베딩 벡터를 추출할 수 있습니다.

```
w2v_model.wv['이정재']
```

이제 단어의 이러한 임베딩 벡터를 사용해 각 문서를 2D 어레이 형태(즉, 행렬)로 표현해 보겠습니다. 이를 위해 일단 전체 단어 중 빈도를 기준으로 상위 K 개의 단어를 선택하고, K 개의 단어를 이용해 각 문서를 표현합니다. 그리고 패딩 방법을 사용해 각 문서의 길이를 동일하게 설정합니다. 여기서는 빈도를 기준으로 상위 10,000개의 단어를 선택하고, 문서의 길이는 20으로 설정하겠습니다. 그리고 각 단어의 임베딩 벡터가 100차원이기 때문에 하나의 문서는 20×100 행렬의 형태로 표현됩니다.

일단 전체 텍스트 데이터에 대해 각 단어의 출현 빈도를 파악하고, 상위 10,000개의 단어를 선택합니다. 이를 위해 다음과 같이 Counter 클래스를 사용합니다.

```
words_list = [doc.strip().split() for doc in texts]
total_words = []
for words in words_list:
    total_words.extend(words)

from collections import Counter

c = Counter(total_words)
```

그리고 Counter 클래스에서 제공하는 `most_common()` 함수를 사용해 상위 10,000개의 단어를 선택합니다.

```
max_features = 10000
common_words = [ word for word, count in c.most_common(max_features)]
```

그다음 선택된 각 단어에 인덱스 번호를 부여합니다. 이를 위해 다음과 같이 `enumerate()` 함수를 사용합니다. 여기서 주의해야 하는 것은 숫자 0은 단어 인덱스로 사용하지 않는다는 것입니다. 0은 제로 패딩에 사용되기 때문입니다.

```
words_dic ={}
# 각 단어에 대해 index 생성하기
for index, word in enumerate(common_words):
    words_dic[word] = index + 1 # 각 단어의 index는 1부터 시작, 0은 패딩을 위해 사용하지 않음
```

`words_dic` 변수에는 '단어':인덱스 형태의 키:밸류 데이터가 저장되어 있습니다. 문서를 단어의 인덱스를 이용해 표현하고 제로 패딩을 이용해 문서의 길이를 통일한 후, 각 문서를 구성하는 단어의 임베딩 벡터를 이용해 표현하기 위해서는 인덱스:'단어'의 정보도 필요합니다. 이를 위해 다음과 같은 사전 변수를 생성합니다. 다음의 `id2word`는 인덱스:'단어' 정보를 저장하고 있습니다.

```
id2word = {}
for word in words_dic:
    id2word[words_dic[word]]=word
```

그다음, 각 문서를 단어의 인덱스 번호를 이용해 표현합니다.

```
filtered_indexed_words = []
for review in words_list:
    indexed_words=[]
    for word in review:
        try:
            indexed_words.append(words_dic[word])
        except:
            pass
    filtered_indexed_words.append(indexed_words)
```

그리고 문서의 길이를 20으로 통일합니다. 이를 위해 `pad_sequences()` 함수를 사용합니다.

```
max_len = 20

from tensorflow.keras.preprocessing import sequence

X = sequence.pad_sequences(filtered_indexed_words, maxlen=max_len)
```

각 문서를 단어의 임베딩 벡터 정보를 이용해 20×100 형태의 행렬로 표현합니다. 인덱스가 0이 아닌 경우에는 실제 존재하는 단어를 의미하기 때문에 Word2vec을 이용해 생성된 100차원의 벡터를 사용하고, 인덱스가 0인 경우에는 실제 단어가 아니라 제로 패딩을 위한 0을 의미하기 때문에 100차원의 영 벡터를 사용합니다.

```
zeros_vector = np.zeros(100, dtype="float32") # 100차원의 영 벡터 생성
X_vectors = []
for doc in X:
    doc_vectors = []
    for token_id in doc:
        if token_id == 0:
            doc_vectors.append(zeros_vector)
        else:
            word = id2word[token_id]
            vector = w2v_model.wv[word]
            doc_vectors.append(vector)
    X_vectors.append(np.array(doc_vectors))
```

X_vectors에는 전체 텍스트 데이터에 대한 정보가 저장되어 있습니다. 리스트 형태인 X_vectors를 넘파이의 어레이 형태로 변환합니다.

```
X_vectors = np.array(X_vectors)
```

X_vectors의 형태를 확인해 보겠습니다.

```
X_vectors.shape
```

```
(165384, 20, 100)
```

이제 데이터가 준비됐습니다. 그다음 순서는 오토인코더를 구축하는 것입니다. 이를 위해 일단 먼저 필요한 클래스들을 임포트합니다.

```
from tensorflow.keras.models import Model
from tensorflow.keras.layers import Dense, Input, LSTM, RepeatVector, TimeDistributed
```

그다음, 함수적인 방법을 사용해 다음과 같이 LSTM 기반의 오토인코더를 구축합니다.

```
input_shape = (20,100) # 오토인코더에 입력되는 각 문서의 형태
# 인코더 부분
input_seq = Input(shape=input_shape)
x = LSTM(128, return_sequences=True)(input_seq)
lstm2 = LSTM(128, return_sequences=True)(x)
lstm3 = LSTM(64, return_sequences=True)(lstm2)
code = LSTM(64, return_sequences=False)(lstm3)

# 디코더 부분
x = RepeatVector(max_len)(code)
x = LSTM(64, return_sequences=True)(x)
x = LSTM(128, return_sequences=True)(x)
x = LSTM(128, return_sequences=True)(x)
output = TimeDistributed(layers.Dense(100))(x)

# 모형 생성
autoencoder = Model(input_seq, output)
```

생성된 오토인코더의 구조는 그림 22.4와 같습니다.

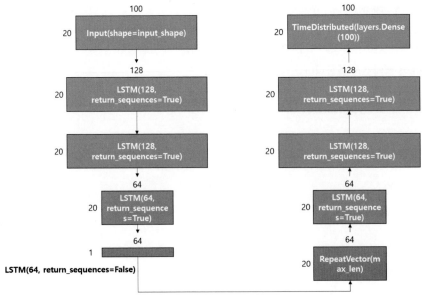

그림 22.4 LSTM 기반 오토인코더의 구조

위 코드에서 `RepeatVector` 클래스는 인코더에서 전달하는 64차원의 벡터를 20×64차원의 형태로 변환하기 위해 사용됐습니다. 즉, 64차원의 벡터를 20개 복사하는 역할을 수행합니다. 그리고 `TimeDistributed` 클래스는 20×128 형태의 데이터를 20×100 형태로 변환하기 위해 사용됐습니다. `TimeDistributed` 클래스는 20개의 각 벡터에 Dense(100)을 적용하는 역할을 합니다. 즉, 128차원의 벡터가 100차원의 벡터로 변환됩니다.

그다음 `compile()` 함수를 사용해 옵티마이저와 비용함수를 설정합니다. 여기서는 Adam 옵티마이저와 MSE 비용함수를 사용하겠습니다.

```
from tensorflow.keras import optimizers

autoencoder.compile(optimizer=optimizers.Adam(0.001), loss='mse')
```

`fit()` 함수를 이용해 학습합니다. 그 정답 정보는 입력 데이터가 됩니다.

```
history = autoencoder.fit(
    X_vectors, X_vectors, epochs=10, batch_size=256, validation_split=0.1
)
```

이번에는 학습된 오토인코더의 인코더 부분에서 출력하는 64차원의 벡터를 이용해 감성분석을 해보겠습니다. 이를 위해 다음과 같이 전체 모형 중 인코더 부분만 선택합니다.

```
encoder = Model(inputs=input_seq, outputs=code)
```

전체 데이터를 학습 데이터와 평가 데이터로 구분합니다.

```
from sklearn.model_selection import train_test_split

X_train, X_test, y_train, y_test = train_test_split(
    X_vectors, labels, test_size=0.1, random_state=0
)
```

학습 데이터와 평가 데이터에 존재하는 각 영화평을 학습된 오토인코더의 인코더 부분을 이용해 64차원의 벡터로 표현합니다. 즉, 각 영화평에 대해 64개의 특성 정보가 존재한다고 생각할 수 있습니다.

```
X_train_encode = encoder.predict(X_train)
X_test_encode = encoder.predict(X_test)
X_train_encode.shape
```

```
(148845, 64)
```

그다음, 문서 분류를 위한 기본적인 신경망 모형을 생성합니다. 여기서는 64개의 노드를 갖고 있는 하나의 은닉층을 사용하겠습니다.

```
model1 = models.Sequential()
model1.add(layers.Dense(64, activation='relu', input_shape=(X_train_encode.shape[1],)))
model1.add(layers.Dense(2, activation='softmax'))
```

종속변수의 값을 원-핫 벡터의 형태로 변환합니다.

```
from tensorflow.keras.utils import to_categorical

y_train_one_hot = to_categorical(y_train)
y_test_one_hot = to_categorical(y_test)
```

compile() 함수를 이용해 옵티마이저, 비용함수, 모형 성능 평가 지표를 설정하고, fit() 함수를 이용해 학습합니다.[167]

```
model1.compile(optimizer=optimizers.RMSprop(learning_rate=0.0001),
              loss='binary_crossentropy',
              metrics=['accuracy']
)
history = model1.fit(
    X_train_encode, y_train_one_hot, epochs=50, batch_size=128, validation_split=0.2
)
```

학습을 진행한 후, evaluate() 함수를 사용해 평가 데이터에 대해 모형의 성능을 평가하면 0.84 정도의 정확도가 나오는 것을 확인할 수 있습니다.

```
model1.evaluate(X_test_encode, y_test_one_hot)
```

```
[0.3599472641944885, 0.8396517038345337]
```

---

167 조기 종료를 위해 EarlyStopping 클래스와 ModelCheckpoint 클래스를 사용할 수 있습니다.

22.3.2 CNN 기반 오토인코더 사용해 보기

이번에는 합성곱 필터를 이용해 오토인코더를 생성하여 각 문서의 저차원 벡터를 추출하고, 이를 이용해서 감성분석을 수행해 보겠습니다. 관련 코드는 **Conv_text_AE_example.ipynb** 파일을 참고하세요.

데이터를 준비하는 과정은 앞에서 살펴본 LSTM 기반 오토인코더의 경우와 동일하기 때문에 그 부분에 대한 설명은 생략하겠습니다. 여기서도 전체 단어 중 빈도를 기준으로 상위 10,000개의 단어를 사용하고, 각 문서의 길이를 20으로 하며, 각 단어에 대해 Word2vec을 이용하여 100차원의 벡터를 생성하고, 이를 이용해 문서를 표현합니다. 즉, 하나의 문서는 20×100 형태로 표현됩니다.

사용하고자 하는 오토인코더를 구축하는 부분부터 살펴보겠습니다. 다음과 같이 필요한 모듈을 임포트합니다. reshape()과 shape() 함수는 인코더에서 디코더로 전달되는 데이터의 형태를 변환할 때 필요합니다.

```
from tensorflow.keras import layers
from tensorflow.keras import models
from tensorflow import reshape, shape
```

다음 코드를 사용해 CNN 기반의 오토인코더를 생성합니다. 여기서는 문서 데이터를 다루기 위해서 Conv1D 클래스를 사용했습니다.

```
input_shape = (20,100)  # 입력되는 문서의 형태

# 인코더 부분
input = layers.Input(shape=input_shape)
x=layers.Conv1D(32, 5, activation='relu', padding='same')(input)
x=layers.MaxPool1D(2, padding='same')(x)
x = layers.Flatten()(x)
code = layers.Dense(64, activation="linear")(x)

# 디코더 부분
decoded = layers.Dense(320, activation="relu")(code)
x = reshape(decoded, (shape(decoded)[0], 10, 32))
x = layers.Conv1DTranspose(32, 2, strides=2, activation="relu")(x)
output = layers.TimeDistributed(layers.Dense(100))(x)

# 모형 생성
autoencoder = models.Model(input, output)
```

이렇게 생성된 오토인코더를 그림으로 표현하면 그림 22.5와 같습니다.

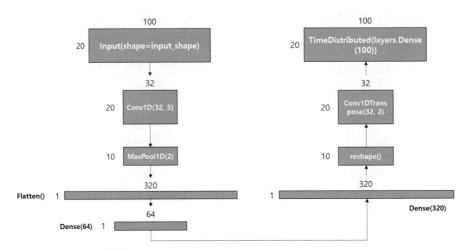

그림 22.5 CNN 기반 오토인코더의 구조

인코더 부분에서는 `Conv1D`와 `MaxPool1D` 층을 적용하여 도출된 10×32 형태의 결과물을 `Flatten` 클래스를 적용하여 1×320 형태로 변환하고, 거기에 노드가 64개인 은닉층(`Dense(64)`)을 적용하여 인코더 부분에서는 64차원의 벡터를 출력하게 했습니다.

디코더 부분에서는 일단 먼저 64차원의 벡터를 인코더에서 전달받아 `Dense` 클래스를 이용하여 320차원의 벡터로 변환했고, `reshape()` 함수를 적용하여 이를 10×32의 형태로 변환합니다. 그다음, 10×32 형태의 데이터를 20×32 형태로 변환하기 위해 `Conv1DTranspose` 클래스를 적용했습니다. `Conv1DTranspose` 클래스를 통해 10×32 형태의 데이터에 2×32 형태의 필터 32개를 `strides=2`로 적용합니다.

`Conv1DTranspose`가 작동하는 방식은 그림 22.6과 같이 표현할 수 있습니다. 그림 22.6은 3×6 입력 데이터에 2×6 필터를 스트라이드를 2로 해서 한 개 적용한 경우를 보여줍니다. 그림의 $f(z_1)$에서 $z_1 = 1 \cdot w_{1,1} + 1 \cdot w_{1,2} + 1 \cdot w_{1,3} + 1 \cdot w_{1,4} + 1 \cdot w_{1,5} + 1 \cdot w_{1,6} + b_1$이 됩니다. 여기서 입력 데이터가 갖는 각 셀의 값은 설명을 위해 간단히 1로 가정했습니다. 2×6 필터인 경우, 각 셀이 갖는 가중치 파라미터와 필터당 한 개 존재하는 편향 파라미터를 포함하여 총 13개의 파라미터가 존재합니다. 그리고 3×6 형태의 입력 데이터에 2×6 필터를 스트라이드를 2로 해서 한 개 적용했기 때문에 나오는 결과물은 6×1이 됩니다. 각 행에 대해 두 개의 행이 생성되기 때문에 결과물의 행의 수는 입력된 데이터의 행의 수(여기서는 3입니다)의 두 배, 즉 6이 됩니다. 이러한 필터를 K 개 적용하는 경우에 도출되는 결과물의 형태는 $6 \times K$가 됩니다. 코드에서 사

용된 layers.Conv1DTranspose(32, 2, strides=2, activation="relu")는 필터의 크기가 $2 \times C$ 인 필터를 스트라이드를 2로 해서 32개 적용했다는 것을 의미합니다. 여기서 C는 해당 층에 입력되는 데 이터의 가로 크기가 됩니다. 위의 예에서 입력되는 데이터의 형태는 10×32이기 때문에 C=32입니다. 그 리고 2×32 필터를 스트라이드=2로 해서 적용했기 때문에 도출되는 결과물의 크기는 20×32가 됩니다. 그리고 하나의 필터가 갖는 파라미터의 수는 65(=2×32+1)가 됩니다. 32개의 필터를 사용했기 때문에 전체 파라미터의 수는 65×32=2080이 됩니다.

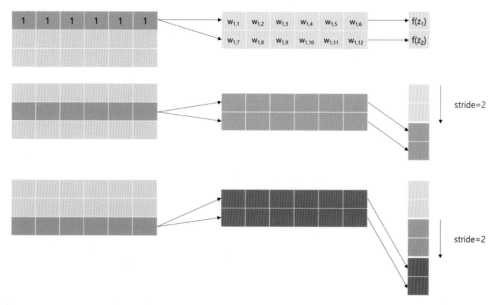

그림 22.6 Conv1DTranspose의 작동 방식

마지막에는 앞에서 했던 것처럼 디코더의 출력 결과물의 형태가 입력 데이터의 형태와 동일하게 만들기 위해서 TimeDistributed 클래스를 사용했습니다. 디코더를 통해 출력되는 결과물도 인코더에 입력되는 데이터와 같은 형태인 20×100이 됩니다.

사용하고자 하는 모형이 준비되면 다음과 같이 학습을 진행합니다.

```
from tensorflow.keras import optimizers

autoencoder.compile(optimizer=optimizers.Adam(0.001), loss='mse')
history = autoencoder.fit(
    X_vectors, X_vectors, epochs=50, batch_size=256, validation_split=0.1
)
```

학습이 끝난 후에는 인코더 부분이 출력하는 저차원 벡터를 결과물로 얻기 위해 전체 오토인코더 모형 중 다음과 같이 인코더 부분만을 선택해서 새로운 모형을 만듭니다.

```
encoder = models.Model(inputs=input, outputs=code)
```

그다음, 전체 데이터를 학습 데이터와 평가 데이터로 구분합니다.

```
from sklearn.model_selection import train_test_split

X_train, X_test, y_train, y_test = train_test_split(
    X_vectors, labels, test_size=0.1, random_state=0
)
```

학습 데이터와 평가 데이터에 존재하는 영화평에 대한 저차원 벡터를 얻기 위해서 학습된 오토인코더의 인코더 부분을 사용합니다.

```
X_train_encode = encoder.predict(X_train) # 학습 데이터에 존재하는 각 영화평에 대해 64차원 벡터 얻기

X_test_encode = encoder.predict(X_test) # 평가 데이터에 존재하는 각 영화평에 대해 64차원 벡터 얻기
```

각 영화평에 대해 추출된 64차원의 벡터를 특성 정보로 사용하여 감성분석을 수행합니다. 여기서도 앞에서와 마찬가지로 노드가 64개 있는 은닉층이 한 개 존재하는 기본 신경망 모형을 이용해서 문서 분류 작업을 수행하겠습니다.

```
model1 = models.Sequential()
model1.add(layers.Dense(64, activation = 'relu', input_shape=(X_train_encode.shape[1],)))
model1.add(layers.Dense(2, activation = 'softmax'))
```

나머지는 앞의 과정과 동일합니다.

```
from tensorflow.keras.utils import to_categorical

y_train_one_hot = to_categorical(y_train)
y_test_one_hot = to_categorical(y_test)
model1.compile(optimizer=optimizers.RMSprop(0.0001), loss='binary_crossentropy',
               metrics=['accuracy'])
history = model1.fit(X_train_encode, y_train_one_hot, epochs=20, batch_size=128,
                     validation_split=0.2)
```

학습이 종료된 후, 평가 데이터에 대해 모형의 성능을 평가합니다.

```
model1.evaluate(X_test_encode, y_test_one_hot)
```
```
[0.3837488889694214, 0.8314892053604126]
```

정확도가 0.83 정도 나오는 것을 확인할 수 있습니다.

부록

A. 경사하강법에서의 순전파와 역전파

A

경사하강법에서의
순전파와 역전파

이번 부록에서는 경사하강법에서의 순전파와 역전파에 대해 구체적인 예를 이용해 알아보겠습니다.

A.1 예제 신경망 모형

신경망에서 경사하강법이 어떻게 작동하는지를 구체적으로 살펴보기 위해 그림 A.1과 같은 모형을 예로 들어보겠습니다. 독립변수가 두 개 있는 회귀 문제의 경우입니다. 설명을 위해 편향 노드는 생략했습니다. 은닉 노드에서 사용된 활성화 함수는 시그모이드입니다. 여기서는 순전파와 역전파를 설명하기 위해 출력 노드에서도 시그모이드 활성화 함수가 사용됐다고 가정하겠습니다.

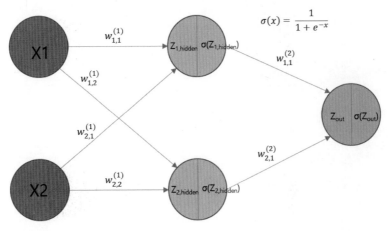

그림 A.1 예제 신경망 모형

위의 모형에서 각 항에 대한 식은 다음과 같습니다. 다음에서 h_1과 h_2는 각각 첫 번째 은닉 노드와 두 번째 은닉 노드에서 출력되는 값입니다.

$$Z_{1,\,hidden} = w_{1,1}^{(1)} \cdot X1 + w_{2,1}^{(1)} \cdot X2$$

$$Z_{2,\,hidden} = w_{1,2}^{(1)} \cdot X1 + w_{2,2}^{(1)} \cdot X2$$

$$h_1 = \sigma(Z_{1,\,hidden}) = \frac{1}{1 + e^{-Z_{1,\,hidden}}}$$

$$h_2 = \sigma(Z_{2,\,hidden}) = \frac{1}{1 + e^{-Z_{2,\,hidden}}}$$

$$Z_{out} = w_{1,1}^{(2)} \cdot h_1 + w_{2,1}^{(2)} \cdot h_2$$

$$\hat{y} = \sigma(Z_{out}) = \frac{1}{1 + e^{-Z_{out}}}$$

모형에 존재하는 각 파라미터는 다음 식을 이용해 업데이트됩니다.

$$w_{new} = w_{current} - \eta \frac{\partial \mathrm{E}}{\partial w}(w_{current})$$

먼저 $w_{1,1}^{(2)}$가 어떻게 업데이트되는지를 살펴보겠습니다. 이를 위해서는 먼저 $\frac{\partial \mathrm{E}}{\partial w_{1,1}^{(2)}}$를 계산해야 합니다. $\frac{\partial \mathrm{E}}{\partial w_{1,1}^{(2)}}$가 의미하는 것은 $w_{1,1}^{(2)}$의 값이 1만큼 증가했을 때 비용함수의 값이 달라지는 정도입니다. $w_{1,1}^{(2)}$ 값의 변화는 직접 비용함수의 값을 변화시키지 않고 중간에 존재하는 다른 항의 값이 먼저 영향을 받고 순차적으로 비용함수의 값이 달라집니다. 이 과정을 식으로 표현하면 다음과 같습니다.

$$\Delta w_{1,1}^{(2)} \to \Delta Z_{out} \to \Delta \hat{y}_i \to \Delta E_i$$

$w_{1,1}^{(2)}$ 값의 변화는 Z_{out}에 영향을 주고 Z_{out}의 변화는 $\hat{y}_i$에 영향을 주고 $\hat{y}_i$의 변화는 E_i에 영향을 주는 것입니다. 이를 연쇄 법칙(chain rule)을 사용해 표현하면 다음과 같습니다. 다음 식에서 예를 들어 $\frac{\partial Z_{out}}{\partial w_{1,1}^{(2)}}$는 $\Delta w_{1,1}^{(2)} \to \Delta Z_{out}$를 의미합니다.

$$\frac{\partial \mathrm{E}}{\partial w_{1,1}^{(2)}} = \frac{\partial Z_{out}}{\partial w_{1,1}^{(2)}} \frac{\partial \hat{y}_i}{\partial Z_{out}} \frac{\partial E_i}{\partial \hat{y}_i}$$

위의 경사를 이용해 파라미터의 값이 어떻게 업데이트되는지를 설명하기 위해 여기서는 SGD의 경우를 살펴보겠습니다. 즉, 파라미터의 값을 업데이트하기 위해 사용되는 비용함수를 하나의 관측치 정보만을 위해 표현한다는 의미입니다. 여기서는 잔차 제곱(Squared Errors, SE) 비용함수를 사용합니다. 특정 관측치에 대한 잔차 제곱은 다음과 같이 표현될 수 있습니다.

$$E_i = \frac{1}{2}(y_i - \hat{y}_i)^2$$

여기서 앞의 $\frac{1}{2}$은 비용함수를 미분했을 때 생기는 2를 처리하기 위해 사용된 임의의 상수입니다. $\frac{1}{2}$을 사용해도 결과에는 아무런 영향이 없습니다.

먼저 $\frac{\partial E_i}{\partial \hat{y}}$를 계산해 보겠습니다. 다음과 같습니다.

$$\frac{\partial E_i}{\partial \hat{y}} = -(y_i - \hat{y}_i) \rightarrow \hat{y}_i - y_i$$

그다음에는 $\frac{\partial \hat{y}_i}{\partial Z_{out}}$를 계산하겠습니다. 이를 위해 $\hat{y}$를 Z_{out}의 함수로 표현하면 다음과 같습니다.

$$\hat{y} = \sigma(Z_{out}) = \frac{1}{1 + e^{-Z_{out}}}$$

$\frac{1}{1 + e^{-Z_{out}}}$을 미분하기 위해서는 분수함수와 지수함수의 미분 공식을 알아야 합니다. 다음 참고 내용에 관련 설명이 있습니다. 해당 미분 공식을 이용하면 다음과 같은 결과를 얻습니다.

$$\frac{\partial \hat{y}_i}{\partial Z_{out}} = \frac{e^{-Z_{out}}}{(1 + e^{-Z_{out}})^2} = \frac{1}{1 + e^{-Z_{out}}}\left(1 - \frac{1}{1 + e^{-Z_{out}}}\right) = \hat{y}_i(1 - \hat{y}_i)$$

참고   미분 공식

분수 함수의 미분:

$$y = \frac{f(x)}{g(x)}$$

$$y' = \frac{f'(x)g(x) - f(x)g'(x)}{g(x)^2}$$

지수함수 미분:

$$y = a^{f(x)}$$
$$y' = f'(x) \, a^{f(x)} \ln(a)$$

따라서,

$$y = e^{f(x)}$$
$$y' = f'(x) \, e^{f(x)}$$

로그함수 미분:

$$y = \log_a f(x)$$
$$y' = \frac{f'(x)}{f(x)} \cdot \frac{1}{\ln(a)}$$

이번에는 $\frac{\partial Z_{out}}{\partial w_{1,1}^{(2)}}$의 값을 계산해 보겠습니다. Z_{out}은 $w_{1,1}^{(2)}$의 함수로 다음과 같이 표현됩니다.

$$Z_{out} = w_{1,1}^{(2)} \cdot h_1 + w_{2,1}^{(2)} \cdot h_2$$

따라서 다음 결과를 얻을 수 있습니다.

$$\frac{\partial Z_{out}}{\partial w_{1,1}^{(2)}} = h_1$$

위의 결과를 종합하면 $\frac{\partial \mathrm{E}}{\partial w_{1,1}^{(2)}}$는 다음과 같이 표현됩니다.

$$\frac{\partial \mathrm{E}}{\partial w_{1,1}^{(2)}} = \frac{\partial Z_{out}}{\partial w_{1,1}^{(2)}} \frac{\partial \hat{y}_i}{\partial Z_{out}} \frac{\partial E_i}{\partial \hat{y}_i} = h_1 \cdot \hat{y}_i (1 - \hat{y}_i) \cdot (\hat{y}_i - y_i)$$

위의 식을 통해 계산된 경사의 값을 업데이트 공식인 $w_{1,1,new}^{(2)} = w_{1,1,current}^{(2)} - \eta \frac{\partial E_i}{\partial w_{1,1}^{(2)}}$에 적용해 파라미터의 값을 업데이트합니다.

이번에는 또 다른 파라미터의 업데이트에 대해 살펴보겠습니다. 이번에는 그림 A.1에 존재하는 파라미터 중 $w_{1,1}^{(2)}$보다 출력 노드로부터 더 멀리 떨어진 $w_{1,1}^{(1)}$에 대해 살펴보겠습니다. 마찬가지로 다음 업데이트 공식을 사용합니다.

$$w_{1,1,\,new}^{(1)} = w_{1,1,\,current}^{(1)} - \eta \frac{\partial \mathrm{E}_i}{\partial w_{1,1}^{(1)}}$$

이를 위해 먼저 계산해야 하는 것은 경사인 $\frac{\partial \mathrm{E}_i}{\partial w_{1,1}^{(1)}}$ 입니다. $\frac{\partial \mathrm{E}_i}{\partial w_{1,1}^{(1)}}$도 앞에서와 마찬가지로 $w_{1,1}^{(1)}$ 값의 변화로 달라지는 비용함수의 값을 의미합니다. 연쇄 법칙을 사용하면 다음과 같이 표현됩니다.

$$\frac{\partial \mathrm{E}_i}{\partial w_{1,1}^{(1)}} = \frac{\partial Z_{1,\,hidden}}{\partial w_{1,1}^{(1)}} \frac{\partial h_1}{\partial Z_{1,\,hidden}} \frac{\partial Z_{out}}{\partial h_1} \frac{\partial \hat{y}_i}{\partial Z_{out}} \frac{\partial E_i}{\partial \hat{y}_i}$$

위의 식에서 $\frac{\partial \hat{y}_i}{\partial Z_{out}} \frac{\partial E_i}{\partial \hat{y}_i}$ 부분은 앞의 $\frac{\partial \mathrm{E}_i}{\partial w_{1,1}^{(2)}}$를 구할 때 사용됐던 부분입니다. 따라서 경사를 계산할 때는 $\frac{\partial \hat{y}_i}{\partial Z_{out}} \frac{\partial E_i}{\partial \hat{y}_i}$ 부분부터 먼저 계산됩니다. 이 부분은 많은 파라미터의 값을 업데이트할 때 반복적으로 사용되는 부분이기 때문에 미리 계산해두면 반복적으로 다시 계산하지 않아도 되어 업데이트 속도가 빨라집니다. $\frac{\partial \hat{y}_i}{\partial Z_{out}} \frac{\partial E_i}{\partial \hat{y}_i}$를 보면 비용함수에서 가까운 항들입니다. 이렇게 **비용함수에 가까운 부분부터 먼저 계산하는 것을 오차역전파(Error backpropagation)**라고 합니다.

$\frac{\partial \mathrm{E}_i}{\partial w_{1,1}^{(1)}}$의 각 부분을 계산해 보면 다음과 같습니다(계산 과정은 앞에서와 비슷하기 때문에 여기서는 생략하겠습니다).

$$\frac{\partial E_i}{\partial \hat{y}_i} = -(y_i - \hat{y}_i) \rightarrow \hat{y}_i - y_i$$

$$\frac{\partial \hat{y}_i}{\partial Z_{out}} = \hat{y}_i (1 - \hat{y}_i)$$

$$\frac{\partial Z_{out}}{\partial h_1} = w_{1,1}^{(2)}$$

$$\frac{\partial h_1}{\partial Z_{1,\,hidden}} = h_1 (1 - h_1)$$

$$\frac{\partial Z_{1,\,hidden}}{\partial w_{1,1}^{(1)}} = X1_i$$

설명을 위해 다음과 같은 두 개의 관측치로 구성된 예제 데이터를 사용하겠습니다.

X1	X2	y
1	1	1
2	2	0

다시 한번 언급하지만, 이 예에서는 SGD 방법을 사용해 파라미터의 값을 업데이트합니다. 즉, 한 번에 하나의 관측치를 이용해 비용함수를 계산하고 해당 비용함수를 이용해 파라미터의 값을 업데이트한다는 것입니다.

경사하강법의 경우, 일반적으로 파라미터의 값이 랜덤하게 초기화됩니다. 여기서는 다음과 같이 초기화됐다고 가정하겠습니다.

$$w = \begin{bmatrix} w_{1,1}^{(1)} \\ w_{1,2}^{(1)} \\ w_{2,1}^{(1)} \\ w_{2,2}^{(1)} \\ w_{1,1}^{(2)} \\ w_{2,1}^{(2)} \end{bmatrix} = \begin{bmatrix} 0.3 \\ 0.4 \\ 0.2 \\ 0.1 \\ 0.1 \\ 0.2 \end{bmatrix}$$

SGD는 학습 데이터에 존재하는 관측치 중에서 랜덤하게 하나의 관측치를 추출하고, 그렇게 추출한 관측치 정보를 이용해서 파라미터의 값을 업데이트합니다. 이는 순전파(feedforward propagation)와 역전파(backward propagation) 과정으로 구성됩니다.

순전파 과정에서는 초기화된 파라미터의 값들과 선택된 관측치의 독립변수 값을 이용해 비용함수의 값을 계산합니다. 그리고 역전파에서는 앞에서 계산한 각 파라미터에 대한 경사(예: $\frac{\partial \mathrm{E}}{\partial w_{1,1}^{(2)}} = h_1 \cdot \hat{y}_i (1 - \hat{y}_i) \cdot (\hat{y}_i - y_i)$) 와 경사하강법을 이용해 파라미터의 값을 업데이트합니다. 이때, 비용함수에서 가까운 파라미터부터 순차적으로 계산됩니다.

A.2 순전파

먼저 순전파(Forward propagation) 부분을 살펴보겠습니다. 첫 번째 업데이트 단계에서 첫 번째 관측치가 선택됐다고 가정하겠습니다. 순전파 단계에서는 첫 번째 관측치의 독립변수 정보(X1=1, X2=1)와 초기화된 파라미터의 값들을 이용해 그림 A.1에 존재하는 각 항을 계산하고 최종적으로 비용함수를 계산합니다. 이는 다음과 같이 정리할 수 있습니다.

$$Z_{1,\,hidden} = 0.3 \cdot 1 + 0.2 \cdot 1 = 0.5$$

$$Z_{2,\,hidden} = 0.4 \cdot 1 + 0.1 \cdot 1 = 0.5$$

$$h_1 = \sigma(Z_{1,\,hidden}) = \frac{1}{1 + e^{-Z_{1,\,hidden}}} = \frac{1}{1 + e^{-0.5}} = 0.6224593312018546$$

$$h_2 = \sigma(Z_{2,\,hidden}) = \frac{1}{1 + e^{-Z_{2,\,hidden}}} = \frac{1}{1 + e^{-0.5}} = 0.6224593312018546$$

$$Z_{out} = w_{1,1}^{(2)} \cdot h_1 + w_{2,1}^{(2)} \cdot h_2 = 0.1 \cdot 0.622 + 0.2 \cdot 0.622 = 0.187$$

$$\hat{y}_1 = \sigma(Z_{out}) = \frac{1}{1 + e^{-0.187}} \approx 0.547$$

$$E_1 = \frac{1}{2}(y_1 - \hat{y}_1)^2 = \frac{1}{2}(1 - 0.547)^2 \approx 0.103$$

A.3 역전파

이번에는 역전파(Backward propagation) 부분을 살펴보겠습니다. 역전파 단계에서는 비용함수에 가까운 파라미터들부터 순차적으로 업데이트합니다. 예를 들어 $w_{1,1}^{(2)}$가 먼저 업데이트되고, 그후에 $w_{1,1}^{(1)}$가 업데이트되는 식입니다. 설명을 위해 여기서는 $w_{1,1}^{(2)}$와 $w_{1,1}^{(1)}$만을 예로 들어보겠습니다. 먼저 $w_{1,1}^{(2)}$는 다음 식을 이용해 업데이트됩니다.

$$w_{1,1,\,new}^{(2)} = w_{1,1,\,current}^{(2)} - \eta \frac{\partial E_1}{\partial w_{1,1}^{(2)}}$$

그리고 앞에서 계산한 것처럼 $\dfrac{\partial E_1}{\partial w_{1,1}^{(2)}}$는 다음과 같이 표현됩니다.

$$\frac{\partial E_1}{\partial w_{1,1}^{(2)}} = \frac{\partial Z_{out}}{\partial w_{1,1}^{(2)}} \frac{\partial \hat{y}_1}{\partial Z_{out}} \frac{\partial E_1}{\partial \hat{y}_1} = h_1 \cdot \hat{y}_1 (1 - \hat{y}_1) \cdot (\hat{y}_1 - y_1)$$

이를 순전파 과정에서 계산된 결과를 대입하여 풀면 다음의 결과를 얻습니다.

$$\frac{\partial E_1}{\partial w_{1,1}^{(2)}} = h_1 \cdot \hat{y}_1 (1 - \hat{y}_1) \cdot (\hat{y}_1 - y_1) \cong 0.622 \cdot 0.547 (1 - 0.547) \cdot (0.547 - 1)$$

$$\cong -0.0698$$

학습률(η, learning rate)이 0.01이라면, $w_{1,1}^{(2)}$의 값은 다음과 같이 업데이트됩니다.

$$w_{1,1,new}^{(2)} = w_{1,1,current}^{(2)} - \eta \frac{\partial E_1}{\partial w_{1,1}^{(2)}} \cong 0.1 - 0.01 \cdot -0.0698 = 0.10069$$

이번에는 $w_{1,1}^{(1)}$의 업데이트를 살펴보겠습니다. $w_{1,1}^{(1)}$은 다음 식을 이용해 업데이트됩니다(여기서 η는 앞에서와 동일하게 0.01입니다).

$$w_{1,1,new}^{(1)} = w_{1,1,current}^{(1)} - \eta \frac{\partial E_1}{\partial w_{1,1}^{(1)}}$$

$\frac{\partial E_i}{\partial w_{1,1}^{(1)}}$는 앞에서 살펴본 것처럼 다음과 같습니다.

$$\frac{\partial E_i}{\partial w_{1,1}^{(1)}} = X1_1 \cdot h_1 (1 - h_1) \cdot w_{1,1}^{(2)} \cdot \hat{y}_1 (1 - \hat{y}_1) \cdot (\hat{y}_1 - y_1)$$

여기서 $\hat{y}_1 (1 - \hat{y}_1) \cdot (\hat{y}_1 - y_1)$은 $w_{1,1}^{(2)}$를 업데이트할 때 이미 한 번 계산됐기 때문에 추가로 계산할 필요가 없습니다. 위 식의 각 부분을 계산하면 다음과 같습니다. 파라미터 값을 업데이트할 때 사용되는 파라미터의 값은 현재 단계에서의 파라미터 값입니다. 예를 들어, 첫 번째 업데이트 단계에서의 $w_{1,1}^{(2)}$의 값, 즉 $w_{1,1,current}^{(2)}$는 0.1입니다.

$$X1_1 = 1$$

$$h_1 = \sigma(Z_{1,hidden}) = \frac{1}{1 + e^{-Z_{1,hidden}}} = \frac{1}{1 + e^{-0.5}} = 0.6224593312018546$$

$$w_{1,1,current}^{(2)} = 0.1$$

그리고 $\hat{y}_1(1-\hat{y}_1) \cdot (\hat{y}_1 - y_1)$은 앞에서 계산한 것처럼 $0.547(1-0.547) \cdot (0.547-1) = -0.11225$가 됩니다. 결과적으로 $\frac{\partial E_i}{\partial w_{1,1}^{(1)}}$의 값은 다음과 같이 됩니다.

$$\frac{\partial E_i}{\partial w_{1,1}^{(1)}} = X1_1 \cdot h_1(1-h_1) \cdot w_{1,1}^{(2)} \cdot \hat{y}_1(1-\hat{y}_1) \cdot (\hat{y}_1 - y_1)$$

$$= 1 \cdot 0.622 \cdot (1-0.622) \cdot 0.1 \cdot 0.547 \cdot (1-0.547) \cdot (0.547-1)$$

$$= -0.00264$$

따라서 $w_{1,1}^{(1)}$은 다음과 같이 업데이트됩니다.

$$w_{1,1,\,new}^{(1)} = w_{1,1,\,current}^{(1)} - \eta \frac{\partial E_1}{\partial w_{1,1}^{(1)}} = 0.3 - 0.01 \cdot -0.00264 = 0.300026$$

이러한 작업을 다른 파라미터에 대해서도 수행합니다.

모든 파라미터가 업데이트되면 두 번째 업데이트를 진행합니다. 두 번째 업데이트를 진행할 때는 기존에 선택되지 않은 관측치 중에서 하나의 관측치를 랜덤하게 선택해서 앞에서 설명한 것과 동일한 방식으로 파라미터 값을 업데이트합니다.

A

Adadelta	36
Adagrad	35
Adam	37, 57
Add & Norm 층	222
ALBERT	284

B

BART	201
BERT	201, 236
BERT 다국어 버전	268
BERT KLUE	275
BERTopic	333
BookCorpus 데이터셋	350

C

CBOW 방법	93
ChatGPT	393
Children's Book Text(CBT)	360
CNN	114
CNN 기반 오토인코더	431
CNN을 이용한 텍스트 분석	133
CommonCrawl 데이터셋	366
Conv1D	140
Conv2D	140
CoQA	370
Cross-layer parameter sharing(CPS)	286

D - E

dark knowledge	318
DBOW(Distributed Bag of Words) 방식	107
DistilBERT	321
Distributed memory 방식	105
Doc2vec	104
ELECTRA	308
ELU 함수	19

F

Factorized Embedding layer Parameterization(FEP)	285
FastText	100
feature map	118
FNN을 이용한 텍스트 분석	72

G

GELU 함수	20
General TinyBERT	332
GLUE	243
GPT	201, 347
GPT-1	347
GPT-2	357
GPT-3	364
GPT 모형들	347
GRU	151, 196

H - K

HDBSCAN	335
He 초기화 방법	42
InstructGPT	378
KcBERT	268
KLUE-BERT	268

L - N

L1/L2 규제화	60
LAMBADA	360
Leaky ReLU 함수	18
LSTM	151, 182
LSTM 기반 오토인코더	424
MNLI	243
MRPC(Microsoft Paraphrase Corpus)	356
Nadam	38
NAG	35
n-gram	144

O – P

One Billion Word Benchmark(1BW)	360
OpenAI	347, 376
Penn Treebank (PTB)	360
Playground	376
PPO(Proximal Policy Optimization)	383, 387
PPO–ptx	391
PReLU(Parametric ReLU) 함수	19

R

ReLU(Rectified Linear Unit) 함수	18
RepeatVector 클래스	429
Replaced Token Detection(RTD)	308
response map	118
RMSprop	36, 56
RNN	151
RoBERTa	298

S

Sentence–BERT	334
sentencepiece 토크나이저	290
seq2seq	198
SGD 옵티마이저	52
SimpleRNN	163
Skip–gram 방법	86
SQuAD	243
SST2(Stanford Sentiment Treebank v2)	356
Stacked LSTM	195
Stacked RNN	179
SWAG	243

T

T5	201
Teacher forcing	227
Temperature	319, 377
TensorFlow Addons	400
TimeDistributed 클래스	429
TinyBERT	328
Top P	377
transfomers	245
translation equivariance	399
TriviaQA	370

U – X

UMAP	334
WebText	359
Word2vec	83, 152
WordPiece 모형	247
Xavier 초기화 방법	42

ㄱ – ㄴ

가중치 감쇠	39
가중치 초기화	41
가치 기반 알고리즘	387
가치 함수(value function)	385
강화학습	379, 383, 384
게이트(gate)	182
경사 소실 문제	31, 182
경사 폭발 문제	32
경사하강법	23, 27
계층 정규화	69
고정된 어텐션	368
과적합 문제(overfitting problem)	59
교사-학생 학습(teacher-student learning) 방법	318
귀납적 편향(inductive bias)	398
기억셀(memory cell)	182
네거티브 샘플링	92
노이즈 제거(denoising)	418

ㄷ – ㄹ

다운스트림 작업	236
다음 문장 예측	241
다층신경망(Deep Neural Networks)	4
단기 기억	182
단어 가방(bag of words, BOW) 모형	144
단어 임베딩	82, 83
동적 마스킹 방법	298
드롭아웃	62
디코더 부분	225
딥러닝 프레임워크	43
딥러닝(Deep Learning)	4
레딧(Reddit)	358

ㅁ

마스크 언어 모형	239
망각 게이트	184
멀티-헤드 어텐션	220

모멘텀	34
모형 기반 알고리즘	387
문서 임베딩	104
문장 순서 예측	287
문장 임베딩	238
미니 배치 경사하강법	24
미분 공식	440
미세조정(fine-tuning)	236, 243

ㅂ

바이트 단위 바이트 페어 인코딩(BBPE)	301
바이트 페어 인코딩	351
배치 경사하강법	23
배치 정규화	66
밸류(value)	211
보상 모형	379, 382
비용함수	24
비전 트랜스포머	395

ㅅ

사전학습 모형(pre-trained model)	236
셀프 어텐션	208
소프트맥스 활성화 함수	15
소프트플러스 함수	20
순전파	438, 443, 454
순차적(sequential) 방법	45
순환신경망	151
스케일드 내적 어텐션	220
스트라이드	118, 119
스트라이드 어텐션	368
스파스 어텐션	368
시그모이드 함수	17
신경망	4, 9
신경망 구조	7

ㅇ

양방향 LSTM	191
어텐션 스코어	207
어텐션(Attention)	201
언어 모형(Language model)	158
역전파	438, 443, 444
연쇄 법칙(chain rule)	449
오차 역전파	30, 452
오토인코더	417
옵티마이저	33
원샷(one-shot)	364
원-핫(one-hot) 벡터	83
위치 기반 순방향 층	223
위치 임베딩	224, 238
은닉 상태 벡터	172
의역(parapharasing)	243
이상 탐지(anomaly detection)	418
인코더-디코더 어텐션	208
인코더-디코더(encoder-decoder) 모형	198
입력 게이트	186

ㅈ

자기지도학습	418
자연어 추론	243
자주 사용되는 단어의 서브샘플링	93
장기의존 문제	182
장기의존(long-term dependency)	182
전이학습(transfer learning)	236, 243
정책 기반 알고리즘	386
정책(policy)	385
제로샷 행동	356
제로샷(zero-shot)	364
제로 패딩(zero padding)	123
조기 종료	63
증류 비용함수	320
지식 증류	317
지역성(locality)	399
질의-응답(question answering)	243

ㅊ - ㅌ

최대 풀링(max pooling)	123
최소 풀링(min pooling)	123
출력 게이트	187
코사인 임베딩 비용함수	322
쿼리(query)	211
클래스 기반의 TF-IDF	335
키(key)	211
토큰화(Tokenization)	246
트랜스포머	198, 201
트랜스포머 기반 알고리즘들	235
트랜스포머의 구조	219
특성 정보 기반(feature-based) 방법	243
특성 추출기(feature extractor)	418

ㅍ

패딩	122
편향 노드	8
평균 풀링(average pooling)	123
풀링	123
퓨샷(few-shot)	364
필터(filter)	116

ㅎ

하이브리드 알고리즘	387
하이퍼볼릭 탄젠트 함수	17
학생 비용함수	320
학습률 감쇠	40
함수적인 방법을 이용해 신경망 모형 구축하기	176
함수적(functional) 방법	45
합성곱(convolution)	118
허깅 페이스	245
확률적 경사하강법	24
환경 모형(environment model)	386
활성화 맵(activation map)	118
활성화 함수	16, 47

momo

momo